Gesellschafterfremdfinanzierung in Deutschland und England

Europäische Hochschulschriften

Publications Universitaires Européennes
European University Studies

Reihe II
Rechtswissenschaft

Série II Series II
Droit
Law

Bd./Vol. 4097

PETER LANG
Frankfurt am Main · Berlin · Bern · Bruxelles · New York · Oxford · Wien

Jan-Philipp Hoos

Gesellschafterfremdfinanzierung in Deutschland und England

Risiken und Haftung

Eine rechtsvergleichende Untersuchung

PETER LANG
Europäischer Verlag der Wissenschaften

Bibliografische Information Der Deutschen Bibliothek
Die Deutsche Bibliothek verzeichnet diese Publikation in der Deutschen Nationalbibliografie; detaillierte bibliografische Daten sind im Internet über <http://dnb.ddb.de> abrufbar.

Zugl.: Mainz, Univ., Diss., 2004

D 77
ISSN 0531-7312
ISBN 3-631-53236-9

www.peterlang.de

Meinen Eltern

Vorwort

Die vorliegende Arbeit wurde im Sommersemester 2004 vom Fachbereich Rechts- und Wirtschaftswissenschaften der Johannes Gutenberg-Universität Mainz als Dissertation angenommen. Die nach Abschluß des Manuskripts veröffentlichte Rechtsprechung und Literatur wurde, soweit möglich, bis Mitte 2004 berücksichtigt.

Dank schulde ich meinem Doktorvater Herrn Prof. Dr. Ulrich Haas für die wohlwollende Betreuung und zeitnahe Begutachtung der Arbeit sowie Herrn Prof. Dr. Peter O. Mülbert für die zügige Erstellung des Zweitgutachtens. Dank gebührt auch Herrn Rechtsanwalt Dr. Biner Bähr. Er gewährte mir stets den notwendigen Freiraum, half mir jederzeit mit wertvollen Anregungen und förderte mich darüber hinaus auf vielfältige Weise.

Schließlich danke ich insbesondere meiner Mutter, die mich unentwegt unterstützt und fördert. Ohne sie wäre diese Arbeit und vieles andere nie zustande gekommen. Ihr und dem Andenken an meinen Vater widme ich dieses Buch.

Düsseldorf, im Sommer 2004 *Jan-Philipp Hoos*

Inhaltsverzeichnis

1. Kapitel

Einführung

2. Kapitel

Die Abgrenzung von Eigen- und Fremdkapital, Finanzierungsfreiheit und negative Folgen der Gesellschafterfremdfinanzierung

3. Kapitel

Die Verantwortung des Gesellschafters für die negativen Folgen seiner Kreditierung in Deutschland und England

4. Kapitel

Zusammenfassung und Ausblick

Abkürzungesverzeichnis

a.A.	andere Ansicht
Abs.	Absatz
A.C.	Law Reports: Appeal Cases
a.E.	am Ende
A.E.R.	American Economic Review
AG	Aktiengesellschaft, Amtsgericht, Die Aktiengesellschaft
AGB	Allgemeine Geschäftsbedingungen
AktG	Aktiengesetz
All E.R.	All England Law Reports
ALR	Australian Law Reports
AnfG	Anfechtungsgesetz
Anh.	Anhang
Aufl.	Auflage
Aus BLR	Australian Business Law Review
A.C.	Law Reports: Appeal Cases
A.C.S.R.	Australian Corporations & Securities Report
A.C.L.R.	Australian Company Law Reports
A.L.R.	Australian Law Reports
B. & C.R.	Bankruptcy & Company Winding Up Reports
BAG	Bundesarbeitsgericht
BB	Der Betriebs-Berater
B.C.C.	British Company Law Cases
B.C.L.C.	Butterworths Company Law Cases
Bd.	Band
BGB	Bürgerliches Gesetzbuch
BGH	Bundesgerichtshof
BGHZ	Sammlung der Entscheidungen des BGH in Zivilsachen
B.L.R.	Business Law Review
B.P.I.R.	Bankruptcy and Personal Insolvency Reports
BSG	Bundessozialgericht

BSGE	Sammlung der Entscheidungen des BSG
BTDrucks.	Bundestags Drucksache
bzgl.	bezüglich
bzw.	beziehungsweise
C.A.	Court of Appeal
C.A. 1948	Companies Act 1948
C.A. 1985	Companies Act 1985
C.A. 2001	Corporations Act 2001 (Australien)
C.B.L.J.	Canadian Business Law Journal
Ch.	Law Reports: Chancery Division 1991-
C.L.J.	The Cambridge Law Journal
C.L.R.	The Cambrian Law Review
Cmnd.	Command Paper
Col. L.R.	Columbia Law Review
C.P. Rep.	Civil Procedure Reports
Crim. L.R.	Criminal Law Review
C.S.L.J.	Company and Securities Law Journal
Coy Lawyer	The Company Lawyer
Cr. App. R.	Criminal Appeal Reports
DB	Der Betrieb
D.C.	Divisional Court
ders.	derselbe
d.h.	das heißt
D.L.R.	Dominion Law Reports
DStR	Deutsches Steuerrecht
E.C.R.	European Court Reports
E.G.	Estates Gazette
EGInsO	Einführungsgesetz zur Insolvenzordnung
E.G.L.R.	Estates Gazette Law Reports
E.R.	English Reports
etc.	et cetera

EuGVÜ	Übereinkommen der Europäischen Gemeinschaft über die gerichtliche Zuständigkeit und die Vollstreckung gerichtlicher Entscheidungen in Zivil- und Handelssachen
e.V.	eingetragener Verein
evtl.	eventuell
E.W.C.A. civ.	England and Wales Court of Appeal Civil
E.W.H.C.	England and Wales High Court
EWiR	Entscheidungen zum Wirtschaftsrecht
Fam. Law	Family Law
F.C.R.	Family Court Reporter
ff.	folgende
FK-Inso	Frankfurter Kommentar zur Insolvenzordnung
F.L.R.	Family Law Reports
FN	Fußnote
FS	Festschrift
F.S.R.	Fleet Street Reports
F.T.L.R.	Financial Times Law Reports
gem.	gemäß
GmbH	Gesellschaft mit beschränkter Haftung
GmbHG	Gesetz betreffend die Gesellschaften mit beschränkter Haftung
GmbHR	GmbH-Rundschau
HGB	Handelsgesetzbuch
H.L.	House of Lords
Hrsg.	Herausgeber
I.A. 1986	Insolvency Act 1986
I.B.F.L.	International Banking and Finance Law
I.C.C.L.R.	International Company and Commercial Law Review
I.L.J.	Insolvency Law Journal
Ins Lawyer	Insolvency Lawyer
InsO	Insolvenzordnung
Insolv. Int.	Insolvency Intelligence
I.R.L.E.	International Review of Law and Economics
i.S.v.	im Sinne von

J	Justice
J.B.L.	Journal of Business Law
J. Fin. Economics	Journal of Financial Economics
J. Leg. Economics	Journal of Legal Economics
J. Legal Studies	Journal of Legal Studies
J.I.B.L.	Journal of International Banking Law
J.L.R.	Juridical Law Review
J.L.S.S.	Journal of the Law Society of Scotland
J.P.	Justice of the Peace Reports
J.P.L.	Journal of Planning and Environment Law
J. Political Economy	Journal of Political Economy
J.R.	Juridical Review
JuS	Juristische Schulung
JW	Juristische Wochenschrift
JZ	Juristen-Zeitung
KapAEG	Gesetz zur Verbesserung der Wettbewerbsfähigkeit deutscher Konzerne an Kapitalmärkten und zur Erleichterung der Aufnahme von Gesellschafterdarlehen (Kapitalaufnahmeerleichterungsgesetz)
K.B.	Law Reports: King's Bench Division
KG	Kommanditgesellschaft
KonTraG	Gesetz zur Kontrolle und Transparenz im Unternehmensbereich
KTS	Zeitschrift für Konkurs-, Treuhands- und Schiedsgerichtswesens
LG	Landgericht
L.G.R.	Local Government Reports
LJ	Lord Justice
L.J.	Law Journal
L.J.K.B.	Law Journal Reports, King's Bench
L.L.R.	Lloyd's List Report
L.M.C.L.Q.	Lloyd's Maritime and Commercial Law Quarterly
Lloyd's Rep.	Lloyd's List Law Reports
L.S. Gaz.	Law Society's Gazette
L.T.	Law Times

Ltd.	Limited
MLR	Modern Law Review
MünchHdb.GesR	Münchner Handbuch des Gesellschaftsrechts
MünchKommBGB	Münchener Kommentar zum Bürgerlichen Gesetzbuch
MünchKommHGB	Münchener Kommentar zum Handelsgesetzbuch
M.U.L.R.	Monash University Law Review
m.w.N.	mit weiteren Nachweisen
NLJ	New Law Journal
NJW	Neue Juristische Wochenschrift
NJW-RR	NJW-Rechtsprechungs-Report Zivilrecht
N.S.W.L.R.	New South Wales Law Reports
NZG	Neue Zeitschrift für Gesellschaftsrecht: NZG; das gesamte Recht der Personen- und Kapitalgesellschaften; Konzernrecht, Umwandlungsrecht, Unternehmenskauf, Steuer- und Bilanzrecht
NZI	Neue Zeitschrift für das Recht der Insolvenz und Sanierung
N.Z.L.R.	New Zealand Law Reports
NZU L.R.	New Zealand Universities Law Review
OGH	Oberster Gerichtshof
OHG	Offene Handelsgesellschaft
O.J.L.S.	Oxford Journal of Legal Studies
OLG	Oberlandesgericht
P. & C.R.	Property, Planning & Compensation Reports
P.C.	Privy Council
P.C.C.	Palmer's Company Cases
plc.	Public Company Limited by Shares
RegE	Regierungsentwurf
rd.	rund
Rdnr.	Randnummer
RG	Reichsgericht
RIW	Recht der internationalen Wirtschaft
s	section
S.	Satz, Seite

S.C.	Sessions Cases
Sfr	Schweizer Franken
S.J.	Solicitors' Journal
S.L.T.	Scots Law Times
SpA	Sozieta per azioni
Stanford L.R.	Stanford Law Review
sub. nom.	unter dem Namen
T.C.	Reports of Tax Cases
T.L.R.	Times Law Reports
u.a.	unter anderem
Univ. Chicago L.R.	University of Chicago Law Review
v.	versus
vgl.	vergleiche
Washington & Lee L.R.	Washington & Lee Law Review
WiB	Wirtschaftsrechtliche Beratung
WL	Water Law
W.L.R.	Weekly Law Reports
WM	Zeitschrift für Wirtschafts- und Bankrecht, Wertpapiermitteilungen Teil IV
W.N.	Weekly Notes
W.R.	Weekly Reporter
Yale L.J.	Yale Law Journal
ZBB	Zeitschrift für Bankrecht und Bankwirtschaft
ZfB	Zeitschrift für Betriebswirtschaft
ZGR	Zeitschrift für Unternehmens- und Gesellschaftsrecht
ZHR	Zeitschrift für das gesamte Handels- und Wirtschaftsrecht
ZInsO	Zeitschrift für das gesamte Insolvenzrecht
ZIP	Zeitschrift für Wirtschaftsrecht

1. Kapitel
Einführung

A. Problematik

„Kein Sonderrecht für kapitalersetzende Gesellschafterdarlehen" lautet eine Überschrift *Fleischers* in einem rechtsvergleichenden Aufsatz aus dem Jahr 2000, welcher die gläubigerschützenden Vorschriften für die englische *private limited company* untersucht.[1] „In England [ist] die Problematik der Gesellschafterfremdfinanzierung in der Krise unreglementiert geblieben" faßt *Vervessos* in seiner umfassenden Darstellung des Kapitalersatzrechts seine rechtsvergleichenden Untersuchungen zusammen.[2] Auch in den einschlägigen Rechtswörterbüchern sucht man eine Eintragung und Übersetzung der Begriffe „Eigenkapital-", „Kapitalersatzrecht" und „eigenkapitalersetzende Gesellschafterdarlehen" vergebens.[3] Als Begründung hierfür wird regelmäßig die Entscheidung des *House of Lords* in Sachen *Salomon v. A. Salomon & Co Ltd.*[4] aus dem Jahr 1897 angeführt. So schreibt z.B. *Fleischer*: „Die *Salomon*-Entscheidung [hat] auch eine weitere Entwicklungslinie des Gesellschaftsrechts abgeschnitten, die in Deutschland von Rechtsprechung und Gesetzgebung souverän und klug entfaltet wurde: die Sonderbehandlung eigenkapitalersetzender Gesellschafterdarlehen in Krise und Konkurs".[5] Ziel dieser Arbeit ist, zu untersuchen, ob die besagte *Salomon*-Entscheidung tatsächlich die Entwicklung eines solchen Rechtsinstituts abgeschnitten hat. Klar ist schon jetzt, daß – anders als hierzulande – im englischen Recht[6] keine den eigenkapitalersetzenden Gesellschafterdarlehen „auf den Leib geschneiderte" Vorschrift existiert. Fraglich ist aber, ob sich ungeachtet der *Salomon*-Doktrin im englischen Gesellschafts- oder Insolvenzrecht Rechtsinstitute entwickelt haben, welche die Problematik eigenkapitalersetzender Gesellschafterdarlehen miterfassen und letztendlich ähnliche Ergebnisse erzielen wie das Kapitalersatzrecht in Deutschland.

Besondere Bedeutung gewinnt ein solcher Vergleich vor dem Hintergrund der immer weiter voranschreitenden Harmonisierung des europäischen Gesellschafts- und Insolvenzrechts. So setzte sich im Jahr 1998 das *Forum Europaeum Konzern-*

---

1 Vgl. *Fleischer*, DStR 2000, 1015 (1017).
2 Vgl. *Vervessos*, S. 90.
3 Vgl. *Dietl/Lorenz*.
4 [1897] A.C. 22, H.L.
5 *Fleischer*, DStR 2000, 1015 (1017).
6 Die in dieser Arbeit diskutierten Normen des englischen Rechts gelten nicht nur für England, sondern gleichfalls für Wales. Ist in dieser Arbeit also von englischem Recht die Rede, beziehen sich die Ausführungen immer auf England und Wales.

recht mit einer Kernbereichsharmonisierung des europäischen Konzernrechts auseinander.[7] Die dabei erzielten Ergebnisse sollten als Diskussionsgrundlage für eine spätere europäische Rechtssetzung dienen. Besonderes Augenmerk richtete das *Forum Eurpoaeum Konzernrecht* u.a. auf die englische Haftung wegen *wrongful trading* und stellte dieses Institut als ein Modell für Europa vor.[8] Die Haftung wegen *wrongful trading* ist auch ein Schwerpunkt der vorliegenden Arbeit. Sie wird im folgenden als eine Möglichkeit diskutiert, das Problem eigenkapitalersetzender Gesellschafterdarlehen in England zu erfassen. Fraglich ist, wie die – tendenziell auch Anknüpfungspunkte zur deutschen Insolvenzverschleppungshaftung aufweisende – Haftung wegen *wrongful trading* im Vergleich zum Eigenkapitalersatzrecht abschneidet. Ist sie mit ihren weit gefaßten Tatbestandsmerkmalen und ihrer nahezu gänzlich in gerichtliches Ermessen gestellten Rechtsfolge im Vergleich zum engen Korsett des Kapitalersatzrechts wirklich ein Modell für Europa?

B. Aufbau der Arbeit

Im ersten Kapitel werden nach einer kurzen Einleitung die behandelten Gesellschaftsformen in Deutschland und England dargestellt. Es wird erläutert, welche Rechtsformen das englische Gesellschaftsrecht bietet, welche Gründungsvoraussetzungen bestehen und wie die jeweilige Rechtsform zahlenmäßig im Wirtschaftsleben vertreten ist. Anschließend wird dargestellt, welchen Verfahrensarten eine insolvente Gesellschaft in England unterworfen werden kann und wer unter welchen Voraussetzungen die Einleitung des jeweiligen Verfahrens beantragen kann. Dies ist Voraussetzung für das bessere Verständnis der in dieser Arbeit diskutierten Normen des englischen Rechts, welche fast ausschließlich in einem eröffneten Insolvenzverfahren durch den *liquidator* geltend gemacht werden können.

Das zweite Kapitel dieser Arbeit setzt sich mit dem Umfeld und den Risiken der Gesellschafterfremdfinanzierung auseinander. Angesichts der Komplexität und der Vielzahl der heute zur Unternehmensfinanzierung verfügbaren Mittel, wird zunächst untersucht, wodurch sich Eigen- und Fremdkapital aus betriebswirtschaftlicher und rechtswissenschaftlicher Sicht unterscheiden. Dem schließt sich die Frage an, ob sich der Gesellschafter in England und Deutschland bei der Wahl zwischen diesen beiden Finanzierungsmitteln frei entscheiden kann, oder ob die jeweilige Rechtsordnung ihn an bestimmte Vorgaben bindet. Das Ausmaß dieses unter dem Begriff der „Finanzierungsfreiheit" zusammengefaßten Spielraums bildet einen Pol des Spannungsfeldes, in welchem sich eine vor den Risiken der Gesellschafterfremdfinanzierung schützende Vorschrift bewegt. Den anderen Pol bildet der Gläubigerschutz, dessen Ausmaß entscheidend dadurch geprägt wird,

7 Vgl. *Forum Europaeum Konzernrecht*, ZGR 1998, 672 ff.
8 Vgl. *Forum Europaeum Konzernrecht*, ZGR 1998, 672 (753).

welchen Risiken die Gläubiger einer insolventen Gesellschaft durch die Gesellschafterfremdfinanzierung in der Krise eigentlich ausgesetzt sind. Die Herausarbeitung dieser Risiken ist entscheidend für die im dritten Kapitel dieser Arbeit anstehende Suche nach entsprechenden Haftungsvorschriften in der deutschen und englischen Rechtsordnung. Diese müssen bezüglich ihres persönlichen und sachlichen Anwendungsbereichs sowie ihrer Rechtsfolgen darauf untersucht werden, ob sie eine umfassende – aber auch gleichzeitig angesichts der bestehenden Finanzierungsfreiheit angemessene – Kompensation des auf Seiten der Gläubiger durch die Gesellschafterfremdfinanzierung entstehenden Schadens ermöglichen. Nach Herausarbeitung der in der deutschen und englischen Rechtsordnung hierzu geeigneten Normen, werden diese miteinander anhand ihrer Tatbestandsmerkmale verglichen.

Im vierten Kapitel werden die erarbeiteten Ergebnisse noch einmal zusammengefaßt.

C. Zum Begriff „(Eigen-)Kapitalersatzrecht"

In Rechtsprechung und Literatur werden die Begriffe „Eigenkapitalersatzrecht" und „Kapitalersatzrecht" meist gleichbedeutend gebraucht. Beide Begriffe sind jedoch insofern mißverständlich, als die betreffenden Gesellschafterleistungen nicht Eigenkapital oder Kapital im wörtlichen Sinn „ersetzen". Gleiches gilt für den in der Literatur verwendeten Begriff der „Umqualifizierung", welcher die Unterwerfung einer Gesellschafterleistung unter die Regeln des Eigenkapitalersatzrechts beschreiben soll. Eine vollständige Umqualifizierung der Gesellschafterleistung in Eigenkapital findet nicht statt. Ein Gläubiger eigenkapitalersetzender Gesellschafterdarlehen bleibt nach § 39 Abs. 1 Nr. 5 InsO (wenn auch nachrangiger) Insolvenzgläubiger. Hinzu kommt, daß das Darlehen auch nicht dauerhaft den Vorschriften des Eigenkapitalersatzrechts unterworfen wird, sondern nur solange sich die Gesellschaft in der Krise befindet. Zutreffender ist daher der Begriff „Verstrickung". Weil sich die genannten Begriffe aber in Rechtsprechung und Literatur durchgesetzt haben und auch der Gesetzgeber im neuen § 32 a Abs. 3 S. 2 und S. 3 GmbHG von den „Regeln über den Eigenkapitalersatz" spricht, werden in der vorliegenden Arbeit sowohl die Begriffe „Eigenkapitalersatz-" und „Kapitalersatzrecht" sowie das Verb „umqualifizieren" verwendet.

Gegenstand der folgenden Untersuchung sind die §§ 32 a, b GmbHG, also die sog. „Novellenregeln". Diese sind von den durch den *Bundesgerichtshof* entsprechend den Kapitalerhaltvorschriften entwickelten sog. „Rechtsprechungsregeln" zu unterscheiden. Obwohl diese, wie darzulegen sein wird, eine von den §§ 32 a, b GmbHG unterschiedliche Schutzrichtung haben, werden auch sie gemeinhin als Bestandteil der unter den Oberbegriffen „Eigenkapital-" oder „Kapitalersatzrecht" zusammengefaßten Regelungen verstanden. Werden im folgenden die Begriffe „Eigenkapital-“ oder „Kapitalersatzrecht“ verwendet, so sind jedoch der Einheitlichkeit und Verständlichkeit halber nur die §§ 32 a, b GmbHG sowie die zugehörigen Vorschriften in der InsO und im AnfG gemeint. Die Rechtsprechungsregeln sind auszuklammern.

D. Zu den behandelten Gesellschaftsformen

Die Fremdfinanzierung einer Gesellschaft durch ihre Mitglieder ist ein Phänomen, daß bei sämtlichen Gesellschaftsformen mit einem eigenen Gesellschaftsvermögen und einer eigenen Rechtspersönlichkeit auftreten kann. Besonders häufig tritt es jedoch bei *closely-held companies* auf, d.h. bei Gesellschaften, bei denen unternehmerische Verantwortung und Vermögensbeteiligung eng miteinander verknüpft sind. Es handelt sich hierbei um Gesellschaften, die in der Regel kleine oder mittelständische Unternehmungen betreiben. Auch dort entfaltet die Gesellschafterfremdfinanzierung jedoch hauptsächlich dann ein gesteigertes Risiko, wenn die Haftung der Gesellschaft auf das Gesellschaftsvermögen beschränkt ist.[9]

I. Die behandelte Gesellschaftsform in Deutschland

Die meist verbreitete Gesellschaftsform mit beschränkter Haftung für kleine und mittelständische Unternehmen in Deutschland ist die Gesellschaft mit beschränkter Haftung (GmbH) Sie ist aufgrund ihrer vielfältigen Einsatzmöglichkeiten in der Praxis die zahlen- und umsatzmäßig bedeutendste Unternehmensform[10] mit dem größten Haftungskapital[11]. Die Anzahl der GmbHs hat sich in den alten Bundesländern im Zeitraum von 1980 bis 1992 mehr als verdoppelt und in der Zeit von 1954 bis 1996 mehr als verachtundzwanzigfacht.[12] Im gesamten Bundesgebiet gab es im Jahr 2000 ca. 447.000 Gesellschaften mit beschränkter Haftung.[13] Dies entspricht einem Anteil von über 50% an sämtlichen korporierten Unternehmen. Auch in der Insolvenzstatistik nimmt die GmbH einen Spitzenplatz ein. Von den rd.

9 Siehe hierzu auch S. 184 ff.

10 Vgl. *Hansen*, GmbHR 1997, S. 204 (206); *ders.*, GmbHR 1999, S. 24 ff; *Haas*, in: Gottwald, § 92 Rdnr. 1.

11 Vgl. *Hansen*, GmbHR 1997, S. 204 (205).

12 Vgl. *Statistisches Bundesamt*, VI D; Im Vergleich dazu gab es rd. 262.000 OHGs, rd. 103.000 KGs, rd. 5.500 AGs, 6.000 Erwerbs- und Wirtschaftsgenossenschaften, rd. 6.000 Körperschaften des öffentlichen Rechts, rd. 39.000 sonstige juristische Personen des Privatrechts und rd. 10.000 ausländische Rechtsformen.

13 Vgl. *Statistisches Bundesamt*, VI D.

32.000 Unternehmen, die im Jahr 2001 insolvent wurden, waren über 50 % in der Rechtsform der GmbH organisiert.[14]

II. Die behandelte Gesellschaftsform in England

Fraglich ist, welche Rechtsform das englische Pendant zur deutschen GmbH darstellt. Das englische Recht eröffnet eine Vielzahl von Möglichkeiten für die Ausübung freiberuflicher, handwerklicher, kaufmännischer und industrieller Tätigkeiten. Im wesentlichen unterscheidet es vier Formen: Den Alleinunternehmer (*single-* oder *sole trader*), Personengesellschaften (*partnerships*)[15], Kapitalgesellschaften (*companies*)[16] sowie spezielle Organisationsformen für bestimmte Geschäftszweige[17]. Innerhalb der Kapitalgesellschaften unterscheidet das englische Recht[18] zwischen *guarantee companies* und *companies limited by shares*. Bei der

---

14 Vgl. *Statistisches Bundesamt*, VI B 35/4 – 235.

15 Das Recht der *partnerships* ist in Großbritannien nicht einheitlich geregelt. Auf *partnerships*, die in England, Schottland und Nordirland gegründet worden sind, finden der *Partnerships Act 1890* und der *Limited Partnerships Act 1907* Anwendung. Abweichende Regelungen finden sich auf der Insel Man und den Kanalinseln. Neben den gesetzlichen Regelungen steht das Richterrecht (*common law* und *equity*). Die meisten Bestimmungen des *Partnerships Act 1890* sind, sofern sie nicht dem Gläubigerschutz dienen von den Gesellschaftern im Gesellschaftsvertrag abdingbar.

16 Im allgemeinen Sprachgebrauch wird der Begriff *company* sowohl für Personen- als auch für Kapitalgesellschaften verwendet. Es ist daher üblich, für eine englische Personengesellschaft den Zusatz „& Company" zu führen. Im juristischen Sprachgebrauch wird jedoch streng zwischen *company* und *company law* einerseits sowie *partnership* und *partnership law* andererseits unterschieden, vgl. *Gower/Davies*, S. 3.

17 Diese lassen sich in zwei Kategorien unterteilen: die einen unterscheiden sich ihrer Form nach von den dem *Companies Act* unterfallenden Kapitalgesellschaften, die anderen unterliegen weitergehenden gesetzlichen Bestimmungen. Zu der ersten Kategorie gehören u.a. die *building societies, friendly societies* (Sonderform des Versicherungsvereins auf Gegenseitigkeit). Zu der zweiten Gruppe gehören Banken und bestimmte Versicherungsgesellschaften.

18 Das britische Recht der Kapitalgesellschaften ist im *Companies Act 1985* enthalten, der jedoch nur auf in England gegründete *companies* Anwendung findet. Ergänzt werden diese Vorschriften durch den *Insolvency Act 1986*, der die Abwicklung insolventer *companies* regelt, sowie durch eine Reihe einzelner Gesetze, die besondere Problemkreise betreffen (z.B. der *Business Names Act 1985*, der *Companies Securities (Insider Dealing) Act 1985*, der *Companies Consolidation (Consequential Provisions) Act 1985* und der *Companies Directors Disqualification Act 1986)*. Nordirland hat ein eigenes Recht der Kapitalgesellschaften, den *Companies Act (Northern Ireland) 1960*, *Companies (Northern Ireland) Order 1986* (in der jeweils gültigen Fassung). Dessen Regelungen entsprechen im wesentlichen den Regelungen des CA 1985. ebenso gelten auf der Isle of Man eigene Rechtsvorschriften. Die folgenden Ausführungen beschränken sich auf die in England und Schottland geltenden Regelungen.

guarantee company handelt es sich um eine Kapitalgesellschaft, welche die Haftung der Gesellschafter für Verbindlichkeiten der Gesellschaft im Falle der Liquidation auf einen im Gesellschaftsvertrag festgesetzten Betrag beschränkt.[19] Die Gesellschafter erhalten keine Anteile an der Gesellschaft, welche sie übertragen könnten oder welche sie zur Teilnahme am Gewinn berechtigen. Aus diesem Grund wird die Rechtsform der *guarantee company* heute weitgehend von gemeinnützigen Organisationen genutzt.[20] Bei der *company limited by shares* handelt es sich um eine Gesellschaft mit einem Nominalkapital, auf welches die Gesellschafter Anteile übernehmen können. Innerhalb der *companies limited by shares* ist wiederum zwischen Gesellschaften, deren Anteile öffentlich gehandelt werden (*public companies limited by shares*), und Gesellschaften, deren Kapital von einem begrenzten Personenkreis aufzubringen ist (*private companies limited by shares*), zu unterscheiden. Die *private company limited by shares* bildet das englische Pendant zur deutschen Gesellschaft mit beschränkter Haftung. Sie besitzt eine eigene Rechtspersönlichkeit, die im Geschäftsverkehr unter dem Kürzel „Ltd." auftritt.[21] Die *private company limited by shares* ist ebenso wie die GmbH in der Bundesrepublik die populärste Rechtsform für kleine und mittelständische Unternehmen.[22] So entspricht auch das zahlenmäßige Verhältnis zwischen *private* und *public company* in etwa dem zwischen GmbH und Aktiengesellschaft: Etwa 1.080.000 *private companies* stehen 11.700 *public companies* gegenüber.[23] Auf diese *private company limited by shares* konzentriert sich diese Arbeit.

E. Die verschiedenen Insolvenzverfahrensarten in der englischen Rechtsordnung

Sämtliche innerhalb dieser Arbeit diskutierten Anspruchsgrundlagen des englischen Rechts, die möglicherweise geeignet sind, einen Gesellschafter für die negativen Folgen seiner Kreditierung zur Verantwortung zu ziehen, haben als gemeinsame Voraussetzung, daß über das Vermögen der betreffenden Gesellschaft ein Insolvenzverfahren eröffnet ist und können ausschließlich von einer zur Durchführung dieses Verfahrens bestellten Person geltend gemacht werden. Anders als das deutsche Recht unterwirft das englische Recht insolvente Gesellschaften aber nicht einem einheitlichen Verfahren, das entweder deren geregelte und überwachte

---

19 Von *Güthoff*, S. 43, wird die *guarantee company* daher als „Gesellschaft mit beschränkter Nachschußpflicht" bezeichnet. Über die reine *guarantee company* hinaus gibt es noch die Mischform der *guarantee company with a share capital*.

20 Vgl *Gower/Davies*, S. 11; *Bourne*, S. 4.

21 Vgl. s 25 (2) CA 1985: „In the case of a company limited by shares or by guarantee (not being a public company), the name must have 'limited' as its last word".

22 Vgl. *Fleischer*, DStR 2000, 1015.

23 Vgl. *Farrar/Hannigan*, S. 44 f.

Ausschaltung aus dem Marktgeschehen oder deren Sanierung zum Ziel hat, sondern es bestehen unterschiedliche Verfahrensarten, die nach Ziel und Art der Einleitung des Verfahrens unterscheiden.

Bis zum Erlaß des *Insolvency Act 1986* existierte keine umfassende Kodifikation des englischen Insolvenzrechts. Statt dessen fanden sich entsprechende Vorschriften in verschiedenen Rechtsgebieten wie dem *Bankruptcy Act 1914*, dem *Deeds of Arrangement 1914*, Teilen des *Company Act 1948* und des *County Courts Act 1959*. Diese Gesetze bedurften der Ergänzung durch das *common* und das *equity law*, welches wiederum maßgeblich durch das *case law* gebildet wird. Im Jahr 1977 wurde durch den *Secretary of State for Trade* eine Insolvenzrechtsreformkommission, das *Insolvency Law Review Committee*, besser bekannt unter dem Namen *Cork Committee*[24], ins Leben gerufen, um ein umfassendes Insolvenzsystem zu formulieren. Im Juni 1982 veröffentlichte das *Cork Committee* seinen Bericht mit weitreichenden Reformvorschlägen[25] welche schließlich in dem im Jahr 1986 erlassenen *Insolvency Act 1986* umgesetzt wurden. Dieser enthält zwei grundlegende Verfahrensarten.

I. Das Liquidationsverfahren für Kapitalgesellschaften (*winding-up*)

Der *Insolvency Act 1986* unterscheidet zwei Arten von *winding-up*. Das *voluntary* (freiwillige) und das *compulsory* (unfreiwillige) *winding-up*. Beide unterscheiden sich durch die Person des Antragstellers. Während das *voluntary winding-up* die Teilnahme der Gesellschaftsorgane voraussetzt, ist diese beim *compulsory winding-up* nicht zwingend erforderlich. Innerhalb des *voluntary winding-up* unterscheidet der Gesetzgeber erneut, und zwar zwischen *members' voluntary winding-up* und *creditors' voluntary winding-up*.[26] Der Unterschied zwischen diesen beiden Verfahren liegt in der wirtschaftlichen Situation der Gesellschaft. Ist die Gesellschaft solvent, so entscheiden die Gesellschaftsorgane selbst über die Person des *liquidator*, während im Falle der Insolvenz diese Entscheidung bei den Gesellschaftsgläubigern liegt.

---

24 Benannt nach seinem Vorsitzenden, *Sir Kenneth Cork*, ehemaliger *Lord Mayor* von London.

25 *Insolvency Law Review Committee on Insolvency Law and Practice* (1982) veröffentlicht durch das *Majesty's Stationary Office*, Cmnd. 8558; vgl. auch ZIP 1982, 888 ff.

26 Die gesetzliche Systematik innerhalb des *Insolvency Act 1986* ist in diesem Zusammenhang nicht „benutzerfreundlich". So gelten bezüglich der in Part IV des *Insolvency Act 1986* geregelten Kapitalgesellschaften die Kapitel II und V für beide Arten des *voluntary winding-up*, Kapitel III gilt nur für das *members' voluntary winding-up*, Kapitel IV nur für das *creditors' voluntary winding-up* und Kapitel VI bezieht sich nur auf das *winding-up by the court*. Darüber hinaus finden sich weitere relevante Vorschriften in *Part VI* und *Part VII* des *Insolvency Act 1986* unter den Überschriften *Miscellaneous Provisions* und *Interpretation for First Group of Parts*.

1. Das *compulsory winding-up*

Das *compulsory winding-up*, auch *winding-up by the court* genannt, weist vom Ablauf die meisten Ähnlichkeiten zum deutschen Insolvenzverfahren auf. Anders als die Bezeichnung *winding-up by the court* vermuten läßt, handelt es sich hierbei nicht um ein Verfahren von Amts wegen, sondern um ein reines Antragsverfahren.[27] Nach s 123 I.A. 1986 kann eine Gesellschaft, auf Antrag eines Gläubigers oder einer anderen in s 124 I.A. 1986 genannten Person, durch das Gericht[28] liquidiert werden, wenn sie entweder zahlungsunfähig oder das Gericht der Auffassung ist, daß eine Liquidation recht und billig (*just and equitable*) wäre.[29] Eröffnungsgrund ist die Zahlungsunfähigkeit der Gesellschaft.[30] Diese kann, wie später noch dargelegt werden soll, sowohl durch den *balance sheet test* gem. s 123 (2) I.A. 1986 als auch durch den *cash flow test* gem. s 123 (1) (e) I.A. 1986 nachgewiesen werden. Einen einfacheren Nachweis der Zahlungsunfähigkeit bietet s 123 I.A. 1986, wonach eine Gesellschaft als zahlungsunfähig gilt, wenn ein Gläubiger, der eine fällige Forderung von mehr als £ 750,00 gegen die Gesellschaft hat, bei dieser eine *statutory notice* gem. s 123 (1) (a) I.A. 1986[31] hinterlegt und die Gesellschaft der Zahlungsaufforderung nicht binnen einem Zeitraum von drei Wochen Folge leistet.[32] Nachdem das Gericht über den Insolvenzantrag entschieden hat, wird die Auflösung der Gesellschaft beschlossen (*winding-up order*) und ein *liquidator* bestellt. Die Bestellung des *liquidator* kann auch bereits vor Erlaß des Liquidationsbeschlusses durch das Gericht erfolgen. Es handelt sich dann um einen *provisional liquidator*. Ein wesentlicher Unterschied zwischen *compulsory* und *voluntary winding-up* liegt in der Person des *liquidator*.[33] Im Falle einer Auflösung durch das Gericht muß der *liquidator* Angehöriger des *Insolvency Service* sein. Hierbei handelt es sich um eine Abteilung des *Department for Trade and Industry*, die bei den jeweiligen Insolvenzgerichten aufgehängt ist. Im Falle eines *voluntary winding-up* kann jeder qualifizierte Insolvenzrechtler (*qualified insolvency praticioner*) diese

---

27 Ebenso wie in Deutschland ist auch im englischen Insolvenzrecht ein Verfahren von Amts wegen nicht vorgesehen; vgl. zur Rechtslage in Deutschland: *Uhlenbruck*, in:Gottwald, § 4 Rdnr. 1.

28 Eigentlich der *High Court of Justice*, bei Gesellschaften mit einem geringen Stammkapital kann aber auch der *County Court* des Bezirks, in dem die Gesellschaft ihren Sitz hat, zuständig sein.

29 Eine solche Anordnung kann insbesondere Rechtsfolge einer *unfair prejudice* oder einer *derivative action* gem. s 459 C.A. 1985 sein. Sie kann aber auch auf Antrag des *Secretary of State* nach Ermittlungen gegen die Gesellschaft erfolgen.

30 Siehe hierzu auch S. 120 ff.

31 Die *statutory notice* ist eine schriftliche Zahlungsaufforderung, die fällige Summe innerhalb von drei Wochen an den Gläubiger zu zahlen. Sie muß bei dem im *Registrar of Companies* eingetragenen Sitz der Gesellschaft hinterlegt werden.

32 Vgl. *Keay*, (2003) 4 Ins Lawyer, 148 (149).

33 Vgl. *Gower/Davies*, S. 836.

Aufgabe wahrnehmen. Aufgabe des *liquidator* ist gem. s 143 (1) I.A. 1986, „to secure that the assets of the company are got in, realised and distributed to the company's creditors and, if there is a surplus, to the persons entitled to it". Außerdem obliegt ihm gem. s 132 (1) I.A. 1986 die Untersuchung der rechtlichen und wirtschaftlichen Verhältnisse der Gesellschaft sowie die Ermittlung der Ursachen der Insolvenz. Die ihm hierzu zur Verfügung stehenden Befugnisse sind in s 131 ff. I.A. 1986 geregelt. Die Organe der Gesellschaft treffen umfangreiche Auskunfts- und Mitwirkungspflichten, die durch den *liquidator* auch zwangsweise durchgesetzt werden können. Eine Einbeziehung der Gläubiger in den Prozeß des *winding-up* erfolgt über regelmäßig stattfindende Gläubigerversammlungen. Außerdem können die Gläubiger in einer dieser Versammlungen einen Gläubigerausschuß (*liquidation committee*) bestellen, um eine engere Zusammenarbeit mit dem *liquidator* und eine bessere Durchsetzung ihrer Interessen zu gewährleisten.

2. Das *voluntary winding-up*

Im Gegensatz zum *compulsory winding-up*, ist Ausgangspunkt für ein *voluntary winding-up* immer ein entsprechender Gesellschafterbeschluß mit dem Inhalt, daß die Gesellschaft aufgelöst werden soll. Dieser bedarf einer Dreiviertelmehrheit der abstimmenden Gesellschafter. Der Beschluß entscheidet auch darüber, ob im Rahmen des *winding-up* die Gläubiger oder die Gesellschafter die ausschlaggebenden Entscheidungen treffen sollen.

a) Das members' voluntary winding-up

Entscheiden sich die Gesellschafter für das Verfahren des *members' voluntary winding-up*, müssen sie vor dem Gesellschafterbeschluß über die Auflösung der Gesellschaft eine *declaration of solvency* gem. s 89 I.A. 1986 abgeben, in der sie versichern, daß sie nach eingehender Untersuchung der wirtschaftlichen Verhältnisse der Gesellschaft zu dem Schluß kommen, daß die Gesellschaft innerhalb von zwölf Monaten nach Beginn des *winding-up* in der Lage ist, sämtliche fälligen, gegen sie gerichteten Forderungen vollständig zu berichtigen. Nach Abgabe dieser Erklärung muß innerhalb von fünf Wochen der Auflösungsbeschluß in einer Gesellschafterversammlung gefaßt werden. Danach muß die Geschäftstätigkeit der Gesellschaft eingestellt und ein *liquidator* bestellt werden. Dieser muß, wie bereits erwähnt, ein qualifizierter *insolvency practicioner* sein. Mit Bestellung des *liquidator* endet nach s 91 (2) I.A. 1986 die Verfügungsbefugnis der Geschäftsführer über das Vermögen der Gesellschaft und der *liquidator* beginnt mit der Sicherung und Verwertung des Gesellschaftsvermögens, welches schließlich ebenso wie innerhalb des *compulsory winding-up* an die Gläubiger ausgeschüttet wird.[34] Die ihm bei der Sicherung und Verwertung zustehenden zustehenden Rechte und Pflichten sind ebenfalls in s 131 ff. I.A. 1986 geregelt.

b) Das creditors' voluntary winding-up

Im Falle des *creditors' voluntary winding-up* gehen die Gesellschafter davon aus, daß die Gesellschaft insolvent ist und die Auflösung erfolgt im Interesse der Gläubiger. Falls die Gesellschafter eine Auflösung der Gesellschaft beschließen, ohne eine *declaration of solvency* abgegeben zu haben, haben sie binnen zwei Wochen nach Beschlußfassung eine Gläubigerversammlung einzuberufen. Der Termin der Gläubigerversammlung sowie der Name eines qualifizierten *insolvency practicioner*, welcher den Gläubigern nötige Auskünfte erteilen kann,[35] sind in der *Gazette* sowie in zwei regionalen, am Sitz der Gesellschaft erscheinenden Tageszeitungen zu veröffentlichen. In der Gläubigerversammlung können dann sowohl die Gläubiger als auch die Gesellschaft selbst einen Kandidaten für das Amt des *liquidator* vorschlagen. Machen die Gläubiger von ihrem Recht Gebrauch und schlagen einen eigenen *liquidator* vor, so wird dieser gem. s 100 (2) I.A. 1986 zum *liquidator* bestellt.

Von diesem Zeitpunkt an gleichen sich die Abläufe des *creditors'* und des *members' voluntary winding-up*. Die Verfügungsbefugnisse der Geschäftsführer enden nach s 103 I.A. 1986 und der *liquidator* beginnt mit der Sicherung und Verwertung des Vermögens. Wie im Rahmen des *compulsory winding-up* und des *members' voluntary winding-up* bestimmen sich seine Rechte und Pflichten ebenfalls nach s 131 ff. I.A. 1986. Einziger Unterschied zwischen *members'* und *creditors' voluntary winding-up* ist, daß die Gläubiger innerhalb des *creditors' voluntary winding-up* ebenso wie innerhalb des *compulsory winding-up* einen Gläubigerausschuß wählen können.

---

34 Der bestellte *liquidator* hat außerdem die Pflicht, zu prüfen, ob die Gesellschaft tatsächlich solvent ist. Ist sie es nicht, kann das *members' voluntary winding up* nach s 96 I.A. 1986 in ein *creditors' voluntary winding up* umgewandelt werden. Aus diesem Grund bietet es sich für die Gesellschafter an, den zu bestellenden *liquidator* bereits im Vorfeld seiner Bestellung zur Prüfung der wirtschaftlichen Situation der Gesellschaft einzuschalten.

35 Der *qualified insolvency practitioner* ist zu diesem Zeitpunkt noch nicht der bestellte *liquidator*. Es bietet sich für die Gesellschafter jedoch an, den Insolvenzrechtler anzugeben, den sie später in der Gläubigerversammlung vorschlagen werden; vgl. *Gower/Davies*, S. 841.

II. Das Sanierungsverfahren für Kapitalgesellschaften (*administration*)

Ebenso wie viele andere Rechtsordnungen[36] bietet das englische Recht seit Einführung des *Insolvency Act 1986* als Alternative zu den „klassischen" Insolvenzverfahren, die in der Regel zur Liquidation der Gesellschaft und zur Einstellung des Geschäftsbetriebs führen, mit der *administration* ein Verfahren mit dem Ziel, die wirtschaftlich angeschlagene Gesellschaft zu erhalten und zu sanieren.

Das Verfahren der *administration* wurde auf der Grundlage der *administrative receivership* entwickelt. Dieses Rechtsinstitut ermöglicht es Inhabern einer *floating charge*[37] unter bestimmten Voraussetzungen, zur Realisierung ihrer Sicherheit einen *administrative receiver* zu bestellen, der für kurze Zeit die Verfügungsbefugnis über die Assets der Gesellschaft übernimmt, diese verwertet, den Verwertungserlös an den Sicherungsnehmer abführt und anschließend das Unternehmen wieder verläßt.[38] In der Regel bleibt der Gesellschaft nach dem Einsatz eines *administrative receivers* und der Verwertung ihrer wesentlichen Assets nur noch der Weg in die *liquidation*. Weil es aber auch Fälle gab, in denen es einem *administrative receiver* gelungen ist, die Gesellschaft zu sanieren, hielt es das *Cork-Committee* für angebracht, dem Gesetzgeber eine neue Art der *receivership* vorzuschlagen, deren Ziel es sein sollte, das angeschlagene Unternehmen unter der Regie eines *receiver* wieder in „sicheres Fahrwasser" zu bringen.[39] Dieser Vorschlag wurde im *Insolvency Act 1986* umgesetzt.

Die zuständigen Gerichte können nunmehr auf Antrag eines Gläubigers oder der Gesellschaft einen *administrator* bestellen. Voraussetzung für die Bestellung ist gem. s 8 (1) I.A. 1986 neben der Zahlungsunfähigkeit auch die drohende Zahlungsunfähigkeit der Gesellschaft. Darüber hinaus muß das Gericht gem. s 8 (1) I.A. 1986 davon überzeugt sein, daß die Bestellung des *administrator* der – zumindest teilweisen – Fortführung und dem Erhalt des schuldnerischen Unternehmens dient. Mit Eingang des Antrags auf Bestellung eines *administrator* tritt ein umfangreicher

---

36 Z.B. die Vereinigten Staaten (*Chapter 11 of the Bankruptcy Act*), Australien (*official management*), Deutschland (Insolvenzplanverfahren) und Südafrika (*judicial management*).

37 Die *floating charge* ist eine dem deutschen Recht unbekannte Konstruktion. *Fleischer* übersetzt den Begriff frei mit „Unternehmenshypothek", vgl. *Fleischer*, DStR 2000, 1015 (1018). *Gower* beschreibt die *floating charge* als „a charge which floats like a cloud over the whole assets from time to time falling with a generic description, but without preventing the mortgagor from disposing of those assets in the usual course of business until something occurs to cause the charge to become crystallised or fixed", vgl. *Gower/Davies*, S. 89.

38 Vgl. zu den Voraussetzungen der Bestellung eines *administrative receiver Gower/Davies*, S. 382 ff.

39 Vgl. *Insolvency Law Review Committee on Insolvency Law and Practice* (1982), Cmnd. 8558, § 495 ff.

gesetzlicher Schutz der Gesellschaft in Kraft. Die Gesellschaft kann gem. sections 10, 11 I.A. 1986 nicht mehr im Wege eines *winding-up* liquidiert werden. Entsprechende Beschlüsse sind unwirksam. Zwangsvollstreckungsmaßnahmen dürfen nicht mehr eingeleitet werden und gesicherte Gläubiger dürfen von den ihnen gewährten Sicherheiten keinen Gebrauch mehr machen. Hierin liegt der wesentliche Unterschied zu den verschiedenen Formen des *winding-up*. Innerhalb eines *winding-up* haben gesicherte Gläubiger die Möglichkeit, ihre Sicherheiten – ggf. auch unter Einsatz eines *receiver* – zu verwirklichen und damit eine Fortführung des schuldnerischen Unternehmens gänzlich unmöglich zu machen.[40] Zur Erfüllung seiner Aufgaben stehen dem *administrator* umfangreiche Befugnisse zur Verfügung. Diese sind im *Schedule 1* des I.A. 1986 detailliert geregelt und entsprechen im wesentlichen denen des *board of directors*.[41] Die Pflichten des *administrator* sind in s 17 I.A. 1986 niedergelegt und betreffen vor allem dessen Rechenschaftspflichten gegenüber der Gesamtgläubigerschaft. So muß er innerhalb von drei Monaten nach seiner Bestellung den Gläubigern über den Stand des Verfahrens unterrichten und ein Sanierungskonzept vorlegen, über das die Gläubiger in einer Versammlung abstimmen.

III. Zusammenfassung

Es kann festgehalten werden, daß es sich bei den vier zuvor dargestellten Verfahren nur bei dreien um Insolvenzverfahren im eigentlichen Sinn handelt. Im Falle des *members' voluntary winding-up* ist die Gesellschaft nicht insolvent. Dieses Verfahren entspricht der deutschen Liquidation nach den §§ 66 ff. GmbHG. Entsprechend ist der *liquidator* im Falle eines *members' voluntary winding-up* auch nicht Anspruchsinhaber der im Folgenden diskutierten Ansprüche, welche sämtlich voraussetzen, daß die Gesellschaft sich in einer *insolvent liquidation* befindet. Ist also in dieser Arbeit die Rede von einem *liquidator*, so meint dies nur den *liquidator* innerhalb eines *compulsory* oder eines *creditors' voluntary winding-up* sowie den *administrator*.

---

40 Vgl. *Gower/Davies*, S. 820 ff., 843. Das Gericht kann einzelnen Gläubigern auf Antrag gestatten, ihre Sicherheiten zu verwirklichen; vgl. hierzu *Bristol Airport plc. v. Powdrill* [1990] Ch. 744, C.A.; *Re Atlantic Computer Systems (No. 1)* [1992] Ch. 505, C.A.

41 Vgl. *Gower/Davies*, S. 824. Rechtlich ist der *administrator* Vertreter (*agent*) der Gesellschaft. Anders als in Deutschland haftet er jedoch nicht persönlich für die von ihm begründeten Verbindlichkeiten.

2. Kapitel
Die Abgrenzung von Eigen- und Fremdkapital, Finanzierungsfreiheit und negative Folgen der Gesellschafterfremdfinanzierung

A. Unterscheidung von Eigen- und Fremdkapital auf dem Gebiet der Gesellschafterdarlehen

Ist das Finanzierungsmittel eines Gesellschafters nach deutschem Recht als eigenkapitalersetzend einzuordnen, so wird es über die Vorschriften des Kapitalersatzrechts für eine bestimmte Zeitspanne wie haftendes Kapital behandelt. Das deutsche Recht nimmt unter bestimmten Umständen unabhängig von der zivilrechtlichen Einkleidung und dem Willen der beteiligten Parteien die Zuordnung eines Finanzierungsmittels zum haftenden Kapital vor. Man könnte daher die These vertreten, in dieser Zuordnung erschöpfe sich bereits der Zweck dieser Vorschriften.[42] Dann hätte das Eigenkapitalersatzrecht allein klarstellende Funktion und die Begründung für die von ihm vorgenommene Zuordnung müßte sich direkt aus der Abgrenzung von Eigen- und Fremdkapital gewinnen lassen. Mit anderen Worten: Das Eigenkapitalersatzrecht wäre Ausdruck eines sich über die Formwahl der Beteiligten hinwegsetzenden Eigenkapitalbegriffs. Dies erklärt möglicherweise auch, wieso die englische Rechtsordnung keine Sonderregeln über die Behandlung von Gesellschafterdarlehen in der Krise aufweist. In der englischen Rechtsordnung könnte sich die Zuordnung von Gesellschafterdarlehen bereits aus der Definition des Eigenkapitals an sich ergeben.

Eigen- und Fremdkapital sind sowohl rechtlich als auch betriebswirtschaftlich durch unterschiedliche Merkmale und Funktionen gekennzeichnet. Nachfolgend wird zu sehen sein, daß sich die Rechtswissenschaft bei der Unterscheidung von Eigen- und Fremdkapital zunehmend von einer formalrechtlichen Unterteilung von Finanzierungsmitteln in Fremd- und Eigenkapital löst und einen materiellen Eigenkapitalbegriff vertritt, der sich an einer betriebswirtschaftlichen Funktionenanalyse des zugeführten Kapitals orientiert.[43] Daher sollen zunächst die betriebswirtschaftlichen Erkenntnisse hierzu kurz dargelegt werden, bevor näher auf die Abgrenzung in der Rechtswissenschaft eingegangen wird.

42 So wohl *K Schmidt*, § 18 III, S. 531, der behauptet, im Ergebnis ginge es beim Kapitalersatzrecht „um die Qualifikation von Krediten als funktionelles Haftkapital oder ... um einen materiellen Eigenkapitalbegriff, der es erlaubt, Kredite als Haftkapital zu behandeln, sofern sie als Haftkapital fungieren und in diesem Licht Haftkapital sind".

43 Besonders deutlich bei: *K Schmidt*, § 18 II, S. 514; *Wiedemann*, in: FS *Beusch*, 1993, S. 893 (896).

I. Abgrenzung nach der Betriebswirtschaftslehre

1. Überblick

Es handelt sich bei Eigen- und Fremdkapital um Mittel zur Finanzierung eines Unternehmens. Unter Finanzierung wird die Versorgung der Unternehmen mit Kapital einschließlich der Strukturierung des Kapitals verstanden (sog. „kapitalwirtschaftlicher Finanzierungsbegriff").[44] Dabei unterscheidet man zwischen Innen- und Außenfinanzierung.[45] Die Innenfinanzierung umfaßt alle Finanzierungsmaßnahmen, Bewertungen und Entscheidungen der Unternehmensorgane, bei denen es durch Erlaubnis, Duldung oder Hinderung erreicht wird, daß die Auszahlung von Zahlungsmitteln an die Eigenkapitalgeber für kürzere oder für längere Zeit verschoben wird.[46] Dazu gehört die Kapitalbeschaffung aus dem betrieblichen Umsatzprozeß, die einerseits entweder durch Vermögenszuwachs und dadurch bedingte Kapitalneubildung im Wege der Zurückbehaltung von Gewinnen (Selbstfinanzierung) oder durch die Bildung langfristiger Rückstellungen (z.B. Pensionsrückstellungen) und andererseits durch Vermögensumschichtung (Verwendung von Umsatzerlösen für Reinvestitionen oder Nettoinvestitionen) erfolgen kann.[47]

Außenfinanzierung hingegen bedeutet, daß das Kapital dem Betrieb von außen zufließt, also nicht aus dem betrieblichen Umsatzprozeß, sondern aus Kapitaleinlagen oder Kreditgewährungen stammt. Die Außenfinanzierung kann eine Einlagen- oder Beteiligungsfinanzierung einerseits oder eine Kreditfinanzierung andererseits sein. Unter Einlagen- oder Beteiligungsfinanzierung versteht man die Zuführung von Eigenkapital oder den Erwerb von Anteilen an Kapitalgesellschaften, während Kreditfinanzierung die Zuführung von Fremdkapital meint.[48] Zwar finden sich auch im Rahmen der Innenfinanzierung Eigen- und Fremdkapitalzuführungen – so erhöht sich etwa bei der Selbstfinanzierung durch Zurückbehaltung von Gewinnen das Eigenkapital und bei der Finanzierung durch die Bildung von Rückstellungen das Fremdkapital – doch treten beide Finanzierungsmittel am deutlichsten bei der Außenfinanzierung in Erscheinung.

Kennzeichnend für die Abgrenzung von Eigen- und Fremdkapital in der Betriebswirtschaftslehre ist, daß diese nicht anhand unterschiedlicher Modelle oder Theorien vorgenommen wird.[49] Vielmehr wird die Zuordnung mittels eines Katalogs verschiedener grundsätzlicher finanzwirtschaftlicher Merkmale sowie der Funktion von Eigen- und Fremdkapital durchgeführt.

---

44 Vgl. *Swoboda*, S. 20; *Wöhe/Bilstein*, S. 11.
45 Vgl. *Wöhe*, S. 672, *Vormbaum*, S. 29.
46 Vgl. *Spremann*, S. 150.
47 Vgl. *Wöhe/Bilstein*, S. 11.
48 Vgl. *Wöhe*, S. 672.
49 So aber *Gehde*, S. 73.

2. Idealtypische Abgrenzung

Ausgangspunkt der Abgrenzung ist in der Betriebswirtschaftslehre eine idealtypische Abgrenzung anhand der Eigenschaften der beiden Finanzierungsmittel.[50] Erstes Abgrenzungskriterium ist die Verfügbarkeit des betreffenden Kapitals.[51] Steht es unbegrenzt zur Verfügung so handelt es sich um Eigenkapital. Fremdkapital hingegen ist innerhalb eines vertraglich vereinbarten Zeitraumes oder an einem festen Termin zurückzuzahlen

Zweites Kriterium ist der Ertragsanteil.[52] Eigenkapital zeichnet sich dadurch aus, daß es an den Chancen und Risiken des Betriebes teilnimmt. Sein Ertrag bestimmt sich allein durch die Teilhabe am Gewinn oder Verlust des Unternehmens. Fremdkapital wiederum ist in der Regel erfolgsunabhängig. So erhält der Fremdkapitalgeber auch in Verlustjahren Zinsen, die mit einem festen oder aus dem jeweiligen Diskontsatz der Deutschen Bundesbank ableitbaren Prozentsatz festgelegt sind

Drittes Kriterium ist die durch die Kapitalzufuhr eingeräumte Einflußnahme auf die Unternehmensleitung.[53] Der Eigenkapitalgeber ist aufgrund seines Gesellschaftsanteils regelmäßig mit Informations- und Kontrollrechten ausgestattet, durch welche er auf die Geschäftspolitik Einfluß nehmen kann. Oft ist er in der Unternehmung vertretungs- und/oder geschäftsführungsberechtigt. Der Fremdkapitalgeber andererseits hat keine aufgrund seiner Kapitalhingabe gesetzlich gewährten Einflußnahmerechte.

Teilweise werden als weitere Abgrenzungsmerkmale noch die steuerliche Belastung[54] des ausgereichten Kapitals sowie seine Haftung[55] angeführt.

All diese Abgrenzungskriterien liefern jedenfalls so lange überzeugende Ergebnisse, wie sich die Unternehmensfinanzierungen entsprechend der eindeutigen Form von Fremd- oder Eigenkapital bedienen. Sie verlieren jedoch an Tauglichkeit, wenn sich eine Gesellschaft zu ihrer Finanzierung Mischformen zwischen beiden Modellen bedient. Zu nennen wären hier beispielsweise Gewinnobligationen (*income bonds*). Diese weisen zwar eine feste Laufzeit und einen vertraglich fest vereinbarten Zinssatz auf. Letzterer wird jedoch nur dann ausgezahlt, wenn ein zu definierender, bilanziell gemessener Überschuß realisiert ist. Des weiteren sind hier Wandelschuldverschreibungen (*convertible bonds*) sowie Optionsanleihen (*warrants*) zu nennen.[56] All diese Finanzierungsinstrumente haben gemeinsam, daß sie

50 Vgl. *Vormbaum*, S. 35; *Perridon/Steiner*, S. 279; *Wöhe/Bilstein*, S. 14.
51 Vgl. *Perridon/Steiner*, S. 279.
52 Vgl. *Vormbaum*, S. 36.
53 Vgl. *Vormbaum*, S. 36.
54 Vgl. *Perridon/Steiner*, S. 279; *Vormbaum*, S. 37.
55 Vgl. *Perridon/Steiner*, S. 279; *Wöhe/Bilstein*, S. 14.
56 Vgl. *Swoboda*, S. 35 ff.; *Drukarczyk*, Finanzierung, S. 215 ff.

eine Kombination von festem Zins und gewinnabhängiger Ausschüttung aufweisen. Sie stellen somit eine Zwischenform von Fremd- und Eigenkapital dar, die neben Merkmalen reiner Fremdfinanzierungsinstrumente auch Eigenschaften aufweisen, welche sie in die Nähe des Eigenkapitals rücken.

Um auch in diesem Übergangsbereich eine taugliche Abgrenzung zu finden, ist in der Betriebswirtschaftslehre der Versuch unternommen worden, ergänzend die Funktionen des eingesetzten Kapitals im Rahmen der Unternehmensfinanzierung zu beschreiben.

3. Funktionstypische Abgrenzung

Eigen- und Fremdkapital haben nach der Betriebswirtschaftslehre im Unternehmen eine Funktion gemeinsam, die sog. „Arbeitsfunktion“. Diese beruht auf der Annahme, daß jegliche Art der Kapitalzufuhr den Aktionsradius des Unternehmens erweitert. Es erhält Verfügungsmacht über Vermögensgegenstände, welche die wirtschaftlichen Handlungen des Betriebes ermöglichen.[57] Darüber hinaus hat das Eigenkapital jedoch weitere spezifische Funktionen, die eine Abgrenzung zum Fremdkapital erleichtern. Diese hängen eng mit Liquidität und Risiko zusammen. Zu unterscheiden sind dabei Ingangsetzungsfunktion sowie die Übernahme von Risiko im Fortführungs- oder Zerschlagungsfall.[58]

a) Die Ingangsetzungsfunktion

Die Ingangsetzungsfunktion wird in der Betriebswirtschaftslehre sowohl juristisch als auch ökonomisch interpretiert. Die juristische Interpretation stützt sich auf die für bestimmte Rechtsformen von Unternehmen bestehenden Vorschriften über eine bestimmte Eigenkapitalausstattung, welche vorhanden sein muß, ehe das Unternehmen überhaupt errichtet werden kann.[59] Ökonomisch besteht die Ingangsetzungsfunktion von Eigenkapital darin, daß Gläubiger in der Regel nur dann Fremdmittel zur Finanzierung eines Projektes oder Unternehmens bereitstellen, wenn die Eigentümer einen Teil der zu investierenden Beträge selbst aufbringen.[60] Volle Fremdfinanzierung von Projekten ist somit in der Regel ausgeschlossen, weil die aus den Projekten zu erwartenden Nettoauszahlungen fast immer unsicher sind.

---

57 Vgl. *Vormbaum*, S. 33.
58 Vgl. *Drukarczyk*, Finanzierung, S. 132.
59 Vgl. *Drukarczyk*, Finanzierung, S. 132.
60 Vgl. *Vormbaum*, S. 34.

b) Die Risikoübernahme- oder Haftungsfunktion

Die Risikoübernahme- oder Haftungsfunktion des Eigenkapitals besteht nach der Betriebswirtschaftslehre darin, daß es dem Fremdkapitalgeber hinreichende Sicherheit für seine Investition gibt. Diese Sicherheit hängt letztlich von den Risiken, welche das in der Unternehmung arbeitende Kapital bedrohen, sowie von der Rangfolge, in der die verschiedenen in der Unternehmung arbeitenden Kapitalien von diesen Risiken bedroht werden, ab. Im Hinblick auf diese Rangfolge ergibt sich eine klare Abgrenzung zwischen dem Eigen- und dem Fremdkapital. Verluste mindern zunächst das Eigenkapital. Erst wenn sie zu seiner Aufzehrung geführt haben, berühren sie das Fremdkapital.[61] Ähnliches gilt im Zerschlagungsfall. Wird das Insolvenzverfahren über das Vermögen eines Unternehmens eröffnet, zieht dies häufig seine Zerschlagung nach sich. Die dem Unternehmen gehörenden Vermögensgegenstände werden vom Verwalter bestmöglich verwertet, um vorrangig die Ansprüche der Gläubiger (ausstehende Zinsen und Rückzahlungsansprüche) zu befriedigen. Dabei kann man sagen, daß die Chance der Gläubiger, den Zerschlagungsfall verlustlos zu überstehen wächst, je größer der Anteil des Eigenkapitals an der Gesamtfinanzierung des Unternehmens, d.h. an der Bilanzsumme ist.[62]

II. Eigenkapitaldefinitionen in der Rechtswissenschaft

Nachdem nun die in der Betriebswirtschaftslehre angewandten Abgrenzungskriterien für die Unterscheidung von Fremd- und Eigenkapital dargestellt wurden, soll untersucht werden, welchen Stellenwert insbesondere der Begriff des Eigenkapitals in der rechtswissenschaftlichen Auseinandersetzung einnimmt. Ob sich die Rechtswissenschaft in Deutschland und England auf die Erfahrungen der Betriebswirtschaftslehre stützen kann, ist zweifelhaft. Die Schwierigkeit für die Rechtswissenschaft besteht darin, daß betriebswirtschaftliche Abgrenzungskriterien nur allzu oft auf gesetzlich festgelegten Rechtsfolgen beruhen, so zum Beispiel bei der Haftungsfunktion des Eigenkapitals. Insbesondere werden bei der Abgrenzung des Eigenkapitals typische Merkmale, wie der Ausschluß der Festverzinsung und Verbindung mit mitgliedschaftlichen Teilhaberechten wie Stimmrecht und Auskunftsrecht, mit begriffsnotwendigen Merkmalen vermischt.[63] Dies ist jedoch für die Rechtswissenschaft nur wenig hilfreich, weil diese gerade zu klären versucht, unter welchen Voraussetzungen ein Finanzierungsmittel Eigenkapital darstellt und somit eine Haftungs- bzw. Garantiefunktion übernimmt.

61 Vgl. *Küting/Kessler*, BB 1994, 2103 (2105).
62 Vgl. *Drukarczyk*, Finanzierung, S. 133.
63 Vgl. *K Schmidt*, § 18 II, S. 514.

1. Rechtswissenschaftliche Eigenkapitaldefinitionen in Deutschland

a) Gesetzliche Bestimmungen zum Eigenkapital

Gesetzliche Bestimmungen zum Eigenkapital finden sich außer im Handelsrecht (§§ 247, 266 Abs. 3 lit. A, 272 Abs. 1, 283 HGB) und im Steuerrecht (§§ 8 a Abs. 2 S. 2, 28, 29 Abs. 1 S. 1, 54 KStG; § 8 GewStG) noch in § 10 KWG, § 7 UBGG, § 53 c VAG und § 2 VermBG. Man könnte versuchen, eine für das Handels- und Steuerrecht einheitliche Begriffsbestimmung von Eigenkapital aus den genannten Normen herzuleiten.

Eine einheitliche Legaldefinition des Begriffs und der Zusammensetzung des Eigenkapitals existiert nicht. Man begegnet dem Begriff zunächst in § 247 Abs. 1 HGB. Dort wird das Eigenkapital als ein in der Bilanz aufzunehmender Posten bezeichnet. Hierbei handelt es sich um einen unbestimmten Rechtsbegriff.[64] Nach § 242 HGB ist die Bilanz des Kaufmanns ein das Verhältnis seines Vermögens und seiner Schulden darstellender Abschluß. In diesem läßt sich das Eigenkapital als Residualgröße interpretieren. Sie kann als Differenz zwischen dem bilanzierten Vermögen und den bilanzierten Schulden, unter Berücksichtigung von Abgrenzungsposten, errechnet werden.[65] Anhaltspunkte für eine nähere Inhaltsbestimmung finden sich in § 301 Abs. 1 HGB sowie in den unmittelbar für die Kapitalgesellschaften geltenden Bestimmungen zum Eigenkapital im Handelsgesetzbuch, Zweiter Abschnitt, Erster Unterabschnitt.

Für die Ermittlung des Wertansatzes des nach der sog. „Buchwertmethode“[66] zu konsolidierenden Eigenkapitals eines in den Konzernabschluß einbezogenen Tochterunternehmens bestimmt § 301 Abs. 1 HGB, daß das Eigenkapital mit dem Betrag anzusetzen ist, der dem Buchwert der Vermögensgegenstände, Schulden, Rechnungsabgrenzungsposten, Bilanzierungshilfen und Sonderposten entspricht. Das Eigenkapital steht also in einer quantitativen Äquivalenz zu den übrigen genannten Bilanzposten. Der Wert des Eigenkapitals ergibt sich daher im Rahmen dieser Vorschrift indirekt aus den Werten der übrigen Bilanzposten.

Den Bestimmungen für die Kapitalgesellschaften (§§ 264 ff. HGB) und den darauf verweisenden Vorschriften des Körperschaftsteuergesetzes ist zu entnehmen, daß es sich beim Eigenkapital um einen weiter aufzuschlüsselnden Posten der Passivseite der Bilanz handelt: So definiert § 8 a Abs. 2 S. 2 KStG Eigenkapital als das gezeichnete Kapital abzüglich der ausstehenden Einlagen, zuzüglich der Kapitalrücklage, der Gewinnrücklagen, eines Gewinnvortrags und eines Jahresüberschusses sowie abzüglich eines Verlustvortrages und eines Jahresfehlbetrages und ver-

---

64 Vgl. *Gehde*, S. 79.

65 Vgl. *Klatte*, in: Leffson/Rückle/Großfeld, S. 116.

66 Vgl. *Küting/Zündorf*, BB 1985, 1166 ff.; *Baumbach/Hopt*, § 301 Rdnr. 5.

weist dabei auf die Vorschrift des § 266 Abs. 3 Abschnitt A HGB. Dieser enthält eine entsprechende Gliederung, deren Eigenkapitalpositionen in § 272 HGB näher definiert werden.

Eine weitere Begriffsbestimmung nimmt schließlich § 10 Abs. 2 KWG vor. Dieser ordnet an, daß Kreditinstitute über ein angemessen haftendes Eigenkapital verfügen müssen und definiert den für die Zwecke des Gesetzes über das Kreditwesen (KWG) geschaffenen Begriff des haftenden Eigenkapitals.[67] Die Definition stellt auf das dem Geschäftsbetrieb des Kreditinstituts gewidmete, in der Bilanz ausgewiesene und am Bilanzstichtag tatsächlich vorhandene Vermögen, welches für dessen Verbindlichkeiten haftet, ab.[68] Dabei wird nach den verschiedenen Rechtsformen der Banken unterschieden. Zum Eigenkapital der Personengesellschaften gehören demnach das eingezahlte Geschäftskapital und die Rücklagen, bei Kapitalgesellschaften das eingezahlte Grund- oder Stammkapital und die Rücklagen sowie bei Genossenschaften die Geschäftsguthaben und die Rücklagen. Stille Einlagen und Genußrechte gehören hingegen nur zum Eigenkapital, wenn sie auf mindestens fünf Jahre zur Verfügung gestellt worden, nicht binnen zwei Jahren zur Rückzahlung fällig sind, bis zur vollen Höhe am Verlust teilnehmen und erst nach Befriedigung der Gläubiger zurückgefordert werden können.[69]

Abschließend kann festgehalten werden, daß zwar alle gesetzlichen Bestimmungen gewisse Gemeinsamkeiten aufweisen, sie aber jede für sich eine Zuordnung zum Eigenkapital teleologisch im Rahmen ihrer jeweiligen Aufgabenstellung wahrnehmen. Oft erweisen sich die besprochenen Vorschriften bereits als in sich unvollständig. So erlaubt zum Beispiel § 265 Abs. 5 HGB die Ergänzung der in § 266 Abs. 3 lit. A HGB aufgestellten Gliederung, sofern dies die Bilanzklarheit erfordert.[70] Außerdem ist ungeklärt, ob sich die Bestimmungen über das Eigenkapital der Kapitalgesellschaften (§§ 264 ff. HGB) auf die übrigen Einzelkaufleute und Personenhandelsgesellschaften anwenden lassen. Die Systematik des Gesetzes jedenfalls spricht zunächst dagegen.

Insgesamt sind also die gesetzlichen Regelungen zum Eigenkapital für eine eindeutige Abgrenzung nicht aussagekräftig. Sie ermöglichen keine klare Zuordnung von Gesellschafterleistungen zum Eigen- oder Fremdkapital.[71] Eine allgemeingültige Abgrenzung der beiden Finanzierungsmittel bedarf daher weiterer, sich nicht aus dem Gesetz ergebender Kriterien.

---

67 Vgl. *Szagunn/Wohlschiess*, § 10 Rdnr. 3.

68 Vgl. *Bähre/Schneider*, § 10 Nr. 2; *Möschel*, ZHR 149 (1984), 206 (208).

69 Vgl. *K Schmidt*, § 18 II, S. 515; *Möschel*, ZHR 149 (1985), 206 ff.

70 Vgl. *Baumbach/Hopt*, HGB § 265 Rdnr. 6; *Schweitzer/Volpert*, BB 1994, 821 (823).

71 Vgl. *Schweitzer/Volpert*, BB 1994, 821 (823); *Wiedemann*, in: FS *Beusch*, 1993, S. 893 (896); *Gehde*, S. 80; *Küting/Kessler*, BB 1994, 2103 (2104); *Adler/Düring/Schmaltz*, § 246 HGB Rdnr. 53.

b) Formeller Eigenkapitalbegriff

Der früher vertretene formelle Eigenkapitalbegriff ordnet der Gesellschaft zur Verfügung gestelltes Kapital anhand seiner zivilrechtlichen Einkleidung ein.[72] Diese Abgrenzung sieht sich jedoch der Kritik ausgesetzt, daß sie für eine aussagekräftige bilanzielle Darstellung der Kapitalsituation eines Unternehmens nicht ausreicht. Insbesondere versagt sie dann, wenn aufgrund eines formalen Fremdkapitaltitels Beträge zur Verfügung gestellt werden, die gerade der Befriedigung der Gläubiger in der Insolvenz dienen sollen (z.B. Verbindlichkeiten mit Rangrücktritt oder Einlagen stiller Gesellschafter mit voller Verlustbeteiligung).[73]

c) Materieller Eigenkapitalbegriff

Um eine haftungsrechtlich zutreffende Einordnung von formalem Fremdkapital, das in der Sache Eigenkapital darstellt, zu ermöglichen, wurde in der Literatur[74] eine materielle Abgrenzungsmethode entwickelt. Dieser Methode bedient sich auch zunehmend die Rechtsprechung.[75] Der *Bundesgerichtshof* stützt sich in seinen Entscheidungen mehr und mehr, hauptsächlich zu kapitalersetzenden Gesellschafterdarlehen,[76] aber auch bei Finanzplankrediten,[77] auf die Überlegungen im gesellschaftsrechtlichen Schrifttum und legt zum Teil den materiellen Eigenkapitalbegriff expressis verbis zugrunde.[78]

Der materielle Eigenkapitalbegriff lehnt sich zur Abgrenzung vom Fremdkapital stark an der idealtypischen Abgrenzung der Betriebswirtschaftslehre an. Bei diesem Ansatz spricht man von einer *economic analysis of law*.[79] Es wird versucht,

---

72 Vgl. *Küting/Kessler*, BB 1994, 2103 (2104); *K Schmidt*, in: FS *Goerdelder*, 1987, S. 489; *Priester*, DB 1991, 1917 (1918).

73 Vgl. *Knobbe-Keuk*, S. 95; *Gehde*, S. 80.

74 Vgl. insbes. *Lutter/Hommelhoff*, ZGR 1979, 31 (42) in Anknüpfung an die Rechtsprechung des Bundesgerichtshofs, welcher von der „wirtschaftlichen Kapitalgrundlage" der Gesellschaft gesprochen hatte, vgl. außerdem *BGHZ* 68, 312 (319).

75 Vgl. *BGHZ* 70, 61 ff.; 93, 152 ff.; 104, 33 (41); *BGH*, NJW 1980, 1522; 1981, 2251; DB 1985, 480; ZIP 1999, 1263 ff.

76 Vgl. *BGH*, DB 1985, 480.

77 Vgl. *BGHZ* 70, 61 ff.; *BGH*, NJW 1980, 1522; 1981, 2251; 1985, 1468; ZIP 1999, 1263 ff.

78 Vgl. *BGHZ* 104, 33 (41): „Wichtige Indizien für eine materielle Eigenkapitalfunktion innerhalb dieser Gesamtwürdigung sind neben möglicherweise besonders günstigen Kreditkonditionen vor allem die Pflicht zur langfristigen Belassung oder das Fehlen einseitiger Kündigungsmöglichkeiten, die eine Rückforderung regelmäßig nur als Abfindungs- oder Liquidationsguthaben ermöglichen, sowie die mindestens nach Einschätzung der Gesellschafter gegebene Unentbehrlichkeit der Gesellschafterdarlehen für die Verwirklichung der gesellschaftsvertraglichen Ziele".

79 Vgl. *Roth*, ZGR 1993, 170 (177); zur *economic analysis of law* im Allgemeinen vgl. *Roth*, ZGR 1983, S. 371 ff.; zur *economic analysis* des Eigenkapitalersatzrechts im Besonderen vgl. *Götz*, S. 109 ff.

die einzelnen Merkmale des Eigenkapitals herauszuarbeiten und damit über die Zugehörigkeit zum Sondervermögen zu entscheiden. Dabei werden auch in der Rechtswissenschaft unterschiedliche Kriterien angeführt: Nach *K. Schmidt* ist Eigenkapital dadurch gekennzeichnet, daß es von den Mitgliedern der Gesellschaft herrührt[80] und gebundenes, d.h. einer freien Kreditkündigung entzogenes Kapital darstellt.[81] Außerdem handele es sich um haftendes Kapital, womit eine Geltendmachung im Konkurs ausgeschlossen sei.[82] Auch *Wiedemann* stellt bei der Zuordnung zum Eigenkapital auf die Investitionsfunktion, d.h. auf die dauerhafte Überlassung sowie auf die Haftungsfunktion ab. Zusätzlich fordert er jedoch eine Nutzungsfunktion des hingegebenen Kapitals dahingehend, daß die Vermögensausschüttung gewinnabhängig sei.[83]

Die Unterschiede zwischen beiden Ansichten bezüglich Herkunft und Gewinnabhängigkeit scheinen zunächst beträchtlich. Sie relativieren sich jedoch durch die einschränkenden Aussagen ihrer Vertreter. So schränkt *K. Schmidt* hinsichtlich der Herkunft des Eigenkapitals dahingehend ein, daß dies nicht immer zwingend von den Gesellschaftern ausgereicht werden müsse.[84] So erhielte der Genußscheininhaber zwar mitgliedschaftliche Vermögensrechte, jedoch keine Mitgliedschaft.[85] *Wiedemann* wiederum gesteht zu, daß es sich bei der Nutzungsfunktion um die schwächste Voraussetzung für eine Qualifikation als Eigenkapital handele, weil hier die Grenze zwischen beiden Finanzierungsinstrumenten fließend sei. So sei zum Beispiel eine Dividendengarantie, gekoppelt an das Vorliegen von Gewinnen und Gewinnrücklagen, mit dem Eigenkapitalcharakter vereinbar, eine feste, an Gewinne geknüpfte Zinsabrede jedoch nicht.[86]

Schließlich erhebt keine der beiden Auffassungen Anspruch auf Vollständigkeit ihrer Kriterien. Vielmehr sind diese kumulativ anzuwenden. Auch hier gilt jedoch wiederum das zur idealtypischen Abgrenzung der Betriebswirtschaftslehre Gesagte: Tauglich ist die materielle Abgrenzung nur dann, wenn sämtliche typischen Merkmale erfüllt sind oder im umgekehrten Fall. Vereint ein Finanzierungsmittel jedoch sowohl eigen- als auch fremdkapitaltypische Merkmale, so bedarf es wei-

---

80 So wohl auch *Roth*, ZGR 1993, 170 (180), welcher dieses Kriterium als Opportunismusrisiko beschreibt. Danach ist Wesensmerkmal des Eigenkapitals die Repräsentation der Herrschaftsbefugnisse im Unternehmen. „Ownership und control" seien danach zwei Seiten derselben Medaille.

81 Vgl. *K Schmidt*, § 18 II, S. 514.

82 So auch *Küting/Kessler*, BB 1994, 2103 (2105).

83 Vgl. *Wiedemann*, in: FS *Beusch*, 1993, S. 893 (896).

84 Vgl. *K Schmidt*, § 18 II, S. 518.

85 Vgl. *BGHZ* 119, 305 (309): „Das Genußrecht ist ... kein gesellschaftsrechtlich geprägtes Mitgliedschaftsrecht, sondern ein Recht, das sich in einem bestimmten geldwerten Anspruch erschöpft." So auch *BGHZ* 120, 141 (146 f.).

86 Vgl. *Wiedemann*, in: FS *Beusch*, 1993, S. 893 (898).

terer Zuordnungsinstrumente. Von Interesse sind in diesem Zusammenhang insbesondere solche Mittel, welche formell als Fremdmittel gegeben wurden, funktionell aber zum Eigenkapital zählen. Diese werden in der gesellschaftsrechtlichen Literatur unter dem von *K. Schmidt* geprägten Begriff des „Quasi-Eigenkapitals" zusammengefaßt.[87] Nach seiner Ansicht lassen sich unter diesem Begriff mindestens drei Fallgruppen bilden,[88] welche jeweils nach dem Haftungsgrund differenzieren.[89] Demnach könne die Haftkapitalfunktion aus gesellschaftsvertraglichen Regelungen (z.B. gesplittete Einlagen bei Publikumskommanditgesellschaften), schuldrechtlicher Abrede zwischen dem kreditgebenden Gesellschafter und der Gesellschaft (Rangrücktrittserklärungen) sowie aus zwingendem Recht resultieren (nach den Vorschriften über die kapitalersetzenden Gesellschafterdarlehen).[90]

2. Rechtswissenschaftliche Eigenkapitaldefinitionen in England

Das Eigenkapital einer Gesellschaft wird in der englischen Rechtsterminologie als *equity capital*,[91] Fremdkapital als *debt* oder *loan capital* bezeichnet.[92] Bemüht man zur Abgrenzung dieser beiden Finanzierungsmittel die englischen Gesetze, so stellt man fest, daß keiner der beiden Begriffe Erwähnung findet. Gesetzliche Begriffsbestimmungen aus denen sich ein einheitlicher Eigenkapitalbegriff ergeben könnte, gibt es im englischen Recht daher ebensowenig wie eine Legaldefinition.

Im Gegensatz zu der deutschen Literatur bedient sich das Schrifttum in England zur Abgrenzung von Eigen- und Fremdkapital nicht der neueren aus der Betriebs-

---

87 Vgl. *K Schmidt*, in: FS *Goerdeler*, 1987, S. 488 (493); *ders.*, ZIP 1999, 1241 (1242); andere Begriffe sind nachrangiges Haftkapital *Lutter/Hommelhoff*, ZGR 1979, 30 (54) oder dynamisches Eigenkapital, *Hommelhoff*, ZGR 1988, 460 (465).

88 Abweichend: *Gehde*, S. 83 f., welcher der Aufzählung *K Schmidts* eine vierte Gruppe, die der Finanzplankredite, hinzufügt.

89 Abweichend: *Wiedemann*, in: FS *Beusch*, 1993, S. 893 (898 ff.), welcher zwischen gewillkürtem Ergänzungskapital und erzwungenem Haftkapital unterscheidet. Der Unterschied liegt hier jedoch alleine in der Terminologie: So versteht Wiedemann unter gewillkürtem Haftkapital sämtliche Fälle, in denen Gesellschafter an die Gesellschaft hingegebenes Kapital aufgrund Parteivereinbarung dem Haftkapital unterwerfen; unter erzwungenem Haftkapital wiederum versteht er solches Fremdkapital, daß per Gesetz umqualifiziert wird.

90 Vgl. *K Schmidt*, in: FS *Goerdeler*, 1987, S. 488 (493 f.).

91 Teilweise wird anstatt *equity capital* auch der Begriff *share capital* verwendet. Diese Terminologie ist jedoch ungenau. Das *share capital* stellt nur einen Teil des *equity capitals* dar, und zwar den Teil, der in Form von Gesellschaftsanteilen (*shares*) gehalten wird. Vgl. *Farrar*, Glossary of terms, S. xxi und S. 137.

92 Vgl. *Dietl/Lorenz*, S. 209, 308.

wirtschaftslehre entlehnten Funktionsanalyse der zugeführten Kapitalien.[93] Vielmehr wird hier, ähnlich der früheren idealtypischen Abgrenzung in der Betriebswirtschaftslehre, anhand der Eigenschaften des Finanzierungsmittels unterschieden. Zumeist werden hierzu die Rechtsstellung des Kapitalgebers, die Art der Gewinnausschüttung und die Auswirkungen der *liquidation* auf das Kapital als Kriterien angeführt.[94]

So sei die Rechtsstellung des Fremdkapitalgebers die eines Schuldners der Gesellschaft, während die Hingabe von Eigenkapital dem Geber mitgliedschaftliche Rechte einräume und ihn damit zum Gesellschafter mache.[95] Oder, wie *Farrar* formuliert: Die Rechte des Fremdkapitalgebers seien Rechte gegen und nicht in der Gesellschaft.[96] Sie ergäben sich aus der Kapitalhingabe zugrundeliegenden vertraglichen Vereinbarung mit der Gesellschaft. Komme die Gesellschaft ihrer vertraglichen Rückzahlungsverpflichtung nicht nach, blieben ihm lediglich die gesetzlich festgelegten Rechtsmittel eines Gläubigers, welche oftmals vertraglich erweitert würden. Häufigstes Rechtsmittel sei die Bestellung eines *receiver*.[97] Der Fremdkapitalgeber sei, unabhängig von der wirtschaftlichen Situation der Gesellschaft, berechtigt, zum Zeitpunkt der Fälligkeit die Darlehensvaluta sowie Zinsen einzufordern. Der Eigenkapitalgeber hingegen komme nur in den Genuß einer Gewinnausschüttung in Form der Dividende, wenn die Gesellschaft Profit mache.[98] Schließlich unterschieden sich Eigen- und Fremdkapital durch ihre Rolle in der In-

93 Zu der vergleichsweise fortgeschrittenen Abgrenzung gerade für das Gebiet der hybriden Finanzierungsmittel in den Vereinigten Staaten vgl. *Osteryoung*, (1992) J. Leg. Economics 1 ff.

94 Vgl. *Lipton/Herzberg*, S. 204; *Woodward/Bird/Sievers*, S. 344; *Burgess*, S. 6; leicht abweichend *Farrar* welcher Eigen- und Fremdkapital folgendermaßen unterscheidet: Fremdkapital gewähre ein Recht gegen die Gesellschaft und kein Recht „in" der Gesellschaft. Dieses Recht resultiere aus einer Gläubiger-Schuldner Beziehung und komme meistens in einer typischen gesellschaftsrechtlichen Einkleidung vor, die sich von dem Gläubiger-Schuldner Verhältnis natürlicher Personen unterscheide; vgl. *Farrar*, S. 216.

95 Vgl. *Lipton/Herzberg*, S. 204; *Redmond*, S. 708; *Ford*, Rdnr. 17.020.

96 Vgl. *Farrar*, S. 216.

97 Die Möglichkeit eines Gläubigers nach englischem Recht, einen *receiver* zu bestellen, ist nicht vergleichbar mit der Stellung eines Insolvenzantrages nach deutschem Recht. Der *receiver* wird in der Regel von Gläubiger einer besicherten Forderung und nicht vom Gericht bestellt. Er handelt lediglich im Interesse des bestellenden Gläubigers. Seine Rechte sind in der Regel vertraglich festgelegt. Fehlen solche vertraglichen Vereinbarungen, sind seine Rechte in Schedule 1 I.A. 1986 gesetzlich normiert. Ist die Forderung des besicherten Gläubigers, z.B. durch Veräußerung von Assets, befriedigt, hat der Receiver seine Aufgabe erfüllt. Vgl. *Milman/Durrant*, Rdnr. 4-01 ff.

98 Vgl. *Woodward/Bird/Sievers;* S. 345.

solvenz der Gesellschaft.[99] Die Forderungen des Fremdkapitalgebers müsse vor der des Eigenkapitalgebers berichtigt werden.[100]

Auch die englische Literatur hat jedoch die nur bedingte Tauglichkeit dieser Kriterien erkannt.[101] So ist klar, daß nicht ohne weiteres von der Rechtsstellung des Kapitalgebers (Gesellschafter/Gläubiger) auf die Natur des Finanzierungsmittels geschlossen werden kann.[102] Weiterhin gewinnen auch in der englischen Unternehmensfinanzierung solche Finanzierungsmittel, die sowohl Merkmale von Eigen- als auch von Fremdkapital aufweisen, zunehmend an Bedeutung. Solche Finanzierungsmittel werden in der einschlägigen Literatur unter dem Begriff „Mezzanine-Finanzierung" zusammengefaßt. Ein Beispiel hierfür sind z.B. *junk bonds*. Diese weisen in der Regel eine hohe Verzinsung als Kompensation für vertragliche Subordination der zugrundeliegenden Forderung auf.[103] Lange Zeit war umstritten, ob eine solche Art der Finanzierung überhaupt zulässig ist. Es wurde argumentiert, Gläubiger würden sich durch vertragliche Subordination ihrer Forderung der durch den *Insolvency Act 1986* vorgeschriebenen Verteilungsordnung und dem Gleichbehandlungsgrundsatz (*pari passu principle*) entziehen.[104] In zwei neueren Entscheidungen haben sich die englischen Gerichte jedoch dem Bedarf der Kapitalmärkte nachgegeben und die – in anderen Ländern längst anerkannte – Rechtmäßigkeit von vertraglich subordinierten Forderungen anerkannt.[105]

Die Tatsache, daß in der englischen Literatur ein idealtypischer Ansatz zur Unterscheidung von Eigen- und Fremdkapital verwendet wird erklärt sich daraus, daß die Korporation dort lediglich als ein Geflecht von vertraglichen Verbindungen zwischen natürlichen Personen (*nexus of contracts*) angesehen wird.[106] Es gebe betriebswirtschaftlich keine fundamentalen Unterschiede zwischen Eigen- und

---

99 Im Gegensatz zum deutschen Insolvenzrecht ist das englische Insolvenzrecht nicht klassenlos. Zunächst sind die bevorzugten Forderungen (*preferential debts*) zu befriedigen. Hierunter fallen Forderungen des Staates und der Arbeitnehmer, aufgelistet in schedule 6 I.A. 1986. Danach sind die Forderungen unbesicherter Gläubiger (*ordinary unsecured debts*) und schließlich die nachrangigen Forderungen (*deferred debts*) zu befriedigen. Unter die letzte Gruppe fallen sämtliche Zinsforderungen, Forderungen aus dem Rückkauf eigener Aktien und Forderungen der Gesellschafter. Innerhalb der einzelnen Klassen besteht Gleichrang nach dem Verhältnis der Beiträge (*pari passu inter se*); vgl. zu alldem *Farrar*, S. 605 ff.; *Milman/Durrant*, Rdnr. 8-01 ff.

100 Vgl. *Woodward/Bird/Sievers;* S. 345.

101 Vgl. *Redmond*, S. 709; *Hadden*, S. 170 f.

102 Vgl. *Ford*, Rdnr. 19.040.

103 Vgl. *Redmond*, S. 712.

104 Vgl. *Farrar*, S. 245 ff.; *Milman/Durrant*, Rdnr. 8-11.

105 Vgl. *Re British and Commonwealth Holdings plc. (No. 3)*, [1992] 1 W.L.R. 672, Ch D.; *Re Maxwell Communications Corp (No. 2)* [1993] 1 W.L.R. 1402; [1993] B.C.C. 369.

106 Vgl. *Mokal*, (2000) 59 C.L.J. 335 (345); *Allen*, (1993) 50 Washington & Lee Law Review 1395 (1397).

Fremdkapital. Beide flössen dem Vermögen der Gesellschaft zu und trügen gewisse Risiken. Sämtliche relevanten Unterschiede zwischen den beiden Finanzierungsformen seien daher lediglich Folge der zwischen den an der Korporation beteiligten natürlichen Personen geschlossenen Verträge.[107]

3. Rechtsvergleichende Würdigung

Die in der deutschen und der englischen Literatur entwickelten Methoden zur Unterscheidung von Eigen- und Fremdkapital gehen von verschiedenen Ansätzen aus. In Deutschland grenzt man die beiden Finanzierungsmittel vornehmlich anhand der ihnen im Unternehmen zukommenden Funktion ab. In England, wo sich die Wissenschaft mit der Abgrenzung bei weitem nicht so eingehend auseinandergesetzt hat, wird hingegen von den Merkmalen des Finanzierungsmittels auf die Zugehörigkeit zum Eigen- oder Fremdkapital geschlossen. Der in England gewählte Ansatz, Eigen- und Fremdkapital anhand ihrer Merkmale zu unterscheiden, sieht sich dem Vorwurf ausgesetzt, daß er nur in ohnehin eindeutigen Fällen klare Ergebnisse liefert. Dies liegt insbesondere daran, daß die herangezogenen Kriterien teils an der Rechtsfolge, teils an der Bilanzierung anknüpfen. Rechtsfolge und Bilanzierung sind aber ihrerseits lediglich Folgen und nicht Begründungen einer Zuordnung. Das englische Recht bietet also keine taugliche Abgrenzung von Eigen- und Fremdkapital, welche das Fehlen von Vorschriften zum Eigenkapitalersatz erklären würden.

Bessere Ergebnisse liefert der aus der Betriebswirtschaftslehre entlehnte, im deutschen Recht zugrundegelegte materielle Eigenkapitalbegriff bei einer Funktionsanalyse der zugeführten Kapitalien. Entscheidend ist danach die dem Finanzierungsmittel zukommende Funktion. Bei dieser Funktionsbestimmung sind jedoch auch die im gesellschaftsrechtlichen Schrifttum entwickelten Abgrenzungskriterien wenig hilfreich. Ebenso wie die Merkmale im Rahmen der idealtypischen Unterscheidung knüpfen sie zu sehr an Rechtsfolgen.

Auch das für die „Zwitter" der Finanzierungsformen entwickelte Konstrukt des Quasi-Eigenkapitals vermag in diesem Punkt nicht zu überzeugen. Die von *K. Schmidt* dargestellten Fallgruppen sind jedenfalls nicht abschließend und können letztlich nur Indizwirkung entfalten.[108] So kann zum Beispiel für eine Abgrenzung nicht entscheidend sein, ob die Pflicht zur Hingabe der Mittel im Gesellschaftsvertrag begründet ist, weil auch eine Kreditgewährung gesellschaftlich geschuldet sein kann, ohne daß sie dadurch zwingend wie Haftungskapital behandelt

107 Vgl. *Mokal*, (2000) 59 C.L.J. 335 (345); *Modigliani/Miller*, (1958) 48 A.E.R., 261.
108 So wohl auch *Hommelhoff*, ZGR 1988, S. 460 (464 FN 22).

werden muß. Die aufgeführten Fallgruppen müssen vielmehr im Einzelfall erweitert und ausgefüllt werden.

Außer in den Fällen in denen ein Finanzierungsmittel sämtliche typischen Merkmale des Eigenkapitals aufweist, ist die Abgrenzung für den Einzelfall unter Hinzuziehung aller zur Verfügung stehenden Anhaltspunkte also danach zu treffen, welche Funktion es bei der Finanzierung der Gesellschaft einnimmt.

B. Der Grundsatz der Finanzierungsfreiheit

Das Kapitalersatzrecht ist in Deutschland in einem Spannungsfeld zwischen Finanzierungsfreiheit der Gesellschafter und dem Schutz der Gesellschaftsgläubiger angesiedelt. Einerseits sind die Gesellschafter nach deutschem Recht bei der Wahl ihrer Finanzierungsmittel grundsätzlich frei. Andererseits hat das Eigenkapitalersatzrecht die Aufgabe, die Gläubiger der Gesellschaft vor den negativen Folgen der Fremdfinanzierung durch die Gesellschafter zu schützen. Im folgenden Teil dieser Arbeit wird untersucht, ob die Gesellschafter tatsächlich Finanzierungsfreiheit genießen und wie es im englischen Recht um die Finanzierungsfreiheit bestellt ist.

I. Der Grundsatz der Finanzierungsfreiheit in Deutschland

Die unter den Voraussetzungen des Eigenkapitalersatzrechts eintretende Rechtsfolge, nämlich die Verstrickung des Finanzierungsmittels des Gesellschafters, mutet auf den ersten Blick befremdlich an. Im Grundsatz gewährt das geltende Recht nach allgemeiner Ansicht den Gesellschaftern Finanzierungsfreiheit.[109] Hierunter versteht man die Freiheit der Gesellschafter, die Finanzierung ihres Unternehmens nach kaufmännischem Belieben zu gestalten. Die Gesellschafter haben die Wahl, ob sie ihr Unternehmen mit Eigenkapital oder mit Krediten ausstatten und ob diese Kredite von Dritten oder von ihnen selbst stammen sollen. Durch das Eigenkapitalersatzrecht setzt sich das Gesetz über diese Wahl der Gesellschafter hinweg und greift somit in deren Finanzierungsautonomie regulierend ein. Dieser Eingriff legt die Frage nahe, ob die Gesellschafter in der Finanzierung ihres Unternehmens tatsächlich frei sind, d.h. ob sie nach Belieben zwischen Eigen- und Fremdfinanzierung wählen können, oder ob das Kapitalersatzrecht lediglich ein Gefüge von Reglementierungen ergänzt, welche den Rahmen für diese Entscheidung bilden. Die Rechtsordnung selbst gibt mit den Vorschriften zur Kapitalaufbringung und -erhaltung einen ersten Rahmen für die Unternehmensfinanzierung vor.

---

109 Vgl. *Ulmer*, in: FS *Duden*, 1977, S.661 (674); *K Schmidt*, § 18 III, S. 525, *Häuselmann/Rümker/Westermann*, S.12; *Hueck/Fastrich*, in: Baumbach/Hueck, § 5 Rdnr. 5; *Wiedemann*, in: FS *Beusch*, 1993, S. 893 (902).

1. Die Vorschriften zur Kapitalaufbringung

Leitidee der Vorschriften zur Kapitalaufbringung ist es, eine Mindestausstattung des Unternehmens mit Eigenkapital zu gewährleisten. Indem die Gesellschafter dieses Eigenkapital aufbringen, entsteht für die Gesellschaft eine Vermögensmasse, die als Haftungsfonds die Kreditwürdigkeit des Unternehmens sowie den Schutz der Gläubigerinteressen gewährleisten soll und auf diese Weise funktionell den Ausgleich für die entfallende persönliche Haftung der Gesellschafter darstellt.[110] Diese gesetzlich vorgeschriebene Mindestausstattung der Gesellschaft mit Eigenkapital stellt bei der GmbH das Stammkapital nach § 5 GmbHG dar.

Das Stammkapital ist die durch den Gesellschaftsvertrag betragsmäßig zu bestimmende feste Größe, welche die Höhe der mindestens aufzubringenden Gesellschaftereinlagen angibt.[111] Dieses Vermögen ist im wesentlichen das Startkapital der Gesellschaft. Damit die Gesellschafter das Stammkapital auch tatsächlich aufbringen, existiert eine Pflicht zur Kapitalaufbringung. Dieser ist im Recht der GmbH gem. §§ 3 Abs. 1 Nr. 3, 4, 5 Abs. 3 S. 3, 19-25 GmbHG durch eine Zahlung auf die Stammeinlage nachzukommen. Auch darf sie gem. § 19 Abs. 2 bis Abs. 5 GmbHG nicht durch Rechtsgeschäfte mit dem Gesellschafter, gleichgültig welcher Art (z.B. Erlaß, Stundung sowie eingeschränkt auch Vergleich, Aufrechnung und Verrechnung) beeinträchtigt werden (sog. „Grundsatz der realen Kapitalaufbringung").[112] Wird eine Sacheinlage erbracht, so soll eine vollwertige Kapitalaufbringung durch § 19 Abs. 5 GmbHG gewährleistet werden. Diese Vorschrift bindet die zu erbringende Sacheinlage an die ausdrücklichen Vorschriften im Gesellschaftsvertrag nach § 5 Abs. 4 S. 1 GmbHG. Hierdurch soll sichergestellt werden, daß die Sacheinlage angemessen bewertet und der Tatbestand der Sacheinlage publik gemacht ist.[113]

2. Die Vorschriften zur Kapitalerhaltung

Ist das Stammkapital einmal erbracht, so ist es zusätzlich gegen einen Abfluß an die Gesellschafter gesichert. Zentrale Vorschrift im Recht der GmbH sind hierzu §§ 30, 31 GmbHG. § 30 GmbHG regelt die Kapitalbindung durch ein am Stammkapital orientiertes Auszahlungsverbot. Wird gegen das Auszahlungsverbot des

110 Vgl. *BGHZ* 51, 157 (162); *BGH*, NJW 1958, 1351; *Roth/Altmeppen*, § 5 Rdnr. 4; *Haas*, NZI 2001, 1 (3); *Goette*, ZHR 1998, 223 (224); *Emmerich*, in: Scholz, § 13 Rdnr. 55.

111 Vgl. nur *Hueck/Fastrich*, in: Baumbach/Hueck, § 3 Rdnr. 16; *Lutter/Hommelhoff*, § 5 Rdnr. 2.

112 Vgl. *Mayer/Vollrath*, in: MünchHdb.GesR III, § 50 Rdnr. 14 m.w.N.

113 Vgl. *BGHZ* 113, 335 (340); *Hueck/Fastrich*, in: Baumbach/Hueck, § 19 Rdnr. 23; *Mayer/Vollrath*, in: MünchHdb.GesR III, § 50 Rdnr. 63.

§ 30 GmbHG verstoßen, soll das Gesellschaftsvermögen in satzungsmäßig bestimmter Mindesthöhe durch die in § 31 GmbHG normierte Erstattungspflicht wiederhergestellt werden.[114]

3. Rechtsgrundsätze für eine ordnungsgemäße Kapitalausstattung

Wie bereits angesprochen, haben die Vorschriften zur Kapitalaufbringung das Ziel, der Gesellschaft durch das Stammkapital einen Haftungsfonds zu schaffen, der den Gesellschaftsgläubigern Aussicht auf Befriedigung ihrer Forderungen aus dem Gesellschaftsvermögen als Ausgleich für die fehlende Haftung der Gesellschafter bieten soll.[115]

Eine Gewähr, daß dieser Haftungsfonds dem zu erwartenden Geschäftsumfang der GmbH angemessen ist bieten die Kapitalaufbringungs- und -erhaltungsvorschriften nicht. Der Gesetzgeber stellt durch die Regeln zur Kapitalaufbringung und -erhaltung nur sicher, daß die Gesellschaft bei Gründung mit einem Mindeststammkapital ausgestattet ist und daß dieses Vermögen nicht an die Gesellschafter selbst zurückgezahlt wird. Weil das Stammkapital der Gesellschaft auch als Betriebsvermögen frei genutzt werden darf,[116] kann es gerade durch wirtschaftliche Rückschläge der Gesellschaft im Anfangsstadium rasch verbraucht sein. Eine Nachschußpflicht für verbrauchtes Vermögen kann zwar gem. § 26 GmbHG gesellschaftsvertraglich vereinbart werden, zwingend vorgeschrieben ist sie jedoch nicht,[117] weil die Gesellschafter sonst mittelbar mit ihrem Privatvermögen haften müßten. Eine solche Regelung würde aber dem in § 13 Abs. 2 GmbHG normierten Trennungsprinzip widersprechen.

Wenn das gesetzliche Mindestgarantiekapital also nicht als hinreichender Haftungsfonds verstanden werden kann,[118] bleibt zu klären, worin der gesetzgeberische Zweck der Kapitalaufbringungs und -erhaltungsvorschriften liegt. In diesem Zusammenhang werden zwei Funktionen angeführt. Zum einen stelle das Mindestgarantiekapital eine Art Seriositätsschwelle für die Rechtsform der GmbH dar[119] zum anderen habe es die Funktion eines Risikopolsters.[120] Beide Funktionsbe-

---

114 Vgl. zum System der Kapitalerhaltung bei der GmbH statt aller *Roth/Altmeppen*, § 30 Rdnr. 1 m.w.N.

115 Vgl. *Ulmer*, in: Hachenburg, § 5 Rdnr. 6.

116 Vgl. *Wiedemann*, Gesellschaftsrecht Bd. 1, S. 555; *Lutter*, in: FS *Riesenfeld*, 1983, 165 (168).

117 Vgl. *Roth/Altmeppen*, § 26 Rdnr. 8.

118 Vgl. *Winter*, in: Scholz, § 5 Rdnr. 10; *Förster*, S. 261.

119 Vgl. *Ballerstedt*, ZHR 135 (1971), 383 (385); *K Schmidt*, § 18 II S. 522; *Lutter*, in: FS *Riesenfeld*, 1983, S. 165 (168); *Götz*, S. 146 f.

120 *Lutter/Hommelhoff*, ZGR 1979, 31 (59), sprechen von einem Finanzpolster; *Gehde*, S. 43, und *Roth*, ZGR 1993, 170 (177), sprechen von einer Pufferfunktion.

schreibungen sind eng miteinander verknüpft. Ihnen liegt der gemeinsame Gedanke zugrunde, daß nur der Gesellschafter das Privileg beschränkter Haftung verdient, dessen Gesellschaft nicht von vornherein mit völlig unzureichendem Eigenkapital ausgestattet ist. Nimmt ein Gesellschafter dies nämlich in Kauf, so ist die GmbH nur als haftungs- und risikoabsorbierende Hülle, nicht jedoch als lebensfähige wirtschaftliche Einheit geplant.[121] Das Mindestgarantiekapital soll also vermeiden, daß bereits der kleinste Verlust – gemessen am Umfang der unternehmerischen Tätigkeit der Gesellschaft – ihren Bestand gefährdet.[122] Es bildet damit eine Sicherheitszone zwischen Krise und Insolvenz.[123]

Es kann also festgehalten werden, daß die Vorschriften zur Kapitalaufbringung und -erhaltung ihr vom Gesetzgeber angestrebtes Ziel, Gläubigersicherung durch Gewährleistung eines Haftungsfonds, nur bedingt erreichen. Bedingt insofern, als ein ausreichendes Garantiekapital zur Befriedigung der Gläubiger im Zeitpunkt der Insolvenz in der Regel nicht mehr vorhanden sein wird. Ein Schutz der Gläubiger ist lediglich im Vorfeld der Insolvenz dadurch gegeben, daß offensichtlich nicht überlebensfähigen und somit unlauteren Gesellschaften die Tätigkeitsaufnahme erschwert wird und daß geringe Verluste im Frühstadium der Gesellschaft vom gesetzlich vorgeschriebenen Garantiekapital abgefangen werden.

Hat das Stammkapital die Aufgabe, Seriosität und Bestand der Gesellschaft zu schützen, stellt sich die Frage nach der Höhe des Mindestgarantiekapitals. Wie hoch dieses Polster sein muß, um das Überleben der Gesellschaft zu Beginn ihrer werbenden Tätigkeit zu ermöglichen, hängt grundsätzlich vom Umfang der Geschäftstätigkeit der Gesellschaft und vom eingegangenen unternehmerischen Risiko ab. Es liegt auf der Hand, daß die wirtschaftlichen Risiken zum Beispiel eines kleinen Handwerksbetriebs geringer sind, als die eines großen Telekommunikationsunternehmens. Teilweise wurde daher gefordert, Gesellschaften mit einem flexiblen, anhand ihrer feststellbaren wirtschaftlichen Eckdaten festgesetzten Mindestgarantiekapital auszustatten.[124] Auch im Rahmen der GmbH-Reform sind solche Überlegungen angestellt worden,[125] konnten sich jedoch nicht durchsetzen. Grund hierfür war die fehlende Zuverlässigkeit einer Prognose über die dem Ge-

---

121 Zutreffend ist allerdings der Einwand *Försters*, S. 262, daß bei der Aufbringung des Stammkapitals zahlreiche Manipulationsmöglichkeiten bestünden. So muß das Stammkapital bei Gründung nur zur Hälfte eingezahlt werden. Die Prüfung des Registergerichts beschränkt sich auf die nach § 8 GmbHG beizufügenden Anmeldeunterlagen.

122 Vgl. *Lutter/Hommelhoff*, ZGR 1979, 31 (59); *Ulmer*, in: FS *Duden*, 1977, S. 671 (678).

123 Vgl. *Lutter*, in: FS *Riesenfeld*, 1983, S. 165 (168).

124 Vgl. *Wüst*, JZ 1992, 710 (711).

125 Vgl. RegE BT Drucks. 8/1347, S. 38; Erwägungen des Rechtsausschusses, in: BT Drucks. 8/3908, S. 68.

schäftszweig und dem sich erst im Laufe der künftigen Entwicklung ergebenden Geschäftsumfang angemessene Eigenkapitalausstattung.[126]

Folgerichtig legt das Gesetz für die GmbH daher ein fixes Stammkapital von T€ 25,0 fest. Die Gesellschafter sind aufgrund der Vorschriften zur Kapitalaufbringung und -erhaltung verpflichtet, dieses in der genannten Höhe aufzubringen. Darüber hinaus sind sie in der Finanzierung ihres Unternehmens frei. Sie können privatautonom entscheiden, ob und in welcher Höhe sie der Gesellschaft Eigen- oder Fremdkapital zuschießen.

4. Repressiver Schutz vor Unterkapitalisierung

a) Materielle Unterkapitalisierung

In der Rechtsordnung fehlen also *ex ante* wirkende Normativbestimmungen über eine angemessene Eigenkapitalausstattung der GmbH. Es kann der Fall eintreten, daß eine Gesellschaft mit einem formell ordnungsgemäßen Stammkapital tätig wird, dieses jedoch nicht ausreicht, um den nach Art und Umfang der angestrebten oder tatsächlichen Geschäftstätigkeit bestehenden, nicht durch Kredite Dritter zu deckenden Finanzbedarf zu befriedigen. Diese Konstellation wird allgemein als materielle Unterkapitalisierung bezeichnet.[127]

In dieser Situation liegt für die unter einem Forderungsausfall leidenden Gläubiger der Gesellschaft der Gedanke nahe, unmittelbar die Gesellschafter in Anspruch zu nehmen (sog. „Durchgriffshaftung"). Demnach würde neben dem Gesellschaftsvermögen zusätzlich das Privatvermögen der Gesellschafter haften, die Trennungswirkung der beschränkten Haftung wäre aufgehoben.

Eine Reihe von Versuchen sind unternommen worden, um eine auf materieller Unterkapitalisierung basierende Durchgriffshaftung dogmatisch zu begründen. Diese reichen von der subjektiven Mißbrauchslehre[128] über die Lehre von der Erklärungshaftung[129] bis hin zur Lehre von der Organisationsfehlerhaftung[130]. Sowohl die subjektive Mißbrauchslehre als auch die Lehre von der Erklärungshaftung haben bloß noch historische Bedeutung und werden deshalb an dieser Stelle nicht weiter dargestellt.[131] Die Lehre von der Organisationsfehlerhaftung beruht, unabhängig von subjektiven Momenten, auf einem Mangel der Kapitalorganisation für welchen die

126 Vgl. *Ulmer*, in: Hachenburg, Anh. § 30 Rdnr. 10 m.w.N.; RegE BT Drucks. 8/1347, S. 38; *Herrmann*, ZGR 1989, 273 (279).
127 Vgl. *Ulmer*, in: Hachenburg, Anh. § 30 Rdnr. 16 m.w.N.; *K Schmidt*, § 18 II, S. 523.
128 Vgl. *Serick*, S. 205.
129 Vgl. *Erman*, KTS 1959, 129 ff.
130 Vgl. *Erlinghagen*, GmbHR. 1962, 169 ff.
131 Vgl. *Vonnemann*, S. 8 ff.; *Ulmer*, in: Hachenburg, Anh. § 30, Rdnr. 36.

Gesellschafter verantwortlich seien.[132] Dies kommt einer Pflicht zur angemessenen Kapitalausstattung gleich, welche, wie bereits dargelegt, nicht begründet werden kann. Einzig die Normzwecklehre bietet in ihren verschiedenen Ausprägungen ein tragbares Begründungskonzept.[133]

Die Normzwecklehre leitet eine Durchgriffshaftung auf die Gesellschafter wegen materieller Unterkapitalisierung aus dem Sinn und Zweck der Kapitalaufbringungs- und -erhaltungsvorschriften her. Die Sorgfalt, mit welcher der Gesetzgeber die Aufbringung und Erhaltung des Stammkapitals ausgestalte habe, erkläre sich durch die gläubigerschützende Funktion des Stammkapitals. Im Hinblick auf diese Funktion habe der Gesetzgeber in § 13 Abs. 2 GmbHG die Haftung für Gesellschaftsverbindlichkeiten auf das Gesellschaftsvermögen beschränken können. Seine gläubigerschützende Funktion wiederum könne das Stammkapital nur erfüllen, wenn es angemessen dotiert sei. Wäre dies nicht der Fall, werde die in § 13 Abs. 2 GmbHG normierte Haftungsbeschränkung, die ihre Rechtfertigung aus der gläubigerschützenden Funktion des Stammkapitals erhalte, durchbrochen.[134] Damit weise das GmbHG im Falle unzureichender Eigenkapitalausstattung oder, mit anderen Worten, materieller Unterkapitalisierung, eine ausfüllungsbedürftige Lücke auf.

Bei der Ausfüllung dieser Lücke lassen sich Unterschiede zwischen den verschiedenen Vertretern der Normzwecklehre feststellen, die im Ergebnis indes nicht ins Gewicht fallen. Einigkeit herrscht darüber, daß die Gesellschafter in der Insolvenz der Gesellschaft den Gesellschaftsgläubigern persönlich haften sollen, und zwar in der Höhe des Teils der Forderung, mit dem sie in der Insolvenz ausfallen. Ohne praktische Bedeutung ist letztlich auch der unter den Befürwortern der Normzwecklehre ausgetragene Streit darüber, ob eine Haftung der Gesellschafter bereits bei einfacher oder erst bei qualifizierter Unterkapitalisierung Platz greifen soll. Im Unterschied zu der einfach unterkapitalisierten Gesellschaft zeichnet sich die qualifiziert unterkapitalisierte Gesellschaft dadurch aus, daß ihre unzureichende Eigenkapitalausstattung nach außen hin erkennbar ist. Bei dieser wie bei anderen Umschreibungen handelt es sich um Wertmaßstäbe, die eine klare, praktisch wirksam werdende Abgrenzung unmöglich machen. Ob eine bestehende materielle Unterkapitalisierung noch einfach oder bereits qualifiziert ist, wird entscheidend von der Beurteilung des Normanwenders abhängen. Die wirkliche Bedeutung dieser Differenzierung und der Betonung von qualifizierter Unterkapitalisierung als Haftungsvoraussetzung hat *Wiedemann* zutreffend beschrieben, indem er feststellt,

132 Vgl. *Erlinghagen*, GmbHR 1962, 169 (175).
133 Vgl. *Lutter/Hommelhoff*, ZGR 1979, 31 (58 ff.); *Ulmer*, in: Hachenburg, Anh. § 30 Rdnr. 36.
134 So wohl auch *Banerjea*, ZIP 1999, 1153 (1157) der für diesen Fall von einer teleologischen Reduktion des § 13 Abs. 2 GmbHG spricht; vgl. auch *Emmerich*, in: Scholz, § 13 Rdnr. 81.

daß diese vornehmlich dem Zweck diene, das Regel-Ausnahmeverhältnis von Haftungsbegrenzung und Ausfallhaftung hervorzuheben.[135]

Die höchstrichterliche Rechtsprechung beurteilt die Durchgriffshaftung wegen materieller Unterkapitalisierung uneinheitlich.[136] So hatte sich der *Bundesgerichtshof* mit einer solchen Haftung bisher nur in wenigen Fällen zu beschäftigen. Eine einheitliche, dogmatisch abgesicherte Linie hat sich dabei nicht herausgebildet. In den wenigen einschlägigen Fällen hat der *Bundesgerichtshof* eine Haftung der Gesellschafter wegen materieller Unterkapitalisierung überwiegend abgelehnt.[137] Nur in einem Ausnahmefall hat er eine Gesellschafterhaftung wegen Unterkapitalisierung uneingeschränkt bejaht.[138] In einigen anderen Fällen wurde diese Frage ausdrücklich als nicht entscheidungserheblich ausgeklammert[139] oder eine Lösung des Problems über die Haftung der Gesellschafter nach § 826 BGB gesucht.[140]

Ähnlich restriktiv wie der *Bundesgerichtshof* verhält sich auch das Bundesarbeitsgericht[141] bei der Frage der Durchgriffshaftung wegen materieller Unterkapitalisierung. Das Bundessozialgericht[142] hingegen scheint einer solchen Haftung jedoch geneigter zu sein. So wird dort immerhin eine gewisse Relation zwischen der beabsichtigten oder tatsächlichen Geschäftstätigkeit der GmbH und dem daraus folgenden Finanzbedarf auf der einen Seite sowie dem haftenden Eigenkapital auf der anderen Seite für erforderlich gehalten. Außerdem wird eine Haftung unter dem Gesichtspunkt der materiellen Unterkapitalisierung dann für möglich gehalten, wenn ein Festhalten am Trennungsprinzip des § 13 Abs. 2 GmbHG im Einzelfall[143] zu schlechthin untragbaren Ergebnissen führen würde.[144]

Zusammenfassend läßt sich festhalten, daß in der Rechtspraxis dem Problem der Gesellschafterhaftung wegen materieller Unterkapitalisierung nicht annähernd so-

---

135 Vgl. *Wiedemann*, S. 572.

136 Rechtsprechungsübersichten bei *Emmerich*, in: Scholz, § 13 Rdnr. 88 ff.; *Ulmer*, in: Hachenburg, Anh. § 30 Rdnr. 43 ff.; *Lutter/Hommelhoff*, § 13 Rdnr. 8.

137 Vgl. *BGHZ* 68, 312 (319); *BGH*, WM 1977, 73 (75); NJW 1999, 2809 (2810).

138 Vgl. *BGHZ* 54, 222 (224 f.) „Siedlerverein": In diesem Fall wurden die Mitglieder eines von Anfang an vermögenslosen eingetragenen Siedlervereines zur Zahlung von Pachtzinsen verurteilt, die der e. V. dem Verpächter im Interesse der Siedler schuldete. Der *Bundesgerichtshof* führte hierzu aus, es sei „einem treuwidrigen Verhalten der hinter der juristischen Person stehenden natürlichen Person entgegenzutreten und die juristische Konstruktion hintanzusetzen, wenn die Wirklichkeit des Lebens, die wirtschaftlichen Bedürfnisse und die Macht der Tatsachen eine solche Handhabung gebieten".

139 Vgl. *BGHZ* 31, 258 (270); NJW 1977, 1683 (1686); 1979, 2104.

140 Vgl. *BGH*, NJW 1977, 1449; NJW-RR 1988, 1181; WM 1992, 736.

141 Vgl. *BAG*, GmbHR 1998, 1221 (1222).

142 Vgl. *BSG*, GmbHR 1996, 604 (606).

143 Nachdrückliche Betonung des Ausnahmecharakters der Durchgriffshaftung bei *BSGE* 75, 82 (84); *BSG*, NJW-RR 1997, 94 (95).

144 Vgl. *BSGE* 19, 18 ff.; 56, 76 (83); *BSG*, NJW 1984, 2117 (2118); GmbHR 1996, 604.

viel Bedeutung beigemessen wird wie in der Literatur.[145] Dies wird auf unterschiedliche Ursachen zurückgeführt. So wird einerseits vertreten, daß neben den dogmatischen Schwierigkeiten für diesen Anspruch kein Bedarf bestehe. Nach dieser Auffassung verursache die materielle Unterkapitalisierung keinerlei erhöhte Gläubigergefährdung, weil der Gesellschaft die unzureichende Kapitalausstattung quasi „ins Gesicht geschrieben stehe".[146] Damit könnten die Gläubiger leichter eine Einschätzung über ihre Kreditvergabebedingungen vornehmen. Die Drittgläubiger könnten sich nach Prüfung der wirtschaftlichen Situation selbst schützen, indem sie entweder zusätzliche Sicherheiten verlangen oder von einem Vertragsschluß Abstand nehmen.[147] Diese Auffassung verkennt jedoch die Realität im Geschäftsverkehr, wenn sie annimmt, potentielle Gläubiger einer materiell unterkapitalisierten Gesellschaft hätten die Möglichkeit oder auch nur die Zeit, sich über deren Vermögenslage laufend zu informieren und die nach der Lage der Dinge gebotenen Entscheidungen zu treffen.[148] Dies mag vielleicht für potente Großgläubiger wie Kreditinstitute oder maßgebende Warenlieferanten zutreffen.[149] Anderes gilt jedoch für die Masse der kleinen Waren- und Dienstleistungsgläubiger, welche weder die erforderliche Geschäftserfahrung noch das wirtschaftliche Gewicht besitzen, um ihre Schuldner auswählen oder sich gegen die Gefahren eines Forderungsausfalls absichern zu können,[150] sowie für Gläubiger aus gesetzlichen Schuldverhältnissen (z.B. aus Produzentenhaftung).[151] Außerdem führt sie den Zweck der Durchgriffshaftung wegen materieller Unterkapitalisierung ad absurdum. Diese soll ja gerade als Fortsetzung der Kapitalaufbringungs- und -erhaltungsvorschriften für ein Mindestmaß an Gläubigerschutz im Rechtsverkehr sorgen und sich nicht hinter das Argument des *caveat creditor* zurückziehen.

Verantwortlicher Auslöser für den mangelnden Anklang einer Durchgriffshaftung in der Rechtspraxis ist vielmehr, daß durch materiell unterkapitalisierte Gesellschaften geschädigte Gläubiger oder ein Insolvenzverwalter, welcher sich ein verhältnismäßig gutes Bild über die internen Verhältnisse einer GmbH bilden kann, angesichts des Fehlens höchstrichterlicher Leitentscheidungen und somit auch klar definierter Tatbestandsmerkmale sich wegen des nur schwer abzuschätzenden Pro-

145 Vgl. *Lutter*, DB 1994, 129 (129).

146 *Gehde*, S. 49.

147 Vgl. *Gehde*, S. 49.

148 Vgl. *Wüst*, JZ 1995, 990 (994); *Ulmer*, in: FS *Duden*, 1977, S. 661 (663).

149 So auch *Roth*, ZGR 1993, 170 (182).

150 Vgl. *Ulmer*, in: Hachenburg, Anh. § 30 Rdnr. 54; *Goette*, ZHR 162 (1998), 223 (224).

151 Vgl. *Roth*, ZGR 1993, 170 (182); *Grunewald*, GmbHR 1997, 7 (8); vgl. außerdem zur Ausfallhaftung bei Produktschäden *Hommelhoff*, ZIP 1990, 761 (770 f.); *Adams*, in: Ott/Schäfer, S. 193 (207).

zeßrisikos nur selten zu einer Klage gegen die maßgebenden Gläubiger entschließen würden.[152]

b) Nominelle Unterkapitalisierung

Während im Falle der materiellen Unterkapitalisierung der Gesellschaft über das unzureichende Stammkapital und etwaige Nachschüsse hinaus überhaupt keine Mittel zur Verfügung stehen, ist die nominelle (oder formelle[153]) Unterkapitalisierung dadurch gekennzeichnet, daß die Gesellschafter die erforderlichen Mittel zwar gewährt haben, aber nicht in Form von Einlagen, sondern als Fremdkapital, insbesondere in Form von Gesellschafterdarlehen. Während es also bei der materiellen Unterkapitalisierung um die Frage der persönlichen Ausfallhaftung der Gesellschafter geht, steht im Falle der nominellen Unterkapitalisierung die Anerkennung der zivilrechtlich gewählten Finanzierungsform im Zentrum der Debatte.[154] Hier greifen die Regelungen des Eigenkapitalersatzrechtes korrigierend ein.

Grundsätzlich ist davon auszugehen, daß Gesellschafterdarlehen im Rahmen der Finanzierungsfreiheit nicht nur wirtschaftlich sinnvoll, sondern als flexibles Finanzierungsinstrument durchaus legitim sind.[155] Ihr Vorteil gegenüber dem Eigenkapital liegt darin, daß ihre Zuführung kein langwieriges Kapitalerhöhungsverfahren erfordert.[156] Das Unternehmen kann daher durch eine Kreditfinanzierung schnell auf sich ändernden Finanzbedarf reagieren. Eine weitere Motivation für die Zufuhr von Fremdkapital ist der steuersparende Effekt, der sich hinsichtlich der Gewerbekapital- und Gewerbeertragssteuer, der Vermögens- sowie der Kapitalertragssteuer ergibt.[157] Die Finanzierung einer Gesellschaft mit (Gesellschafter-)Darlehen stellt für die Gläubiger in der Regel auch keine Gefahr dar. Solange das Unternehmen erfolgreich wirtschaftet, werden die Gläubiger befriedigt und erleiden keinerlei Forderungsausfall.[158]

Eine Gläubigergefährdung tritt erst ein, wenn die Gesellschaft sich in der Krise befindet. Kann sie marktübliche Kredite von Dritten nicht mehr erhalten, müßte sie liquidiert werden, weil eine Fortsetzung der werbenden Tätigkeit im Wirtschaftsleben aufgrund mangelnder Kapitalausstattung nicht mehr möglich wäre. Wird der Kapitalbedarf der Gesellschaft in einer solchen Situation durch Gesellschafterkre-

---

152 Vgl. *Ulmer*, in: Hachenburg, Anh. § 30 Rdnr. 35; so wohl auch *Stimpel*, in: FS *Goerdeler*, 1987, S. 601 (603).

153 Vgl. *Lutter/Hommelhoff* GmbHG, § 13 Rdnr. 6.

154 Vgl. *Ulmer*, in: Hachenburg, Anh. § 30 Rdnr. 21; *ders.*, in: FS *Duden*, 1977, S. 661 (670).

155 Vgl. *Hommelhoff/Kleindiek*, in: FS GmbHG, 1992, S. 421 (422); *K Schmidt*, in: Scholz, §§ 32a, 32b Rdnr. 4; siehe hierzu auch *BGHZ* 76, 326 (330).

156 Vgl. *Lutter*, in: FS *Riesenfeld*, 1983, S. 165 (180 f.); *Fleck*, in: FS *Werner*, 1984, S. 107 (109); *Lutter/Hommelhoff*, ZGR 1979, 31 (52).

157 Vgl. *Thiel*, GmbHR 1992, 20 (20).

158 Vgl. *Roth*, ZGR 1993, 170 (177).

dite gedeckt, so resultiert hieraus, wie unten dargelegt werden soll,[159] eine Gefahr für die Gläubigergesamtheit.

II. Der Grundsatz der Finanzierungsfreiheit in England

Auch das englische Recht gewährt den Gesellschaftern Freiheit bei der Finanzierung ihres Unternehmens.[160] Das Korsett der Finanzverfassung hebt sich in verschiedener Hinsicht von dem der deutschen GmbH ab und läßt den Gesellschaftern mehr Spielraum bei der Finanzierung ihres Unternehmens.

1. Die Vorschriften zur Kapitalaufbringung (*raising of capital*)

Anders als in Deutschland sieht das englische Recht für die *private company limited by shares* keine Mindestkapitalziffer vor.[161] Vorgaben bestehen nur insofern, als gem. S 2 (5) (b) C.A. 1985 jeder Gründungsgesellschafter mindestens einen Anteil übernehmen muß und das Nominalkapital (*authorized capital*) in der Gründungsurkunde der Gesellschaft auszuweisen ist.[162] Die Höhe des *authorized capital* läßt jedoch keine Rückschlüsse auf deren Kreditwürdigkeit zu,[163] sondern bezeichnet nur die Höchstanzahl der Anteile, welche die Gesellschaft ausgeben kann, ohne ihr *authorized capital* zu erhöhen.[164] Dem deutschen, durch Gesellschaftsvertrag zu bestimmenden Stammkapital entspricht im englischen Recht allein das gezeichnete Kapital (*issued capital*).[165] Seine tatsächliche Aufbringung unterliegt weniger strengen Regeln als in Deutschland. So läßt das englische Recht etwa Verpflichtungen zu eigenen Arbeits- oder Dienstleistungen als einlagefähig zu.[166] Eine solche Erfüllung der mitgliedschaftlichen Einlagepflicht durch bloßes Eingehen einer anderen, nunmehr rein schuldrechtlichen und damit weniger streng abgesicherten Verpflichtung würde in der deutschen Rechtsordnung am Grundsatz der realen Ka-

---

159 Siehe hierzu auch S. 48 ff.

160 Vgl. *Hadden*, S. 170.

161 Vgl. *Farrar*, S. 144.

162 Es handelt sich hierbei um die sog. *capital clause*; vgl. *Fleischer*, DStR 2000, 1015 (1016).

163 Um zu vermeiden, daß Gläubiger der Gesellschaft von einem hohen *authorised capital* in die Irre geführt werden, dürfen gem. s 351 (2) C.A. 1985 auf den Briefköpfen oder Formularen der Gesellschaft nur Kapitalangaben gemacht werden, die sich auf tatsächlich aufgebrachtes Kapital beziehen; vgl. *Gower/Davies*, S. 236.

164 Die Vorschrift zum *authorised capital* sieht sich heftiger Kritik ausgesetzt und soll nach dem Reformentwurf der Regierung zum *Company Law* abgeschafft werden, vgl. *Modernising Company Law*, Cmnd. 5553, S. 51.

165 Vgl. *Fleischer*, DStR 2000, 1015 (1016).

166 Vgl. *Boyle/Birds*, S. 181.

pitalaufbringung scheitern.[167] Weitere Unterschiede bestehen darüber hinaus auch bei der Bewertung von Sacheinlagen und der Einlagefälligkeit. Eine Werthaltigkeitskontrolle der Einlagen durch das Gericht nach dem Vorbild des § 9 c Abs. 1 S. 2 GmbHG findet im englischen Recht kaum statt.[168] Maßstab für die Werthaltigkeit von Sacheinlagen ist allein die *consideration doctrine*, nach der diese einen wirtschaftlichen Gegenwert verkörpern müssen.[169] In der Rechtspraxis zeigen sich die englischen Gerichte gewohnt zurückhaltend und haben nur in solchen Fällen eingegriffen, in denen die Sacheinlagen offensichtlich nicht werthaltig waren oder Anzeichen für Arglist bestanden.[170] Gesellschaftern und Geschäftsführern eröffnet sich damit ein breiter Spielraum, der zum Mißbrauch in Gestalt der Überbewertungen von Sach- und Dienstleistungen, dem sog. „*stock watering*", verleitet.[171] Bezüglich der Fälligkeit der zu erbringenden Einlagen kennt das englische Gesellschaftsrecht, anders als § 7 Abs. 2 und 3 GmbHG, für *private companies* kein Mindesteinzahlungsgebot, das die Gesellschaftsgründung and die (zumindest teilweise) Erbringung des Stammkapitals knüpft. Vielmehr werden Gründungsakt und Kapitalzufluß als zwei verschiedene Vorgänge verstanden.[172] Daher unterliegt die Fälligkeit von Einlagen der privatautonomen Vereinbarung zwischen den Gesellschaftern. In aller Regel erfolgt die Tilgung der Einlagepflicht erst nach einer Aufforderung durch den Geschäftsführer.[173]

2. Die Vorschriften zur Kapitalerhaltung (*maintenance of capital*)

Ebenso wie im deutschen Recht, ist auch im englischen das *issued capital* gegen Abfluß an die Gesellschafter gesichert. Die Regeln zur Kapitalerhaltung (*maintenance of capital*) waren zunächst Rechtsprechungsregeln und sind heute im *Companies Act 1985* festgeschrieben.[174]

---

167 Vgl. *Hueck/Fastrich*, in: Baumbach/Hueck, § 5 Rdnr. 24.

168 Vgl. *Re White Star Line* [1938] Ch. 458; *Tintin Exploration Syndicate v. Sandys*, 1947, 177 L.T. 412; *Farrar*, S. 146; *Boyle/Birds*, S. 181; *Fleischer*, DStR 2000, 1015 (1016).

169 Vgl. *Fleischer*, DStR 2000, 1015 (1016); *Vervessos*, S. 73.

170 Vgl. *Gower/Davies*, S. 238.

171 Vgl. bereits *Lord Watson*, in: *Ooregum Gold Mining Co. of India v. Roper* [1892] A.C. 125, 137 H.L.: „The rule is capable of being abused and I have little doubt that it has been liberally construed in practice"; *Gower/Davies*, S. 238; *Farrar*, S. 146 f; *Fleischer*, DStR 2000, 1015 (1016).

172 Vgl. *Kahn-Freund*, MLR 1944, 54 (57); *Fleischer*, DStR 2000, 1015 (1016).

173 Vgl. *Pennington*, S. 171; *Fleischer*, DStR 2000, 1015 (1016).

174 Vgl. *Re Exchange Banking Co, Flitcroft's Case* (1882) 21 Ch. D. 519 (533 f.), C.A., wo *Sir Jessel MR* die Erforderlichkeit der Kapitalerhaltungsregeln folgendermaßen begründet: „The creditor has no debtor but that impalpable thing the corporation, which has no property but the assets of the business. The creditor, therefor, I may say, gives credit to that capital,

S 263 C.A. 1985 legt fest, daß Zahlungen an die Gesellschafter nur aus dem erwirtschafteten Gewinn erfolgen dürfen.[175] Dieses Verbot der Einlagenrückgewähr erstreckt sich auch auf verdeckte Gewinnausschüttungen und wird in s 171-177 C.A. 1985 flankiert durch Sonderregelungen zum Erwerb eigener Anteile durch die Gesellschaft[176] und in s 155-158 C.A. 1985 zur finanziellen Unterstützung der Anteilsfinanzierung.[177]

3. Rechtsgrundsätze für eine ordnungsgemäße Kapitalausstattung

Wie bereits angedeutet, sieht das englische Recht keine Mindestkapitalziffer für *private companies limited by shares* vor. Überlegungen, eine solche Mindestkapitalziffer einzuführen, sind in der Vergangenheit immer wieder im Sande verlaufen.[178] Zuletzt wurde dieses Thema in der Diskussion um den Regierungsentwurf zum *Company Law* (*Companies Bill*) angesprochen.[179] Im ersten Vorschlag der hierzu eingesetzten Regierungskommission wurde diskutiert, ob die Abwesenheit eines Mindestgarantiekapitals möglicherweise dem Mißbrauch der beschränkten Haftung Tür und Tor öffne und ein unverhältnismäßig hohes Insolvenzrisiko bei den *private companies limited by shares* schaffe sowie ob ein gesetzlich vorgeschriebenes Mindestgarantiekapital ein geeignetes Mittel sei, um diesen Effekten vorzubeugen.[180] Man sieht also, daß auch in England das Mindestgarantiekapital nicht als Haftungsfond, sondern – wie auch in Deutschland – als Seriositätsschwel-

---

gives credit to the company on faith of the representation that the capital shall be applied only for the purposes of the business, and he has therefore a right to say that the corporation shall keep its capital and not return it to the shareholders".

174 S 263 C.A. 1985 spricht von *profits available for the purpose* und definiert diese in s 263 (3) C.A. 1985 als „accumulated realised profits, so far as not previously utilised by distribution or capitalisation, less its accumulated, realised losses, so far as not previously written off in a reduction or reorganisation of capital duly made".

176 Vgl. *Gower/Davies*, S. 258 ff.

177 Vgl. *Gower/Davies*, S. 271 ff.

178 Vgl. z.B. *Kahn-Freund*, MLR 1944, 54 (58).

179 Das *Department for Trade and Industry* hat 1998 eine Kommission, die *Company Law Review Steering Group*, eingesetzt, um Reformvorschläge zum *Companies Act 1985* zu erarbeiten. Diese Kommission hat im Juli 2001 ihren Abschlußbericht vorgelegt, welcher im sog. *White Paper* der Regierung vom 16.07.2002 aufgegangen ist, in dem die Vorschläge der Regierung zu einer Reform des *Companies Act 1985* niedergelegt sind.

180 So führt der erste Entwurf der Reformkommission aus: „There is another related issue, not addressed further here, about the potential for abuse, or disproportionate risk of insolvency, to which quick, simple and easy access to limited liability status may give rise. It is sometimes suggested that it should not be made too easy to incorporate, and that there should be higher hurdles, for example in relation to minimum capital, to discourage individuals from taking the step of incorporation without careful thought". Vgl. *Company Law Review Steering Group*, The strategic framework, S. 59.

le und Risikopolster verstanden wird.[181] Die Idee eines Mindeststammkapitals wurde jedoch schnell wieder aufgegeben. Noch im selben Dokument deutete die Reformkommission an, es gebe keine Hinweise auf ein erhöhtes Insolvenzrisiko oder vermehrten Mißbrauch der beschränkten Haftung.[182] In den gesammelten Stellungnahmen hierzu zeigen sich die Ressentiments gegen ein Mindeststammkapital. Nur ein geringer Anteil der gesammelten Stellungnahmen befürwortete eine Mindestkapitalziffer,[183] mehrheitlich mit der Begründung, diese rege Unternehmensgründer dazu an, sich bei der Wahl der Rechtsform nicht unbedacht für eine *private company limited by shares* zu entscheiden.[184] So wird argumentiert, der freie Zugang zur beschränkten Haftung fördere das Unternehmertum und sei wesentliche Voraussetzung für einen dynamischen privaten Sektor.[185] Eine Mindestkapitalziffer benachteilige nur die Vielzahl der kleinen Familienunternehmen, bei denen Gesellschafter und Geschäftsführung identisch seien (*closely held companies*). Außerdem sollten Unternehmensgründer bei der Wahl der Rechtsform allein von wirtschaftlichen und nicht von gesetzlichen Kriterien geleitet werden. Aus diesem Grund solle der freie Zugang zur beschränkten Haftung bestehen bleiben. Dem Problem des Mißbrauchs solle eher dadurch begegnet werden, daß die Geschäftsführer von *private companies limited by shares* eingehender überwacht und bei Fehlverhalten zur Verantwortung gezogen würden.[186] Im zweiten Vorschlag der

181 Dies war ursprünglich anders. Als die beschränkte Haftung 1855 der Allgemeinheit zugänglich gemacht wurde, ging man von Gesellschaften mit einem großen Gesellschafterkreis und einem hohen Stammkapital, das der angestrebten Geschäftstätigkeit angemessen sei, aus. Dieses wurde als ausreichender Schutz der Gläubiger verstanden. Mit der Einführung der Ein-Mann-Gesellschaft als Alternative für den unbeschränkt haftenden Einzelkaufmann nahm die Zahl der Gesellschaften mit einer sehr niedrigen Stammkapitalziffer zu und die Kapitalerhaltungsregeln erwiesen sich als untauglich zum Schutz der Gläubiger; vgl. *Ford*, Rdnr. 20.198.

182 Vgl. *Company Law Review Steering Group*, The strategic framework, S. 59: „We are not aware of evidence suggesting that ease of incorporation (which is cheaper and quicker here than almost anywhere in Europe) has led to unusually high levels of failure or abuse by the standards of international compariso".

183 Vgl. *Company Law Review Steering Group*, Responses, S. 41.

184 Vgl. *Company Law Review Steering Group*, Responses, S. 42: „The intention was to encourage the smallest business to think twice before choosing a company form and so assist the most insubstantial in making the better choice".

185 Die Deregulierung der *private company limited by shares* als wesentliche Voraussetzung für einen florierenden privaten Sektor und das daraus resultierende Wirtschaftswachstum sowie die Schaffung von Arbeitsplätzen sind auch bereits in der Diskussion um eine neue Rechtsform für kleine Unternehmen (*small companies*) angeführt worden und war wesentlicher Auslöser für die vom DTI eingeleiteten Reformen; vgl. *Freedman*, M.L.R. 1994, 555 (555, 575).

186 Vgl. *Company Law Review Steering Group*, Responses, S. 41.

Kommission wird das Thema einer Mindestkapitalziffer für die *private company limited by shares* bereits nicht mehr angesprochen.[187]

4. Repressiver Schutz vor Unterkapitalisierung

Noch mehr als in Deutschland fehlen in der englischen Rechtsordnung Bestimmungen, die eine angemessene Kapitalausstattung der *private companies limited by shares* gewährleisten. Aus diesem Grund ist deren materielle Unterkapitalisierung in England auch kein unbekanntes Problem. Eine Untersuchung aus dem Jahr 1995 hat ergeben, daß annähernd zwei Drittel der *small companies*[188] in England unterkapitalisiert sind.[189] Diese Zahlen und die Abwesenheit einer Mindestkapitalziffer für die *private company limited by shares* sollten vermuten lassen, daß die englische Rechtsordnung einen großzügigen Durchgriff auf die Gesellschafter der Korporation in Fällen materieller Unterkapitalisierung gewährt.[190] Diese Erwartung wird jedoch enttäuscht. Ebenso wie in Deutschland, aber anders als zum Beispiel in den Vereinigten Staaten,[191] zeigt die Rechtsprechung in England nur wenig Bereitschaft, von dem haftungsrechtlichen Trennungsprinzip abzurücken. Ausgangspunkt aller Diskussionen um eine Durchgriffshaftung bildet die Entscheidung des *House of Lords* in Sachen *Salomon v. A. Salomon & Co Ltd.* aus dem Jahr 1897.[192] Diese Entscheidung war nicht nur richtungsweisend für die Entwicklung einer Durchgriffshaftung, sondern hat auch, wie später noch dargestellt werden soll, Auswirkungen auf die Sonderbehandlung eigenkapitalersetzender Gesellschafterdarlehen. Es ist daher sinnvoll, diese im englischen Gesellschaftsrecht heute noch äußerst wichtige Entscheidung an dieser Stelle kurz darzustellen.

a) Die „Salomon Doktrin"

Der Fall betraf den Schuhfabrikanten *Salomon*, der sein lange Jahre einzelkaufmännisch betriebenes Unternehmen im Jahr 1892 in eine *limited company*, die *A Salomon & Co. Ltd.*, umwandelte. Gesellschafter dieser *limited company* waren *Salomon*, seine Ehefrau und seine fünf Kinder. Die *A Salomon & Co. Ltd.* erwarb von Salomon die Assets des einzelkaufmännischen Betriebes zum Preis von

187 Vgl. *Company Law Review Steering Group*, Developing the framework.

188 Um als *small company* anerkannt zu werden, muß eine Gesellschaft gem. s 247 (1) und (2) C.A. 1985 zwei von drei aufgestellten Kriterien erfüllen. Diese sind maximaler Umsatz, maximale Bilanzsumme und maximale Anzahl der Arbeitnehmer. Derzeit ist eine Gesellschaft eine *small company*, wenn sie einen Umsatz von weniger als £ 2,8 Mio., eine Bilanzsumme von weniger als £ 1,4 Mio. und weniger als 50 Arbeitnehmer hat.

189 Vgl. *Hicks*, (1995) 16 Coy Lawyer 171 (172).

190 So auch *Fleischer*, DStR 2000, 1015 (1017), *Vervessos*, S. 73.

191 Vgl. *Fleischer*, DStR 2000, 1015 (1017) m.w.N.

192 *Salomon v. A. Salomon Co. Ltd.* [1897] AC 22, H.L.

T£ 39,0. Als Kaufpreis erhielt Salomon eine Schuldverschreibung (*debenture*) über T£ 10,0, für die ihm eine Sicherheit (*floating charge*) an sämtlichen Assets der Gesellschaft bestellt wurde, sowie 20.000 Geschäftsanteile an der *A Salomon & Co. Ltd.* im Wert von jeweils £ 1,00. Die restlichen T£ 9,0 verblieben als unbesicherte Verbindlichkeit. Folglich hielt Salomon 20.001 der 20.007 Geschäftsanteile an der Gesellschaft. Die verbleibenden sechs Anteile hielten seine Angehörigen. Innerhalb eines Jahres geriet die Gesellschaft in wirtschaftliche Schwierigkeiten und *Salomon* nahm ein Darlehen in Höhe von T£ 5,0 von *Broderip* auf. Die Darlehensvaluta wurde an die Gesellschaft ausgezahlt und *Broderip* als Sicherheit die Schuldverschreibung von *Salomon* übertragen. Auch dieses Darlehen konnte nicht zur Überwindung der Krise beitragen, und als *Salomon* mit der Rückzahlung seines Darlehens an *Broderip* in Verzug geriet, verwertete dieser seine Sicherheit und die Gesellschaft wurde liquidiert. Nach der Befriedigung *Broderips* verblieb eine besicherte Verbindlichkeit in Höhe von T£ 1,0, welche von Salomon eingefordert wurde. Hätte *Salomon* diese Sicherheit realisieren können, hätten die unbesicherten Gläubiger der Gesellschaft einen totalen Forderungsausfall erlitten. Der eingesetzte *liquidator* widersprach Salomons *Forderung* und forderte darüber hinaus im Namen der unbesicherten Gesellschaftsgläubiger von diesem Schadenersatz wegen Betruges (*fraud*).

Der Klage des *liquidator* wurde in den ersten beiden Instanzen mit der Begründung stattgegeben, es handle sich bei der Gesellschaft um eine bloße Fassade.[193] Das *House of Lords* dagegen lehnte eine persönliche Haftung des herrschenden Gesellschafters ab und betonte die Selbständigkeit der juristischen Person.[194]

b) Durchgriffshaftung wegen materieller Unterkapitalisierung (piercing the corporate veil)

Mit der *Salomon Decision* des *House of Lords* war das Trennungsprinzip höchstrichterlich festgeschrieben und der Entwicklung einer gesellschaftsrechtlichen Durchgriffshaftung blieb von vornherein nur wenig Spielraum. Im Laufe der Zeit gab es allerdings wiederholt Versuche, das allgemeine Durchgriffsverbot wenigstens in Teilbereichen zurückzudrängen. Diese Ansätze werden in der gesellschaftsrechtlichen Literatur unter dem Begriff des *piercing the corporate veil* zu-

193 Vgl. *Lindley LJ*, in: *Salomon v. A. Salomon & Co. Ltd.* [1895] 2 Ch. 323 (339): „If the legislature thinks it right to extend the principle of limited liability to sole traders it will no doubt do so, with such safeguards, if any, as it may think necessary. But until the law is changed such attempts, as these ought to be defeated whenever they are brought to light. They do infinite mischief; they bring into disrepute one of the most useful statutes of modern times, by perverting its legitimate use, and by making an instrument for cheating honest creditors".

194 Vgl. *Lord Halsbury LC*, in: *Salomon v. A. Salomon & Co Ltd.* [1897] A.C. 22 (31): „Either the limited company was a legal entity or it was not. If it was the business belonged to it and not to Mr. Salomon".

sammengefaßt und lassen sich in drei Fallgruppen aufteilen.[195] Erstens wird eine Durchgriffshaftung innerhalb von Konzernstrukturen zwischen Mutter- und Tochtergesellschaften bei der Auslegung von Gesetzen, Verträgen oder sonstigen Dokumenten in Erwägung gezogen (*single economic unit argument*).[196] Zweitens sollen die Gesellschafter in Anspruch genommen werden, wenn die Gesellschaft eine bloße Fassade zum Schutz der dahinterstehenden Person bildet[197] und drittens, wenn sie als bevollmächtigte Vertreterin für ihre Gesellschafter handelt (*agency argument*).[198]

Nur die zweite der vorgenannten Fallgruppen erfaßt Fälle materieller Unterkapitalisierung.[199] Einschlägige Präjudizien der englischen Gerichte sind jedoch knapp, so daß konkrete Tatbestandsvoraussetzungen für eine Durchgriffshaftung nicht bestehen.

Im Falle des *single economic unit argument* sind drei Gerichtsentscheidungen besonders hervorzuheben. Grundsätzlich sind auch nach englischem Recht Unternehmen innerhalb eines Konzerns rechtlich selbständige Einheiten.[200] Dennoch haben die Gerichte unter bestimmten Voraussetzungen diese rechtliche Trennung ignoriert und die verschiedenen Unternehmen als eine Einheit behandelt.

Die erste entsprechende Entscheidung erging i.S. *The Roberta*[201]. In diesem Fall hatte ein Tochterunternehmen ein Konnossement erteilt, welches jedoch vor Gericht der Muttergesellschaft zugerechnet wurde, weil die Tochtergesellschaft nur auf dem Papier von ihrer Mutter unabhängig war. Tatsächlich hielt diese nämlich sämtliche Anteile und hatte zwei von drei Direktoren gestellt. Der vorsitzende Richter ging davon aus, daß die Tochtergesellschaft daher nicht als rechtlich selbständige Einheit zu betrachten sei. Der zweite Fall war *Holdsworth (Harold) & Co. (Wakefield) v. Caddies*[202]. *Caddies* war Direktor von *Holdsworth*, einer Gesell-

---

195 Vgl. die Aufzählung bei *Gower/Davies*, S. 173; *Farrar*, S. 60 ff.; *Pennington*, S. 58 ff.

196 Vgl. *The Roberta* (1937) 58 L.L.R. 159; *Holdsworth(Harold) & Co. (Wakefield) v. Caddies* [1955] 1 W.L.R. 352, H.L.; *Scottish Co-operative Wholesale Society Ltd. v. Meyer* [1959] A.C. 324, H.L. (Sc.); *Instituto Chemioterapico SpA and Commercial Solvents Corp. v. The Commission* (Joined Cases 6 & 7 7/73) [1974] E.C.R. 223; *D.H.N. Food Distributors Ltd. v. The London Borough of Tower Hamlets L.B.C.* [1976] 1 W.L.R. 852, C.A.; *Revlon Inc. v. Cripp & Lee Ltd.* [1980] F.S.R. 85.

197 Vgl. *Jones v. Lipman* [1962] 1 WLR 832; *Woolfson v. Strathclyde Regional Council* [1978] 38 P. & C.R. 521.

198 Vgl. *Rainham Chemical Works v. Belvedere Fish Guano Co.* [1921] 2 A.C. 456, H.L.; *Southern v. Watson* [1940] 3 All ER 439, C.A.

199 Vgl. *Gower/Davies*, S. 169.

200 Vgl. *Roskill J*, in: *Albacruz (Cargo Owners) v. Albazero (Owners); Albazero, The* [1977] A.C. 744 (807), C.A. and H.L.: „Each company in a group of companies ... is a separate legal entity possessed of separate rights and liabilities".

201 (1937) 58 L.L.R. 159.

202 [1955] 1 W.L.R. 352 H.L.

schaft mit verschiedenen Tochterunternehmen. Vor Gericht hatte er argumentiert, als Direktor des Mutterunternehmens sei es ihm nicht zumutbar gewesen, seine gesamte Zeit den Beziehungen zu den Töchtern zu widmen, weil diese schließlich eigenständige Unternehmen gewesen seien. Diese Begründung wurde von *Lord Reid* als zu technisch zurückgewiesen. Der Anstellungsvertrag des Direktors sei nach handelsüblichen Bräuchen (*in re mercatoria*) im Licht der gegebenen Umstände auszulegen.[203] Der dritte Fall war *Scottish Co-operative Wholesale Society Ltd. v. Meyer*[204]. In dieser Entscheidung rechnete das Gericht den Verstoß einer Tochtergesellschaft gegen eine Vorschrift des *Companies Act* der Mutter zu, weil diese bei jeder Entscheidung von der Mutter beherrscht worden sei. *Lord Simonds* argumentierte in diesem Fall, daß die betreffende Vorschrift, gegen welche die Tochtergesellschaft verstoßen habe, im Licht der wirtschaftlichen Realitäten auszulegen sei.[205] Auch die vierte und die fünfte Entscheidung, die sich mit dem *single economic unit argument* befassen, behandeln wie die Entscheidung in Sachen *Scottish Co-operative Wholesale Society Ltd. v. Meyer* die Auslegung von Normen.[206] Auf ihre Darstellung soll hier daher verzichtet werden. Es kann also festgehalten werden, daß sämtliche Entscheidungen sich mit der Auslegung von Verträgen, Dokumenten oder Normen beschäftigen.[207] Es ist jedoch unmöglich, diesen Entscheidungen klar subsumierbare Tatbestandsmerkmale zu entnehmen, wann zwei miteinander verbundene Unternehmen als *single economic unit* anzusehen sind.

Im Falle des *agency arguments* bedarf es nach der englischen Rechtsprechung eines expliziten oder stillschweigenden Vertretungsverhältnisses zwischen Gesellschaft und Gesellschaftern, um einen Durchgriff auf letztere zu ermöglichen.[208] Nur in einem Fall haben die Gerichte materielle Unterkapitalisierung als Indiz für ein stillschweigendes Vertretungsverhältnis genommen. In *Re F.G. (Films) Ltd.*[209] war eine

---

203 *Lord Reid*, in: *Holdsworth (Harold) & Co. (Wakefield) v. Caddies* [1955] 1 W.L.R. 352 (367), H.L.

204 [1959] A.C. 324, H.L. (Sc.).

205 *Lord Simonds*, in: *Scottish Co-operative Wholesale Society Ltd. v. Meyer* [1959] A.C. 324, H.L. (Sc.), 342: „The section warrants the courts in looking into at the business realities of the situation and does not confine them to a narrow legalistic view."

206 Vgl. *Instituto Chemioterapico SpA and Commercial Solvents Corp. v. The Commission* (Joined Cases 6 & 7 7/73) [1974] E.C.R. 223; *Revlon Inc. v. Cripp & Lee Ltd.* [1980] F.S.R. 85.

207 Eine Ausnahme hiervon bildet nur die Entscheidung in Sachen *D.H.N. Food Distributors Ltd. v. The London Borough of Tower Hamlets L.B.C.* [1976] 1 W.L.R. 852, C.A. In dieser Entscheidung hatte die *D.H.N. Food Distributors Ltd.* zwei Tochtergesellschaften, in deren Eigentum das Grundstück stand, welches die Mutter angemietet hatte und von welchem sie ihrer wirtschaftlichen Tätigkeit nachging. Als die Tochtergesellschaften enteignet wurden, stand der entsprechende Kompensationsanspruch auch der *D.H.N. Food Distributors Ltd.* zu, weil nach Auffassung des Gerichts diese als ein Unternehmen mit ihren Töchtern zu behandeln sei.

208 Vgl. *Gower/Davies*, S. 173.

209 [1953] 1 W.L.R. 438.

amerikanische Produktionsgesellschaft Mehrheitsgesellschafterin einer englischen *private company*, die offiziell als Produktionsgesellschaft eines Spielfilmes auftrat. Hierzu war die Gesellschaft offensichtlich völlig unterkapitalisiert. Tatsächliches Ziel dieser Konstruktion war es, den produzierten Spielfilm als britischen Spielfilm zu registrieren, um bestimmte finanzielle Vorteile zu erhalten.[210] In der Entscheidung führte *Vasey J* aus, die Gesellschaft habe lediglich ein Stammkapital von £ 100,00, ein als Sitz der Gesellschaft registriertes Büro und keine Arbeitnehmer. Ihr Beitrag zur Produktion des Spielfilms sei daher so gering, daß die Gesellschaft nur als Vertreterin der amerikanischen Produktionsgesellschaft angesehen werden könne.[211] Allerdings war auch in diesem Zusammenhang die Unterkapitalisierung allein ausreichend um ein Vertretungsverhältnis zu begründen. Auch in weiteren Fällen waren die Gerichte mit der Annahme eines stillschweigenden Vertretungsverhältnisses zurückhaltend. So entwarf *Atkinson J* in der Entscheidung *Smith, Stone & Knight Ltd. v. Birmingham Corporation*[212] einen Katalog von Kriterien die erfüllt sein müßten, um *agency* zu begründen. Diese stellen jedoch eher auf funktionale Kontrolle der Gesellschaft durch die Gesellschafter ab, als auf deren Kapitalausstattung.[213]

Im Rahmen des *facade-arguments* fehlen griffige Abgrenzungskriterien gänzlich.[214] Teilweise wird vertreten, daß die vorgeschobene Gesellschaft in betrügerischer Absicht gegründet oder genutzt werden müsse.[215] Allein die Unterkapitalisierung der vorgeschobenen Gesellschaft kann jedoch eine Durchgriffshaftung nicht begründen. So hat es das Gericht in der Entscheidung *Re Polly Peck International plc. (in administration)*[216] abgelehnt, eine Gesellschaft mit einem Stammkapital von Sfr. 25.000,00, die von ihrer Muttergesellschaft ein Darlehen in Höhe von Sfr. 700 Mio. erhalten hatte, als bloße Fassade anzusehen.

c) Nominelle Unterkapitalisierung

Der Begriff der nominellen Unterkapitalisierung ist der englischen Rechtsordnung fremd. Finanzieren die Gesellschafter ihre Gesellschaft durch Fremdkapital, so ist

210 Vgl. *Redmond*, S. 159.

211 Vgl. *Vasey J*, in: *Re FG (Films) Ltd.* [1953] 1 W.L.R. 138, 486: „The applicants have a capital of £ 100 … they have no place of business apart from their registered office, and they did not employ any staff. It seems to me to be contrary … to say or to believe that this insignificant company undertook in any real sense of that word the arrangements for the making of this film. I think … that the acted, in so far as they acted at all in the matter merely as the nominee of and agent for an American company … which seems (among other things) to have financed the making of the film to an extent of at least £ 80.000".

212 [1939] 4 All E.R. 116.

213 Vgl. *Farrar*, S. 61 f.

214 Vgl. *Gower/Davies*, S. 174.

215 Vgl. *Re a Company* [1985] Ch. 728; *Gower/Davies*, S. 174.

216 [1996] 2 All E.R. 433.

diese Form der Finanzierung anerkannt.[217] Ein spezifisches Recht der eigenkapitalersetzenden Gesellschafterdarlehen existiert nicht. Ob die Risiken der Gesellschafterfremdkapitalfinanzierung in der englischen Literatur erkannt worden sind und wie diesen Gefahren begegnet wird, soll an späterer Stelle geklärt werden.[218]

III. Rechtsvergleichende Würdigung

1. Gemeinsamkeiten

Sowohl die englische als auch die deutsche Rechtsordnung gewähren dem Gesellschafter grundsätzlich Freiheit bei der Finanzierung seiner Gesellschaft. Die Finanzierung mittels Fremdkapital ist in beiden Rechtsordnungen als legitim anerkannt und ein in der Praxis gängiges Finanzierungsmittel.

Eingeschränkt wird die Finanzierungsfreiheit in beiden Ländern durch unterschiedlich stark ausgeprägte Vorschriften zur Kapitalaufbringung und -erhaltung sowie durch eine ausnahmsweise Durchgriffshaftung auf die hinter der Korporation stehenden Gesellschafter. Auch wenn das englische Recht keine Mindestkapitalziffer für die *private company limited by shares* vorsieht, geht doch aus der immer wiederkehrenden Diskussion um die Einführung einer solchen hervor, daß ein fixes Stammkapital nicht in der Lage ist, den Gläubigern der Gesellschaft als Haftungsfond zu dienen. Es kann daher lediglich als Seriositätsschwelle oder Risikopolster verstanden werden, das den Zugang zum Privileg der beschränkten Haftung an ein Mindestmaß finanzieller Leistungsfähigkeit knüpft. Im Bereich der Kapitalerhaltung wird sowohl in Deutschland als auch in England das Stammkapital/*issued capital* gegen einen Abfluß an die Gesellschafter geschützt.

2. Unterschiede

Abgesehen von dieser groben übereinstimmenden Grundstruktur (Kapitalaufbringung, Kapitalerhaltung, repressive Schutzmechanismen) unterscheidet sich die Finanzverfassung der englischen *private limited company* wesentlich von derjenigen der deutschen GmbH. Es fehlt zunächst an einem gesetzlichen Mindestkapital. Der englische Gesetzgeber ist – u.a. aufgrund der Vorschläge der *Company Law Review Steering Group* – nicht der Überzeugung, daß die Einführung einer Mindestkapitalziffer ein geeignetes Mittel ist, einem unverhältnismäßig hohen Insolvenzrisiko bei den *private companies limited by shares* vorzubeugen. Auch bei den Vorschriften zur Kapitalerhaltung zeigt sich der englische Gesetzgeber wenig regulierungs-

217 Vgl. *Ford*, Rdnr. 19.040.
218 Siehe hierzu S. 48 ff.

freudig. Wo in Deutschland der Grundsatz der realen Kapitalaufbringung[219] darüber wacht, daß das im Gesellschaftsvertrag bezifferte Stammkapital der Gesellschaft auch als realer Wert zufließt, ist man in England großzügiger bei der Einlagefähigkeit und der Einlagebewertung. Diese Neigung entspricht der englischen Auffassung, die Korporationen als Netzwerk gegenseitiger Verträge zwischen den an der Gesellschaft beteiligten Parteien und damit als Gegenstand der Privatautonomie zu sehen (*nexus of contracts*). Einen regulierenden Eingriff in dieses Geflecht unternehmen die englischen Gerichte nur in Ausnahmefällen, da sie ansonsten einen Eingriff in die Privatautonomie befürchten. Die hierdurch eröffneten Schutzlücken sollen nach der Grundkonzeption des englischen Gesetzgebers durch strenge Publizitätsanforderungen, eine verschärfte Staatsaufsicht und die Selbstinformationsobliegenheiten der Marktteilnehmer geschlossen werden.[220]

Auch eine in der deutschen Literatur befürwortete und in der Rechtsprechung teilweise umgesetzte Haftung wegen materieller Unterkapitalisierung existiert in England nicht. Ein Durchgriff auf die hinter der Gesellschaft stehenden Mitglieder kommt nur nach den Grundsätzen des *piercing the corporate veil* in Betracht. Diese greift im wesentlichen dann, wenn die Gesellschaft keine Eigenständigkeit besitzt (entweder weil sie nur eine Fassade darstellt oder weil sie im Konzernverbund mit ihrer „Mutter" eine wirtschaftliche Einheit bildet), ist also keine klassische Haftung wegen materieller Unterkapitalisierung. So wird die Durchgriffshaftung wegen materieller Unterkapitalisierung in Deutschland dadurch begründet, daß materiell unterkapitalisierte Gesellschaften den durch die Vorschriften zur Kapitalaufbringung erzielten Gläubigerschutz unterliefen. Beiden Ansätzen liegt jedoch derselbe Gedanke zugrunde: Der Geschäftsverkehr soll vor solchen Gesellschaften geschützt werden, die ganz offensichtlich nur zum Schein errichtet wurden oder denen gänzlich die wirtschaftliche Eigenständigkeit fehlt.

3. Ergebnis

Welches System nun den wirksameren Gläubigerschutz bietet, ist fraglich. Empirische Untersuchungen in Form eines länderübergreifenden Vergleichs der Insolvenzanfälligkeit von GmbH und *private company limited by shares* existieren nicht. Die Einführung der Haftung wegen *wrongful trading* (dazu später) spricht jedenfalls dafür, daß Publizität und Staatsaufsicht allein keinen ausreichenden

219 Dieser besagt, dass ein gesicherter realer Vermögenswert zufließen muss. Während dinglich wirkende Rechte, etwa wie ein Grundpfandrecht am Gründstück des Gesellschafters als Sacheinlage zugelassen sind, kann eine rein schuldrechtliche Verpflichtung nicht die Einlagepflicht und die Mitgliedschaft bilden; vgl. hierzu bereits S. 216.

220 Vgl. *Fleischer*, AG 2000, 1015 (1019).

Gläubigerschutz bieten.[221] Auch können, wie später dargelegt werden soll,[222] die frei zugänglichen Informationen kein hinreichend zeitnahes Bild der wirtschaftlichen Situation des Unternehmens vermitteln. Darüber hinausgehende Informationsmöglichkeiten leiden darunter, daß sie aufgrund ihrer Kostenpflichtigkeit nicht allen Gläubigern offen stehen, sondern nur denen, die es sich aufgrund ihrer eigenen wirtschaftlichen Stärke leisten können.

Auch die in England und Deutschland bestehende Finanzierungsfreiheit ist nur begrenzt. Sie hängt zum einen in der Praxis davon ab, welche Bereitschaft innerhalb des Gesellschafterkreises besteht, weiteres Haftungskapital nachzuschießen und zum anderen, inwiefern sich am Kapitalmarkt Kreditgeber finden, welche der Gesellschaft Fremdkapital zuführen. Letztere werden sich jedoch nur finden, wenn die Gesellschaft über eine hinreichende Bonität verfügt.[223] Diese kann entweder daraus resultieren, daß die Gesellschaft erfolgreich wirtschaftet und aus den Gewinnen Zins- und Darlehensrückzahlungen erfolgen könnten oder daß die Gesellschaft über eine hohe Eigenkapitalausstattung verfügt, welche unternehmerische Verluste abfängt (Puffereffekt) und deren Auswirkungen auf die Gläubiger verzögert.

Ist aber kein außenstehender Kreditgeber mehr bereit, der Gesellschaft Mittel zur Verfügung zu stellen und die Gesellschaft damit materiell unterkapitalisiert, so ist der Spielraum der Gesellschafter begrenzt.[224] Wenn das Unternehmen die Kredite, die es nun nicht mehr von dritter Seite bekommen kann, dringend benötigt, und auch keine andere Kapitalzufuhr stattfindet, steht die Insolvenz unmittelbar bevor. Entweder führt die Situation selbst alsbald zum Eintritt der Zahlungsunfähigkeit, oder die Altgläubiger nehmen ihr Recht zur außerordentlichen Kündigung ihrer Kredite wegen Vermögensverschlechterung wahr.[225] Des weiteren besteht die Möglichkeit, daß das Unternehmen seine Kreditwürdigkeit bis zur Schwelle der

221 Vgl. *Fleischer*, AG 2000, 1015 (1019).

222 Siehe hierzu auch S. 49 ff.

223 Im Widerspruch hierzu steht die klassische Markttheorie nach der sich für ein Risiko jeder Abstufung ein Kapitalgeber finde, welcher seine Risikoprämie entsprechend kalkuliere. Dies könne durch solche Finanzierungsmerkmale geschehen, welche Merkmale des Eigen- und Fremdkapital in sich vereinten aber auch durch das klassische Bankdarlehen, bei welchem auf den Basiszinssatz ein sog. „*spread*" aufgeschlagen werde, der einen an der Bonität des Kreditgebers orientierten Risikozuschlag erhielte. Diese Finanzierungsmethode hat jedoch außerhalb der bankwirtschaftlichen Theorie wenig Anklang gefunden; vgl. hierzu *Roth*, ZGR 1993, 171 (178 f.).

224 Vgl. hierzu auch *Roth*, ZGR 1993, 171 (186)

225 Nach deutschem Recht kommt in diesen Fällen ein Leistungsverweigerungsrecht, also ein Zurückbehaltungsrecht der noch nicht erfolgten Kreditauszahlung nach § 321 BGB, ein Widerruf nach § 610 BGB oder bei Banken eine außerordentliche Kündigung nach Nr. 19 Abs. 1 AGB-Banken in Frage; *Hopt/Mülbert*, in: Staudinger, § 610 Rdnr. 14; vgl. zum Kündigungsgrund nach Nr. 19 Abs. 3 AGB-Banken *Claussen*, Bank- und BörsenR, S. 326 f.

Unterkapitalisierung ausgereizt hat, damit aber auch seinen Finanzbedarf auf absehbare Zeit gedeckt hat und seine Geschäfte ohne zusätzliche Verschuldung weiterbetreiben kann.

Vom letztgenannten Sonderfall abgesehen kommt eine Fortführung der Geschäftstätigkeit ohne neue Kapitalzufuhr nicht in Betracht. Die Gesellschafter haben nun noch die Möglichkeit, Eigenkapital nachzuschießen. Dies hätte zur Folge, daß Tatbestand und Problem der Unterkapitalisierung beseitigt sind. Schließlich bleibt den Gesellschaftern die Möglichkeit, nachrangiges Haftkapital zuzuführen. Dieses kann entweder durch privatautonome Disposition geschaffen werden, indem die Gesellschafter es zwar nicht formell als Eigenkapital, sondern als Darlehen zuführen, dieses aber mit einem Rangrücktritt hinter den übrigen Gesellschaftsverbindlichkeiten versehen ist, oder es entsteht zwangsweise, wenn das Darlehen von Rechts wegen als eigenkapitalersetzend zu qualifizieren ist.

Die vorstehend genannten Alternativen verdeutlichen also, daß die Gesellschafter bei der Finanzierung ihrer Gesellschaft zwar rechtlich gesehen frei sind, die Grenzen ihrer Finanzierungsfreiheit sich aber nicht zuletzt nach dem Verhalten der Teilnehmer auf dem Kapitalmarkt bestimmen.

Flankiert werden die Regelungen zur Kapitalaufbringung- und -erhaltung also durch die vom Kapitalmarkt gesetzten Grenzen. Hinzu kommen im deutschen Recht die repressiven Schutzmechanismen bei materieller Unterkapitalisierung welche eine ausnahmsweise Aufhebung des Trennungsprinzips nach § 13 Abs. 2 GmbHG und somit einen Durchgriff auf die für die Unterkapitalisierung maßgeblichen Gesellschafter ermöglichen.

Im englischen Recht hingegen ist eine Durchgriffshaftung wegen materieller Unterkapitalisierung nicht anerkannt. Die Unterkapitalisierung ist nur ein Indiz im Rahmen der allgemeinen richterrechtlichen Durchgriffstatbestände (*piercing the corporate veil*). Nur wenn weitere Voraussetzungen, wie betrügerische Absicht oder ein anderes Fehlverhalten der Gesellschafter gegeben sind, ist ein Durchgriff auf die Gesellschafterebene möglich. Dies ist um so erstaunlicher, als man in einer Rechtsordnung mit freizügigen Kapitalaufbringungs- und -erhaltungsvorschriften eigentlich erwarten würde, daß die hieraus entstehenden Gefahren durch eine effektive Durchgriffshaftung der Gesellschafter ausgeglichen würden.

In Deutschland werden die Kapitalaufbringungs- und -erhaltungsvorschriften sowie die Durchgriffshaftung wegen materieller Unterkapitalisierung ergänzt durch das Recht der eigenkapitalersetzenden Gesellschafterdarlehen. Diese greifen gläubigerschützend im Falle einer nominellen Unterkapitalisierung der Gesellschaft ein.

C. Die negativen Folgen der Fremdfinanzierung durch den Gesellschafter

Die nominelle Unterkapitalisierung und ein spezifisches Rechtsinstitut für die Erfassung eigenkapitalersetzender Gesellschafterdarlehen sind der englischen Rechtsordnung unbekannt. Eine Suche nach dem Eigenkapitalersatzrecht entsprechenden Normen in der englischen Rechtsordnung muß sich daher am Schutzzweck des Eigenkapitalersatzrechts ausrichten. Dem Grundsatz der Finanzierungsfreiheit steht sowohl in der englischen als auch in der deutschen Rechtsordnung der Gläubigerschutz gegenüber.[226] Das Eigenkapitalersatzrecht stellt einen Eingriff in die Finanzierungsfreiheit des Gesellschafters dar, indem es unter bestimmten Voraussetzungen die Zuführung von Fremdkapital durch ihn sanktioniert. Es läßt sich daher nur unter gläubigerschützenden Gesichtspunkten rechtfertigen. Die Gläubiger einer Gesellschaft sind aber nur dann schutzwürdig, wenn ihnen tatsächlich Gefahren drohen. Es stellt sich also die Frage, welche Risiken die Gesellschafterfremdkapitalfinanzierung eigentlich birgt. Die Herausarbeitung dieser Risiken kann länderübergreifend erfolgen. Die wirtschaftlichen Folgen eines Gesellschafterdarlehens für die Gläubigergesamtheit sind schließlich nicht abhängig von der jeweiligen Rechtsordnung und sind daher in England nicht anders als in Deutschland. Gelingt der Nachweis, daß von der Gesellschafterfremdkapitalfinanzierung negative Folgen ausgehen, kann anschließend untersucht werden, ob das englische Recht Normen bereithält, welche diese – zumindest reflexiv – erfassen.

Jeder Kredit setzt die Ursache für die Insolvenz des Schuldners und die damit einhergehenden Schäden zu Lasten Dritter.[227] Ohne Kredite sind Insolvenzen nicht denkbar.[228] Dies folgt bereits aus der Definition der Insolvenzauslösetatbestände. So setzt etwa der Auslösetatbestand der Zahlungsunfähigkeit nach § 17 Abs. 2 S. 1 InsO in Deutschland und nach s 123 I.A. 1986 in England voraus, daß der Schuldner nicht in der Lage ist, seine fälligen Zahlungspflichten zu erfüllen. Nach § 18 InsO und s 8 (1) I.A. 1986 droht der Schuldner zahlungsunfähig zu werden, wenn er voraussichtlich nicht in der Lage sein wird, die bestehenden Zahlungspflichten im Zeitpunkt ihrer Fälligkeit zu erfüllen. Der besondere Auslösetatbestand der Überschuldung gem. § 19 Abs. 2 S. 1 InsO in Deutschland sowie die *balance sheet*

226 Vgl. nur *Gower/Davies* in den Ausführungen zu den Vorschriften zum *raising and maintenance of capital*, S. 234: „[An incorporated company] may need to raise by loans more money than that subscribed by its members, or to buy on credit; in any event it will be vital ... that third parties will be able to trust it properly to fulfil its contracts. The creditworthiness of the company depends on the adequacy of its capital ... Hence the law has worked out certain principles relating to the raising and maintenance of capital. ... They are primarily intended for the protection of creditors". Vgl. zum deutschen Recht *Casper/Ulrich*, GmbHR 2000, 472 (473).

227 Vgl. *Häsemeyer*, Rdnr. 2.26.

228 Vgl. *Hahn*, S. 292.

insolvency gem. s 123 (2) I.A. 1986 in England schließlich liegen vor, wenn das Vermögen des Schuldners die bestehenden Verbindlichkeiten nicht mehr deckt. Insofern unterscheidet sich der Gesellschafterkredit nicht von regulären Krediten Dritter. Fraglich ist, welche besonderen Gefahren das in der Krise gewährte Gesellschafterdarlehen birgt, die ein gläubigerschützendes Eingreifen des Eigenkapitalersatzrechts rechtfertigen.

I. Erwecken des Rechtsscheins der Kreditwürdigkeit

Als Hauptrisiko der Gesellschafterfremdfinanzierung wird sowohl in England als auch in Deutschland immer wieder die Täuschung der Drittgläubiger der Gesellschaft über deren Kreditwürdigkeit angeführt.[229] In der deutschen Literatur wird die Diskussion, ob eine solche Gefahr überhaupt besteht, hauptsächlich innerhalb des Streits um die dogmatische Rechtfertigung des Eigenkapitalersatzrechts geführt. Dort werden die Ansätze vertreten, beim Kapitalersatzrecht handele es sich um eine Art Rechtsscheinshaftung[230] oder eine Haftung für ein venire contra factum proprium.[231] Weil in England die Entwicklung eines speziell auf Gesellschafterdarlehen zugeschnittenen Rechtsinstituts durch die *Salomon*-Entscheidung abgeschnitten wurde,[232] sind die Gefahren der Gesellschafterfremdfinanzierung in der englischen Literatur auch kaum diskutiert worden und das Material hierzu ist verhältnismäßig „übersichtlich".

Sowohl in England als auch in Deutschland wird übereinstimmend davon ausgegangen, die Gesellschafterfremdkapitalfinanzierung erwecke bei Drittgläubigern den Eindruck, daß die unerkannt liquidationsreife Gesellschaft weiterhin leistungsfähig sei. Hiergegen wird jedoch argumentiert, daß die Öffentlichkeit mit einer beschränkt haftenden Gesellschaft auf eigenes Risiko kontrahiere und wisse, oder wissen müsse, was sie hiervon zu erwarten habe.[233] Um sich gegen das Insolvenzrisiko einer Gesellschaft abzusichern stünden potentiellen Gläubigern verschiedene Mittel zur Verfügung. Die englische und die deutsche Rechtsordnung bieten die Möglichkeit, die Jahresabschlüsse der Gesellschaft beim *Registrar of Companies* bzw. beim Handelsregister einzusehen. Nach englischem Recht ist die *private*

229 Vgl. *BGHZ* 67, 171 (175); 75, 334 (338); 76, 326 (329); *Fastrich*, in: FS *Zöllner*, 1998, S. 143 (146); *Lutter/Hommelhoff*, ZGR 1979, 31 (36); *Pape*, DB 1996, 2113; *Altmeppen*, ZIP 1993, 1677 (1682); *Ehricke*, S. 152 f.; *Ulmer*, ZIP 1984, 1163 (1171); *Ulmer*, in: Hachenburg, § 32 a, b Rdnr. 8; *Gower/Davies*, S. 79.

230 Vgl. *BGHZ* 75, 334 (338); *Fastrich*, in: FS *Zöllner*, 1998, S. 143 (146); *Lutter/Hommelhoff*, ZGR 1979, 31 (36); *Pape*, DB 1996, 2113; *Ehricke*, S. 152 f.; *Ulmer*, ZIP 1984, 1163 (1171); *Ulmer*, in: Hachenburg, § 32 a, b Rdnr. 8

231 Vgl. *BGHZ* 67, 171 (175); 76, 326 (329); *Altmeppen*, ZIP 1993, 1677 (1682).

232 Vgl. *Fleischer*, DStR 2000, 1015 (1017).

233 Vgl. *Fleischer*, DStR 2000, 1015,1021; *Gehde*, S. 49.

company bzw. ihre Geschäftsführer gem. s 241 (1) und (2), s 242 (1) und (2) und s 244 C.A. 1985 verpflichtet, nach Abschluß des Geschäftsjahres eine Gewinn- und Verlustrechnung (*profit and loss account*), eine Bilanz (*balance sheet*) sowie Berichte der Prüfer und der Geschäftsführer (*auditors' and directors' report*) beim *Registrar of Companies* einzureichen. Dieser hat die Einreichung in der *London Gazette* zu veröffentlichen. Die Frist hierfür beträgt zehn Monate nach Abschluß des Geschäftsjahres.[234] Nach deutschem Recht besteht gem. § 325 Abs. 1 HGB für kleine und mittelgroße Gesellschaften die Pflicht, die Unterlagen des Jahresabschlusses zum Handelsregister einzureichen und diese Einreichung im Bundesanzeiger bekannt zu machen. Große Gesellschaften haben diese Unterlagen im Bundesanzeiger zu veröffentlichen und binnen zwölf Monaten nach dem Abschlußstichtag nebst Bekanntmachung zum Handelsregister zu reichen.[235] Durch Einblick in die beim *Registrar of Companies* bzw. beim Handelsregister eingereichten Unterlagen hätten die Drittgläubiger die Möglichkeit, die wirtschaftliche Situation ihres möglichen Schuldners zu prüfen. Nach dieser Prüfung könnten sie sich dann selbst vor dem Insolvenzrisiko des Schuldners schützen, indem sie entweder zusätzliche Sicherheiten verlangten oder von einem Vertragsschluß Abstand nähmen.[236]

Dieser Grundsatz des *caveat creditor*, der in England stärker als in Deutschland betont wird, leidet jedoch an verschiedenen Schwachpunkten. Zunächst bietet auch eine Anfrage beim *Registrar of Companies* bzw. beim Handelsregister keine Gewähr für eine zuverlässige Information über die wirtschaftliche Situation der Gesellschaft, weil die dort zugänglichen Informationen kein hinreichend zeitnahes Bild von der Vermögens-, Finanz- und Ertragslage der Gesellschaft vermittelm. Es entsteht ein sog. „*time lag*", weil die zur Verfügung stehenden wirtschaftlichen Daten nicht mehr auf dem neuesten Stand sein können.[237] Selbst wenn diese aktuell sind, hat nicht jeder Gläubiger den nötigen Sachverstand, um daraus die richtigen Schlüsse zu ziehen. Die Inanspruchnahme einer privaten Kreditauskunftei zur Auswertung der zugänglichen Informationen steht zwar finanzkräftigen Großgläubigern offen, für den kleinen Dienstleister oder Warenlieferanten ist sie jedoch unerschwinglich.[238] Darüber hinaus besteht die Möglichkeit, sich über seinen potentiellen Schuldner vor Begründung des Schuldverhältnisses zu informieren, nur für

234 Vgl. *Pennington*, S. 925; *Gower/Davies*, S. 520 f.

235 Auch der Umfang dieser Unterlagen bestimmt sich nach der Größe der Gesellschaft. So haben große und mittelgroße Gesellschaften die Bilanz nebst Gewinn- und Verlustrechnung und Anhang einzureichen, während kleine Gesellschaften nur die Bilanz und Anhang einreichen müssen; vgl. *Schulze-Osterloh*, in: Baumbach/Hueck, § 41, Rdnr. 130.

236 Vgl. *Gehde*, S. 49.

237 Vgl. *Drury/Hicks*, (1999) J.B.L. 429 (442).

238 Vgl. *Gower/Davies*, S. 79; *Fleischer*, DStR 2000, 1015 (1020); *Roth*, ZGR 1993, 170 (182); *Ulmer*, in: Hachenburg, Anh. § 30 Rdnr. 54; *Goette*, ZHR 162 (1998), 223 (224). Aber auch Großgläubigern ist es oftmals nicht möglich, sämtliche Eventualitäten vorauszusehen. Vgl.

solche Gläubiger, die dieses Schuldverhältnis freiwillig eingehen. Sie besteht nicht für Gläubiger aus gesetzlichen Schuldverhältnissen, denen eine Gesellschaft mit beschränkter Haftung als Schuldner aufgezwungen wird, wie zum Beispiel Inhaber von Schadensersatz-, Lohn- oder Gehaltsansprüchen.[239]

Selbst wenn aber ein potentieller Gläubiger einer beschränkt haftenden Gesellschaft die Möglichkeit und die Zeit hat, sich über deren Vermögenslage zu informieren und die nach der Lage der Dinge gebotenen Entscheidungen zu treffen, gewährleistet dies noch nicht, daß er sich diese Information auch zu Nutzen machen kann. Es steht ihm in dieser Situation offen, mit der Gesellschaft überhaupt nicht oder nur gegen Leistung von Sicherheiten zu kontrahieren. Oft finden sich aber gerade kleinere Unternehmen in der Situation, daß sie es sich nicht leisten können, auf einen Kunden zu verzichten und diesen gar nicht zu beliefern. Dies ist insbesondere bei kleinen Zuliefererbetrieben und Dienstleistern der Fall, welche oftmals nur einen großen Auftraggeber haben. Diesen zu verlieren, käme einer Aufgabe ihrer wirtschaftlichen Existenzgrundlage gleich.

Es kann also festgehalten werden, daß die Gesellschafterfremdfinanzierung zu einer Täuschung potentieller Gläubiger über die wirtschaftliche Leistungsfähigkeit der darlehensnehmenden Gesellschaft führt. Insofern unterscheidet sie sich jedoch nicht von der Finanzierung der Gesellschaft mit Eigenkapital. Angenommen, ein Gesellschafter gewährt „seiner" Gesellschaft ein Darlehen, welches deren Zusammenbruch nur hinauszögert, aber nicht ausreicht, um die wirtschaftliche Krise zu überwinden, so erweckt er kurzfristig den Anschein, die Gesellschaft sei noch aus eigener Kraft überlebensfähig. Führt er nun der Gesellschaft stattdessen in gleicher Höhe Eigenkapital zu, so wird auch dieses nicht reichen, um das Unternehmen wieder in sicheres Fahrwasser zu bringen. Auch in diesem Fall werden die Gläubiger über die Leistungsfähigkeit der Gesellschaft getäuscht. Es bleibt also zu beantworten, worin die spezifische Gefahr der Gesellschafterfremdfinanzierung liegt. Dies soll anhand einer Untersuchung der Auswirkungen eines Gesellschafterdarlehens auf die Vermögens- und Haftungsverhältnisse der Gesellschaft geklärt werden. Fraglich ist also, wie sich die Position der Gläubiger verändert, wenn sie aufgrund des Anscheins der wirtschaftlichen Leistungsfähigkeit eine Vermögensverfügung vornehmen, indem sie Leistungen an die unerkannt liquidationsreife Gesellschaft erbringen.

---

hierzu *Bratton*, (1989) 1 Duke Law Journal, 92: „Even sophisticated creditors cannot foresee all contingencies and contract for protection against them".

239 Vgl. *Ford*, Rdnr. 20.020; *Roth*, ZGR 1993, 170 (182); *Grunewald*, GmbHR 1997, 7 (8); vgl. außerdem zur Ausfallhaftung bei Produktschäden *Hommelhoff*, ZIP 1990, 761 (770 f.); *Adams*, in: Ott/Schäfer, S. 193 (207).

II. Veränderung der Vermögensverhältnisse

Als eine mögliche, aus Gesellschafterkrediten resultierende Gefahr für Drittgläubiger wird oftmals die Veränderung der Vermögensverhältnisse der Gesellschaft genannt. Die Gefahr liege darin, daß das Vermögen der Gesellschaft infolge der mit Krediten ermöglichten Unternehmensfortführung verwirtschaftet und durch weitere Verluste aufgezehrt werden könne.[240]

Hierfür spricht, daß Kredite gerade mit dem Zweck ausgereicht werden, im Vermögen des Empfängers umgesetzt zu werden. Der Kredit verändert die Vermögensverhältnisse, indem er für Investitionen, Bezahlungen sonstiger, womöglich höherverzinslicher Schulden und dergleichen verwendet wird. Er animiert den Schuldner, seinen wirtschaftlichen Aktionsradius auszudehnen bzw. aufrechtzuerhalten, wo er dies aus eigener Kraft nicht mehr kann.[241] Zudem verleitet ein Kredit den Schuldner zum Eingehen von Wagnissen, denn er muß ja in aller Regel nicht nur den Kredit zurück- sondern auch noch Zinsen für die Nutzungsüberlassung des Kapitals bezahlen.[242] Für eine gesteigerte Risikobereitschaft der Anteilseigner spricht außerdem, daß diese im Unterschied zu den (im Verhältnis zu ihnen bevorrechtigten) Gläubigern nichts zu verlieren haben. Eine allmähliche Genesung des Unternehmens käme zunächst nur den Gläubigern zugute. Möchten die Gesellschafter hiervon kurzfristig profitieren, so muß die Chance bestehen, daß vorgenommene Investitionen hohe Gewinne abwerfen. Die Gesellschafter werden daher riskante Geschäfte mit einer geringen Erfolgswahrscheinlichkeit, aber hohen Rendite bevorzugen.[243] Die zuvor beschriebenen Handlungsweisen können zu einem sog. „Schereneffekt" führen, was bedeutet, daß nach Eintritt der Insolvenzreife einerseits die Schuldenmasse weiter wächst und andererseits der realisierbare Wert des Aktivvermögens fällt.[244]

Die Vermögensverhältnisse der Gesellschaft können aber durch Gesellschafterkredite nicht nur negativ, sondern auch positiv beeinflußt werden. Man könnte daher vertreten, daß ein Krisendarlehen nicht nur Risiken sondern auch Chancen für die Gesamtgläubigerschaft birgt.[245] Diese liegen darin, daß das Krisendarlehen der Gesellschaft die Möglichkeit und die Zeit gewährt, die wirtschaftliche Talsohle zu überwinden und hinreichende Erträge zu erwirtschaften, um ihre Zins und Til-

---

240 Vgl. *Ketzer*, S. 39 f.; *Herrmann*, in: 50 Jahre Wirtschaftsprüferberuf, 1981, S. 151 (153); *Lehner*, S. 103; *Lutter/Hommelhoff*, ZGR 1979, 30 (38).

241 Vgl. OGH Wien NZG 2000, 1126; *Smith/Warner*, (1979) 7 J. Fin. Economics 177 (180).

242 Vgl. *Drukarczyk*, Unternehmen und Insolvenz, S. 22.

243 Vgl. *Swoboda*, in: Ruppe, S. 3, 14; *Schildbach*, S. 40 f; *Lehner*, S. 105.

244 Vgl. *Gehde*, S. 67 Fn. 112; *Roth*, ZGR 1993, 170 f.

245 Vgl. *Drukarczyk*, in: FS *Schneider*, 1995, S. 171 (193); *Bezzenberger*, in: FS *Bezzenberger*, 2000, S. 23 (39); *Götz/Hegerl*, DB 1997, 2365 (2368); *Koppensteiner*, AG 1998, 308 (314); *Grunewald*, GmbHR 1997, 7 (8); *Lehner*, S. 103 f.

gungspflichten gegenüber den Gläubigern voll zu erfüllen. Mit solch einer erfolgreichen Sanierung wäre den Gläubigern mehr gedient als mit einer im Insolvenzverfahren ausgeschütteten Quote auf ihre Forderungen.[246]

Vergleicht man nun die oben angeführten negativen Auswirkungen des Gesellschafterdarlehens mit den Auswirkungen einer Eigenkapitalzufuhr in gleicher Höhe, so wird man feststellen, daß diese weitgehend übereinstimmen. Auch das zugeführte Eigenkapital würde von der Gesellschaft genutzt, um andere vordringliche Verbindlichkeiten zu berichtigen oder den wirtschaftlichen Aktionsradius aufrechtzuerhalten. Die Vermögensverhältnisse der Gesellschaft würden sich auch hier – im ungünstigen Fall – zum Nachteil der Gläubiger entwickeln.

III. Veränderung der Haftungsverhältnisse

Fraglich ist, wie sich ein Gesellschafterdarlehen auf die Haftungsverhältnisse der Gesellschaft auswirkt. Es wird die Auffassung vertreten, das Gewähren von Darlehen durch einen Gesellschafter in der Krise verändere die Haftungsverhältnisse und bedrohe Drittgläubiger, weil durch das Darlehen neue Verbindlichkeiten begründet werden, deren Gläubiger zu den bereits vorhandenen Gläubigern hinzukämen und mit diesen in der Insolvenz um die zu verteilende Masse konkurrierten.[247] Das gleiche gelte, wenn der Darlehensgeber als neuer Gläubiger zu diesen hinzuträten.[248]

1. Hinzutreten neuer Drittgläubiger

Eine Gefährdung der Drittgläubiger kann jedoch auch dadurch eintreten, daß ein Gesellschafterdarlehen es der Gesellschaft ermöglicht, über den Zeitpunkt der Insolvenzreife hinaus weiter zu wirtschaften. Der Gesellschaft wird dadurch ermöglicht, neue Verbindlichkeiten (z.B. Abschluß neuer Verträge unter zusätzlicher Aufnahme von Warenkredit) zu begründen mit der Folge, daß weitere Gläubiger mit dem schuldnerischen Insolvenzrisiko belastet werden. Diese Neugläubiger tre-

246 Aus diesem Grund werden immer wieder Stimmen laut, die behaupten, das Eigenkapitalersatzrecht sei sanierungsfeindlich, vgl. *Bezzenberger*, in: FS *Bezzenberger*, 2000, S. 23 (43); *Drukarczyk*, in: FS *Schneider*, 1995, S. 171 (198); *Götz/Hegerl*, DB 1997, 2365 (2368); *dies.*, DB 2000, 1385; *Claussen*, ZHR 147 (1983), 195 (197); *ders.*, in: FS *Forster*, 1992, 139 (144 f.); *Westermann*, ZIP 1982, 379 (386); *ders.*, ZIP 1983, 1281.

247 Vgl. *Ketzer*, S. 40, *Lehner*, S. 102.

248 Vgl. *Ketzer*, S. 39 f.; *Herrmann*, in: 50 Jahre Wirtschaftsprüferberuf, 1981, S. 151 (153); *Lehner*, S. 103; *Lutter/Hommelhoff*, ZGR 1979, 30 (38).

ten dann neben die bisherigen Gläubiger und konkurrieren mit ihnen um die Verteilung der Masse.[249]

In dieser Situation sind zwei Szenarien denkbar: Sowohl die Neugläubiger als auch die Gesellschaft erbringen ihre Leistung vor Eröffnung des Insolvenzverfahrens.[250] Die Neugläubiger sind damit befriedigt (unter Umständen aus dem Gesellschafterdarlehen) und haben keinen Anspruch mehr gegen die Masse. Dem Gesellschaftsvermögen ist im Gegenzug ein entsprechender Gegenwert zugeflossen. Die zu verteilende Masse hat sich nicht verringert. Sowohl Neu- als auch Altgläubigern ist kein Nachteil entstanden. Erbringen die neuen Gläubiger, nicht aber die Gesellschaft, ihre Leistung bevor das Insolvenzverfahren eröffnet wird, hat sich die Insolvenzmasse erhöht. Die Neugläubiger können ihre Gegenleistungsansprüche nur in Höhe der Quote geltend machen. Davon profitieren die Altgläubiger[251] und die Nachteile gehen in diesem Fall zu Lasten der Neugläubiger.[252] Wäre der Geschäftbetrieb der Gesellschaft nicht in der Krise fortgeführt worden, wären sie nicht mit der Gesellschaft in geschäftlichen Kontakt getreten und hätten an diese keine Leistungen erbracht.[253] Insofern wirkt das Gesellschafterdarlehen durch das Vermögen des späteren Gemeinschuldners hindurch auch auf die Rechtsverhältnisse mit anderen neuen Gläubigern und die Qualität der daraus entstehenden Forderungen.[254] Auch hier ist jedoch wieder zu bemerken, daß der gleiche Effekt bei einer Eigenkapitalfinanzierung durch die Gesellschafter auftritt. Die Ursache der bis zu diesem Punkt aufgezeigten negativen Folgen liegt nicht etwa in der Zugehörigkeit des Finanzierungsmittels zum Eigen- oder Fremdkapital, sondern einzig darin, daß es der Höhe nach nicht ausreicht, um die Gesellschaft aus der Krise zu führen.

2. Hinzutreten des Gesellschafters als Gläubiger

Fraglich ist, ob tatsächlich durch das Hinzutreten der Gesellschafter zu der Gläubigergesamtheit die übrigen Drittgläubiger bedroht werden. Man könnte vertreten, daß sich zunächst einmal durch das Auszahlen der Darlehensvaluta durch den Gesellschafter die zur Verteilung bereitstehende Masse erhöhe. Selbst wenn sein Darlehen nicht verstrickt und der Gesellschafter nicht nachrangiger Insolvenzgläubi-

---

249 Vgl. *Ketzer*, S. 40.

250 Dies wäre der Fall, wenn der Neugläubiger noch keine Kenntnis von der wirtschaftlichen Situation der Gesellschaft hätte und daher keine Vorkasse verlangen würde. Auch hierzu kann das Gesellschafterdarlehen beitragen. Die Neugläubiger werden über das von ihnen eingegangene Risiko getäuscht, weil ein Kredit bei Dritten den Anschein erwecken kann, daß der Schuldner wirtschaftlich gesund bzw. kreditwürdig ist; vgl. OGH Wien NZG 2000, 1126.

251 Vgl. *Lehner*, S. 103.

252 Vgl. *Claussen*, ZHR 147 (1983), 195 (204).

253 Vgl. *Lehner*, S.103.

254 Vgl. *Häsemeyer*, KTS 1982, 507 (518).

ger gem. § 39 Abs. 1 Nr. 5 InsO werde, könne er den Darlehensrückzahlungsanspruch nur in Höhe seiner Quote geltend machen. Der darauf entfallende Betrag dürfte fast immer erheblich geringer sein als der Auszahlungsbetrag des Darlehens. Die Chancen der Gläubiger, Befriedigung aus der Insolvenzmasse zu finden, hätten sich daher infolge der Kreditvergabe auf den ersten Blick verbessert.[255]

Diese Annahme verkennt aber, daß das Gesellschafterdarlehen in der Regel nicht die zu verteilende Masse vergrößert, sondern, daß es im Vermögen der Gesellschaft umgesetzt und aufgebraucht wird. Zu dem Zeitpunkt, an dem das Gesellschaftsvermögen durch Bestellung eines vorläufigen Insolvenzverwalters in Deutschland oder *provisional liquidator* in England und die Anordnung von Sicherungsmaßnahmen gegen weiteren Abfluß gesichert wird, ist von der Darlehensvaluta im Vermögen der Gesellschaft in der Regel bereits nichts mehr übrig. Während der Umfang der zu verteilenden Masse also höchstens dem entspricht, den sie vor Hinzutreten des Gesellschafters hatte,[256] hat sich die Anzahl der Gläubiger zumindest um diesen einen Gesellschafter erhöht. Bestimmt man den aus der Darlehenshingabe entstandenen Schaden abstrakt nach der Differenzhypothese und vergleicht man den Umfang der Masse und die Anzahl der Gläubiger bei Darlehenshingabe und bei Zuführung von Eigenkapital durch den Gesellschafter, liegt genau in diesem Hinzutreten des Gesellschafters als Gläubiger der Schaden für die Drittgläubiger. Veranlaßt der darlehensgebende Gesellschafter darüber hinaus noch Rückzahlungen auf sein Darlehen, vergrößert sich dieser Schaden entsprechend.

IV. Ergebnis

Die Gefahren der Gesellschafterfremdkapitalfinanzierung sind sowohl in Deutschland als auch in England erkannt worden. Die Auseinandersetzung mit diesem Thema ist in Deutschland jedoch um einiges umfangreicher. Die Risiken der Gesellschafterfremdkapitalfinanzierung sind im Rahmen der Diskussion um den Normzweck des Eigenkapitalersatzrechts eingehend erörtert worden. In England fehlen solche Sonderregeln für kapitalersetzende Gesellschafterdarlehen. Ihre Entwicklung ist durch die *Salomon*-Entscheidung im Keim erstickt worden. Folglich sind auch die Risiken der Gesellschafterfremdkapitalfinanzierung nicht derart ausführlich diskutiert worden.

---

255 Vgl. *Reiner*, in: FS *Boujong*, 1996, 415 (440); *Claussen*, ZHR 147 (1983), 195 (203); *Drukarczyk*, in: FS *Schneider*, 1991, S. 171 (199 ff.); *Lehner*, S. 102.

256 Die freie Masse wird in dieser Situation vermutlich sogar geringer sein als vor der Darlehenshingabe, weil während des „künstlich" verlängerten Siechtums der Gesellschaft weiteres Kapital abfließt, um Sicherheiten für neue Verbindlichkeiten zu gewähren oder um vordringliche Forderungen zu befriedigen.

Als gemeinsames Risiko der Gesellschafterdarlehen ist sowohl in Deutschland als auch in England zunächst die mögliche Täuschung potentieller Drittgläubiger über die wirtschaftliche Leistungsfähigkeit der Gesellschaft genannt worden. Diese Gefahr ist jedoch zu unbestimmt und muß hinsichtlich der aus der möglichen Täuschung resultierenden negativen Folgen konkretisiert werden.

Dabei ist als erste – in der englischen Literatur nicht erkannte – Folge die Veränderung der Vermögensverhältnisse der Gesellschaft zu nennen. Ein Gesellschafterdarlehen ermöglicht es der eigentlich insolvenzreifen Gesellschaft, weiter zu wirtschaften. Hieraus kann ein weiteres Anwachsen der Schuldenmasse bei einer gleichzeitigen Aufzehrung des Vermögens, der Schereneffekt, resultieren. Dieser kann insbesondere deshalb eintreten, weil sich die Gesellschafter/Geschäftsführer unter dem Druck kurzfristiger Erfolge zum Abschluß besonders risikofreudiger Geschäfte genötigt sehen. Weil dieser Effekt jedoch auch bei der als rechtmäßig anerkannten und vom Kapitalersatzrecht nicht sanktionierten Eigenkapitalzufuhr in der Krise eintritt, bleibt als negative Folge der Gesellschafterfremdfinanzierung nur die mögliche Veränderung der Haftungsverhältnisse der Gesellschaft. Leidtragende sind in diesem Zusammenhang insbesondere die Neugläubiger der Gesellschaft, deren Befriedigungsaussicht sich im Falle der Insolvenz auf die auszuzahlende Quote reduziert. Aber auch dieser Effekt tritt ebenso bei der Finanzierung durch Eigenkapital ein. Als spezifische, aus der Gesellschafterfremdfinanzierung resultierende negative Folge für die Drittgläubiger können daher nur das Hinzutreten des Gesellschafters als weiterer Gläubiger sowie die Verminderung der Masse durch eventuelle Darlehensrückzahlungen an den Gesellschafter festgehalten werden. Sämtliche sonstigen genannten Auswirkungen hängen nicht mit der Zugehörigkeit des Finanzierungsmittels zum Eigen- oder Fremdkapital zusammen, sondern allein mit dessen unzureichender Höhe.[257]

257 Eine eventuelle Haftung des Gesellschafter-Geschäftsführers für diese negativen Folgen käme nur über die Vorschriften der Insolvenzverfahrensverschleppung in Betracht.

3. Kapitel

Die Verantwortung des Gesellschafters für die negativen Folgen seiner Kreditierung in Deutschland und England

A. Problematik

Nachdem im vorstehenden Abschnitt die von einer Gesellschafterfremdkapitalfinanzierung für die Drittgläubiger ausgehenden Gefahren herausgearbeitet wurden, soll nunmehr untersucht werden, wie die deutsche und die englische Rechtsordnung den Gesellschafter für die negativen Folgen seiner Kreditierung zur Verantwortung ziehen. Dabei soll als erster Schritt geprüft werden, welche Vorschriften hierzu in den betreffenden Rechtsordnungen herangezogen werden können. Anschließend sollen deren Tatbestandsvoraussetzungen einzeln miteinander verglichen werden.

B. Haftungsvorschriften in Deutschland und in England

I. Haftungsvorschriften in Deutschland

Die deutsche Rechtsordnung verfügt mit dem Eigenkapitalersatzrecht über spezielle Regelungen, die den Gesellschafter für die negativen Folgen seiner Kreditierung haften lassen. Kern der in ihrer Gesamtheit das Eigenkapitalersatzrecht bildenden Vorschriften ist § 32 a GmbHG. Dieser enthält in § 32 a Abs. 1 GmbHG eine pauschale Umschreibung des Tatbestandes eigenkapitalersetzender Gesellschafterdarlehen und stuft diese gem. § 39 Abs. 1 Nr. 5 InsO im Interesse der übrigen Gesellschaftsgläubiger zurück. § 32 a Abs. 2 GmbHG soll sicherstellen, daß bei sog. „mittelbaren Gesellschafterdarlehen", auch als gesellschafterbesicherte Darlehen bezeichnet, das Finanzierungsrisiko letztlich beim Gesellschafter verbleibt, indem ein gesellschaftsfremder Darlehensgeber primär auf Inanspruchnahme der ihm vom Gesellschafter bestellten Sicherheit verwiesen wird. § 32 a Abs. 3 GmbHG beinhaltet eine Generalklausel zur Erstreckung von Abs. 1 und 2 auf jeweils wirtschaftlich entsprechende Rechtshandlungen. § 32 a Abs. 3 S. 2 GmbHG, eingefügt durch das KapAEG, enthält Privilegierungen von nichtunternehmerischen Kleinbeteiligungen, § 32 a Abs. 3 S. 3 GmbHG, eingeführt durch das KonTraG, privilegiert Sanierungsbeteiligungen. Ergänzend eröffnen die §§ 135 InsO, 6 AnfG Anfechtungsmöglichkeiten für den Fall der Sicherung oder vorzeitigen Rückzahlung eigenkapitalersetzender Gesellschafterdarlehen. Schließlich begründet § 32 b GmbHG im Anschluß an § 32 a Abs. 2, 3 GmbHG eine Erstattungspflicht des Gesellschafters, falls die von ihm für ein eigenkapitalersetzendes Darlehen bestellte Sicherheit durch dessen Rückzahlung freigeworden ist.

Neben dieser speziellen Regelung kommen aber auch andere Vorschriften des Insolvenz- und Gesellschaftsrechts in Frage, um die negativen Folgen der Gesellschafterfremdfinanzierung zu erfassen. Diese sollen, trotz des bestehenden lex specialis, auf ihre Tauglichkeit im Umgang mit Gesellschafterdarlehen untersucht werden. Erwiesen sich diese nämlich hierzu als geeignet, so müßte sich der Gesetzgeber die Frage nach der Existenzberechtigung des Eigenkapitalersatzrechts gefallen lassen.[258]

1. Die „besondere Insolvenzanfechtung" (§§ 130-132 InsO) und die Vorsatzanfechtung (§ 133 InsO)

Möglicherweise bieten die besonderen Insolvenzanfechtungsvorschriften der §§ 130-132 InsO ein probates Mittel, um den Gesellschafter für die negativen Folgen seiner Kreditierung zur Verantwortung zu ziehen. Insbesondere könnte die Rückzahlung eines Gesellschafterdarlehens nach den besonderen Insolvenzanfechtungsvorschriften annulliert werden. Der speziellen kapitalersetzenden Anfechtung bedürfte es dann nicht mehr.

Grundsätzlich sind Rechtshandlungen vor Eröffnung des Insolvenzverfahrens auch dann wirksam, wenn sie zu einer Verminderung des Schuldnervermögens geführt haben. Der Gläubiger darf in dieser Phase auf die Privatautonomie des Schuldners vertrauen.[259] Anders liegt es jedoch, wenn der Gläubiger von den wirtschaftlichen Schwierigkeiten des Schuldners Kenntnis hat und aufgrund dieser Kenntnis auf eine bevorzugte Befriedigung drängt. In diesen Fällen muß er unter den Voraussetzungen der §§ 130 – 132 InsO (sog. „besondere Insolvenzanfechtung") das Erlangte der Masse nach § 143 Abs. 1 InsO zurückgewähren.

Ein solcher subjektiver Tatbestand besteht bei sämtlichen besonderen Insolvenzanfechtungstatbeständen.[260] So erfordert die kongruente Deckungsanfechtung nach § 130 InsO positive Kenntnis des Anfechtungsgegners von der Zahlungsunfähigkeit des Schuldners bei Vornahme der angefochtenen Rechtshandlung oder im Falle des § 130 Abs. 1 Nr. 2 InsO Kenntnis vom Eröffnungsantrag.

Bei der inkongruenten Deckungsanfechtung nach § 131 InsO gibt es ein subjektives Erfordernis nur im Falle des Abs. 1 Nr. 3. Dort muß dem Anfechtungsgegner zur Zeit der Vornahme der anfechtbaren Rechtshandlung positiv bekannt sein, daß

258 Vgl. *Reiner*, in: FS *Boujong*, 1996, S. 415 (444 ff.); siehe hierzu auch S. 170 ff.
259 Vgl. *Häsemeyer*, Rdnr. 21.03; *Huber*, in: Gottwald, § 46 Rdnr. 1.
260 Ausführlich zum subjektiven Tatbestand vgl. *Zeuner*, S. 33 ff.

sie die Insolvenzgläubiger benachteiligte. In den Fällen des Abs. 1 Nr. 1 und des Abs. 1 Nr. 2, in denen die anfechtbare Rechtshandlung welche zeitlich dichter an der Antragstellung liegen, wird auf ein subjektives Tatbestandsmerkmal verzichtet. Dies liegt daran, daß bereits in die Inkongruenz der Rechtshandlung ein starkes Indiz für die Kenntnis des Gläubigers von der wirtschaftlichen Krise des Schuldners darstellt.[261] Dies liegt auf der Hand. Im Geschäftsverkehr ist wohl kaum ein Schuldner bereit anderes oder sogar mehr zu leisten, als vertraglich vereinbart. Befriedigt der Schuldner also beispielsweise eine noch nicht Fällige Forderung seines Gläubigers, so muß ihn dies mißtrauisch machen. Außerdem wird auch kaum ein Gläubiger von seinem Schuldner eine Bevorzugung über das ihm von Rechts wegen zustehende Maß verlangen, wenn er nicht davon ausgeht, daß sein Schuldner kurz vor dem wirtschaftlichen Zusammenbruch steht. Auch im Falle der Anfechtung unmittelbar benachteiligender Rechtsgeschäfte gem. § 132 Abs. 1 InsO müssen dem Anfechtungsgegner die Zahlungsunfähigkeit oder der Eröffnungsantrag bekannt gewesen sein.

Eng mit der inkongruenten Deckungsanfechtung hängt die Anfechtung vorsätzlich benachteiligender Rechtshandlungen gem. § 133 InsO zusammen. Hier tritt noch mehr als bei den besonderen Anfechtungstatbeständen der §§ 130 – 132 InsO das subjektive Element in den Vordergrund. Voraussetzung beider Absätze des § 133 InsO ist nämlich im subjektiven Tatbestand das Vorliegen eines Gläubigerbenachteiligungsvorsatzes beim Schuldner und dessen Kenntnis auf Seiten des Anfechtungsgegners.[262] Die Vermögensverschiebung ist wegen der besonderen Motivation des Schuldners und der Kenntnis des Anfechtungsgegners nicht bestandskräftig.[263] Diese Motivation des Schuldners begründet auch den erheblich weiteren zeitlichen Anwendungsbereich des § 133 InsO im Vergleich zu den übrigen Anfechtungsvorschriften der InsO.

Insgesamt erfassen die genannten Anfechtungsvorschriften den Tatbestand der Gesellschafterfremdfinanzierung nicht.[264] Das Anfechtungsrecht muß bei der Verwirklichung der insolvenzrechtlichen Haftungsordnung das Vertrauen des Anfechtungsgegners auf die Privatautonomie des Schuldners berücksichtigen. Aus diesem Grund orientieren sich die Tatbestände der besonderen Insolvenzanfechtung in ihrer zeitlichen Anwendung an dem Eröffnungsgrund der Zahlungsunfähigkeit, und sind auf einen Zeitraum von drei Monaten vor Stellung des Insolvenzantrages be-

261 Vgl. *BGHZ* 123, 320 (326); *BGH*, ZIP 1984, 572 (581); KTS 1997, 292 (295); *Nerlich*, in: Nerlich/Römermann, § 131 Rdnr. 65; *Jaeger/Henckel*, § 31 Rdnr. 18.

262 Vgl. Eines kollusiven Zusammenwirkens zwischen beiden bedarf es jedoch nicht, vgl. *BGH*, ZIP 1994, 40 (43 f.); EWiR 1994 § 31 KO 1/94, 169 ff. m. Anm. *Haas*; *Zeuner*, S. 106; a.A.: *Nerlich*, in: Nerlich/Römermann, § 133 Rdnr. 5.

263 Vgl. auch *v. Campe*, S. 9 f.

264 Abweichend: *Götz*, S. 77.

grenzt.[265] Aus dem selben Grund beinhalten die Normen zur besonderen Insolvenzanfechtung auch subjektive Tatbestände. Es ist erforderlich, daß dem Anfechtungsgegner die Krise der Gesellschaft bekannt war. Je weiter die anfechtbare Rechtshandlung vor Stellung des Insolvenzantrages zurückliegt, desto höher sind die hieran gestellten Anforderungen. Dieses Spannungsverhältnis zwischen dem Vertrauen auf die Privatautonomie des Schuldners und der Verwirklichung der insolvenzrechtlichen Haftungsordnung im Vorfeld der Insolvenz ist beim Eigenkapitalersatzrecht nicht gegeben, weil der Gesellschafter nicht gleich einem normalen Gesellschaftsgläubiger zu behandeln ist.[266]

2. Die Haftung des Gesellschafters gem. § 826 BGB

Die Finanzierung einer insolvenzreifen Gesellschaft mittels Gesellschafterdarlehen könnte weiterhin eine vorsätzliche sittenwidrige Schädigung der Drittgläubiger darstellen und damit den Gesellschafter einer Haftung nach § 826 BGB aussetzen. Dazu müßte das Krisendarlehen des Gesellschafters einerseits die Gesellschaftsgläubiger schädigen und andererseits gegen die guten Sitten verstoßen. Auf subjektiver Seite bedürfte es Kenntnis von den das Sittenwidrigkeitsurteil prägenden Umständen[267] und eines bedingten Schädigungsvorsatzes des Gesellschafters.[268] Eine vorsätzliche sittenwidrige Schädigung eines Gläubigers kann jedenfalls bereits vorliegen, wenn der hinter der Gesellschaft stehende Gesellschafter die Gläubiger in einer Insolvenzsituation aus Eigennutz schädigt[269] oder wenn der Gesellschafter den Zusammenbruch der Gesellschaft hinauszögern will, um sich aus dem sonstigen Vermögen Befriedigung zu verschaffen.[270] Schon die Risikoverlagerung auf die Gläubiger könne, so der *Bundesgerichtshof*, das Makel der Sittenwidrigkeit begründen.[271] Diese Formel scheint auf das kapitalersetzende Gesellschafterdarlehen zu passen, schließlich muß die hierdurch stattfindende „Risikoabwälzung" auf die Gläubiger in Rechtsprechung und Literatur häufig als Argument für eine Sonderbehandlung kapitalersetzender Darlehen herhalten.

Problematisch ist jedoch, daß es sich bei der Haftung aus § 826 BGB um eine deliktische Haftung handelt, die einen Unrechtsvorwurf enthält. Dieser liegt in dem

---

265 Vgl. *Gerhardt*, in: FS *Brandner*, 1996, S. 605 (617); *Haas*, NZI 2001, 1 (9).

266 Vgl. dazu ausführlich S. 169 ff.

267 Vgl. *BGHZ* 8, 83 (87); *Mertens*, in: MünchKommBGB, § 826 Rdnr. 43; *Höhn/Dönneweg*, in: Soergel, § 826 Rdnr. 64; *Oechsler*, in: Staudinger, § 826 Rdnr. 61.

268 Vgl. RGZ 72, 175 (176); *BGH*, NJW 1962, 1766; *Oechsler*, in: Staudinger, § 826 Rdnr. 61; *Schiemann*, in: Erman, § 826 Rdnr. 14.

269 Vgl. *OLG Köln*, WM 1981, 1238 (1240); *K Schmidt*, in: Scholz, § 64 Rdnr. 54; *Reiner*, in: FS *Boujong*, 1996, S. 415 (444).

270 Vgl. *RGZ* 136, 247 (253); *BGHZ* 10, 228 (234); 90, 381 (399).

271 Vgl. *BGH*, GmbHR 1992, 363 (364).

Verbot, andere in einer gegen die guten Sitten verstoßenden Weise zu schädigen. Zwar können kapitalersetzende Darlehen im Einzelfall mit der Absicht der Gläubigerschädigung ausgereicht werden sein, und sie fallen dann auch unter § 826 BGB. Hierdurch wird aber nur ein Teilbereich der Gesellschafterfremdfinanzierung erfaßt. Darlehen, die in dem Glauben ausgereicht werden, daß die Krise der Gesellschaft überwindbar und ein Sanierungsversuch lohnend sei, würden den Tatbestand einer vorsätzlichen sittenwidrigen Gläubigerschädigung nicht erfüllen.

3. Die Teilnehmerhaftung des Gesellschafters gem. §§ 823 Abs. 2 BGB, 64 Abs. 1 GmbHG i. V. m. § 830 Abs. 2 BGB

Weiterhin wird vertreten, die Darlehensfinanzierung durch den Gesellschafter in der Krise könne eine Teilnehmerhaftung gem. §§ 823 Abs. 2 BGB, 64 Abs. 1 GmbHG i. V. m. § 830 Abs. 2 BGB begründen.[272] Weil es sich bei der Haftung wegen Insolvenzverschleppung gem. § 823 Abs. 2 BGB i. V. m. § 64 Abs. 1 GmbHG um eine deliktische Haftung handelt, ist unter den Voraussetzungen des § 830 Abs. 2 BGB auch eine Teilnehmerhaftung von Nichtgeschäftsführern möglich. Dann müßte der Gesellschafter durch seine Darlehensvergabe Teilnehmer an einer Insolvenzverschleppung durch den Geschäftsführer sein. Für die Definition der Teilnahme ist grundsätzlich auf die Begriffsbestimmungen des Strafrechts zurückzugreifen.[273] Voraussetzung für eine Haftung des Teilnehmers ist demnach ein doppelter Vorsatz, d.h. zum einen eine vorsätzliche Teilnahmehandlung und zum anderen eine vorsätzliche Haupttat.[274] Diese dem Strafrecht entlehnte Konstellation hat den Nachteil, daß sie die Teilnehmerhaftung nach § 830 Abs. 2 BGB in ihrem Anwendungsbereich stark einschränkt. Für den hier diskutierten Fall der Teilnahme des Gesellschafters an der Insolvenzverschleppung durch den Geschäftsführer könnte die dem Gesellschafter vorwerfbare Teilnahmehandlung zunächst im Abschluß der Darlehensvereinbarung mit der Gesellschaft liegen.[275]

Darüber hinaus müßte der teilnehmende Gesellschafter von der Verletzung der Insolvenzantragspflicht durch den Geschäftsführer als Haupttäter wissen. In der Praxis wird sich der Gesellschafter jedoch regelmäßig darauf berufen, er selbst habe die Vermögenslage der GmbH nicht positiv gekannt und sei auch nicht verpflichtet gewesen, sich über sie zu informieren, so daß der Nachweis eines Vorsatzes oft schwer fallen dürfte. Um dies zu überbrücken, könnte man möglicherweise die

272 *Reiner*, in: FS *Boujong*, 1996, S. 415 (449 f.).

273 Vgl. *BGHZ* 8, 288 (292); 63, 124 (126); 70, 277 (285); *Belling/Eberl-Borges*, in: Staudinger, § 830 Rdnr. 27, 37.

274 Vgl. *Belling/Eberl-Borges*, in: Staudinger, § 830 Rdnr. 27, 37.

275 Vgl. *Reiner*, in: FS *Boujong*, 1996, S. 415 (451).

fahrlässige Teilnahme an der Haupttat ausreichen lassen.[276] Dies wird damit begründet, daß das Vorsatzerfordernis des Strafrechts im Zivilrecht nicht passe und daher für diesen Bereich abgeschwächt werden könne.[277] Dies mag zwar für den Vorsatz des Haupttäters bezüglich seiner Handlung diskutabel sein (dazu sogleich), vermag aber für den Teilnehmer selbst nicht zu überzeugen, weil ansonsten keine Gehilfenschaft i. S. d. § 830 Abs. 2 BGB vorliegt.[278]

So bleibt schließlich die Frage, wie es sich mit der Teilnehmerhaftung des Gesellschafters verhält, wenn es dem Geschäftsführer als Haupttäter am Vorsatz bezüglich der Insolvenzverschleppung handelt. Auch in diesem Fall wäre, hält man sich an die strafrechtliche Vorgabe, daß der eine Teilnehmerhandlung nur bei vorsätzlicher Haupttat möglich ist, eine Haftung des Gesellschafters als Teilnehmer nach § 830 Abs. 2 BGB nicht durchsetzbar. Deswegen wird im zivilrechtlichen Schrifttum vermehrt auch die Haftung nach § 830 Abs. 2 BGB bei fahrlässiger Haupttat bejaht.[279] Schließlich ist das der Rechtsfolge der Insolvenzverschleppung zugrunde liegende Konzept für eine Sanktionierung der Gesellschafterfremdfinanzierung unpassend. Würde die Gewährung eines Darlehens durch den Gesellschafter in der Krise als Teilnahme an der Insolvenzverschleppung gewertet, würde dem Gesellschafter als Rechtsfolge der gesamte den Gläubigern entstandene Quotenschadens aufgebürdet. Dieser geht jedoch weit über den zuvor erläuterten, aus der Gesellschafterfremdfinanzierung resultierenden Schaden hinaus und würde den Gesellschafter unangemessen belasten.[280]

Zusammenfassend kann also festgehalten werden, daß eine Haftung des Gesellschafters als Teilnehmer an einer Insolvenzverschleppung gem. §§ 823 Abs. 2 BGB, 64 Abs. 1 GmbHG i. V. m. § 830 Abs. 2 BGB wegen der strengen Vorsatzerfordernisse sowie der unpassenden Rechtsfolge kein geeignetes Mittel darstellt, den Risiken der Gesellschafterfremdfinanzierung wirkungsvoll zu begegnen.

4. Ergebnis

Die Haftung wegen vorsätzlicher sittenwidriger Schädigung ist weder für sich noch zusammen mit der Insolvenzverschleppungshaftung in der Lage, die aus der Gesellschafterfremdfinanzierung resultierenden Gefahren zu erfassen und das Kapi-

---

276 Vgl. *Karollus*, ZIP 1995, 269 (273).

277 Vgl. *Karollus*, ZIP 1995, 269 (273).

278 Vgl. *BGHZ* 42, 118 (122); 75, 96 (107); *K Schmidt*, in: Scholz, § 64 Rdnr. 45; *Belling/Eberl-Borges*, in: Staudinger, § 830 Rdnr. 30; *Ehricke*, ZGR 2000, 351 (357).

279 Vgl. *K Schmidt*, in: Scholz, § 64 Rdnr. 45; *ders.*, JZ 1978, 661 (666); *ders.* ZIP 1980, 328 (329); *Karollus*, ZIP 1995, 269 (273); *Reiner*, in: FS *Boujong*, 1996, S. 415 (450 f.); *Ehricke*, ZGR 2000, 351 (359); *Haas*, DStR 1998, 1359 (1362).

280 Siehe hierzu S. 56.

talersatzrecht zu substituieren. Zwar haben beide Normenkomplexe die gleiche Zielsetzung, indem sie das Gesellschaftsvermögen im Vorfeld der Insolvenz schützen sollen, der zugrundeliegende Gedanke ist jedoch verschieden.

Ähnlich verhält es sich mit der Haftung des Gesellschafters wegen Insolvenzverschleppung gem. §§ 823 Abs. 2 BGB, 64 Abs. 1 GmbHG i.V.m. § 830 Abs. 2 BGB. Hier liegt der Unrechtsvorwurf in dem Verbot, die Eröffnung des Insolvenzverfahrens zu verschleppen. Ein solcher Unrechtsvorwurf ist jedoch hinderlich, wenn man die Gläubiger vor den negativen Folgen der Gesellschafterfremdfinanzierung schützen will. Die Finanzierung der Gesellschaft durch Gesellschafterdarlehen ist schließlich ein legitimes Mittel der Kapitalversorgung.

Des weiteren ist das der Teilnehmerhaftung gem. §§ 823 Abs. 2 BGB, 64 Abs. 1 GmbHG i.V.m. § 830 Abs. 2 BGB innewohnende kollusive Zusammenwirken von Gesellschafter und Geschäftsführer auf Sachverhalte eigenkapitalersetzender Darlehensgewährung nicht anwendbar. Schließlich bleibt die Haftung wegen Teilnahme an der Insolvenzverschleppung auch in ihrem sachlichen Anwendungsbereich hinter dem Kapitalersatzrecht zurück. Schwierigkeiten ergeben sich dabei nicht nur im Rahmen stehengelassener Gesellschafterdarlehen, sondern auch bei eigenkapitalersetzenden Nutzungsüberlassungen.[281]

Auch auf der Rechtsfolgenseite der diskutierten Vorschriften ergeben sich im Bezug auf die Erfassung von Gesellschafterdarlehen Schwierigkeiten. Würde die Gewährung eines kapitalersetzenden Gesellschafterdarlehens als Insolvenzverschleppung qualifiziert, ginge der Anspruch auf Ersatz des Quotenschadens in seinem Umfang weit über den auf Seiten der Gläubiger tatsächlich entstandenen Schaden hinaus. Der für § 64 GmbHG prägende Gedanke, nämlich dem Betroffenen sämtliche aus der Fortführung eines insolventen Unternehmens resultierenden Risiken zuzuweisen, ist mithin auf die vorliegenden Fälle, in denen der Gesellschafter rechtsgeschäftlich auf das Schuldnervermögen einwirkt, nicht unmittelbar übertragbar.[282]

II. Haftungsvorschriften in England

Anders als das deutsche Recht enthält die englische Rechtsordnung keine Sonderregeln für kapitalersetzende Gesellschafterdarlehen. Die Entwicklung entsprechender Vorschriften wurde durch die zuvor bereits ausführlich erläuterte[283] *Salomon*-Entscheidung des *House of Lords* verhindert. Wie erinnerlich, hatte der Schuhfabrikant *Salomon* sein Einzelunternehmen in eine *private company* einge-

281 Vgl. *Bezzenberger*, in: FS *Bezzenberger*, 2000, S. 23 (42).
282 Vgl. *Haas*, NZI 2001, 1 (9).
283 Siehe hierzu S. 39 f.

bracht und als Entgelt Anteile und Schuldverschreibungen der Gesellschaft erhalten. Als die Gesellschaft insolvent und anschließend liquidiert wurde, lehnte es das *House of Lords* letztinstanzlich ab, *Salomons* Schuldverschreibungen hinter die Forderungen der übrigen Gesellschaftsgläubiger einzuordnen. Diese Entwicklung wurde im englischen Schrifttum durchaus nicht kritiklos hingenommen. So schreibt zum Beispiel *Davies*: „This decision opened up new vistas to company lawyers and the world of commerce. Not only did it finally establish the legality of the 'one man' company and showed that the incorporation was as readily available to the small private partnership and sole trader as to the large public company, but it also revealed that it was possible for a trader not merely to limit his liability to the money which he put into the enterprise but even to avoid any serious risk to the major part of that by subscribing for debentures rather than shares. This result seems shocking".[284]

Der Gedanke einer Subordination von Gesellschafterdarlehen wurde nach der *Salomon*-Entscheidung noch einmal vom *Cork-Committe* im Jahr 1982 während der Diskussion um eine Reform des englischen Insolvenzrechts aufgegriffen. Es wurde vorgeschlagen, daß im Fall der Liquidation einer Gesellschaft Verbindlichkeiten, „which are owed to connected persons or companies, and which appear to the court to represent all or parts of the long term capital structure of the company shall be deferred to the claims of other creditors".[285] Diese Vorschläge haben sich jedoch nicht durchgesetzt und eine dem deutschen Recht entsprechende eigene Rechtsgrundlage für kapitalersetzende Gesellschafterdarlehen wurde nicht geschaffen. Im Folgenden soll untersucht werden, ob das englische Recht statt dessen andere Vorschriften enthält, die vielleicht nicht speziell auf das Problem der Gesellschafterfremdkapitalfinanzierung zugeschnitten sind, aber dennoch eine Haftung des Gesellschafters für die negativen Folgen seiner Kreditierung begründen können. Dabei sollen zunächst die *avoidance provisions*, anschließend die in der englischen Rechtsprechung herausgearbeiteten Grundsätze zum *piercing the corporate veil* und schließlich die Vorschriften des Chapter X des *Insolvency Act 1986* betreffend *malpractice before and during liquidation* untersucht werden.

1. *Avoidance of transactions*

Bei den Vorschriften zur *avoidance of transactions* handelt es sich um Anfechtungstatbestände, die es einem *liquidator* ermöglichen, Verfügungen der Gesellschaft aus der Zeit vor seiner Bestellung zu annullieren. Fraglich ist, ob man durch diese Vorschriften den Gesellschafter für die negativen Folgen seiner Kreditierung

---

284 Vgl. *Gower/Davies*, S. 79.

285 *Insolvency Law Review Committee on Insolvency Law and Practice* (1982), Cmnd. 8558, § 1776 ff.

zur Verantwortung ziehen kann. Dies wäre dann der Fall, wenn der *liquidator* einer insolventen Gesellschaft nach den Tatbeständen der *avoidance of transactions* Darlehensrückzahlungen an den kreditgebenden Gesellschafter anfechten könnte.

a) Transactions at an undervalue und transactions defrauding creditors

Bei den anfechtbaren *transactions at an undervalue* gem. s 238, 240-241 I.A. 1986 und den *transactions defrauding creditors* gem. s 423 I.A. 1986 handelt es sich um Leistungen der Gesellschaft an einen Dritten für welche die Gesellschaft keine oder nur eine unangemessene Gegenleistung erhält.[286] Der Unterschied zwischen beiden Regelungen liegt in der Person des Anfechtungsberechtigten. Im Falle der *transactions at an undervalue* gem. s 238, 240-241 I.A. 1986 ist dies der *liquidator* der insolventen Gesellschaft. Nach s 423 I.A. 1986 können auch die geschädigten Gläubiger der Gesellschaft die Anfechtung geltend machen. In der Praxis sind diese Vorschriften insbesondere dann einschlägig, wenn eine Gesellschaft im Vorfeld des *winding up* einzelne Vermögensgegenstände unter deren tatsächlichem Wert veräußert, um einzelnen Gläubigern einen Vorteil zu verschaffen oder um diese Gegenstände dem Zugriff der Gesamtgläubigerschaft zu entziehen.[287] Zahlungen einer Gesellschaft auf die Darlehensforderung ihres Gesellschafters können jedoch nach dieser Vorschrift nicht angefochten werden.

b) Extortionate credit transactions

Nach s 244 I.A. 1986 können *extortionate credit transactions* und *unfair loans* durch den *liquidator* angefochten werden. Voraussetzung hierfür ist, daß die insolvente Gesellschaft Partei einer Transaktion ist, welche in Zusammenhang mit einem Kredit steht. Grundsätzlich ließen sich über diese Vorschrift Zahlungen auf eine Darlehensforderung des Gesellschafters anfechten,[288] jedoch nur wenn der von ihm ausgereichte Kredit, z.B. aufgrund der Höhe der zu entrichtenden Zinsen, sittenwidrig wäre. Auch diese Vorschrift ist daher nicht geeignet, den negativen Fol-

---

286 Vgl. s 241 I.A. 1986: „A company enters into a transaction with a person at an undervalue if the company makes a gift to that person or otherwise enters into a transaction with that person on terms that provide for the company no consideration, or the company enters into a transaction with that person for a consideration that the value of which … is significantly less than the value … of the consideration provided by the company".

287 Vgl. *Arbuthnot Leasing International Ltd. v. Re Ayala Holdings Ltd.* [1993] B.C.L.C. 246; *National Bank of Kuwait Ltd. .v. Menzies* [1994] B.C.C. 119; *Pinewood Joinery v. Starelm Properties Ltd.* [1994] 2 B.C.L.C. 412; *Agricultural Mortgage Corp. Pty. Ltd. v. Woodward* [1994] B.C.C. 688; *Barclays Bank Pty. Ltd. v. Eustice* [1995] 1 W.L.R. 1238; *TSB Bank plc. v. Katz* [1997] B.P.I.R. 147; *Goode*, S. 373; *Keay*, (1998) J.B.L. 515 (549).

288 Gem. S 244 (4) (c) I.A. 1986 kann das Gericht als Rechtsfolge anordnen, daß Zahlungen der Gesellschaft auf einen *unfair loan* oder einen *extortionate credit* an die Gesellschaft zurück-

gen der Gesellschafterfremdkapitalfinanzierung wirkungsvoll zu begegnen, weil sie nur einzelne, aufgrund ihrer Konditionen unangemessene Kredite erfassen würde.

c) Preferences

Schließlich kommt eine Anfechtung von Zahlungen der schuldnerischen Gesellschaft an den darlehensgebenden Gesellschafter als *preferences* gem. s 239 I.A. 1986 in Betracht. Der Tatbestand einer anfechtbaren *preference* i.S.v. s 239 (4) I.A. 1986 ist erfüllt, wenn ein Gläubiger durch ein Handeln der schuldnerischen Gesellschaft innerhalb eines bestimmten Zeitrahmens vor der *liquidation* in eine bessere Position versetzt wird als er innehätte, wenn die betreffende Handlung nicht vorgenommen worden wäre.[289] Anfechtungsberechtigt ist auch hier der *liquidator* der betreffenden Gesellschaft.

Fraglich ist, ob Darlehensrückzahlungen an den Gesellschafter diese Voraussetzungen erfüllen. Ob eine Besserstellung i.S.v. s 239 I.A. 1986 gegeben ist, wird festgestellt, indem man annimmt, die Gesellschaft sei unmittelbar nach der betreffenden Handlung liquidiert worden. Diese hypothetische Situation wird dann mit der tatsächlichen Situation des Gläubigers verglichen. Hätte er im Falle einer *liquidation* weniger erhalten als er durch die Handlung der Gesellschaft tatsächlich erhalten hat, so ist die Voraussetzung der Besserstellung erfüllt.[290] Nimmt man für den Regelfall des Gesellschafterdarlehens an, die darlehensnehmende Gesellschaft sei unmittelbar nach der Zahlung liquidiert worden, so hätte der Gesellschafter vermutlich auf seine Forderung nur eine Quote erhalten. Er stünde also im Falle der *liquidation* schlechter, als er tatsächlich durch die Zahlung der Gesellschaft auf seine Darlehensforderung steht.[291] Grundsätzlich könnte eine Darlehensrückzahlung an den Gesellschafter innerhalb des von s 240 (1) I.A. 1986 maßgeblichen Zeitraums durch einen *liquidator* angefochten werden.

Die besondere Bedeutung von s 239 I.A. 1986 im Zusammenhang von Gesellschaftern und Gesellschaft spiegelt sich in s 240 (1) (a) I.A. 1986 wieder. Grundsätzlich können Handlungen der Gesellschaft nach s 239 I.A. 1986 nur angefochten werden, wenn sie gem. s 240 (1) (b) I.A. 1986 innerhalb von sechs Monaten vor

---

zugewähren sind: „An order under this section with respect to any transaction may contain such one or more of the following as the court thinks fit, that is to say ... provision requiring any person who is or was a party to the transaction to pay the office-holder any sums paid to that person, by virtue of the transaction, by the company".

289 Gem. s 239 (4) I.A. 1986 liegt eine *preference* gegenüber einer Person vor, „if the company does anything or suffers anything to be done which (on either case) has the effect of putting that person into a position, which, in the event of the company going into insolvent liquidation, will be better than the position he would have been if that thing had not been done".

290 Vgl. *Keay*, (1998) J.B.L. 515 (524); *Snaith*, S. 650; *Sealy/Milman*, S. 297.

291 Vgl. hierzu auch den Beispielsfall bei *Milman/Durrant*, S. 209.

der Bestellung eines *liquidators* vorgenommen wurden. Gem. s 240 (1) (a) I.A. 1986 wird dieser Zeitrahmen jedoch auf zwei Jahre ausgedehnt, wenn es sich bei der begünstigten Person um eine *connected person* handelt, also eine Person, die in einer besonderen Verbindung zu der schuldnerischen Gesellschaft steht.[292] Darunter versteht man gem. s 249 I.A. 1986 *directors, shadow directors* und *associates* der schuldnerischen Gesellschaft. Der Terminus *associate* ist in s 435 I.A. 1986 ausführlich definiert. Danach fallen unter den Begriff *associate* sowohl Eheleute und Verwandte aber auch Unternehmen innerhalb eines Konzerverbundes und beherrschende Mutterunternehmen. Diese Erweiterung des Adressatenkreises des Tatbestandes der *preferences* beruht auf den Empfehlungen des *Cork Reports*.[293] Ziel des Gesetzgebers war es, zu verhindern, daß Personen, die in einem besonderen Näheverhältnis zu der Gesellschaft stehen, von Transaktionen profitieren, die außerhalb des Sechs-Monats-Zeitraums vor Bestellung eines *liquidators* liegen. Der *Cork Report* begründete dies folgendermaßen: „If the law of insolvency is to reflect the social and economic conditions of modern society, and is to be accepted as fair and just by the general public, then it cannot treat husband and wife, or persons living together as man and wife, or other closely connected persons, as if they were unrelated parties accustomed to deal with each other at arm's length. Nor can it treat companies which are members of the same group, or other closely associated companies, as if they were wholly unrelated. Special relationships call for special provisions to be made".[294]

Die Ausdehnung der von s 239 I.A. 1986 abgesteckten *time zone* für *connected persons* berücksichtigt die Tatsache, daß diese bereits frühzeitig, vor allen anderen Gläubigern, Kenntnis von der drohenden *liquidation* haben können. Besteht solch eine frühzeitige Kenntnis, kann die nahestehende Person ihren Einfluß auf die Gesellschaft geltend machen und versuchen, bevorzugte Befriedigung vor den übrigen Gläubigern zu erlangen indem sie sich ausgereichte Darlehen zurückzahlen oder absichern läßt.[295] Nach Gewährung dieser bevorzugten Befriedigung kann die nahestehende Person ihren Einfluß dann dahingehend nutzen, daß sie die Bestellung eines *liquidators* hinauszögert, um mit ihrer Transaktion außerhalb des Sechs-

292 Im Vergleich hierzu hat der australische Gesetzgeber die entsprechende Vorschrift, s 588FA C.A. 2001 betreffend *unfair preferences*, auf *related entities* ausgedehnt. Dieser Begriff ist in s 9 C.A. 2001 definiert und umfaßt *directors* und *members* der schuldnerischen Gesellschaft sowie *directors* und *members* von Gesellschaften, die mit der schuldnerischen Gesellschaft in einem Konzern verbunden sind.

293 Vgl. *Insolvency Law Review Committee on Insolvency Law and Practice* (1982), chap. 21.

294 Vgl. *Insolvency Law Review Committee on Insolvency Law and Practice* (1982), § 1033.

295 Auch der australische *Harmer Report*, welcher in seiner Bedeutung für das australische Insolvenzrecht dem *Cork Report* entspricht, geht davon aus, daß Gläubiger, welche ein besonderes Näheverhältnis zu der insolventen Gesellschaft habe, häufig im Vorfeld der Insolvenz bevorteilt werden; vgl. *Australian Law Reform Commission*, § 636.

Monats-Zeitraums zu bleiben und sich dadurch einer möglichen Anfechtung durch den *liquidator* zu entziehen.[296]

Letzte Tatbestandsvoraussetzung von s 239 I.A. 1986 ist schließlich, die Absicht der schuldnerischen Gesellschaft, den Gläubiger durch die betreffende Handlung zu bevorzugen.[297] Auch hier zeigt sich, daß die Anfechtung nach s 239 I.A. 1986 eine besondere Rolle im Verhältnis des Gesellschafters zu „seiner" Gesellschaft einnimmt: Nach s 239 (6) I.A. 1986 wird im Falle einer Begünstigung einer *connected person* die Bevorteilungsabsicht der Gesellschaft gegenüber dieser Person widerleglich vermutet.

Es kann also festgehalten werden, daß s 239 I.A. 1986 grundsätzlich eine Anfechtung von Darlehensrückzahlungen der Gesellschaft an den Gesellschafter ermöglicht. Damit erfaßt die Vorschrift aber nur einen Teil der durch die Gesellschafterfremdkapitalfinanzierung begründeten Risiken. S 239 I.A. 1986 greift erst dann ein, wenn Rückzahlungen auf das Darlehen erfolgt sind. Ist dies jedoch nicht der Fall und der Gesellschafter reiht sich mit seiner vollen Darlehensforderung bei den übrigen Drittgläubigern ein, entfaltet die Vorschrift keine Wirkung.

2. Haftung des Gesellschafters nach den Grundsätzen des *piercing the corporate veil*

Wie bereits dargelegt,[298] läßt die englische Rechtsprechung als Ausnahme der *Salomon*-Doktrin in bestimmten Fällen einen Haftungsdurchgriff auf die Gesellschafter zu. Diese Rechtsprechungsgrundsätze werden allgemein unter dem Oberbegriff des *piercing the corporate veil* zusammengefaßt. Klar definierte Tatbestandsmerkmale für eine solche Durchgriffshaftung existieren nicht. Drei Fallgruppen sind jedoch allgemein anerkannt. Eine Haftung kommt zunächst innerhalb von Konzernstrukturen zwischen Mutter- und Tochtergesellschaften in Frage, wenn nach der Rechtsprechung Dokumente oder Verträge im Lichte der wirtschaftlichen Realität so auszulegen sind,[299] als handele es sich nicht um rechtlich selbständige Einheiten, sondern um ein zusammengehöriges Unternehmen. Die zweite Fallgruppe, in der die englische Rechtsprechung eine Durchgriffshaftung der Gesellschafter nach den Grundsätzen des *piercing the corporate veil* zuläßt, bilden Gesellschaften, welche nur als Fassade für die dahinterstehende Person

296 Vgl. *Keay*, (1998) J.B.L. 515 (527).
297 Vgl. s 239 (5) I.A. 1986.
298 Siehe hierzu S. 68 ff.
299 Vgl. nur die Entscheidungen *Holdsworth (Harold) & Co. (Wakefield) v. Caddies* [1955] 1 W.L.R. 352, H.L. und *Revlon Inc. v. Cripp & Lee Ltd.* [1980] F.S.R. 85, C.A.

errichtet worden sind.[300] Die letztgenannte Fallgruppe schließlich bilden Gesellschaften welche nur als *agent* einer dritten Person anzusehen sind. Bei diesen bedarf es nach der Rechtsprechung eines expliziten oder stillschweigenden Vertretungsverhältnisses zwischen Gesellschaft und Gesellschaftern.[301]

Fraglich ist, ob eine Haftung des Gesellschafters für die von ihm durch seine Darlehensfinanzierung verursachten negativen Folgen über die von der Rechtsprechung zum *piercing the corporate veil* entwickelten Grundsätze begründet werden kann. Dies erscheint zunächst insbesondere aufgrund der in der Rechtsprechung fehlenden klaren Tatbestandsmerkmale einer solchen Haftung äußerst zweifelhaft. Darüber hinaus wäre ein Durchgriff überhaupt nur in Fällen möglich, in denen neben einer Gesellschafterfremdfinanzierung ein besonderes Verhältnis zwischen Gesellschafter und Gesellschaft vorläge. Ein solches besonderes Verhältnis (*agency, single economic unit* oder *facade*) ließe sich nämlich aus einer Gesellschafterfremdfinanzierung in der Krise allein nicht herleiten.

Betrachtet man die Entscheidung *Re Polly Peck International (in administration)*[302] so wird deutlich, daß das Rechtsinstitut des *piercing the corporate veil* in Fällen der Gesellschafterfremdfinanzierung kein taugliches Mittel zur Abwehr der daraus resultierenden Risiken darstellt. Diese Entscheidung der *Chancery Division* wurde zwar zuvor bereits kurz angesprochen,[303] soll an dieser Stelle jedoch noch einmal ausführlicher erläutert werden.

Die *Polly Peck International Plc.* mit Sitz in London war alleinige Gesellschafterin der *Polly Peck International Finance Ltd.* mit Sitz auf den Cayman Islands. Die Eigenkapitalausstattung der *Polly Peck International Finance Ltd.* war minimal. Ihre Direktoren waren gleichzeitig Direktoren der Muttergesellschaft und die *board meetings* fanden am Sitz der Muttergesellschaft in London statt. Die *Polly Peck International Finance Ltd.* verschrieb als Finanzdienstleisterin Bonds an verschiedene Banken.[304] Das hierfür erhaltene Kapital wurde der *Polly Peck International Plc.* als Darlehen gewährt, welche sich wiederum bei den Kreditinstituten für die Rückzahlung des von ihnen gewährten Kapitals verbürgte. Als die *Polly Peck International Finance Ltd.* in ein *creditors' voluntary liquidation* ging,[305] machte der bestellte *liquidator* einen Darlehensrückzahlungsanspruch gegen die *Polly Peck International Plc.* geltend. Gleichzeitig wurde diese auch von den Ban-

---

300 Vgl. *Re a Company* [1985] Ch. 728; *Re Polly Peck International (in administration)* [1996] 2 All E.R. 433.

301 Vgl. *Smith, Stone & Knight Ltd. v. Birmingham Corporation* [1939] 4 All E.R. 116; *Re F.G. (Films)* [1953] 1 W.L.R. 438.

302 [1996] 2 All E.R. 433.

303 Siehe S. 43.

304 Vgl. zur Zuordnung von Bonds zum Eigen- oder Fremdkapital bereits S. 16.

305 Vgl. zur *creditors voluntary liquidation* bereits S. 10 f.

ken, welche Bonds der Tochtergesellschaft gezeichnet hatten, aus Bürgschaft in Anspruch genommen. Das entscheidende Gericht, die *Chancery Division* unter *Walker J*, urteilte, daß die *Polly Peck International Finance Ltd.* die Bonds weder als *agent* der *Polly Peck International Plc.* ausgegeben habe noch als bloße Fassade einzuordnen sei. Beide Gesellschaften seien rechtlich selbständige juristische Personen und keine wirtschaftliche Einheit.

Zwar betrifft dieser Fall nicht unmittelbar den Problemkreis der Gesellschafterfremdfinanzierung und der daraus resultierenden negativen Folgen, weil die *Polly Peck International Plc.* Darlehen von ihrer Tochtergesellschaft erhalten hatte und deren *liquidator* jetzt die Rückzahlungsforderungen im Insolvenzverfahren geltend machte. Er gibt jedoch eine Antwort auf die oben aufgeworfene Frage, ob diese negativen Folgen von den Grundsätzen des *piercing the corporate veil* erfaßt werden, weil die *Polly Peck International Plc.* sich für die Forderungen der Banken gegenüber ihrer Tochtergesellschaft verbürgt hatte. Es liegt also eine Gesellschaftersicherheit vor, ohne welche die Banken mit Sicherheit keine Bonds der unterkapitalisierten *Polly Peck International Finance Ltd.* gezeichnet hätten. Diese hätte daraufhin liquidiert werden müssen. Wird die *Polly Peck International Plc.* aus der gewährten Bürgschaft in Anspruch genommen und befriedigt sie die Gläubiger der *Polly Peck International Finance Ltd.*, so geht die Forderung der Banken gegen die *Polly Peck International Finance Ltd.* auf sie über. Sie würde sich also als Gesellschafterin zwischen den übrigen Drittgläubigern mit ihrer Forderung einreihen. Die Risiken der Gesellschafterfremdfinanzierung hätten sich realisiert. Hätte die *Chancery Division* nun auf Antrag des *liquidator* der *Polly Peck International Finance Ltd.* über eine mögliche Subordination dieser Forderung nach den Grundsätzen des *piercing the corporate veil* zu entscheiden, wären die zu beantwortenden Fragen die gleichen, die in der tatsächlich entworfenen Entscheidung diskutiert wurden, nämlich ob zwischen den Gesellschaften eine *agency* vorlag oder ob die *Polly Peck International Finance Ltd.* nur als Fassade errichtet wurde. Diese Fragen wurden jedoch von *Walker J* verneint, obwohl er zugestand, daß die *Polly Peck International Finance Ltd.* ohne die Bürgschaften ihrer Gesellschafterin nicht überlebensfähig gewesen sei.[306]

Es kann also abschließend festgehalten werden, daß sowohl angesichts der unklaren Tatbestandsmerkmale als auch angesichts der bisherigen Rechtsprechung der englischen Gerichte eine Haftung des Gesellschafters für die negativen Folgen seiner Fremdfinanzierung nach den Grundsätzen des *piercing the corporate veil* ausscheidet.

---

306 Vgl. *Bowmer*, (2000) J.I.B.L., 193 (197).

3. Haftung nach den Vorschriften über *malpractice before and during liquidation*

a) Die Haftung wegen misfeasance

S 212 I.A. 1986, überschrieben mit „Summary remedy against delinquent directors, liquidators, etc.“, normiert eine Haftung für Verletzung der fiduziarischen Pflichten gegenüber der Gesellschaft. Anspruchsinhaber einer solchen Haftung ist gem. s 212 (3) I.A. 1986 der *liquidator* oder der *official receiver* der betreffenden Gesellschaft. Adressaten der Vorschrift sind sämtliche vertretungsberechtigten Personen der Gesellschaft, der *liquidator*, der *receiver* sowie alle Personen, die an der Gründung oder der Geschäftsführung der Gesellschaft teilgenommen haben.[307] Wenn eine solche Person Vermögen der Gesellschaft veruntreut oder ihre treuhänderischen Pflichten gegenüber dieser verletzt, kann das Gericht nach s 212 (3) I.A. 1986 die Zahlung eines entsprechenden Betrages an die Gesellschaft anordnen. Dabei ist klarzustellen, daß s 212 I.A. 1986 rein prozessualen Charakter hat. Anders als die noch zu diskutierende Haftung wegen *wrongful trading*[308] begründet s 212 I.A. 1986 keinen neuartigen Anspruch. Sie ist lediglich der prozessuale Aufhänger für die Geltendmachung von Verstößen gegen treuhänderische Pflichten gleich welcher Art.[309]

Fraglich ist nun, ob eigenkapitalersetzende Darlehen von dieser Vorschrift erfaßt werden. Grundsätzlich ist der Gesellschafter Adressat von s 212 I.A. 1986, wenn er an der Gründung der Gesellschaft beteiligt war.[310] Läge in einer Darlehensrückzahlung an einen Gesellschafter ein Verstoß gegen dessen fiduziarische Pflichten gegenüber der Gesellschaft oder gegenüber den Gläubigern, so könnte man über die Haftung wegen *misfeasance* eine Rückgewähr dieser Zahlungen erreichen. Problematisch ist jedoch, daß ein Gesellschafter nach der englischen Rechtsprechung sowohl gegenüber der Gesellschaft als auch gegenüber deren Gläubigern keinerlei treuhänderischen Pflichten hat.[311] Auch eine Inanspruchnahme des Gesellschafters über s 212 I.A. 1986 als faktischer Geschäftsführer, sofern im Einzelfall die Einflußnahme des Gesellschafters auf die Geschäftsführung zur Annahme einer solchen *shadow-directorship*[312] ausreicht, scheint zweifelhaft. Die fidzuiarischen

---

307 Vgl. s 212 (1) I.A: 1986: „This section applies if in the course of the winding up of a company it appears that a person who (a) is or has been an officer of the company, (b) has acted as liquidator, administrator or administrative receiver of the company, or (c) not being a person falling within paragraph (a) or (b), is or has been concerned, or has taken part, in the promotion, formation or management of the company".

308 Siehe hierzu S. 74 ff.

309 Vgl. *Keay*, (2002) J.B.L. 379 (403).

310 Vgl. *Schulte*, (1997) 18 Coy Lawyer 2 (9).

311 Vgl. *Schulte*, (1997) 18 Coy Lawyer 2 (9).

312 Vgl. ausführlich zur *shadow directorship* S. 103 ff.

Pflichten eines *director* sind im englischen Recht sehr begrenzt.[313] Im Fall der Rückzahlung eines eigenkapitalersetzenden Darlehens käme nur die Verletzung einer treuhänderischen Pflicht gegenüber den Gläubigern der Gesellschaft in Betracht. Der *director* könnte aufgrund seiner besonderen Stellung verpflichtet sein, sich nicht in seiner Eigenschaft als Gläubiger der Gesellschaft im Verhältnis zu den übrigen Gläubigern zu bevorzugen.

Die englische Rechtsprechung und Literatur haben sich ausgiebig mit der Frage beschäftigt, ob der *director* – und damit auch der *shadow director*[314] – gegenüber den Gläubigern der Gesellschaft verpflichtet ist.[315] Nach Auffassung der Rechtsprechung ist dies grundsätzlich nicht der Fall.[316] Es hat sich jedoch eine Reihe von Sonderfällen herausgebildet, in denen die Rechtsprechung ausnahmsweise annimmt, daß die Direktoren bestimmte Pflichten – zumindest mittelbar[317] – gegenüber den Gesellschaftsgläubigern innehaben.[318] Fraglich ist, ob dies auch bezüglich der Behandlung von Gesellschafterdarlehen der Fall ist.

In Betracht kommt hier lediglich ein Interessenkonflikt des Gesellschafters als *shadow director* und Gläubiger der Gesellschaft. Weil er als *shadow director* eine privilegierte Stellung gegenüber der Gesellschaft hat, vermag er, anders als außenstehende Gläubiger, frühzeitig zu erkennen, wann die Gesellschaft in wirtschaftli-

---

313 Vgl. *Re City Equitable Fire Insurance Co Ltd.* [1925] Ch. 407 (428 f.).

314 Vgl. *Redmond*, S. 364.

315 Vgl. aus der Rechtsprechung: *Percival v. Wright* [1902] 2 Ch. 421; *Lonrho Ltd. v. Shell Petroleum Co. Ltd. (No. 2)* [1980] 1 W.L.R. 627; *Re Horsley & Weight Ltd.* [1982] 3 All E.R. 1045, C.A.; *Mutlinational Gas and Petrochemical Co. v. Multinational Gas and Petrochemical Services Ltd.* [1983] Ch. 258; *Winkworth v. Baron (Edward) Development Ltd.* [1986] 1 W.L.R. 1512, H.L.; *Brady v. Brady*[1988] 2 W.L.R. 1308; *Liquidator of West Mercia Safetywear v. Dodd* (1988) 4 B.C.C. 30, C.A.; *Facia Footwear Ltd. (In administration) v. Hinchliffe* [1998] 1 B.C.L.C. 218. Vgl. aus der Literatur: *Sealy*, (1987) M.U.L.R. 164 ff.; *ders.*, (1991) 12 Coy Lawyer 175 ff.; *Sappideen*, (1991) J.B.L. 365 ff.; *Keay*, (2002) J.B.L. 379 ff.; *Prentice*, (1990) O.J.L.S. 265 ff. *Jenkins Committee*, Cmnd. 1749 (1962) at para.89.

316 Vgl. *Percival v. Wright* [1902] 2 Ch. 421; *Mutlinational Gas and Petrochemical Co. v. Multinational Gas and Petrochemical Services Ltd.* [1983] Ch. 258.

317 Die herrschende Meinung in der englischen Rechtsprechung und Literatur geht davon aus, daß der *director* die Interessen der Kreditoren nicht direkt berücksichtigen muß. Die Interessen der Gläubiger seien vielmehr gleichzeitig Interessen der Gesellschaft und aus diesem Grund zu berücksichtigen; vgl. *Re Horsley & Weight Ltd.* [1982] 3 All E.R. 1045; *Kuwait Asia Bank E.C. v. National Mutual Life Nominees Ltd.* [1991] 1 A.C. 187, P.C.; Prentice, (1990) O.J.L.S. 265 (275); *Worthington*, (1991) 18 M.U.L.R. 121 (151); *Sealy*, in: J. *Ziegel*, S. 486.

318 Vgl. *Lonrho Ltd. v. Shell Petroleum Co. Ltd. (No. 2)* [1980] 1 W.L.R. 627; *Re Horsley & Weight Ltd.* [1982] 3 All E.R. 1045, C.A.; *Winkworth v. Baron (Edward) Development Ltd.* [1986] 1 W.L.R. 1512, H.L.; *Brady v. Brady* (1988) 3 B.C.C. 535; *Liquidator of West Mercia Safetywear v. Dodd* (1988) 4 B.C.C. 30, C.A.; *Facia Footwear Ltd. (In administration) v. Hinchliffe* [1998] 1 B.C.L.C. 218.

che Schwierigkeiten gerät. Er kann also seinen Einfluß auf die Gesellschaft geltend machen und bewirken, daß sein Darlehen zurückgezahlt wird. Zwar ist in der englischen Rechtsordnung anerkannt, daß ein Direktor Insiderinformationen nicht zu seinem persönlichen Vorteil verwerten darf.[319] Die entsprechenden Entscheidungen betreffen jedoch Direktoren, welche während ihrer Amtszeit spezifisches „know-how" gewonnen haben und aufgrund dessen von einem Wettbewerber abgeworben wurden.[320] Diese sind also für den hier relevanten Fall nicht einschlägig.

Ein Anspruch gegen einen Gesellschafter auf Rückgewährung der empfangenen Darlehensrückzahlungen kann demnach nicht aus s 212 I.A. 1986 hergeleitet werden.

b) Die Haftung wegen fraudulent trading

Die Vorschrift des *fraudulent trading*, s 213 I.A. 1986, normiert eine zivilrechtliche Haftung des *director* für das Fortführen des Geschäftsbetriebs der Gesellschaft in betrügerischer Absicht gegenüber den Gesellschaftsgläubigern oder sonstigen Dritten (*intention to defraud creditors*). Zur Geltendmachung eines Anspruchs aus s 213 I.A. 1986 ist der *liquidator* der betreffenden Gesellschaft berechtigt. Er richtet sich gegen sämtliche Personen, die in Kenntnis der betrügerischen Absicht an der Fortführung der Gesellschaft mitgewirkt haben. Die Schwierigkeit des Tatbestandes des *fraudulent trading* liegt insbesondere im Nachweis dieser betrügerischen Absicht des *director*. Die englischen Gerichte haben sich mit der Anwendung eines solchen Tatbestandsmerkmals innerhalb einer zivilrechtlichen Haftungsvorschrift sehr schwer getan.[321] Unter den zahlreichen Definitionsversuchen ist eine besonders aussagekräftig. So führte *Maugham J* in der Entscheidung *Re Patrick and Lyon Ltd.*[322] aus, *intend to defraud* beinhalte „actual dishonesty involving, according to current notions of fair trading among commercial men, real moral blame". Die Meßlatte für die betrügerische Absicht liegt also sehr hoch. In der englischen Rechtsprechung hat sich dabei die sog. „*sunshine-doctrine*" herausgebildet. Danach kann sich ein *director* von dem Vorwurf der betrügerischen Absicht exkulpieren, indem er nachweist, daß er die Geschäfte seiner Gesellschaft in der

---

319 Vgl. nur *Regal (Hastings) Ltd. v. Gulliver* [1942] 1 All E.R. 378; *Boardman v. Philipps* [1967] 2 A.C 46, H.L.; *Industrial Development Consultants v. Cooley*, [1972] 1 W.L.R. 443; *Canadian Aero Service v. O' Malley* (1973) 40 D.L.R. (3d) 371; *Gower/Davies*, S. 615.

320 Vgl. *Boardman v. Phipps* [1967] 2 A.C 46, H.L.; *Canadian Aero Service v. O' Malley* (1972) 1 W.L.R. 443.

321 Vgl. *Pasban*, (2001) J.B.L. 33 (43).

322 [1933] 1 Ch. 786 (790); Vgl. auch *Guncliffe v. Goodman* [1950] 2 K.B. 237, 253; *Welham v. Director of Public Prosecutions* [1961] A.C. 103, 123, H.L.; *Re a Company No. 001418 of 1988* [1990] B.C.C. 526.

Hoffnung auf eine wirtschaftliche Besserung fortgeführt hat.[323] Unter solchen Umständen wird es daher kaum möglich sein, einen Gesellschafter-Geschäftsführer oder einen faktischen Geschäftsführer für eine Darlehensvergabe zu Krisenzeiten zur Verantwortung zu ziehen.[324] Dieser wird schließlich in den meisten Fällen sein Darlehen der Gesellschaft nur in der Hoffnung auf bessere Zeiten gewähren.

c) Die Haftung wegen wrongful trading

Die Haftung für *wrongful trading* ist in s 214 I.A. 1986 normiert. Sie kann vom *liquidator* einer insolventen Gesellschaft gegenüber deren *director* oder *shadow director* geltend gemacht werden, wenn diese zu einem Zeitpunkt vor dem Beginn des *winding-up* wußten oder hätten wissen müssen, daß die Insolvenz der Gesellschaft unausweichlich ist und sie nicht jeden erdenklichen Schritt unternommen haben, die Verluste der Drittgläubiger zu minimieren. Sind diese Voraussetzungen erfüllt, kann das Gericht u.a. anordnen, daß der Anspruchsgegner Schadensersatz an die Masse zu leisten hat oder daß seine Forderungen gegen die Gesellschaft gegenüber den Forderungen der Drittgläubiger zu subordinieren sind. Für die hier zu behandelnde Frage, ob das englische Recht Vorschriften enthält, welche die negativen Folgen der Gesellschafterfremdfinanzierung erfassen, wird die Haftung wegen *wrongful trading* insbesondere durch ihren Adressatenkreis und ihre Rechtsfolgen interessant.[325] Eine Inanspruchnahme des Gesellschafters ist insbesondere als *shadow director* möglich. Auch die Möglichkeit, ein Gesellschafterdarlehen gem. s 215 (4) I.A. 1986 im Rang hinter die Forderungen der Drittgläubiger zurückzustufen, bietet ein probates Mittel, den Gesellschafter für die durch seine Kreditierung hervorgerufenen Schäden für die Gesamtgläubigerschaft haften zu lassen.

Um dies zu verdeutlichen, sei hier exemplarisch auf die Entscheidung der *Chancery Division* des *High Court of Justice* unter Vorsitz von *Knox J* in der Sache *Re Produce Marketing* verwiesen.[326] Die *Produce Marketing Consortium Ltd.*, eine *private company limited by shares*, hatte zwei Direktoren, welche jeweils als Gesellschafter 50 % der Anteile an der Gesellschaft hielten. Die Gesellschaft betrieb von 1981 bis 1987 den Import von Südfrüchten nach England. Die jährlichen Umsatzerlöse beliefen sich auf rd. T£ 75,0. Wirtschaftlichen Erfolg hatte die Gesellschaft zu keiner Zeit. Bei Ihrer Hausbank verfügte sie über einen Kontokorrentkredit in Höhe von T£ 75,00, für welchen sich beide Direktoren selbstschuldne-

323 *R. v. Grantham* [1984] Q.B. 675 (678), C.A.: Ein *director* kann die Gesellschaft in dem Glauben fortführen, „that the clouds would be rolled away and the sunshine of prosperity would shine upon him and his company again"; vgl. auch *Goode*, (1998) C.S.L.J. 170 (172).

324 So auch *Schulte*, (1997) 18 Coy Lawyer 2 (9).

325 So auch *Schulte*, (1997) 18 Coy Lawyer 2 (10).

326 [1989] B.C.L.C. 520 (554); es handelt sich hierbei um die erste gerichtliche Entscheidung über einen Anspruch aus s 214 I.A. 1986; vgl. auch Anhang 2.

risch verbürgt hatten. Im Jahr 1986 gingen die Umsatzerlöse der Gesellschaft drastisch zurück und die kreditgebenden Banken ließen die ersten Schecks der Gesellschaft „platzen". Die Direktoren führten gegen den ausdrücklichen Rat ihrer Wirtschaftsprüfer den Geschäftsbetrieb noch bis in das Jahr 1987 fort, bevor die Gläubiger schließlich das *voluntary winding-up* der Gesellschaft einleiteten. Der bestellte *liquidator* der Gesellschaft nahm die beiden Direktoren wegen *wrongful trading* in Anspruch. Die Klage des *liquidator* hatte Erfolg und der *High Court* verurteilte die Direktoren, einen Betrag von T£ 75,0 an die Gesellschaft zu zahlen.[327] Diese Summe entspricht exakt dem Betrag für den sich die beiden Direktoren bei der Hausbank der Gesellschaft verbürgt hatten. Es handelt sich hierbei zwar nicht um ein Gesellschafterdarlehen, sondern um den Fall einer kapitalersetzenden Gesellschaftersicherheit. Die Gefahr, die sich hier realisiert hat, ist jedoch identisch mit der der Gesellschafterfremdkapitalfinanzierung.

4. Ergebnis

Es kann also festgehalten werden, daß von den zuvor diskutierten Anspruchsgrundlagen die Haftung wegen *wrongful trading* in Betracht kommt, um den Gesellschafter für die negativen Folgen seiner Kreditierung zur Verantwortung zu ziehen. Die *avoidance provisions* bieten zwar mit *voidable preferences* gem. s 239 I.A. 1986 eine Möglichkeit Darlehensrückzahlungen an den Gesellschafter anzufechten. Diese Vorschrift ist aber immer dann wirkungslos, wenn solche Rückzahlungen nicht erfolgt sind und die Risiken der Gesellschafterfremdfinanzierung sich nur im Hinzutreten des Gesellschafters als weiterem Gläubiger realisieren. Eine Haftung des Gesellschafters nach den Grundsätzen des *piercing the corporate veil* scheitert jedenfalls schon an deren unbestimmten Tatbestandsvoraussetzungen. Bleibt die Haftung des Gesellschafters wegen *misfeasance* und *fraudulent trading*. Auch diese erweisen sich jedoch als wirkungslos. Im ersten Fall bedarf es der Verletzung einer treuhänderischen Pflicht des Adressaten gegenüber den Gläubigern. Eine solche Pflicht besteht jedoch nach allgemeiner Ansicht weder für den Gesellschafter noch den Geschäftsführer. Im Rahmen des *fraudulent trading* scheitert eine Verantwortlichkeit des Gesellschafters für seine Darlehenshingabe schließlich an den strengen subjektiven Voraussetzungen dieser Vorschrift.

327 Zum Sachverhalt der Entscheidung und zu den Entscheidungsgründen vgl. auch *Lynch* (1999) Ins Lawyer 119 (121); *Fletcher*, (1989) 2 Insolv. Int. 44 ff.

C. Vergleich des Kapitalersatzrechts mit der Haftung wegen *wrongful trading*

Im folgenden Abschnitt sollen die Tatbestandsmerkmale des Eigenkapitalersatzrechts mit denen der Haftung wegen *wrongful trading* verglichen werden. Dabei soll untersucht werden, welchen historischen Ursprung die Normen haben, wie sie systematisch einzuordnen sind und wer Anspruchsinhaber und -begünstigter der jeweiligen Haftungsvorschriften ist. Danach werden der persönliche und zeitliche Anwendungsbereich sowie subjektive Voraussetzungen auf Seiten der Adressaten näher betrachtet. Schließlich wird der Normzweck der beiden Rechtsinstitute miteinander verglichen.

I. Historische Entwicklung

1. Historische Entwicklung des Kapitalersatzrechts

Die heutige Fassung der §§ 32 a, b GmbHG geht zurück auf eine Rechtsprechungslinie, welche ihren Ausgang in einer Einzelfallentscheidung im Jahr 1938[328] nahm und sich bis zum Jahr 1980 zu einem eigenen Rechtsinstitut fortentwickelte.[329] Dabei durchlief das Kapitalersatzrecht, wie im folgenden näher dargelegt werden soll, eine Entwicklung von einer deliktischen einzelfallbezogenen Haftung des Gesellschafters zu einem eigenständigen Rechtsinstitut, welches unabhängig von einem individuellen Fehlverhalten Gesellschafterdarlehen verstrickt.

Jenes erste Urteil des Reichsgerichts aus dem Jahr 1938[330] läßt noch keine allgemeine Gleichbehandlung von Gesellschafterdarlehen mit haftendem Kapital erkennen. Vielmehr sah das Gericht in der Finanzierung einer Gesellschaft mit Gesellschafterdarlehen in der Krise einen Versuch der Gesellschafter, die eigenen konkursbedingten Verluste gering zu halten und dadurch die übrigen Gläubiger zu schädigen. Diesem als gläubigerschädigend und daher als mißbräuchlich qualifizierten Verhalten begegnete das Gericht mit dem Vorwurf einer vorsätzlichen sittenwidrigen Schädigung gem. § 826 BGB.[331] Daß es auf eine Vorschrift aus dem

---

328 Nach *Bezzenberger*, vgl. *Bezzenberger*, in: FS *Bezzenberger*, 2000, S. 23 (26), geht die Materie der kapitalersetzenden Gesellschafterdarlehen auf die Zeit nach Ende des Ersten Weltkriegs zurück, als die Kapitalgesellschaften und der Verkehr deren Anteile verschärft besteuert wurden. Dem hätte man sich durch den Einsatz von Gesellschafterdarlehen anstelle von Anteilen zu entziehen versucht. Darauf habe das Steuerrecht reagiert, indem es Gesellschafterdarlehen unter bestimmten Voraussetzungen wie Anteile behandelt habe. Der Sache nach sei dabei sogar das Merkmal der Kreditunwürdigkeit der Gesellschaft aufgetaucht.

329 Vgl. *Hommelhoff*, ZGR 1988, 460 (472).

330 Vgl. *RG*, JW 1938, 862 ff.

331 Vgl. *RG*, JW 1938, 862 (864 f.).

BGB über die vorsätzliche sittenwidrige Schädigung zurückgriff, läßt erkennen, daß das Gericht hier eher beabsichtigte, ein individuelles Fehlverhalten im Einzelfall zu korrigieren, als ein neues Rechtsinstitut zu schaffen.[332] Der historische Ursprung des Kapitalersatzrechts liegt also in einer deliktischen Haftung des Gesellschafters.

Von dieser einzelfallbezogenen Sicht nahm das Gericht jedoch bereits in einer Entscheidung vom darauffolgenden Jahr Abstand.[333] In der betreffenden Entscheidung erkannte es vielmehr in der Unternehmensfinanzierung durch Gesellschafterdarlehen ein grundsätzliches Problem. Mit seiner Formel, daß Darlehen in den einschlägigen Fällen „als das behandelt werden müßten, was sie in Wirklichkeit sind, nämlich Gesellschaftereinlagen", kennzeichnete das Gericht den Kern der Grundsätze über kapitalersetzende Gesellschafterdarlehen.[334]

In den darauf aufbauenden Urteilen des *Bundesgerichtshofs* aus den Jahren 1959 bis 1972 setzte sich der Wandel des Kapitalersatzrechts von einer Haftung für individuelles Fehlverhalten des Gesellschafters zu einem eigenständigen verschuldensunabhängigen Rechtsinstitut fort. Der *Bundesgerichtshof* machte sich die Sichtweise des Reichsgerichts in seiner ersten Entscheidung über Gesellschafterdarlehen in der Krise nur teilweise zu eigen.[335] Zwar löste auch er sich in dem betreffenden Urteil vom Maßstab des § 826 BGB, blieb aber, zumindest auf der Tatbestandsseite, bei einem individualistischen Ansatz in der Beurteilung der Gesellschafterdarlehen.[336] Die Frage, ob das Gesellschafterdarlehen Eigenkapital darstellt, wurde danach beantwortet, inwiefern die Mittel unter Beachtung der konkreten Verhältnisse das Ziel hatten, einen Konkurs abzuwenden. Solange dieses Ziel der Konkursabwendung nicht erreicht war, sollten nach Auffassung des Gerichts die Darlehen der Gesellschafter wie haftendes Kapital zu behandeln sein.[337] Einnahmen der Gesellschaft (Zahlungen Dritter) dürften nicht dazu führen, daß

---

332 Vgl. *Gehde*, S. 54.

333 Vgl. *RG*, JW 1939, 355 ff.; teilweise wird diese Entscheidung wegen des geschichtlichen Hintergrundes als nicht zitierfähig bezeichnet, so etwa *Claussen*, AG 1983, 250 (251), welcher von einer „unseligen zeitlichen Verstrickung" spricht. Tatsächlich widersprach die GmbH ihrer Struktur nach der nationalsozialistischen Wirtschaftsauffassung. So wurde sie in der zeitgenössischen Literatur vielfach als „Ausweichform" bezeichnet, durch welche anonyme Kapitalgeber, die „Volksgenossen und die deutsche Wirtschaft" schädigen könnten (vgl. hierzu die Einleitung bei *Schubert*, Akademie für Deutsches Recht Bd. 2, S. VII ff. m.w.N.). Ob der Rechtsprechung aus diesem Grund jedoch eine „gesellschafterfeindliche" Tendenz unterstellt werden kann ist fraglich.

334 Vgl. *K Schmidt*, in: Scholz, §§ 32a, 32b Rdnr. 11.

335 „Lufttaxi 1" aus dem Jahre 1959, *BGHZ* 31, 258 ff.; im entschiedenen Fall ging es um den Anspruch gegen den Hintermann eines als Gesellschafter fungierenden Strohmannes, diese Besonderheit spielt hier jedoch keine Rolle.

336 Vgl. *Hommelhoff*, ZGR 1988, 463 (469); *Goette*, ZHR162 (1998), 223.

337 Vgl. *BGHZ* 31, 258 (272).

diese die empfangenen Gelder dazu verwendet, den Gesellschaftern ihre Mittel vorzeitig zurückzugewähren. Wenn der Gesellschafter sein ausgereichtes Finanzierungsmittel zur „Unzeit", also bevor der Zweck der Konkursabwendung erreicht war, von der Gesellschaft zurückforderte, sah das Gericht hierin einen Verstoß gegen den Grundsatz von Treu und Glauben. Erfolgte dennoch eine Rückzahlung an den Gesellschafter, gab § 31 Abs. 1 GmbHG analog einen Erstattungsanspruch.[338] Durch die Einbindung der Rechtsfolge in das Gefüge der Regeln zur Kapitalerhaltung stellte das Gericht einem individualistisch auf § 242 BGB zugeschnittenen Tatbestand ein funktional-institutionelles Element gegenüber.[339] Aus diesem Grund gilt das Urteil auch als Geburtsstunde der Rechtsprechungsgrundsätze zum Eigenkapitalersatz.[340]

Diesem ersten Entwicklungsschritt des *Bundesgerichtshofs* folgten drei weitere, in denen das Gericht die eigenkapitalersetzenden Gesellschafterleistungen vom Einzelfall zu einer gefestigten Rechtsprechung herausbildete.[341] Mit seinem „Deckenputz"-Urteil[342] aus den frühen siebziger Jahren wurde der Tatbestand für eine Umqualifizierung institutionell verdichtet. Zwar knüpfte der *Bundesgerichtshof* weiterhin an einem widersprüchlichen Verhalten des Gesellschafters an, ergänzte diesen Ansatz jedoch um eine weitere institutionelle Komponente, den Gedanken der Risikoabwälzung.[343] Die Gesellschafter dürften das Risiko, das der Betrieb eines Unternehmens mit unzureichender Kapitalausstattung mit sich bringe, nicht willkürlich auf die Gläubiger abwälzen. Deshalb müsse es den Gesellschaftern verwehrt werden, Geldmittel, die wirtschaftlich als Kapitalgrundlage der Gesellschaft zu werten seien, aus dieser wieder abzuziehen, solange die Gesellschaft ohne diese Mittel nicht überlebensfähig sei. Im Vordergrund steht bei dieser Entscheidung also bereits nicht mehr das individuelle Fehlverhalten eines Gesellschafters, sondern das Abgrenzungsmerkmal der Bereitschaft Dritter, der Gesellschaft Darlehen zu gewähren. Diese Bereitschaft soll Anzeichen für eine unzureichende Kapitalausstattung der Gesellschaft und somit mittelbar auch Anzeichen für eine Risikoabwälzung durch den Gesellschafter sein.[344] Mit diesem institutionellen Ansatz trug das Gericht entscheidend zur Präzisierung und Verfestigung des Tatbestandes der eigenkapitalersetzenden Gesellschafterleistungen bei.

Diesen „Meilensteinen" in der Entwicklung des Kapitalersatzrechts folgte eine Phase der Verfestigung der gefundenen Grundsätze anhand der rechtstatsächlichen Materialien, welche dem Gericht vorlagen. Die im 67., 69. und 75. Band erschie-

338 Vgl. *BGHZ* 31, 258 (273).
339 Vgl. *Hommelhoff*, ZGR 1988, 463 (469).
340 Vgl. *Hommelhoff*, ZGR 1988, 460 (469); *Gehde*, S. 55.
341 Vgl. *Gehde*, S. 55; *Hommelhoff*, ZGR 1988, 460 (470 f.).
342 *BGH*, WM 1972, 74 ff.
343 Vgl. *BGH*, WM 1972, 74 (75).
344 Vgl. *Hommelhoff*, ZGR 1988, 460 (471)

nenen Entscheidungen[345] brachten zwar keine wesentlichen neuen Erkenntnisse zum eigenkapitalersetzenden Gesellschafterdarlehen, doch ist eine Fortsetzung der Tendenz des Gerichts zu erkennen, sich bei den Voraussetzungen der Umqualifizierung auf objektive Tatbestandsmerkmale zu stützen.[346]

Diese Tendenz wird abschließend durch eine im 76. Band abgedruckte Entscheidung bestätigt,[347] in welcher der *Bundesgerichtshof* die wichtigsten Grundsätze eigenkapitalersetzender Gesellschafterdarlehen festlegte.[348]

Im Jahr 1980 unternahm der Gesetzgeber dann im Rahmen der GmbH-Novelle den Versuch, die bis dahin entwickelten Rechtsprechungsgrundsätze auf eine gesetzliche Grundlage zu stellen. Diese Idee war nicht neu: Überlegungen, das Problem der eigenkapitalersetzenden Gesellschafterdarlehen gesetzlich zu regeln, gehen zurück bis auf das Jahr 1939, in welchem die Akademie für Deutsches Recht[349] im Zuge einer Reformdiskussion betreffend den Gläubigerschutz in der GmbH erstmals über einen Gesetzesentwurf diskutierte,[350] der schließlich auch vom Reichsjustizministerium in seinem Reformentwurf vom selben Jahr übernommen wurde. Dieser sah einen Rangrücktritt für Rückgewähransprüche des darlehensgebenden Gesellschafters im Konkurs- oder Vergleichsverfahren sowie ein erweitertes Anfechtungsrecht des Konkursverwalters für solche Rechtshandlungen vor, mit denen die Gesellschaft binnen eines Zeitraumes von zwei Jahren vor Konkurseröffnung Sicherheit oder Befriedigung gewährt hat.[351] Eine Verwirklichung dieses Reformentwurfs scheiterte jedoch am Ausbruch des zweiten Weltkrieges. Es sollte dreißig Jahre dauern, bis erneut ein Versuch unternommen würde, das Instrument des Gesellschafterdarlehens in das GmbH-Gesetz aufzunehmen. Erst innerhalb des gescheiterten Versuchs einer GmbH-Reform Anfang der siebziger Jahre waren Vorschriften über Gesellschafterdarlehen im Anschluß an die Rechtsprechung des Reichsgerichts und des *Bundesgerichtshofs* zu dieser Finanzierungsart vorgesehen (§§ 49, 50 RegE GmbHG 1971). Diese wurden unverändert in die §§ 32 a, b RegE GmbHG 1977 übernommen, welche inhaltliche Grundlage für die durch die GmbH-Novelle 1980 Gesetz gewordene Fassung der §§ 32 a, b GmbHG waren.[352]

---

345 *BGHZ* 67, 171 ff.; 69, 174 ff.; 75, 334 ff.

346 Vgl. *Hommelhoff*, ZGR 1988, 460 (471).

347 *BGHZ* 76, 326 ff.

348 Vgl. im Ergebnis *Reiner*, in: FS *Boujong*, 1996, S. 415 (419).

349 Überblick über Entstehung und Zielsetzung der Akademie für Deutsches Recht bei *Hattenhauer*, JuS 1986, 680 ff.

350 Abgedruckt bei *Schubert*, S. 254 ff.

351 Vgl. *Hommelhoff/Kleindiek*, in: FS GmbHG, 1992, S. 421 (427).

352 Die GmbH-Novelle geht in ihrer Gesetz gewordenen Fassung auf den Bundestags-Rechtsausschuß zurück.

2. Historische Entwicklung des *wrongful trading*

Die Haftung wegen *wrongful trading* geht zurück auf s 332 C.A. 1948. Diese Vorschrift beinhaltete straf- und zivilrechtliche Sanktionen für Direktoren, die eine liquidationsreife Gesellschaft in betrügerischer Absicht weiterführten. Direktoren, die gegen s 332 C.A. 1948 verstießen, hafteten – wenn die Gesellschaft sich in einem *winding-up* befand – nach Maßgabe des Gerichts für die von der Gesellschaft begründeten Verbindlichkeiten.[353] Das Tatbestandsmerkmal der betrügerischen Absicht verdeutlicht, daß der historische Ursprung des *wrongful trading* in einer deliktischen Haftung liegt. Problematisch war an dieser Vorschrift, daß die betrügerische Absicht des Adressaten nur schwer nachweisbar war. Diese Schwäche blieb in der britischen Reformdiskussion nicht unbemerkt. Bereits im Jahr 1962 empfahl das *Jenkins Committee* die Einführung einer neuen Vorschrift, die eine Haftung der Leitungsorgane bereits bei grober Fahrlässigkeit ermöglichen sollte.[354] Im Januar 1977 wurde das *Cork Committe* einberufen, um Vorschläge zu einer Reform des Insolvenzrechts zu unterbreiten. Der Abschlußbericht des *Cork Committee* wurde im Jahr 1982 vorgelegt.[355] Angesichts eines starken Anstiegs der Unternehmensinsolvenzen um nahezu 100 % zwischen den Jahren 1980 und 1982 schlug der Entwurf vor, den *director* einer Gesellschaft auch bei Nichtvorliegen betrügerischer Absicht in Anspruch zu nehmen, wenn er den Geschäftsbetrieb seiner Gesellschaft nach Eintritt der Insolvenzreife fortführt. Eine solche verschuldensunabhängige Haftung des *director* stellte einen Bruch mit der bisherigen Gesetzeslage und Rechtsprechung dar, nach der ein *director* nur haften sollte, wenn ihm Unredlichkeit (*dishonesty*) nachgewiesen werden konnte. Der Gesetzgeber griff die Vorschläge des *Cork Committee* auf indem er s 332 C.A. 1948 zerschlug, die strafrechtlichen Sanktionen in einer neu geschaffenen s 458 C.A. 1985 normierte und die zivilrechtliche Haftung in s 213-215 I.A. 1986 unterbrachte. Die Vorschrift betreffend das *fraudulent trading* (s 213 I.A. 1986) übernahm im wesentlichen die Haftung für betrügerische Fortführung einer Gesellschaft aus der ursprünglichen s 332 C.A. 1948. Dem Ruf des *Cork Committee* nach einer verschuldensunabhängigen Haftung des *director* folgte der Gesetzgeber durch Einführung von s 214 I.A. 1986 betreffend die Haftung wegen *wrongful trading*.

---

353 Vgl. *Gower/Davies*, S. 151.

354 Vgl. *Report of the Company Law Committee* (1962), Cmnd. 1749, § 503 (b).

355 Vgl. *Insolvency Law Review Committee on Insolvency Law and Practice* (1982), Cmnd. 8558, § 1776 ff.

3. Rechtsvergleichende Würdigung

Betrachtet man die historische Entwicklung von Kapitalersatzrecht und *wrongful trading*, ergeben sich nur wenige Gemeinsamkeiten. Beide Normenkomplexe haben ihren Ursprung in einer deliktischen Haftung. Das erste Urteil zum Kapitalersatzrecht stützte sich auf § 826 BGB betreffend die vorsätzliche sittenwidrige Schädigung. Das Gericht sah in der Finanzierung einer Gesellschaft mit Gesellschafterdarlehen in der Krise einen Versuch der Gesellschafter, die eigenen konkursbedingten Verluste gering zu halten und dadurch die übrigen Gläubiger zu schädigen. Die Haftung wegen *wrongful trading* hat ihre Wurzeln in einer Haftung wegen betrügerischer Fortführung einer insolvenzreifen Gesellschaft. Im Vergleich zum Kapitalersatzrecht, welches mit den Rechtsprechungsregeln auf eine Vergangenheit bis in das Jahr 1938 zurückblicken kann, handelt es sich beim *wrongful trading* um eine verhältnismäßig neue Vorschrift. Der englische Gesetzgeber wagte mit der Einführung von s 214 I.A. 1986 einen „Kaltstart". Erfahrungen aus dem *case law,* auf die er sich bei der Ausformulierung hätte stützen können, existierten nicht. Auch hierfür ist die *Salomon*-Doktrin verantwortlich. Die Tatsache, daß seit jener Entscheidung des *House of Lords* nahezu 100 Jahre vergingen, bis der Gesetzgeber eine vorsatzunabhängige Durchgriffshaftung auf *director* und *shadow director* einführte, verdeutlichen den nicht zu unterschätzenden Einfluß dieser Entscheidung auf das englische Gesellschaftsrecht.

II. Systematische Stellung

1. Systematische Stellung des Kapitalersatzrechts

Die Novellenregeln zu den eigenkapitalersetzenden Gesellschafterdarlehen befinden sich am Ende des zweiten Abschnitts des GmbHG (§§ 13-34), welcher die Vorschriften über die Rechtsverhältnisse der Gesellschaft und der Gesellschafter enthält, unmittelbar im Anschluß an die Vorschriften zur Kapitalerhaltung.

Die §§ 32 a, b GmbHG sind jedoch keinesfalls abschließend. Vorschriften des Kapitalersatzrechts finden sich außerdem in der Insolvenzordnung (§§ 39 Abs. 1 Nr. 5, 135, 264 Abs. 3 InsO) und im Anfechtungsrecht (§ 6 AnfG).

§ 32 a Abs. 1 GmbHG enthält den Grundtatbestand eigenkapitalersetzender Darlehen.[356] § 32 a Abs. 3 GmbHG erweitert diesen Grundtatbestand auf die möglichen Ersatzformen eines Gesellschafterdarlehens.[357]

---

356 Vgl. *Rowedder*, in: Rowedder, § 32 a Rdnr. 1a; *Hueck/Fastrich*, in: Baumbach/Hueck, § 32 a Rdnr. 14.

357 Vgl. *K Schmidt*, in: Scholz, §§ 32a, 32b Rdnr. 99.

Bei § 32 a Abs. 2 GmbHG, welcher in gleicher Krisenlage der Gesellschaft von außenstehenden Dritten gewährte, aber durch Gesellschafter gesicherte Darlehen erfaßt, handelt es sich nicht, wie man annehmen könnte, um einen eigenen Tatbestand der „eigenkapitalersetzenden Gesellschaftersicherheit".[358] Die Norm regelt eine den gesellschaftsfremden Dritten treffende Abwicklungsmodalität im Insolvenzfall.[359] Dieser steht aber außerhalb des für das Eigenkapitalersatzrecht entscheidenden Rechtsverhältnisses zwischen Gesellschaft und Gesellschafter.[360] Seine Inanspruchnahme ist lediglich mittelbare Folge eines in § 32 a Abs. 1 und 3 GmbHG sanktionierten Verhaltens des Gesellschafters. Bei der Ermöglichung einer Kreditfinanzierung in der Krise durch eine Gesellschaftersicherheit handelt es sich nämlich um nichts anderes als eine Rechtshandlung, die der Kreditgewährung nach § 32 a Abs. 1 GmbHG wirtschaftlich entspricht.[361] Dieser Tatbestand wiederum ist geregelt in § 32 a Abs. 3 GmbHG. § 32 a Abs. 2 GmbHG ist also nur die insolvenzrechtliche Konsequenz eines nicht ausdrücklich geregelten Tatbestandsmerkmals[362] und somit rechtssystematisch dem Insolvenzrecht zuzuordnen.[363]

§ 32 b GmbHG begründet eine Erstattungspflicht des Gesellschafters gegenüber der Gesellschaft, falls eine von ihm bestellte Sicherheit oder Bürgschaft für ein mittelbares Gesellschafterdarlehen durch dessen Rückzahlung frei wird. Er stellt die Kehrseite des § 32 a Abs. 2 GmbHG dar und ist somit ebenfalls insolvenzrechtliche Konsequenz eines nicht ausdrücklich geregelten Tatbestandsmerkmals. Es handelt sich um eine Parallelvorschrift zu §§ 135 Nr. 2 InsO, 6 Nr. 2 AnfG.[364] Der Novellengesetzgeber hat auch hier unsystematisch gehandelt und einen eigentlich rechtssystematisch dem Insolvenzrecht zuzuordnenden Anfechtungstatbestand in das GmbH-Gesetz eingefügt.[365]

Bei den § 32 a Abs. 1 und 3 GmbHG handelt es sich also um den Grundtatbestand des Kapitalersatzrechts. Die außerhalb des GmbH-Rechts befindlichen Vorschriften sind sämtlich Rechtsfolgen dieses Tatbestandes. Es muß aber ebenfalls bemerkt werden, daß der Gesetzgeber im Bereich des Kapitalersatzrechts nicht systematisch gearbeitet hat.[366] Dies zeigt sich insbesondere daran, daß, wie bereits darge-

358 Vgl. *K Schmidt*, ZIP 1999, 1821 (1822).

359 Ausführlich hierzu *Fastrich*, NJW 1983, 260 ff.

360 Vgl. *BGH*, ZIP 1985, 158 (159), dazu EWiR 1985, 105 (*Kübler*).

361 Vgl. *K Schmidt*, in: Scholz, §§ 32a, 32b Rdnr. 126.

362 Vgl. *K Schmidt*, ZIP 1999, 1821 (1822).

363 Vgl. *Haas*, NZI 2001, 1 (3); *K Schmidt*, ZIP 1999, 1821 (1822).

364 Vgl. *Hueck/Fastrich*, § 32 b Rdnr. 1; *K Schmidt*, in: Scholz, §§ 32a, 32b Rdnr. 149.

365 Vgl. *Haas*, NZI 2001, 1 (3); *K Schmidt*, ZIP 1999, 1821 (1822); *ders.*, DB 1993, 1505 (1506); *ders.*, ZIP 1991, 1 (3); *K. Schmidt*, in: *Scholz*, §§ 32a, 32b Rdnr. 149; *Jaeger/Henckel*, § 32 a Rdnr. 89; *Nerlich*, in: Nerlich/Römermann, § 135 Rdnr. 68.

366 So auch *Claussen*, GmbHR 1996, 316 (320); *Fastrich*, in : FS *Zöllner*, 1998, S. 143 (158); *Haas*, NZI 2001, 1 (3).

stellt, mit den §§ 32 a Abs. 2, 32 b GmbHG sinnvollerweise in die Anfechtungsvorschriften der Insolvenzordnung einzugliedernde Normen in das GmbH-Gesetz ausgelagert wurden.

2. Systematische Stellung des *wrongful trading*

Die Haftung wegen *wrongful trading* befindet sich am Ende von Part IV des ersten Teils des *Insolvency Act 1986* mit der Überschrift „Companies Insolvency – Companies Winding Up". Part IV selbst steht unter der Überschrift „Winding Up of Companies Registered Under the Companies Act" und ist in weitere zehn Kapitel unterteilt, von denen das letzte, Chapter X mit der Überschrift „Malpractice Before and During Liquidation; Penalisation of Companies and Company Officers; Investigations and Prosecutions", s 214 I.A. 1986 enthält. Die Vorschrift ist dort in einer Gruppe u.a. mit der s 212 I.A. 1986 betreffend „Summary Remedy Against Delinquent Directors, Liquidators etc." und s 213 I.A. 1986 betreffend „Fraudulent Trading" unter der Überschrift „Penalisation of Directors and Officers" zusammengefaßt. Diese Gruppe ist in sich geschlossen, d.h. sämtliche Grund- und Ausnahmetatbestände sowie Rechtsfolgen sind dort einheitlich geregelt. S 214 I.A. 1986 enthält den Tatbestand und die grundlegenden Rechtsfolgen des *wrongful trading*. S 215 I.A. 1986 normiert weitere in gerichtlichem Ermessen stehende Sanktionen, die sowohl für *fraudulent* als auch für *wrongful trading* gelten.

3. Rechtsvergleichende Würdigung

Vergleicht man die systematische Stellung von Kapitalersatzrecht und *wrongful trading*, so stellt man fest, daß in diesem Zusammenhang erhebliche Unterschiede zwischen beiden Normenkomplexen bestehen. Die Normen des Kapitalersatzrechts sind über fünf Paragraphen in drei verschiedenen Gesetzen – GmbHG, InsO und AnfG – verteilt, während die Tatbestandsvoraussetzungen und Rechtsfolgen der Haftung wegen *wrongful trading* mit zwei *sections* innerhalb des *Insolvency Act 1986* auskommen. Bei letztgenannter Haftung ist eindeutig, daß sie – zumindest systematisch – dem Insolvenzrecht zuzuordnen ist. Die systematische Zuordnung des Kapitalersatzrechts ist hingegen unklar. Die Tatsache, daß dessen Grundtatbestand im GmbHG verankert ist, läßt auf den ersten Blick vermuten, daß das Kapitalersatzrecht systematisch dem Gesellschaftsrecht zuzuordnen ist. Allerdings ist zu beachten, daß der deutsche Gesetzgeber, wie sich anhand von §§ 32 a Abs. 2, 32 b GmbHG zeigt, beim Kapitalersatzrecht unsystematisch gearbeitet hat. Erklären läßt sich dieses Phänomen nur damit, daß er die Vorschriften zum Kapitalersatzrecht nahe bei den Vorschriften zur Kapitalerhaltung ansiedeln wollte, die wiederum formaler Aufhänger der Rechtsprechungsregeln sind.

III. Anspruchsinhaber und -begünstigte

Sowohl nach deutschem Eigenkapitalersatzrecht als auch nach der englischen Haftung wegen *wrongful trading* treffen den Adressaten der jeweiligen Vorschrift unter bestimmten Voraussetzungen Erstattungsansprüche. Nach s 214 (1) I.A. 1986 kann das Gericht, wenn die Voraussetzungen des *wrongful trading* erfüllt sind, den Anspruchsgegner zur Leistung einer der Höhe nach in seinem Ermessen liegenden „contribution to the company's assets" verurteilen. Nach den Vorschriften des Eigenkapitalersatzrechts können Darlehensrückzahlungen gem. § 135 InsO und § 6 AnfG angefochten werden, was nach § 143 Abs. 1 S. 1 InsO und § 11 AnfG zu (Rück)Zahlungsansprüchen führt. An dieser Stelle soll verglichen werden, wer zur Geltendmachung dieser Rückzahlungsansprüche berechtigt und wer deren Begünstigter in der jeweiligen Rechtsordnung ist.

1. Anspruchsinhaber und -begünstigte des Kapitalersatzrechts

Das Anfechtungsrecht des § 135 InsO wird gem. § 129 InsO grundsätzlich nur durch den Insolvenzverwalter ausgeübt.[367] Nur dieser kann Klage, Einrede oder Gegeneinrede erheben.[368] Etwas anderes gilt nur bei besonderen Verfahrensarten, bei denen es keinen Insolvenzverwalter gibt. Die Anfechtungsberechtigung bei der Eigenverwaltung nach § 270 ff. InsO obliegt ausschließlich dem Sachwalter.[369]

Der Insolvenzverwalter übt das Anfechtungsrecht kraft seines Amtes aus.[370] Es handelt sich um ein mit dem Amt verbundenes eigenständiges Recht des Verwalters.[371] Dem vorläufigen Insolvenzverwalter nach §§ 22, 23 InsO steht die Befugnis, Rechtshandlungen i.S.v. § 135 InsO anzufechten, nicht zu, weil die Anwendbarkeit der §§ 129 ff. InsO die Eröffnung eines Insolvenzverfahrens voraussetzt.[372] Insolvenzgläubiger haben auf die Anfechtung keinen unmittelbaren Einfluß. Lehnt der Insolvenzverwalter die Ausübung seines Rechts ab, so verbleibt den Gläubigern nur die Anrufung des Insolvenzgerichts nach Maßgabe der §§ 58, 59 InsO. Eine Teilnahme der Gläubiger an einer Anfechtungsklage ist nur durch einen Beitritt als Nebenintervenient möglich.[373] Das Recht des Insolvenzverwalters zur An-

---

367 Vgl. *BGHZ* 49, 11 (16); *Kuhn/Uhlenbruck*, § 29 Rdnr. 1 b; *Kilger/K Schmidt*, § 36 Rdnr. 2.
368 Vgl. *BGH*, ZIP 1990, 25; *Jaeger/Henckel*, § 36 Rdnr. 2.
369 Vgl. *Nerlich*, in: Nerlich/Römermann, § 129 Rdnr. 23.
370 Vgl. *BGHZ* 49, 11 (16); 24, 393 (396); 83, 102; *Jaeger/Henckel*, § 36, Rdnr. 6; *Kilger/K Schmidt*, § 36 Rdnr. 2; *Kuhn/Uhlenbruck*, § 29 Rdnr. 2.
371 Vgl. *BGHZ* 24, 393 (396); 49, 11 (16); *BGH*, ZIP 1982, 467 (468).
372 Vgl. *Nerlich/Römermann*, § 129 Rdnr. 25.
373 Vgl. *RGZ* 36, 369; JW 1891, 273; *Kilger/K Schmidt*, § 36 Rdnr. 2; *Kuhn/Uhlenbruck*, § 36 Rdnr. 1.

fechtung nach § 135 InsO ist nicht übertragbar und damit grundsätzlich auch nicht abtretbar.[374]

Der aus einer erfolgreichen Anfechtung resultierende Rückgewähranspruch ist in § 143 Abs. 1 InsO normiert. Danach ist das, was durch die anfechtbare Handlung aus dem Vermögen des Schuldners weggegeben oder aufgegeben ist, zur Insolvenzmasse zurückzugewähren. Begünstigter des Anfechtung nach § 135 InsO ist demnach die Insolvenzmasse.

2. Anspruchsinhaber und -begünstigte des *wrongful trading*

Nach s 214 (1) I.A. 1986 kann ein Anspruch wegen *wrongful trading* nur „on the application of the liquidator" geltend gemacht werden. Dies bedeutet also, daß Gläubiger von der Geltendmachung eines Anspruchs aus § 214 I.A. 1986 ausgeschlossen sind.[375] Mit dieser Einschränkung wollte der Gesetzgeber erreichen, daß Gläubiger nicht unverhältnismäßigen Druck auf die Direktoren zur Durchsetzung ihrer Forderungen ausüben.[376] Lehnt der *liquidator* es ab, einen Anspruch aus s 214 I.A. 1986 geltend zu machen, können die Gläubiger ihn nur dazu veranlassen, indem sie gem. s 167 (3) und s 112 I.A.1986 bei Gericht beantragen, den *liquidator* zur Geltendmachung anzuweisen.[377]

Wie erinnerlich,[378] wird der Terminus *liquidator* im englischen Recht sowohl für den durch das Gericht oder die Gläubiger bestellten Verwalter einer insolventen Gesellschaft als auch für den von einer solventen Gesellschaft selbst bestimmten Verwalter verwendet. S 214 (2) (a) I.A. 1986 stellt jedoch klar, daß ein Anspruch wegen *wrongful trading* nur durch den *liquidator* einer insolventen Gesellschaft geltend gemacht werden kann.[379]

Fraglich ist jedoch in der englischen Rechtsprechung, wer Begünstigter eines Anspruchs nach s 214 I.A.1986 ist, d.h. wer letztendlich die nach dem Ermessen des Gerichts festzusetzende *contribution* erhält. Grundsätzlich ist diese nach s 214 (1) I.A. 1986 „to the company's assets" zu leisten. Problematisch ist dies jedoch, wenn die gegenwärtigen und zukünftigen Assets der Gesellschaft Subjekt einer *floating charge*[380] sind und damit einem Gläubiger zustehen. Dies könnte dazu führen, daß der zu leistende Beitrag, der vom Gesetzgeber eigentlich zum Ersatz des den un-

374 Vgl. *RGZ* 30, 75; 39, 13; JW 1909, 657; *Kuhn/Uhlenbruck*, § 36 Rdnr. 10.
375 Vgl. *Hicks*, (1993) 14 Coy Lawyer 55 (59).
376 Vgl. *Finch*, S. 99.
377 Vgl. *Morse*, § 86-19; *Hicks*, (1993) 14 Coy Lawyer, 55 (60).
378 Vgl. S. 7 ff.
379 Vgl. *Rajak*, N.L.J. 1989, 1458.
380 Vgl. zur *floating charge* bereits FN 37.

gesicherten Gläubigern entstehenden Schadens gedacht war, durch einen bereits gesicherten Gläubiger abgeschöpft wird. Bis zu der Entscheidung *Re Produce Marketing*[381] war allgemein konsentiert, daß die Früchte eines Anspruchs wegen *wrongful trading* den ungesicherten Gläubigern der insolventen Gesellschaft zustehen.[382] In dieser Entscheidung diskutierte *Knox J* u.a., ob dieser Betrag von, der *floating charge* eines Gläubigers erfaßt würde. Er bejahte diese Frage mit dem Hinweis auf den eindeutigen Wortlaut von s 214 I.A. 1986 wonach der Beitrag des Anspruchsgegners „to the company's assets" zu leisten sei. Diese Assets wiederum seien jedoch Gegenstand der *floating charge* des Gläubigers. Außerdem würden die ungesicherten Gläubiger hierdurch nicht geschädigt, weil durch das Abgreifen der *contribution* durch den besicherten Gläubiger andere Sicherheiten, die sonst Subjekt der *floating charge* seien, frei würden. Dies ist jedoch nur dann der Fall, wenn die dem besicherten Gläubiger zur Verfügung stehenden Sicherheiten bereits vor dem Zufluß der *contribution* zumindest annähernd ausreichten, um eine volle Befriedigung des Sicherungsnehmers zu erzielen.

Mit seiner Auffassung ordnete *Knox J* die Haftung nach s 214 I.A. 1986 in eine Kategorie mit der Haftung aus s 212 I.A. 1986 wegen *misfeasance* ein.[383] Für diese wurde bereits in der Grundsatzentscheidung *Re Anglo-Austrian Printing and Publishing Union (No. 3)*[384] aus dem Jahr 1895 festgelegt, daß Zahlungen auf eine Forderung aus s 212 I.A. 1986 unter eine *floating charge* fielen. Nach Auffassung von *Knox J* basiert die Haftung wegen *wrongful trading* ebenso wie die Haftung wegen *misfeasance* auf einer Verletzung treuhänderischer Pflichten entweder gegenüber der Gesellschaft oder deren Gläubigern. Diese Auffassung ist jedoch unzutreffend. Beim *wrongful trading* geht es nicht wie bei der Haftung wegen *misfeasance* um die mißbräuchliche Verwendung von Gesellschaftseigentum, sondern um die negative Veränderung der Vermögens- und Haftungsverhältnisse der Gesellschaft.[385] Die Haftung nach s 214 I.A. 1986 zielt damit auf einen Ersatz des Schadens der ungesicherten Gläubiger.[386] Darüber hinaus wird bei einem Anspruch wegen *misfeasance* ein Anspruch der Gesellschaft geltend gemacht, den diese bereits vor Beginn der Insolvenz innehatte. Der Anspruch nach s 214 I.A. 1986 hingegen entsteht erst mit Beginn eines Insolvenzverfahrens.[387] Es kann also festgehalten werden, daß s 214 I.A. 1986 keine Ähnlichkeit mit der Haftung wegen *mis-*

---

381 [1989] B.C.L.C. 520 (554), Ch. D.

382 Vgl. *Re Yagerphone Ltd.* [1935] J.B.L. 256, Ch. D.; *Oditah* (1990) L.M.C.L.Q 205; *Wheeler* (1993) J.B.L. 256.

383 Für einen Überblick über die Anspruchsbegünstigten insolvenzrechtlicher Anspruchsgrundlagen vgl. *Parry*, (2002) 23 Coy Lawyer 49 ff.

384 [1985] 2 Ch. 891.

385 Vgl. *Wheeler*, (1993) J.B.L. 256 (266).

386 Vgl. *Lynch* (1999) Ins Lawyer 119 (121).

387 *Hicks*, (1993) 14 Coy Lawyer, 16 (19).

feasance aufweist, die es rechtfertigt, dort gewonnene Erkenntnisse zur Frage nach dem Anspruchsbegünstigten auf s 214 I.A. 1986 zu übertragen.

Möglicherweise können jedoch die *avoidance provisions* des Insolvency Act 1986 herangezogen werden.[388] Beide, *avoidance provisions* und *wrongful trading*, haben eine ähnliche Rechtsfolge und können nur durch den *liquidator* geltend gemacht werden. Auslösender Zeitpunkt beider Ansprüche ist die Insolvenz der Gesellschaft. Anfechtungen nach den *avoidance provisions* können nur geltend gemacht werden, wenn die anzufechtende Rechtshandlung innerhalb eines bestimmten Zeitraums vor der Insolvenz vorgenommen wurde. Die Haftung wegen *wrongful trading* setzt ab dem Zeitpunkt ein, an dem der *director* wusste oder hätte wissen müssen, daß ein *winding-up* der Gesellschaft unausweichlich ist. Beide Vorschriften weisen also Ähnlichkeiten auf, die es rechtfertigen, die Haftung wegen *misfeasance* inhaltlich eher bei den *avoidance provisions* einzuordnen.[389] Bei den *avoidance provisions* ist es jedoch allgemein anerkannt, daß das aus einer Anfechtung erlangte nicht von einer *floating charge* erfaßt wird. In der grundlegenden Entscheidung *Re Yagerphone Ltd.*[390] hatte der *liquidator* der insolventen *Yagerphone Ltd.* Zahlungen der Gesellschaft an einen Kreditor als *fraudulent preference* angefochten. Der von einem Inhaber einer *floating charge* eingesetzte *receiver* machte gegenüber dem *liquidator* geltend, das aus dieser Anfechtung Erlangte falle unter die *floating charge*. *Bennett J* entschied, der Anfechtungserlös sei zu keinem Zeitpunkt Bestandteil des Gesellschaftsvermögens gewesen. Er stehe, entsprechend dem Normzweck der Anfechtungsvorschriften, den ungesicherten Drittgläubigern der Gesellschaft zu und werde vom *liquidator* nur treuhänderisch für diese verwaltet.[391] Diese Auffassung ist anschließend in verschiedenen Entscheidungen bestätigt worden.[392]

Es ist also analog den *avoidance provisions* gerechtfertigt, dem Inhaber einer *floating charge* den Zugriff auf das durch einen Anspruch aus s 214 I.A. 1986 erlangte zu verweigern. Diese Schlußfolgerung ist auch vor dem rechtspolitischen Hintergrund der Vorschrift angemessen. Die Sicherheit gibt ihrem Inhaber das Recht, diese bei Nichtbefriedigung seiner Forderung gegen den Sicherungsgeber zu verwirklichen. Dem ungesicherten Gläubiger bleibt in dieser Situation nur der Antrag auf Eröffnung des Insolvenzverfahrens. Er hat weder Zugriff auf bestimmte Assets der Gesellschaft, noch einen dem Sicherungsnehmer entsprechenden Einfluß auf die Geschäftsführung der Gesellschaft. Dem *Cork Committee* ging es bei seinen Vorschlägen zu einer Insolvenzrechtsreform gerade darum, die Stellung des ungesi-

388 Vgl. zu den *avoidance provisions* ausführlich S. 64 ff.

389 Vgl. *Wheeler*, (1993) J.B.L. 256 (266); *Hicks*, (1993) 14 Coy Lawyer, 16 (19).

390 [1935] 1 Ch. 392, Ch. D..

391 *Re Yagerphone Ltd.* [1935] 1 Ch 392 (396), Ch. D.

392 Vgl. *N.W. Robbie & Co. Ltd. v. Witney Warehouse Co. Ltd.* [1963] 3 All E.R. 613, C.A.; *Re Mc Bacon Ltd.* (No. 2) [1990] B.C.C. 430.

cherten Gläubigers zu verbessern.[393] Es scheint daher äußerst unwahrscheinlich, daß der Gesetzgeber bei der Einführung von s 214 I.A. 1986 den besicherten Gläubigern eine weitere Möglichkeit an die Hand geben wollte, gegen ihren Schuldner vorzugehen.

Die Schlußfolgerung, daß die Früchte einer Klage wegen *wrongful trading* den ungesicherten Gläubigern zustehen sollen, ist aber für diese nicht nur von Vorteil. Die Frage, woraus eine solche Klage finanziert werden soll ist untrennbar mit der Frage nach deren Begünstigten verbunden. Die Kosten einer Geltendmachung eines Anspruchs aus s 214 I.A. 1986 können jedenfalls nicht vom *liquidator* vor Befriedigung etwaiger besicherter Gläubiger aus dem Gesellschaftsvermögen als Verfahrenskosten entnommen werden, weil sie nicht zu den Kosten der *liquidation* gehören.[394] In der Entscheidung *Re Mc Bacon (No. 2)*[395] befaßte sich das Gericht mit der Klage eines *liquidator* gegen den Inhaber einer *floating charge* auf Zahlung der Kosten eines zuvor fruchtlos geltend gemachten Anspruchs gem. s 214 I.A. 1986. Der *liquidator* argumentierte, daß ihm nach der Rechtsprechung in dem Fall *Re Barleycorn Enterprises Ltd.*[396] in Verbindung mit r 4.218 (1) *Insolvency Rules* ein Anspruch auf Erstattung der Kosten einer Klage wegen *wrongful trading* gegen den Inhaber der *floating charge* zustehe. *Millet J* entschied hingegen, daß s 115 I.A. 1986, welche die bevorzugte Befriedigung der Verfahrenskosten aus der Masse regelt, sich nur auf die freie und nicht auf die mit Rechten Dritter behaftete Masse beziehe. Alles andere bedeute nach seiner Auffassung einen unzulässigen Eingriff in die Rechte des Sicherungsnehmers.[397]

Schließlich soll erwähnt werden, daß nach englischem Recht der Anspruch aus s 214 I.A. 1986 nicht abtretbar ist. Dies liegt zunächst darin begründet, daß s 214 I.A. 1986 nicht nur eine zivilrechtliche Anspruchsgrundlage darstellt, sondern gleichzeitig auch strafrechtlichen Charakter hat.[398] Liegen die Tatbestandsvoraussetzungen des *wrongful trading* vor, so kann dem Anspruchsgegner unter dem *Company Directors Disqualifications Act 1986* die Ausübung einer Tätigkeit als *director* bis zu einer Dauer von fünfzehn Jahren untersagt werden.[399] Will das Gericht von dieser Möglichkeit Gebrauch machen, so ist es auf den *liquidator* angewiesen. Könnte dieser jedoch den Anspruch aus s 214 I.A. 1986 abtreten, verlöre

---

393 *Insolvency Law Review Committee on Insolvency Law and Practice* (1982), Cmnd. 8558, § 105.

394 Vgl. *Keay*, (2002) J.B.L. 379 (389); *Wheeler*, (1993) J.B.L. 256 (266).

395 [1990] B.C.C. 430.

396 [1970] Ch. 465, C.A.

397 Vgl. *Middleton*, (1992) N.L.J. 1582; *Schulte*, (1999) 20 Coy Lawyer 80 (86).

398 *Schulte*, (1999) 20 Coy Lawyer 80 (86).

399 Vgl. *Milman/Durrant*, 13.01 ff., S. 241.

er jeglichen Einfluß auf dessen prozessuale Durchsetzung.[400] Darüber hinaus stellt der Anspruch aus s 214 I.A. 1986 nach der englischen Rechtsprechung ein Recht dar, das nicht Bestandteil des Gesellschaftsvermögens, sondern ein höchstpersönliches Recht des *liquidator* ist.[401]

3. Rechtsvergleichende Würdigung

Die beiden hier verglichenen Normenkomplexe weisen bezüglich des Anspruchsinhabers und des Anspruchsbegünstigten wesentliche Übereinstimmungen auf. Beide können nur innerhalb eines eröffneten Insolvenzverfahrens durch einen bestellten Verwalter geltend gemacht werden.[402] Der Anspruch aus s 214 I.A. 1986 kann ebensowenig wie das Anfechtungsrecht nach § 135 InsO an einen Dritten abgetreten werden. Die in der englischen Rechtsordnung ausgetragene Diskussion, ob die Früchte des Anspruchs von gesicherten Gläubigern abgeschöpft werden können, ist hierzulande undenkbar. Eine der *floating charge* entsprechende, ähnlich unbestimmte und umfassende Sicherheit ist in Deutschland unbekannt. Im Ergebnis steht sowohl in England als auch in Deutschland das aus dem jeweiligen Anspruch Erlangte letztlich den ungesicherten Gläubigern zu.[403]

IV. Persönlicher Anwendungsbereich des Kapitalersatzrechts

Nachdem nun die Anspruchsinhaber und -begünstigten des Eigenkapitalersatzrechts und des *wrongful trading* untersucht und verglichen wurden, soll im folgen-

---

400 Vgl. *Knox J*, in: *Re Ayala Holdings* (1993) (unveröffentlicht), May 20; *Re Oasis Merchandising Service Ltd.* [1997] B.C.L.C. 689, C.A.; vgl. auch Anhang 2.

401 Vgl. *Knox J*, in: *Re Ayala Holdings* (1993) (unveröffentlicht), May 20: „An important distinction lies between property of the company, on the one hand, and the rights and powers of a liquidator, on the other. The property of a company includes rights of action against third parties vested in a company at the commencement of winding up and to that extent the principles in *Ramsay v. Hartley* undoubtedly apply and such rights can, as I see it, be sold by a liquidator pursuant to paragraph 6 of the Fourth Schedule. What is to be distinguished in my view are the statutory privileges and liberties conferred upon liquidators as such … who are officers of the court and act under the court's direction. The fundamental distinction lies between assets of a company and the rights conferred upon a liquidator in relation to the conduct of the litigation. The former are assignable by sale under paragraph 6 of Schedule Four, the latter are not because they are an incident of the office of liquidator". Vgl. außerdem *Ramsay v. Hartley*, [1977] 1 W.L.R. 686; *Schulte*, (1999) 20 Coy Lawyer, 80 (87).

402 Abgesehen von der im deutschen Recht vorgesehenen Möglichkeit, Rückzahlungen auf eigenkapitalersetzende Darlehen nach den Vorschriften des AnfG anzufechten.

403 Darunter fallen auch die gesicherten Gläubiger, deren Forderung in Höhe des Ausfalls an der Verteilung der freien Masse teilnimmt.

den Abschnitt der persönliche Anwendungsbereich des Kapitalersatzrechts und es *wrongful trading* diskutiert werden. Auf den ersten Blick scheinen die Unterschiede zwischen den beiden Rechtsordnungen in diesem Zusammenhang beträchtlich. § 32 a Abs. 1 GmbHG nennt als Adressaten des Eigenkapitalersatzrechts den Gesellschafter, während s 214 I.A. 1986 sich an eine „person who is or has been a director of the company" richtet. Dieser Unterschied relativiert sich jedoch durch einen Blick auf s 214 (7) I.A. 1986, worin es heißt: „In this section director includes a shadow director". Wie der Terminus *shadow director* schon andeutet, handelt es sich dabei um eine Person, deren Einflußmöglichkeiten auf die Geschicke der Gesellschaft sich nicht aus ihrer Organstellung ergibt, sondern die „aus dem Schatten heraus" faktischen Einfluß auf die Gesellschaft ausübt. Dem läßt sich bereits jetzt entnehmen, daß die Einbeziehung des Gesellschafters in die Haftung wegen *wrongful trading* nur bei entsprechender Einflußnahme auf die Direktoren der Gesellschaft möglich ist. Hier scheint ein erneuter Widerspruch zum Kapitalersatzrecht zu liegen. Ist es dort nicht so, daß der Gesellschafter unabhängig seines Einflusses auf die Geschäftsführung haftet? Oder beinhaltet das Kapitalersatzrecht Ausnahmeregelungen, die den Gesellschafter bei nicht vorhandener oder nur geringer Einflußnahme auf die Geschäftsführung aus dessen persönlichem Anwendungsbereich ausschließen? Diese Frage, unter welchen Voraussetzungen der Gesellschafter in das *wrongful trading* und das Eigenkapitalersatzrecht einbezogen wird, soll im folgenden Abschnitt beantwortet werden

1. Der persönliche Anwendungsbereich des Kapitalersatzrechts

a) Der „positive" Adressatenkreis des Kapitalersatzrechts

Zunächst soll der „positive" persönliche Anwendungsbereich des Eigenkapitalersatzrechts herausgearbeitet werden. § 32 a Abs. 1 GmbHG verstrickt zunächst nur das vom Gesellschafter zu Krisenzeiten ausgereichte Darlehen. § 32 a Abs. 3 S. 1 GmbHG bestimmt, daß die Regelungen der Abs. 1 und 2 über Darlehen eines Gesellschafters oder eines Dritten und gesellschafterbesicherte Darlehen eines Dritten auf andere Rechtshandlungen anzuwenden sind, wenn sie der Darlehensgewährung nach Abs. 1 und 2 wirtschaftlich entsprechen.

Es wird deutlich, daß § 32 a Abs. 3 S. 1 GmbHG den Anwendungsbereich des Eigenkapitalersatzrechts in zwei Richtungen ausdehnt. Einerseits sollen nach dieser Vorschrift auch solche Rechtshandlungen in den Anwendungsbereich einbeziehen, die der Darlehensgewährung ihrem Grundtypus nach wirtschaftlich entsprechen. Darin liegt die Ausdehnung des sachlichen Anwendungsbereichs.

Andererseits muß der Darlehensgeber nicht unbedingt Gesellschafter gewesen sein. Erfaßt werden auch Darlehensgewährungen durch Dritte, die der eines Gesellschafters wirtschaftlich entsprechen (sog. „wirtschaftlicher Gesellschafter").[404] Hierbei spricht man von der Ausweitung des Adressatenkreises. In § 32 a Abs. 1 GmbHG heißt es wörtlich: „Hat ein Gesellschafter der Gesellschaft ... ein Darlehen gewährt, so kann er den Anspruch auf Rückgewähr des Darlehens im Insolvenzverfahren über das Vermögen der Gesellschaft nur als nachrangiger Insolvenzgläubiger geltend machen". Ein von § 32 a Abs. 1 GmbHG unmittelbar erfaßtes Darlehen muß also von einem Gesellschafter ausgereicht worden sein. An dieser Stelle soll untersucht werden, wie die Bezeichnung „Gesellschafter" im Text des § 32 a Abs. 1 GmbHG konkret zu verstehen ist.

Die Qualifizierung einer Person zum Gesellschafter kann nach *Orth*[405] grundsätzlich unter Berücksichtigung der einzelnen rechtlichen Merkmale, die materiell eine Gesellschafterstellung ausmachen, also einzelnen Rechten und Pflichten, erfolgen. Daneben kann die Feststellung der Gesellschaftereigenschaft auch unter Abstellen auf die formelle Stellung einer Person im Verhältnis zur Gesellschaft oder aufgrund ihrer Rechtstellung zu einem verkörperten Gesellschafteranteil, dem Geschäftsanteil, vorgenommen werden.

Materiell ist die Gesellschaftereigenschaft durch eine Vielzahl von Mitwirkungs- und Vermögensrechten sowie die das Mitglied treffenden Pflichten gekennzeichnet. Die Summe dieser sich aus dem Gesellschaftsverhältnis ergebenden Rechte und Pflichten wird im Geschäftsanteil verkörpert.[406] Dieser muß nach §§ 1, 14 GmbHG bei Gründung einer Gesellschaft notwendigerweise von einer Person übernommen werden. Das Gesetz geht dabei in § 14 GmbHG konsequent davon aus, daß die Person, welche den Geschäftsanteil bei Gründung der Gesellschaft übernimmt, ein Gesellschafter ist. Gesellschafter ist daher begriffsnotwendig der Inhaber eines Geschäftsanteils.[407] Dabei kommt es nicht darauf an, wie umfangreich tatsächlich die Möglichkeiten des Inhabers des Geschäftsanteils, auf Mitbestimmung von Unternehmensentscheidungen, Gewinnverwendungen oder andere materiell die Gesellschafterstellung ausmachende Entscheidungen sind. Man spricht daher von der „formellen Gesellschafterstellung".[408]

Einbezogen in den Adressatenkreis werden, wie bereits erwähnt, überdies nach § 32 a Abs. 3 GmbHG auch solche Kapitalgeber, deren Darlehensgewährung an die Gesellschaft wirtschaftlich derjenigen durch den Gesellschafter gleichkommt. Man spricht in diesem Zusammenhang von einer „wirtschaftlichen Gesellschaf-

---

404 Vgl. *BGH*, ZIP 1989, 93 (94); NJW 1980, 592; *Haas*, DZWiR 1999, 177 (178); *ders.*, NZI 2002, 457 (459).

405 Vgl. *Orth*, S. 28 ff.

406 Vgl. schon *RGZ* 82, 167 (169); *Hueck/Fastrich*, in: Baumbach/Hueck, § 14 Rdnr 4; *Lutter/Hommelhoff*, § 14 Rdnr. 1.

407 Vgl. *Hueck/Fastrich*, in: Baumbach/Hueck, § 32 a Rdnr. 16; *K Schmidt*, in: Scholz, § 32a, 32b Rdnr. 32; *ders.*, ZIP 1981, 689 (690).

408 Der *Bundesgerichtshof*, vgl. *BGHZ* 119, 191 (196), nennt die formelle Stellung einer Person zur Gesellschaft eine „Gesellschafterstellung im Rechtssinne".

terstellung".[409] Diskutiert werden insoweit folgende Fallgruppen:[410] Atypischer Nießbraucher bzw. Pfandgläubiger am Gesellschaftsanteil,[411] Dritter, der am Gesellschaftsanteil eine „Unterbeteiligung" hält,[412] eine atypische stille Beteiligung am Vermögen und Ertrag der Gesellschaft,[413] nahe Familienangehörige[414] sowie Unternehmen, die, ohne selbst Gesellschafter zu sein, mit der Gesellschaft bzw. dem Gesellschafter i.S.d. §§ 15 ff. AktG verbunden sind und mit ihm eine wirtschaftliche Einheit bilden.[415] Diese Fallgruppen sollen an dieser Stelle nicht im einzelnen diskutiert werden. Es soll vielmehr untersucht werden, welche gemeinsame Wertung, der Einbeziehung dieser einzelnen Fallgruppen und damit der Annahme einer wirtschaftlichen Gesellschafterstellung zugrunde liegt.

Wichtige Anhaltspunkte bieten in diesem Zusammenhang die Urteile des *Bundesgerichtshofs* zur atypischen stillen Beteiligung. In einer Entscheidung aus dem Jahr 1988 hatte der *Bundesgerichtshof* über die Zugehörigkeit eines atypischen stillen Gesellschafters zum Adressatenkreis des Kapitalerhaltungsrechts zu entscheiden.[416] Dieser hatte gemeinsam mit weiteren 19 stillen Gesellschaftern im Jahr 1978 ein Gesamtkapital von TDM 600,0 in eine mit einem Stammkapital von TDM 100,0 ausgestattete Gesellschaft unmittelbar eingebracht. Im Jahr 1981 stellten die stillen Gesellschafter für ein Darlehen eines Kreditinstituts in Höhe von TDM 600,0 selbstschuldnerische Bürgschaften zur Verfügung. Als die Gesellschaft das Darlehen nicht zurückzahlen konnte, nahm das Kreditinstitut den stillen Gesellschafter aus der Bürgschaft in Anspruch. Dieser klagte gegen die Gesellschaft auf Erstattung. Der II. Zivilsenat des *Bundesgerichtshofs* entschied, daß ein stiller Gesellschafter, der sich am Handelsgewerbe einer GmbH beteiligt, den Grundsätzen der Erhaltung des Stammkapitals wie ein GmbH-Gesellschafter unterliege, wenn er – ähnlich wie dieser – die Geschicke der GmbH bestimme sowie an Vermögen und Ertrag beteiligt sei.[417] Die stillen Gesellschafter hatten über die Regelungen des Gesellschaftsvertrags weitgehende Möglichkeiten, auf die GmbH-Geschicke Einfluß zu nehmen. Handlungen, die über den gewöhnlichen Betrieb eines Handelsgewerbes hinausgingen, Verfügungen über Grundeigentum sowie über einen bestimmten Prozentsatz hinausgehende Gehaltserhöhungen der Geschäftsführer bedurften der Zustimmung eines durch die Stillen gewählten Beira-

---

409 Vgl. *Haas*, in: Gottwald, § 92 Rdnr. 188. Teilweise werden auch die Begriffe „de facto-", „faktischer-„ oder „Quasi-Gesellschafter" verwendet; vgl. hierzu *Vervessos*, S. 226 m.w.N.

410 Vgl. *Haas*, in: Gottwald, § 92 Rdnr. 188; *Gerkan*, ZGR 1997, 173 (181 ff.); *Orth*, S. 108 ff.

411 Vgl. *BGH*, NJW 1992, 3035 (3036); *Hueck/Fastrich*, in: Baumbach/Hueck, § 32 a Rdnr. 21 m.w.N.

412 Vgl. *BGH*, ZIP 1989, 93 (94); *OLG Celle*, NZG 1999, 75 (76).

413 Vgl. *BGH*, NJW 1989, 982 (983); *OLG Hamburg*, GmbHR 1990, 393 (394).

414 Vgl. *BGH*, ZIP 1997, 115 (116).

415 Vgl. *BGH*, ZIP 1990, 1467 (1468); ZIP 1997, 115 (116); DB 1999, 1650; NJW 2001, 1490.

416 *BGHZ* 106, 7 ff.; ZIP 1989, 95 ff.

417 *BGHZ* 106, 7.

tes.[418] Der II. Zivilsenat argumentierte wörtlich: „Aus dieser Vertragsgestaltung folgt, daß die Stillen in den mitgliedschaftlichen Verband der Beklagten einbezogen sind und eine Rechtsstellung haben, die denen der GmbH-Gesellschafter vergleichbar ist. Nicht nur ist das Vermögen der Beklagten schuldrechtlich ihnen zuzurechnen; sie besitzen auch zusammen mehr als die Hälfte des stimmberechtigten Kapitals und können über den ausschließlich aus Stillen zusammengesetzten Beirat mittelbar die Geschäftsführung beeinflussen. Diesen Rechten entsprechen die Pflichten eines GmbH-Gesellschafters; denn diese lassen sich nicht dadurch umgehen, daß sich jemand nur still an einer GmbH beteiligt, aber wie deren Gesellschafter die Geschicke bestimmt sowie an Vermögen und Ertrag beteiligt ist“.[419] Diese Leitentscheidung des *Bundesgerichtshofs* wurde in verschiedenen folgenden Entscheidungen konsequent fortgeführt.[420] So hatte sich der II. Zivilsenat im Jahr 1992 mit der Einbeziehung eines atypischen Pfandgläubigers in den persönlichen Anwendungsbereich des § 32 a GmbHG auseinander zu setzten.[421] Erneut würdigte das Gericht sorgfältig die gegebenen Fallumstände. Lasse sich ein Pfandgläubiger durch weitergehende Nebenabreden eine Position einräumen, die nach ihrer konkreten Ausgestaltung im wirtschaftlichen Ergebnis der Stellung eines Gesellschafters gleich oder nahe komme, so seien die Eigenkapitalersatzregeln auf ihn anwendbar. Die Beklagte habe sich in dem zu entscheidenden Fall „durch die schuldrechtlich vereinbarten Nebenabreden entscheidende Eingriffsbefugnisse vorbehalten, die es ihr ermöglichten, in ihrem Sinne Einfluß auf die Unternehmenspolitik und Geschäftsführung zu nehmen“.[422] Unter solchen Umständen sei es auch unerheblich, wenn der Kreditgeber mit seiner Stellung in der Gesellschaft keine unternehmerischen, sondern lediglich Sicherungsinteressen verfolgt habe.[423] Diese Auffassung der Rechtsprechung hat auch in der Literatur überwiegenden Anklang gefunden.[424] Vor allem die Leitaussage, daß ein gesellschafterähnlicher Einfluß

---

418 Vgl. *Fleischer*, ZIP 1998, 313 (315).

419 *BGHZ* 106, 7 (9).

420 Vgl. jüngst die Entscheidung des LG Potsdam ZIP 2002, 1819, zur atypischen stillen Gesellschaft

421 Vgl. *BGHZ* 119, 191.

422 *BGHZ* 119, 191 (196).

423 Vgl. *BGHZ* 119, 191 (196).

424 Die Entscheidung wird in Ergebnis und Begründung gebilligt von *Dreher*, ZGR 1994, 144; *Gerkan*, EWiR 1992, 999; *Heidenhain*, LM GmbHG §30 Nr. 39; *Michalski*, WuB II C. § 32a GmbHG 1.93; Zustimmung aus der Kommentarliteratur ferner bei *Hueck/Fastrich*, in: Baumbach/Hueck, §32 a Rdnr. 21; *Lutter/Hommelboff*, §§ 32a, 32b Rdnr. 32; *Rowedder*, in: Rowedder, §32a Rdnr. 33; *K Schmidt*, in: Scholz, §32a Rz. 123; kritisch jedoch *Orth* nach dessen Ansicht die Möglichkeit der Einflußnahme kein taugliches Kriterium zur Einbeziehung des Dritten in den persönlichen Anwendungsbereich des Kapitalersatzrechts darstellt. Bei den von der Rechtsprechung aufgestellten Erwägungen handele es ich stattdessen um Mitverwaltungsrechte; vgl. *Orth*, S.108 ff.

eine gesellschaftergleiche Finanzierungsverantwortung mit sich bringe, ist als Formulierung weithin übernommen worden.[425]

Faßt man die beiden hier untersuchten Urteile zusammen, so erkennt man, daß der stille Gesellschafter und der Pfandgläubiger jeweils über weitreichende Einflußmöglichkeiten auf die Geschicke der Gesellschaft verfügten. Außerdem waren beide an den vermögenswerten Rechten beteiligt. Abstrakt bedeutet dies, daß der gemeinsame Nenner für die Einbeziehung Dritter in den Adressatenkreis des Eigenkapitalersatzrechts in der mittelbaren Beteiligung am Unternehmensvermögen und im unternehmerischen Einfluß auf die Geschicke der Gesellschaft liegt.

Nach Auffassung *Fleischers* ist der persönliche Anwendungsbereich des Kapitalersatzrechts aufgrund der Rechtsprechung sogar noch weiter auszudehnen. So kämen auch solche Personen in Betracht, die weder unmittelbar durch einen eigenen Geschäftsanteil noch mittelbar durch entsprechende Vermögensteilhabe Gesellschafter seien, sich aber infolge ihres Einflusses auf die Gesellschaft wie solche gerierten.[426] Dies, so *Fleischer*, sei auch vor dem Hintergrund des Normzwecks des Eigenkapitalersatzrechts zu verantworten. Eine Auswertung der höchstrichterlichen Rechtsprechung erhelle, dass Einwirkungs- und Kontrollmöglichkeiten als ein Begründungselement einer Umqualifizierung seit jeher eine große Rolle spielten. Insbesondere habe der Gesichtspunkt des Informationsvorsprungs in der Rechtsprechung bis heute nichts von seiner Bedeutung eingebüßt.[427]

Auch in ökonomischer Hinsicht, so *Fleischer*, ergebe die Einbeziehung „kontrollierender" Quasi-Gesellschafter durchaus einen Sinn. Griffen Fremdkapitalgeber in das Entscheidungssystem des Unternehmens ein, komme es zu einer Funktionsvermischung. Eine Darlehensfinanzierung, die dem Kreditgeber ermögliche, unternehmerische Entscheidungen durch weitreichende Absprachen in Kreditverträ-

---

425 *Maier-Reimer*, in: FS *Rowedder*, 1994, S. 245 (259); *Altmeppen*, ZIP 1993, 1677 (1681), der die Lösung in § 30 Nr. 1 Alt. 2 KO sucht; kritisch auch *v. Hagemeister/Bültmann*, WM 1997, 549, 553 ff. In der Praxis hat man sich auf dieseJudikatur durch Änderungen in den Verpfändungsverträgen eingestellt; vgl. *Rümker/Büchler*, in: FS *Claussen*, 1997, S. 337,345 *ff.*

426 Vgl. *Fleischer*, ZIP 1998, 313 (316); ähnlich wohl auch *Vervessos*, S. 241: „Fraglich ist aber, ob die atypische Vermögensbeteiligung oder nur die atypische Erweiterung der Mitverwaltungs- und Mitentscheidungsrechte ausreichen, um die Quasigesellschafterstellung anzunehmen. ... Es besteht ein bewegliches System und die verschiedenen Wertungselemente der Quasigesellschafterstellung sind als austauschbar und miteinander verwechselbar anzusehen. Das Fehlen eines Wertungselements wird durch die besondere Ausprägung des anderen Wertungselements kompensiert." Ebenso auf S. 267: „Insbesondere ist eine Gesellschafterstellung auch ohne Vermögensbeteiligung möglich." Ähnlich auch *Priester*, in: FS *Helmrich*, 1994, S. 721 (725 ff.); *Wiedemann*, in: FS *Beusch*, 1993, S. 893 (911); *Claussen*, GmbHR 1996, 316 (318).

427 Vgl. *Fleischer*, ZIP 1998, 313 (317) unter Verweis auf *Goette*, S. 84 f.

gen zu beeinflussen, sog. „*covenants*“[428], verbinde die Rolle eines Fremdkapitalfinanciers mit der eines Unternehmers. Ein Zusammenfallen von Finanzierung und Wahrnehmung unternehmerischer Leitungsmacht sei ökonomisch nichts anderes als ein eigenkapitalfinanziertes Unternehmen.[429]

Tatsächlich hat auch der II. Zivilsenat des *Bundesgerichtshofs* in einer Entscheidung aus dem Jahr 1984 den Eigenkapitalcharakter einer stillen Einlage maßgeblich mit den Einflußmöglichkeiten auf die Hauptgesellschaft begründet.[430] In dem betreffenden Fall waren die stillen Gesellschafter berechtigt, an der Gesellschafterversammlung teilzunehmen. Sie konnten über einen Beirat die Geschäftsführung beraten und überwachen sowie über zustimmungspflichtige Geschäfte entscheiden. Schließlich waren sie befugt, den Jahresabschluß festzustellen und über die Gewinnermittlung und Gewinnausschüttung mitzubeschließen. Eine Beteiligung der Stillen an der Vermögenssubstanz war nach dem mitgeteilten Sachverhalt dagegen (noch) nicht gegeben.[431] Die Argumentation des II. Zivilsenats läßt erkennen, daß es durchaus eine Tendenz in der Rechtsprechung gibt, bei der Einbeziehung in den persönlichen Anwendungsbereich des Kapitalersatzrechts verstärkt auf die Einflußmöglichkeit der in Anspruch genommenen Person abzustellen.

Eine andere Ansicht wird hingegen von *Orth* vertreten.[432] Nach seiner Auffassung ist die Mitgliedschaft an der Gesellschaft unabdingbare Voraussetzung für eine Einbeziehung in den persönlichen Anwendungsbereich des Kapitalersatzrechts. Diese beruhe auf einer dauerhaften Zugehörigkeit zu einem Verband. Der weder unmittelbar noch mittelbar am Vermögen der Gesellschaft beteiligte Dritte sei kein formeller Gesellschafter und gehöre demnach auch dem GmbH-Verband nicht an.[433] Er habe aber auch keine mitgliedschaftsähnliche Stellung. Diese würde durch das Innehaben einer materiellen Gesellschafterstellung begründet, welche wiederum bestimmte Mitverwaltungsrechte und einen Anspruch auf einen Anteil am Gesellschaftsvermögen im Falle des Ausscheidens voraussetze.[434] Hierfür spreche auch die gläubigerschützende Funktion des Kapitalersatzrechts. Der Gläubigerschutz gebiete gerade keine Sonderbehandlung des an der Gesellschaft nicht beteiligten Dritten. Die Gläubiger seien dann schutzwürdig, wenn eine Person statt einer objektiv gebotenen Einbringung haftenden Kapitals eine weniger riskant erscheinende Finanzierungsform wähle. Die Einbringung haftenden Kapitals sei aber grundsätzlich nur für denjenigen geboten, der an diesem Kapital anteilig partizipiere. Ansonsten würde aus einer Gefährdungshaftung im Eigenkapitalersatz-

428 Vgl. Vgl. *Fleischer*, ZIP 1998, 313; *Downer/Goodman*, S. 227 (Stichwort *covenants*).
429 Vgl. *Fleischer*, ZIP 1998, 313 (317).
430 *BGH*, ZIP 1985, 347.
431 Vgl. zum Sachverhalt den Tatbestand des ersten Revisionsurteils in *BGHZ* 84, 379.
432 Vgl. *Orth*, S. 107 und 123.
433 Vgl. *Orth*, S. 107.
434 Vgl. *Orth*, S. 108 ff.

recht unter Vertauschen von Ursache und Folge aus der Leistung einer Person an die Gesellschaft ihre Kapitalaufbringungsverpflichtung geschlossen.[435]

Zweifellos hat die Ansicht *Orths* den Vorteil, daß für den persönlichen Anwendungsbereich des Kapitalersatzrechts eine klare Trennlinie gezogen wäre. Wer nicht – zumindest mittelbar – am Vermögen der Gesellschaft beteiligt wäre, käme als Adressat des Kapitalersatzrechts nicht in Frage. Im Ergebnis erweist sich diese Abgrenzung aber als zu eindimensional. Sie berücksichtigt nicht, daß auch die Mitgliedschaft nicht zwingend an die Vermögensbeteiligung geknüpft ist. Insbesondere können Gesellschafter satzungsmäßig von der Gewinnbeteiligung und von der Partizipation am Liquidationserlös ausgeschlossen werden.[436] Dies zeigt, daß eine Ausdehnung des Adressatenkreises auf Nichtgesellschafter nicht von vornherein ausgeschlossen ist. Auch der Normzweck des Kapitalersatzrechts unterstützt eine solche Ausdehnung. Wie später dargelegt werden soll,[437] rechtfertigt sich der besondere Verantwortungsbeitrag des Kapitalersatzrechts dogmatisch vor allen Dingen aus dem Wissens- und Informationsvorsprung seiner Adressaten gegenüber außenstehenden Drittgläubigern der Gesellschaft.[438] Gerade dieser Vorsprung ist bei herrschenden Kreditgebern gegeben. Sie stehen damit zwar nicht formell, jedenfalls aber materiell „im Lager" der Gesellschaft und sollten daher auch einen besonderen Verantwortungsbeitrag leisten.[439] Allerdings hat der Gesetzgeber wohl einer solch radikalen Ansicht durch Einführung der Freistellungsregelung des § 32 a Abs. 3 S. 2 GmbHG, wonach der mit weniger als 10 % am Stammkapital der Gesellschaft beteiligt ist, von den Folgen des Kapitalersatzrechts ausgenommen ist, eine Absage erteilt. Die Auswirkungen dieser Vorschrift sollen u.a. im nun folgenden Abschnitt bewertet werden.

b) Der „negative" Adressatenkreis des Kapitalersatzrechts

Unter dem negativen Adressatenkreis sind solche Gesellschafter zu verstehen, die aufgrund bestimmter Voraussetzungen nicht in den Anwendungsbereich des Eigenkapitalersatzrechts fallen. Durch Art. 2 Nr. 1 KapAEG vom 20.04.1998[440] ist in § 32 a Abs. 3 GmbHG die sog. „Kleinbeteiligungsschwelle"[441] (einprägsamer auch „Witwen- und Erbtantenprivileg" genannt[442]) aufgenommen worden. § 32 a Abs. 3 S. 2 GmbHG bestimmt, daß Gesellschafter, die mit 10 % oder weniger am

435 Vgl. *Orth*, S. 123.

436 Vgl. *Raiser*, in: Hachenburg, § 14 Rdnr. 27; *Hueck/Fastrich*, in: Baumbach/Hueck, § 14 Rdnr. 14; *Winter*, in: Scholz, § 14 Rdnr. 33; *Lutter/Hommelhoff*, § 14 Rdnr. 7.

437 Vgl. hierzu S. 69 f.

438 Vgl. *Haas*, NZI 2002, 457 (459).

439 Vgl. *Vervessos*, S. 268.

440 BGBl. I 1998, 786.

441 Vgl. *Pentz*, GmbHR 1999, 437.

442 Vgl. *Haas*, DZWiR 1999, 177 (178).

Stammkapital der Gesellschaft beteiligt sind, vom Anwendungsbereich der Grundsätze über den Eigenkapitalersatz freigestellt sind.

Eine weitere Änderung hat die Bestimmung durch Art. 10 Nr. 1 und 2 des KonTraG vom 24.07.1998[443] erfahren. Neben einer kleinen Einfügung in § 32 a Abs. 1 GmbHG ist der Regelung in § 32 a Abs. 3 GmbHG ein weiterer dritter Satz angefügt worden, der das sog. „Sanierungsprivileg" enthält. Darlehen die von bestimmten Anteilserwerbern in der Krise gewährt werden, unterfallen hiernach ebenfalls nicht mehr den Grundsätzen über den Eigenkapitalersatz.

Fraglich ist, ob die Bewertung der Freistellungsregelungen des § 32 a Abs. 3 S. 2 und 3 GmbHG die zuvor aufgestellte These bestätigt, daß Adressat des Kapitalersatzrechts nicht uneingeschränkt der Gesellschafter ist, sondern daß sich hinter § 32 a Abs. 3 GmbHG ein Mechanismus verbirgt, der die Generalklausel des § 32 a Abs. 1 GmbHG je nach Grad der unternehmerischen Beteiligung des Adressaten einschränkt oder erweitert.

aa) Das Kleinbeteiligungsprivileg des § 32 a Abs. 3 S. 2 GmbHG

Die Gesetzesbegründung des Kleinbeteiligungsprivilegs des § 32 a Abs. 3 S. 2 GmbHG scheint diese Annahme zu bestätigen.[444] Sie geht davon aus, daß die eigenkapitalersetzenden Gesellschafterdarlehen als funktionales Eigenkapital die Belange der außenstehenden Gesellschaftsgläubiger, die nicht Gesellschafter sind und deshalb die Gesellschaftsinterna und ihre Entwicklung nicht überblicken, gefährden.[445] Die Umqualifizierung solcher, die Gläubigerinteressen schädigenden Gesellschafterdarlehen resultiere also aus der mitunternehmerischen Verantwortung des Gesellschafters (Finanzierungsverantwortung).[446] Der Gesellschafter solle nicht das Finanzierungsrisiko auf die außenstehenden Gesellschaftsgläubiger abwälzen können. Allerdings, so der Gesetzgeber, sei dieser Grundgedanke dann fraglich, wenn der Gesellschafter nur eine geringe Beteiligung am Stammkapital der Gesellschaft halte: „Der nur geringfügig Beteiligte trägt typischerweise keine mitunternehmerische Verantwortung, es fehlt ihm regelmäßig an der Insiderstellung und er hat auch keine Einflußmöglichkeit auf die Gesellschaft. Er trägt mithin typischerweise nicht die den Eigenkapitalersatz begründende Finanzverantwortung für die Gesellschaft".[447] Aus den Materialien geht also hervor, daß der Gesetzgeber bei der Einführung des § 32 a Abs. 3 S. 2 GmbHG entscheidend auf die mitunternehmerische Verantwortung des Gesellschafters als Abgrenzungskriterium für die Einbeziehung in den persönlichen Anwendungsbereich des Kapitaler-

443 BGBl. 1998, 786.
444 Vgl. *Haas*, NZI 2002, 457 (460).
445 Vgl. BT-Drucks. 13/1741, S. 11.
446 Vgl. BT-Drucks. 13/1741, S. 11.
447 Vgl. BT-Drucks. 13/1741, S. 11.

satzrechts abstellen wollte. In diesem Zusammenhang finden sich in den Materialien Hinweise auf zwei Momente, die eine mitunternehmerische Verantwortung ausschließen sollen: Die fehlende Insiderstellung und die fehlende Einflußmöglichkeit.[448]

Ob das Abstellen auf eine Beteiligungshöhe von 10 %, wie von § 32 a Abs. 3 S. 2 GmbHG vorgesehen, ein geeignetes Mittel darstellt, die unternehmerischen Einflußmöglichkeiten eines GmbH-Gesellschafters zu erfassen, ist jedoch fraglich. Zwar mag das Argument der hierdurch geschaffenen Rechtssicherheit für eine solche klare Beteiligungsschwelle sprechen, dagegen aber spricht jedenfalls die Struktur der GmbH.[449] Es handelt sich zwar rechtstheoretisch bei der GmbH um eine Kapitalgesellschaft mit körperschaftlicher Struktur, bei der Drittorganschaft gilt. Betrachtet man jedoch die Gesellschaftsform in rechtstatsächlicher Hinsicht, so zeigt sich, daß diese vor allem im mittelständischen Bereich mehr personalistische Züge trägt. Ihr liegt das Prinzip der Mitunternehmerschaft zugrunde,[450] welches dadurch unterstrichen wird, daß bei der GmbH in der Regel nur wenige Unternehmerpersönlichkeiten das Gesellschaftskapital halten und gleichzeitig eine verantwortliche Tätigkeit in der Geschäftsführung innehaben.[451] Innerhalb einer solchen GmbH mit geschlossenem Charakter ist jeder Gesellschafter an den inneren Angelegenheiten der Gesellschaft aktiv beteiligt und gestaltet den internen Willensbildungsprozeß mit. Es ist daher auch dem geringfügig beteiligten Gesellschafter aufgrund seiner Mitsprache-, Mitverwaltungs- und umfassenden Informationsrechte möglich, einen gewissen Einfluß auf die Geschäftsführung auszuüben, die auf ein unternehmerisches Interesse auch eines Gesellschafters mit einer Beteiligung von 10 % oder weniger hindeutet.[452] Hinzu kommt, daß der geringfügig beteiligte Gesellschafter völlig unabhängig von der Höhe seiner Beteiligung Einfluß auf die Geschäftsführung aufgrund rechtlicher, persönlicher oder wirtschaftlicher Bindungen ausüben kann.[453] In der GmbH kann auch ein nur geringfügig Beteiligter, so *Dauner-Lieb*, als „Zünglein an der Waage" ausschlaggebendes Gewicht haben.[454] Die entscheidende Rolle dabei spielt die GmbH-spezifische Gestaltungsfreiheit, die dazu dient, das gesetzliche Leitbild umzulenken und das Statut der Gesellschaft in Abweichung vom Gesetz und in Ergänzung zu ihm zu gestalten. Sie

---

448 Vgl. BT-Drucks. 13/1741, S. 11; *Pentz*, GmbHR 1999, 437 (446).

449 Vgl. *Vervessos*, S. 166 f.

450 Vgl. *Hirte*, S. 8; *Kübler*, S. 305.

451 Vgl. *Wiedemann*, S. 115; vgl. auch die rechtstatsächliche Untersuchung von *Kornblum/Kleinle/Baumann*, GmbHR 1985, 7 (13 u. 42 ff.), wonach mehr als die Hälfte aller Gesellschaften mit beschränkter Haftung Tätigkeitsveranstaltungen ihrer Gesellschafter sind.

452 Vgl. *Fleck*, in: FS *Werner*, 1984, S. 107 (123); *Ulmer*, ZIP 1984, 1163 (1166).

453 Vgl. *Fleck*, in: FS *Werner*, 1984, S. 107 (123); *Ullrich*, GmbHR 1983, 133 (144); *Vervessos*, S. 168.

454 Vgl. *Dauner-Lieb*, DStR 1998, 609 (613).

eröffnet damit den GmbH-Gesellschaftern die Möglichkeit, aus der kapitalistischen GmbH eine personalistische Kapitalgesellschaft zu formen.[455] All diese GmbH-Besonderheiten, die auf die Rechtsstellung des GmbH-Gesellschafters ausstrahlen, sind von dem Gesetzgeber bei der Einführung des § 32a Abs. 3 S. 2 GmbHG nicht berücksichtigt worden. Die Freistellungsregelung paßt weiterhin nicht in die Systematik des GmbH-Gesetzes, weil sie auch solche Gesellschafter vom Kapitalersatzrisiko freistellt, denen die Minderheitsrechte von § 50 GmbHG und vor allem das Recht, die Liquidation der Gesellschaft kraft richterrechtlichen Gestaltungsanspruchs betreiben zu können, zustehen.[456]

Nachdem nun festgestellt wurde, daß die 10 % Beteiligungs-Schwelle kein geeignetes Kriterium darstellt, um den nichtunternehmerischen vom unternehmerisch beteiligten Gesellschafter abzugrenzen,[457] ist fraglich, wie die Freistellungsregelung des § 32 Abs. 3 S. 2 GmbHG zu interpretieren ist, um eine Anpassung in das System des Kapitalersatzrechts zu erreichen. Wie bereits dargelegt,[458] ergibt sich aus den Materialien, daß konstituierende Elemente der mitunternehmerischen Finanzierungsverantwortung eines GmbH-Gesellschafters die Insiderstellung und die Einflußmöglichkeiten auf die Geschäftsführung der Gesellschaft sind. Sind diese Kriterien erfüllt, so ist der kreditgebende Gesellschafter – unabhängig von seiner Beteiligungshöhe – unternehmerisch an der Gesellschaft beteiligt mit der Folge, daß es angemessen erscheint, ihm die Finanzierungsfolgeverantwortung aufzuerlegen. Die Zurechnung der mitunternehmerischen Verantwortung setzt allerdings nicht immer das Vorliegen beider Wertungselemente voraus. Vielmehr können sie sich miteinander überschneiden oder abstufbar sein. Es liegt daher kein Verhältnis alles-oder-nichts, sondern ein mehr-oder-weniger vor. § 32 a Abs. 3 S. 2 GmbHG soll in diesem Zusammenhang so ausgelegt werden, daß diese keine Absage an die in der Rechtsprechung und Literatur entwickelte wirtschaftliche Betrachtungsweise darstellt, auch wenn diese, wie *Haas* zutreffend ausführt, mit der gesetzgeberischen Konzeption nur schwer vereinbar ist.[459] Die Freistellungsregelung ist daher so zu interpretieren, daß auch der wirtschaftliche Gesellschafter nur dann in den persönlichen Anwendungsbereicht einbezogen werden soll, wenn seine Position der eines Gesellschafters mit einer Beteiligung von mehr als 10 % entspricht.[460]

455 Vgl. *Hornmelhoff*, in: Lutter/Wiedemann (Hrsg.), Gestaltungsfreiheit im Gesellschaftsrecht, S. 55.

456 Vgl. *Dauner-Lieb*, DStR 1998, 609 (613).

457 Vgl. *Haas*, S. 62; *Dauner-Lieb*, DStR 1998, 609 (613); *Habersack*, ZHR 1998, 201 (209); *Pentz*, GmbHR 1999, 437 (446).

458 Siehe hierzu S. 91 ff.

459 Vgl. *Haas*, DZWiR 1999, 177 (179).

460 Vgl. *K Schmidt*, GmbHR 1999, 1269 (1270); im Ergebnis auch *Pentz*, GmbHR 1999, 437 (446).

Wie sich aus der Gesetzesbegründung ergibt, versteht der Gesetzgeber unter der Insiderstellung des GmbH-Gesellschafters das Überblicken der Gesellschaftsinterna und der Entwicklung der Gesellschaft.[461] Auf den ersten Blick scheint diese Definition der Stellung eines jeden Gesellschafters unabhängig von seiner Beteiligungshöhe zu entsprechen, denn das umfassende Informationsrecht des § 51 a GmbHG steht jedem Gesellschafter zu.[462] Allerdings ergibt sich aus dem Erfordernis einer Beteiligung von mehr als 10 % am Stammkapital, daß die Informationsrechte aus § 51a GmbHG für die Annahme einer Insiderstellung nicht ausreichen. Diese verschaffen dem geringfügig Beteiligten keinen Informationsvorsprung gegenüber den übrigen Gesellschaftsgläubigern, so daß er nicht in der Lage ist, die Risikohierarchie zwischen Anteilseignern und externen Gläubigern zu beeinflussen. Dazu bedarf es vielmehr einer Beteiligung von mehr als 10 % oder der Übernahme einer geschäftsführenden Funktion, um eine Insiderstellung des Gesellschafters anzunehmen. Ist der Gesellschafter zugleich Geschäftsführer, dann verfügt er über einen Insidervorteil gegenüber den anderen Gesellschaftsgläubigern, so daß in diesem Fall die Anwendung der Kapitalersatzregeln gerechtfertigt ist.[463] In der Tat ist ein Gesellschafter aufgrund seiner geschäftsführenden Tätigkeit in der Lage, seine Insiderstellung auszunutzen, um die Chancen-Risiko-Konstellation zu Lasten der Interessen der externen Gesellschaftsgläubiger zu beeinträchtigen.

Allerdings ist sowohl aus dem Erfordernis einer Beteiligung von über 10 % als auch aus den negativen Voraussetzung der Nichtübernahme einer geschäftsführenden Funktion der Schluß zu ziehen, daß neben dem Informationsvorsprung ein gewisser Einfluß auf die Unternehmenspolitik erforderlich ist. Der kreditgebende Gesellschafter soll damit neben seinem Insidervorteil in der Lage sein, auf die Unternehmenspolitik der Gesellschaft einzuwirken. Damit ist zugleich der andere Gesichtspunkt angesprochen, der eine mitunternehmerische Verantwortung des Gesellschafters begründet, nämlich dessen Einflußmöglichkeiten.[464] Es geht dabei um die Einräumung solcher Rechte, die einem Gesellschafter eine gewisse Einflußnahme auf die Führung und Gestaltung der Gesellschaft verschaffen. Auch eine Beteiligung mit 10 % oder weniger könnte als unternehmerisch qualifiziert werden, wenn sie in Verbindung mit weiteren Umständen dem Gesellschafter-Kreditgeber einen Einfluß auf die Unternehmensleitung sichert und er ein entsprechendes unternehmerisches Interesse erkennen läßt.[465]

Demnach läßt sich die Freistellungsregelung in die bestehende Systematik des Kapitalersatzes nur einpassen, wenn als allgemeiner Leitgedanke gilt, daß nur solche Gesellschafter, die über Zugang zu Informationen und über hinreichenden Einfluß

461 Vgl. BT-Drucks. 13/1741, S. 11.
462 Vgl. *Pentz*, GmbHR 1999, 437 (446).
463 Vgl. *Seibert*, GmbHR 1998, 309.
464 Vgl. BT-Drucks. 13/1741, S. 11.
465 Vgl. *BGHZ* 90, 381 (391 ff.).

auf die Unternehmensleitung verfügen, die mitunternehmerische Folgenverantwortung für die Finanzierung der Gesellschaft in der Krise tragen und damit Adressaten des Kapitalersatzrechts sind. Die mitunternehmerische Folgenverantwortung ist immer dann zu bejahen, wenn eine Beteiligung von mehr als 10 % am Stammkapital der Gesellschaft vorliegt.

Allerdings stellt die Beteiligung am Gesellschaftsvermögen nicht das einzige Kriterium einer unternehmerischen Beteiligung dar. Auch bei einer darunterliegenden Beteiligung ist die mitunternehmerische Folgenverantwortung des kreditgebenden Gesellschafters anzunehmen, wenn er eine geschäftsführende Funktion übernommen hat oder wenn seine Rechtsstellung aufgrund der Einräumung besonderer Rechte der Position eines Gesellschafters mit einer Beteiligung von mehr als 10 % entspricht.

bb) Das Sanierungsprivileg des § 32 a Abs. 3 S. 3 GmbHG

In einem scheinbaren Widerspruch zu dieser Interpretation steht das durch das KonTraG eingeführte Sanierungsprivileg des § 32 a Abs. 3 S. 3 GmbHG. Danach unterfällt der Darlehensgeber, der in der Krise der Gesellschaft Geschäftsanteile zum Zweck der Überwindung der Krise erwirbt, hinsichtlich der bereits vorher bestehenden und der neu zu gewährenden Kredite nicht den Regeln des Eigenkapitalersatzrechts.

Während mit der Freistellungsregelung die mitunternehmerische Verantwortung des Gesellschafters als Grundlage für die Zurechnung der Kapitalersatzregeln gesetzlich anerkannt worden ist, wird dieser in § 32 a Abs. 3 S. 2 GmbHG verankerte Grundgedanke mit der Einführung des Sanierungsprivilegs in Frage gestellt.[466] Denn mit Einführung des Sanierungsprivilegs wird es einem Darlehensgeber ermöglicht, in der Krise der Gesellschaft Geschäftsanteile und unternehmerische Kontrolle zu übernehmen, ohne sich dem Risiko des Eigenkapitalersatzes auszusetzen.[467] Damit ergibt sich ein Spannungsverhältnis zwischen der Freistellungsregelung und dem Sanierungsprivileg, indem einerseits die mitunternehmerische Verantwortung des Gesellschafters durch die Anwendung der Kapitalersatzregeln auf Gesellschafter mit einer Insiderstellung und mit unternehmerischen Einflußmöglichkeiten sanktioniert wird. Andererseits wird die Übernahme unternehmerischer Kontrolle durch den Sanierungsgesellschafter i.S.v. § 32 a Abs. 3 S. 3 GmbHG privilegiert, indem seine alt und neu gewährten Darlehen nicht durch die Regeln des Kapitalersatzrechts verstrickt werden.[468]

466 Vgl. *Claussen*, GmbHR 1996, 316 (323); *Verevessos*, S. 301 f.
467 Vgl. BT-Drucks. 13/10038, S. 28.
468 Vgl. *Dauner-Lieb*, DStR 1998, 609 (613); *Altmeppen*, ZGR 1999, 296 ff.; *Casper/Ullrich*, GmbHR 2000, 472 (473).

Auf die in der Literatur laut gewordenen kritischen Stimmen zum Sanierungsprivileg soll an dieser Stelle nicht eingegangen werden.[469] Es stellt, trotz seiner rechtspolitischen Fragwürdigkeit und seiner systematischen Schwächen, eine bindende gesetzgeberische Entscheidung dar, die respektiert werden soll.[470] Rückschlüsse auf die fundamentalen Grundsätze, die der Einbeziehung eines GmbH-Gesellschafters in den persönlichen Anwendungsbereich des Kapitalersatzrechts zugrunde liegen, können aus dem Sanierungsprivileg des § 32 Abs. 3 S. 3 GmbHG jedoch nicht gezogen werden. Es stellt lediglich eine politisch motivierte Begrenzung des Anwendungsbereichs der Regeln über den Eigenkapitalersatz dar, mit dem die Übernahme von Geschäftsanteilen an einer GmbH in der Krise zum Zwecke eines Sanierungsversuchs attraktiver gemacht werden soll.[471]

2. Persönlicher Anwendungsbereich des *wrongful trading*

Nach dem Wortlaut von s 214 (1) I.A. 1986 ist der Direktor einer Gesellschaft Adressat der Haftung wegen *wrongful trading*. Dies wirft die Frage auf, wie ein Gesellschafter nach dieser Norm für die durch seine Kreditierung hervorgerufenen negativen Folgen für zur Verantwortung gezogen werden kann.

a) Der geschäftsführende Gesellschafter

Dabei kommt zunächst der unternehmerisch beteiligte Gesellschafter in Betracht. Nach s 214 (1) I.A. 1986 richtet sich die Vorschrift des *wrongful trading* grundsätzlich gegen den Direktor einer Gesellschaft.[472] Der Gesellschafter fällt also jedenfalls dann in den Adressatenkreis des *wrongful tradings*, wenn er gleichzeitig das Amt des Direktors innehat.

---

469 Vgl. *K Schmidt*, in: Scholz, §§ 32a, 32b Rdnr. 96; *Lutter/Hommelhoff*, § 32 a/b Rdnr. 38; *Roth/Altmeppen*, § 32a Rdnr. 26; *Pentz*, GmbHR 1999, 437 (440); *Haas*, DZWiR 1999, 177 (179); *Dauner-Lieb*, DStR 1998, 609 (613); *Altmeppen*, ZGR 1999, 296 ff.; *Casper/Ullrich*, GmbHR 2000, 472 (473); *Verevessos*, S. 281 ff.

470 Diese Bindung an die gesetzgeberische Entscheidung wird auch von *Dauner-Lieb*, DStR 1998, 609 (613) betont; vgl. außerdem *Pentz*, GmbHR 1999, 437; *K Schmidt*, GmbHR 1999, 1269.

471 Vgl. BT Drucks. 13/7141, ZIP 1997, 706 (710); *Pentz*, GmbHR 1999, 437 (440).

472 Eine Definition des Geschäftsführers (*director*) sehen die englischen Gesetze nicht vor. S 251 I.A. 1986 und s 741 (1) C.A. 1985 stellen jedoch klar, daß jede Person als *director* anzusehen ist, welche die Position eines *directors* unter welcher Bezeichnung auch immer einnimmt.

b) Der Gesellschafter als shadow director

Darüber hinaus ist eine Einbeziehung nach s 214 (7) I.A. 1986 dann möglich, wenn der Gesellschafter die Voraussetzungen eines *shadow directors* erfüllt. Unter welchen Voraussetzungen eine solche Einordnung in Betracht kommt ist bis heute allerdings wenig geklärt. Eine Legaldefinition des *shadow director* findet sich in s 251 I.A. 1986 und s 741 (2) C.A. 1985. Es handelt sich dabei um eine Person „in accordance with whose directions or instructions the directors of the company are accustomed to act but so that a person is not deemed a shadow director by reason only that the directors act on advice given by him in a professional capacity". Diese Formel erweist sich freilich als ausfüllungsbedürftig. Bemüht man sich, diese Legaldefinition aufzuschlüsseln, so lassen sich die folgenden drei Tatbestandsmerkmale herausarbeiten.

aa) Dauerhafte und vollständige Aufgabe der Entscheidungsbefugnis

Das erste Kriterium für die Annahme einer *shadow directorship* läßt sich der Entscheidung der *Chancery Division* des *High Court of Justice* in der Sache *Re Hydrodan (Corby) Ltd. (In Liquidation)*[473] entnehmen. Es handelt sich hierbei um eine vielbeachtete Entscheidung, welche die sich mit der Frage auseinandersetzt, ob und unter welchen Voraussetzungen Mutterunternehmen und deren Direktoren als *shadow directors* eingeordnet werden können. Der Sachverhalt ist schnell dargelegt: Eine Gesellschaft in Firma *Eagle Trust plc.* war über zwei zwischengeschaltete Gesellschaften alleinige Anteilseignerin der *Hydrodan Ltd.*, die wegen Zahlungsunfähigkeit abgewickelt werden mußte. Der *liquidator* der *Hydrodan Ltd.* erhob gegen insgesamt vierzehn Personen Klage auf Zahlung einer *contribution* aus *wrongful trading*, darunter gegen die *Eagle Trust plc.* und deren Direktoren. Zwei der Direktoren beantragten Klageabweisung mit der Begründung, sie seien, anders als die *Eagle Trust plc.* selbst, nicht als *shadow directors* einzuordnen. Der *liquidator* brachte hiergegen vor, wenn ein Mutterunternehmen die Voraussetzungen eines *shadow director* erfülle, so seien dessen Direktoren ipso facto ebenfalls *shadow directors*. Der vorsitzende *Millet J* gab dem Antrag der Direktoren auf Klageabweisung statt und nutzte die Gelegenheit zu einer ausführlichen Auseinandersetzung mit den Anforderungen an eine *shadow directorship*. Es handelt sich hierbei um die einzige umfassende Definition des *shadow director* durch ein englisches Gericht. *Millet J* stellte fest, daß es zur Begründung einer *shadow directorship* eines bestimmten Verhaltensmusters bedürfe, innerhalb dessen die Direktoren keine eigenen Entscheidungen träfen, sondern in Übereinstimmung mit den Anweisungen

---

473 [1994] B.C.C. 161, Ch. D. Vgl. zu der Entscheidung die Besprechungen von *Bhattacharyya*, (1995) 16 Coy Lawyer 313 ff.; *ders.* (1994) 15 Coy Lawyer 151 ff.; *Campbell*, (1994) J.B.L. 609 ff..

Dritter handelten.[474] Der Begriff „Verhaltensmuster" legt nahe, daß die Direktoren regelmäßig auf Anweisungen Dritter handeln müssen.[475] Diese Annahme stützt auch der Wortlaut von s 251 I.A. 1986 und s 741 (2) C.A. 1985, wonach die Direktoren ein solches weisungsgebundenes Handeln gewohnt (*accustomed to act*) sein müssen. Demnach genügt es nicht, wenn die Direktoren nur gelegentlich die Anweisungen des Dritten befolgen, es bedarf vielmehr einer gewissen Kontinuität.[476] Diese wird jedoch andererseits, wie ein jüngeres australisches Urteil in dem Fall *Australian Securities Commission v. AS Nominees Ltd.*[477] zeigt, auch nicht dadurch unterbrochen, daß die Direktoren von Zeit zu Zeit weisungsungebunden handeln.[478]

Das zweite Tatbestandsmerkmal, das dem Urteil von *Millet J* entnommen werden kann, ist das Erfordernis, daß die Direktoren die Anweisung des *shadow director* nicht nur in ihrer eigenen unabhängigen Entscheidung berücksichtigen, sondern, Marionetten gleich, ohne weitere Reflektion in die Tat umsetzen.[479]

bb) Anleitung oder Anweisungen durch den shadow director

In der Entscheidung *Re Hydrodan (Corby) Ltd.* führt *Millet J* weiterhin aus, daß es persönlich erteilter Anweisungen seitens des Hintermannes bedürfe, um eine *shadow directorship* zu begründen.[480] Auch diese Auffassung wird durch den Wort-

---

474 Vgl. *Millet J*, in: *Re Hydrodan (Corby) Ltd. (In Liquidation)* [1994] B.C.C. 161 (163), Ch. D.: „[Shadow directorship] requires a pattern of behaviour in which the board did not exercise any discretion or judgement of its own, but acted in accordance with the directions of others"; vgl. auch Anhang 2.

475 Vgl. *Turing*, (1994) 6 J.I.B.L. 244 (245); *Koh*, (1996) 14 C.S.L.J. 340 (343).

476 Vgl. *Hicks*, (1993) 14 Coy Lawyer 55 (58 f.); *Koh*, (1996) 14 C.S.L.J. 340 (343).

477 (1995) 18 A.C.S.R. 459. Die Fälle des *wrongful tradings* und der Ausdehnung des Tatbestandes auf den *shadow director* sind seltene Ausnahmen, in denen die englischen Gerichte und die Literatur nach Australien schauen. Dies liegt daran, daß das australische Recht beide Rechtsinstitute kennt und in s 9 *Corporations Act* 2002 die englische Definition des *shadow director* fast wörtlich übernommen hat. Vgl. s 9 C.A. 2001: „Director of a company or other body means … unless the contrary intention appears, a person who is not validly appointed as a director if the directors of the company or body are accustomed to act in accordance with the person's instructions or wishes".

478 Vgl. *Finn J*, in: *Australian Securities Commission v. AS Nominees Ltd.* (1995) 18 A.C.S.R. 459 (509): „The reference in [s 60] to a person in accordance with whose directions or instructions the directors are 'accustomed to act' does not in my opinion require that there be directions or instructions embracing all matters involving the board. Rather it only requires that, as and when the directors are directed or instructed they are accustomed to act as the section requires".

479 Vgl. *Sangster J*, in: *Harris v. S* (1976) 2 A.C.L.R. 51 (71); *Campbell*, (1994) J.B.L. 609 (613).

480 Vgl. *Millet J*, in: *Re Hydrodan (Corby) Ltd. (In Liquidation)* [1994] B.C.C. 161 (164), Ch. D.: „In practice, in a case of the present kind, it is much more likely that it will be found that the executive directors of the ultimate parent company (or some of them) have from time to

laut von s 251 I.A. 1986 und s 741 (2) C.A. 1985 gestützt. Diese sprechen übereinstimmend von *directions* und *instructions*, die durch die formalen Direktoren befolgt werden müßten. Neben der dauerhaften und vollständigen Aufgabe der Entscheidungsbefugnis kommt also als weiteres Kriterium hinzu, daß der *shadow director* auch tatsächlich aktiv geworden ist und ausdrücklich Anweisungen erteilt hat.[481] Es genügt nicht, daß die eigentlichen Direktoren lediglich im Interesse des *shadow director* oder in vorauseilendem Gehorsam handeln.

cc) Kontrolle des board of directors durch den shadow director

Der Wortlaut von s 251 I.A. 1986 und s 741 (2) C.A. 1985 („the directors") scheint als weiteres Tatbestandsmerkmal die Kontrolle sämtlicher Direktoren durch den Hintermann zu beinhalten. Die Kontrolle einzelner Direktoren genügt nicht, um eine *shadow directorship* zu begründen. In der neuseeländischen Entscheidung *Kuwait Asia Bank E.C. v. National Mutual Life Nominees Ltd.*[482] lehnte es das *Judicial Committee of the Privy Council*, das höchste Berufungsgericht des Landes, ab, eine Bank, die gleichzeitig die Mehrheit der Geschäftsanteile hielt und zwei von fünf Direktoren nominiert hatte, als *shadow director* zu behandeln. Begründung hierfür war, daß es äußerst unwahrscheinlich sei, daß das gesamte *board of directors* auf Anweisung der Bank gehandelt habe. Der Umkehrschluß hieraus ist, daß die Bank nur bei voller Kontrolle des *board of directors*, also bei Nominierung sämtlicher Direktoren, als *shadow director* behandelt werden könne.[483]

Eine weitere Möglichkeit ist, daß die Bank zwar nur die Minderheit der Direktoren nominiert, aber über die übrigen Mitglieder des *board of directors* de facto Kontrolle hat. Diese Kontrolle kann sowohl direkt als auch indirekt ausgeübt werden. Im ersten Fall empfängt jeder einzelne Direktor oder das gesamte *board* Anweisungen des Hintermannes. Eine *shadow directorship* ist hier unproblematisch anzunehmen.[484] Im Falle der indirekten Kontrolle, hat der Hintermann nur Einfluß auf eine Minderheit des *boards*. Diese Minderheit hat jedoch durch eine Schlüsselposition oder besonders weitgehende Rechte Einfluß auf die übrigen Direktoren. Fraglich ist, ob auch hier *shadow directorship* anzunehmen ist. In den australischen Fällen *Harris v. Sheperd*[485] und *Standard Chartered Bank of Australia Ltd. v. Antico*[486] wurde dies bejaht. Letztendlich hängt die Antwort jedoch davon ab, ob

time individually and personally given directions to the directors of the subsidiary and thereby rendered themselves personally liable as shadow directors of the subsidiary"; vgl. auch Anhang 2.

481 Vgl. *Koh*, (1996) 14 C.S.L.J. 340 (345).

482 [1991] 1 A.C. 187, P.C.

483 Vgl. *Poole*, (1992) I.B.F.L. 150.

484 Vgl. *Koh*, (1996) 14 C.S.L.J. 340 (345).

485 (1976) 2 A.C.L.R. 51.

486 (1995) 131 A.L.R. 1.

die Direktoren Kenntnis von der Tatsache hatten, daß sie indirekt die Anweisungen des Hintermannes befolgen. Nur in diesem Fall handeln sie nämlich entsprechend der Legaldefinition in Übereinstimmung mit dessen Anweisungen. Haben sie keine Kenntnis, so handeln sie lediglich in Übereinstimmung mit den Anweisungen der anderen Direktoren und eine *shadow directorship* ist abzulehnen.[487]

dd) Vorsätzliche Ausübung der Kontrolle durch den shadow director

Fraglich ist, ob der Hintermann die Kontrolle über die Direktoren vorsätzlich ausüben muß oder ob es genügt, daß er die Möglichkeit zur Kontrolle hat und diese tatsächlich ausübt. Die Gerichte haben sich in zwei Fällen zu dieser Frage geäußert.

Das erste *obiter dictum* zu dieser Frage ist die Entscheidung des *Court of Appeal* unter dem vorsitzenden *Balcombe J* in der Sache *Re Tasbian Ltd. (No. 3)*[488]. Die Beklagte, die *Tasbian Ltd.*, fertigte und vertrieb Elektroteile. Ihre Geschäftsanteile wurden zum größten Teil von einer Gesellschaft in Firma *Castle Finance Ltd.* gehalten. Die *Tasbian Ltd.* erwirtschaftete durchgängig Verluste. Im Jahr 1985 belief sich der nicht durch Eigenkapital gedeckte Fehlbetrag auf T£ 885,0. Im selben Jahr beauftragte die *Castle Finance Ltd.* einen Wirtschaftsprüfer mit der Untersuchung der finanziellen Verhältnisse der *Tasbian Ltd.* Dieser Wirtschaftsprüfer war gleichzeitig als Berater der *Tasbian Ltd.* tätig. Nach dem von ihm gefertigten Bericht konnte die Insolvenz der Gesellschaft durch eine Kapitalerhöhung von T£ 400,0 vermieden werden. Diese wurde durchgeführt und die neu ausgegebenen Geschäftsanteile wurden von der *Castle Finance Ltd.* übernommen. Der bestellte Wirtschaftsprüfer übte von diesem Zeitpunk maßgeblichen Einfluß auf die Geschäftsführung der *Tasbian Ltd.* aus, deren wirtschaftlicher Erfolg jedoch weiterhin ausblieb. Ein Jahr später hatte die Gesellschaft Verbindlichkeiten in Höhe von insgesamt T£ 1.394,0. Sämtliche Arbeitnehmer waren auf eine eigens hierfür gegründete Gesellschaft transferiert und der *Tasbian Ltd.* entgeltlich überlassen worden. Diese Auffanggesellschaft hatte keine andere Geschäftstätigkeit und kein anderes Kapital als die Zahlungen der *Tasbian Ltd.* Sie wurde wenig später auf Antrag der Steuerbehörden liquidiert. Die *Tasbian Ltd.* selbst ging in *receivership*. Der *Secretary of State* leitete daraufhin ein Verfahren zur Disqualifikation des Wirtschaftsprüfers ein.[489] Eine der Fragen, die der vorsitzende *Balcombe J* zu beantworten hatte, bezog sich darauf, ob der von der *Castle Finance Ltd.* bestellte Wirtschaftsprüfer *shadow director* der *Tasbian Ltd.* war und ob es auf dessen Vorsatz bei der Ausübung der Kontrolle über die *Tasbian Ltd.* ankam: „Whether, for whatever purpose ... the accountant was controlling the company's affairs in a manner going beyond the province of a company's professional adviser and in such a manner as to make

487 Vgl. *Koh*, (1996) 14 C.S.L.J. 340 (345).
488 [1992] B.C.C. 358.
489 Zum Sachverhalt vgl. *Cook*, (1992) 3 I.C.C.L.R. 131 (133).

him ... a shadow director".[490] Nach Auffassung von *Balcombe J* war das Motiv des Wirtschaftsprüfers für diese Frage irrelevant.[491] Nach dem Sachverhalt kontrollierte der Wirtschaftsprüfer zwar die Angelegenheiten der *Tasbian Ltd.*, aber nicht in seinem eigenen Interesse, sondern für die *Castle Finance Ltd.* Dies war für das Gericht jedoch nicht entscheidend. Es kam diesem allein darauf an, daß der Wirtschaftsprüfer faktisch die Kontrolle ausübte.[492]

In der Entscheidung in Sachen *Standard Chartered Bank of Australia Ltd. v. Antico*[493] hat sich außerdem der *Supreme Court of New South Wales* unter Vorsitz von *Hodgson J* mit den subjektiven Voraussetzungen auf Seiten des *shadow director* befaßt. Die *Standard Chartered Bank of Australia Ltd.* hatte einer Gesellschaft in Firma *Giant Resources Ltd.* im Jahr 1989 den Erwerb von Anteilen an einer dritten Gesellschaft finanziert. Die erworbenen Anteile wurden der Bank als Sicherheit zur Verfügung gestellt. Weitere Sicherheiten wurden nicht gewährt, weil die übrigen Assets bereits zugunsten anderer Banken mit Drittrechten behaftet waren. Die Anteile an der *Giant Resources Ltd.* wurden zu 42 % von einer Firma *Pioneer International Ltd.* indirekt gehalten. Diese stellte außerdem drei der Direktoren der *Giant Resources Ltd.* Als die *Giant Resources Ltd.* in wirtschaftliche Schwierigkeiten geriet, gewährte ihr die *Pioneer International Ltd.* Darlehen zur Überwindung der Krise. Auch der von der *Standard Chartered Bank of Australia Ltd.* ausgereichte Kredit wurde schrittweise erweitert. Hierbei wurden jedoch bestimmte gegenüber dem Kreditinstitut offenlegungspflichtige Tatsachen, wie zum Beispiel das Engagement der *Pioneer International Ltd.*, zurückgehalten. Die Forderungen der Bank konnten nicht berichtigt werden und im Jahr 1990 wurde über die *Giant Resources Ltd.* das *winding-up* eingeleitet. Die *Standard Chartered Bank of Australia Ltd.* nahm daraufhin die *Pioneer International Ltd.* und die drei von ihr nominierten Direktoren in Anspruch.[494] Nach Auffassung des Gerichts waren die Entscheidungen der *Pioneer International Ltd* zu keiner Zeit „the subject of careful consideration by the Giant board, but was accepted by the Giant board as something necessary or as a fait accompli".[495] Aus diesem Grund wurde eine *shadow directorship* der *Pioneer International Ltd* durch das Gericht bejaht. Zwar wurde in diesem Zusammenhang nicht direkt auf die subjektiven Voraussetzungen der *shadow directorship* eingegangen, aber *Hodgson J* wies auf folgendes hin: „In my view, the conditions imposed following the decision to fund Giant in March 1989 show

490 *Re Tasbian Ltd. (No. 3)* [1992] B.C.C. 358 (364).
491 Vgl. *Re Tasbian Ltd. (No. 3)* [1992] B.C.C. 358 (364).
492 Vgl. *Slorach*, (1992) 7 J.I.B.L. N128 (129).
493 (1995) 131 A.L.R. 1.
494 Zum Sachverhalt vgl. *Redmond*, S. 368.
495 *Standard Charter Bank of Australia Ltd. v. Antico* (1995) 131 A.L.R. 1 (70).

a willingness and ability to exercise control, and an actuality of control, over the management and affairs of Giant".[496]

Diese beiden Entscheidungen zeigen, daß es für die Annahme einer *shadow directorship* nicht auf die Absicht des Hintermannes ankommt. Ob dieser beabsichtigt, sich als *director* zu gerieren, ist irrelevant. Ist die Möglichkeit, Einfluß auf eine Gesellschaft auszuüben vorhanden und der jeweilige Sachverhalt belegt, daß diese nicht eigenständig ihre Geschäfte geführt hat, sind die englischen Gerichte bereit, eine *shadow directorship* zu bejahen.

3. Rechtsvergleichende Würdigung

a) Gemeinsamkeiten

Trotz des unterschiedlichen Wortlauts von § 32 a Abs. 1 GmbHG („ein Gesellschafter") und s 214 (1) I.A. 1986 („a person who is or has been a director of the company") liegen beide Vorschriften in ihrem persönlichen Anwendungsbereich weniger weit voneinander entfernt als man auf den ersten Blick vermuten möchte. Zwar ist Adressat des Eigenkapitalersatzrechts entsprechend dem eindeutigen Wortlaut der Vorschrift grundsätzlich der Gesellschafter, doch können über den § 32 a Abs. 3 S. 1 GmbHG solche Personen in seinen Adressatenkreis mit einbezogen werden, die dem Gesellschafter wirtschaftlich gleichzustellen sind (sog. „wirtschaftliche Gesellschafter"). Dies soll immer dann der Fall sein, wenn der Dritte unternehmerische Mitverantwortung innehat. Diese unternehmerische Mitverantwortung setzt sich aus zwei Komponenten zusammen: Den Vermögens- und den Mitverwaltungsrechten gegenüber der Gesellschaft. Dabei kommt es nicht darauf an, daß beide Komponenten gleichstark ausgeprägt sind. Die Voraussetzung der unternehmerischen Mitverantwortung kann auch dadurch erfüllt werden, daß eine der beiden Komponenten besonders stark ausgeprägt ist und dadurch den Mangel der anderen ausgleicht. Aufgrund der Freistellungsregelung des § 32 a Abs. 3 S. 2 GmbHG muß der wirtschaftliche Gesellschafter jedoch zumindest mitunternehmerische Verantwortung tragen, die der eines Gesellschafters mit einer Beteiligung von mehr als 10 % entspricht.[497]

Im Rahmen der Haftung nach s 214 I.A. 1986 ist grundsätzlich der *director* oder ehemalige *director* als Adressat zu betrachten. Der Gesellschafter unterliegt nur dann einer Haftung wegen *wrongful trading,* wenn er entweder formaler *director* der Gesellschaft oder die Anforderungen eines *shadow director* erfüllt. Die vorstehende Untersuchung hat gezeigt, daß ein Gesellschafter drei Tatbestandsmerk-

---

496 *Standard Charter Bank of Australia v. Antico* (1995) 131 A.L.R. 1 (70).

497 Vgl. *K Schmidt*, GmbHR 1999, 1269 (1270); im Ergebnis auch *Pentz*, GmbHR 1999, 437 (446).

male erfüllen muß, um als *shadow director* in den Adressatenkreis des *wrongful trading* einbezogen zu werden. Die formalen Direktoren müssen ihre Entscheidungsbefugnis dauerhaft und vollständig zu seinen Gunsten aufgeben und der Gesellschafter muß tatsächlichen und direkten Einfluß auf die Direktoren ausüben. Beide Normenkomplexe stellen also bei der Frage nach ihrem persönlichen Anwendungsbereich u.a. auf die mitunternehmerische Verantwortung des jeweiligen Adressaten ab.

b) Unterschiede

Zwar weisen das Kapitalersatzrecht und s 214 I.A. 1986 im Ergebnis Gemeinsamkeiten bezüglich des persönlichen Anwendungsbereichs auf, die jeweiligen Betrachtungsweisen sind jedoch verschieden. Der deutsche Gesetzgeber hat einen typisierenden Ansatz gewählt.[498] Der Gesellschafter und ihm wirtschaftlich gleich zu stellende Dritte sind Adressaten des Kapitalersatzrechts, wenn sie unternehmerische Mitverantwortung tragen. Entscheidendes Kriterium, um das Maß an Unternehmensverantwortung, d.h. an Wissensvorsprung und realer Einflußmöglichkeit zu ermitteln, das erforderlich ist, um die Anwendung des Kapitalersatzrechts zu rechtfertigen, ist eine unflexible Beteiligungshöhe von 10 % für formale Gesellschafter. Für wirtschaftliche Gesellschafter muß die mitunternehmerische Verantwortung der eines Gesellschafters mit einer Beteiligung von mehr als 10 % entsprechen. In eben diese Richtung weisen bereits die Formulierungen des Gesetzgebers. So wird in der Begründung zu § 32 a Abs. 3 S. 2 GmbHG ausgeführt: „Der nur geringfügig Beteiligte trägt *typischerweise* keine unternehmerische Verantwortung, es fehlt ihm *regelmäßig* an der Insiderstellung und er hat auch kaum Einflußmöglichkeiten auf die Gesellschaft. Er trägt mithin *typischerweise* nicht die den Eigenkapitalersatz begründende Finanzverantwortung für die Gesellschaft“.[499]

Der englische Gesetzgeber hingegen nimmt bei der Frage nach dem Vorliegen einer *shadow directorship*, d.h. der Einbeziehung in den persönlichen Anwendungsbereich von s 214I.A. 1986, eine Gesamtbetrachtung der zugrundeliegenden Beziehung zwischen potentiellem *shadow director* und der Gesellschaft vor. Erst aus dem Zusammenspiel der verschiedenen Elemente (dauerhafte und vollständige Aufgabe der Entscheidungsbefugnis zugunsten des *shadow director*, sowie tatsächliche und direkte Einflußnahme durch den *shadow director*), das sehr unterschiedlich ausfällt, kann bestimmt werden, ob letztendlich eine *shadow directorship* vorliegt.

498 Zur rechtstheoretischen Bedeutung des Typus allgemein vgl. *Leenen*, S. 23 ff.; *Larenz/Canaris*, S. 290 ff.
499 Vgl. BT-Drucks. 13/1741, S. 11.

c) Ergebnis

Vergleicht man die in der englischen und der deutschen Rechtsordnung gewählten Ansätze miteinander, verdient das englische System den Vorzug. Grundsätzlich können auch durch eine typologische Betrachtungsweise brauchbare Ergebnisse erzielt werden. Dies ist dann der Fall, wenn der Typus eine Vielzahl von Merkmalen enthält, die untereinander abstuf- und austauschbar sind.[500] Einen solchen Ansatz hat auch der *Bundesgerichtshof* für die Einbeziehung von wirtschaftlichen Gesellschaftern i.S.d. § 32 a Abs. 3 S. 1 GmbHG gewählt. Er stellt in diesem Zusammenhang nicht auf bestimmte Rechte ab, sondern zählt alle vertraglich vorgesehenen Rechte auf, die dem Dritten im Ergebnis eine „wirtschaftliche Gesellschafterstellung" einräumen, wobei diese Aufzählung nicht abschließend ist.[501] Im Wege einer solchen typologischen Betrachtungsweise wird außerdem auch eine taugliche Unterscheidung für die Bankenhaftung nach § 826 BGB im Rahmen von Kreditgeschäften getroffen.[502] Dort ist entscheidendes Kriterium für die Bankenverantwortung innerhalb eines Sanierungskredits, ob diese uneigennützig, eigensüchtig oder eigennützig gewährt wurde.[503] Es kommt also auch hier auf die Motivationslage des Kreditinstituts an, welche mit Hilfe eines Bündels unterschiedlicher Merkmale ermittelt wird. Diese Vorgehensweise ist dem englischen Ansatz bereits sehr angenähert. Im Ergebnis bietet dieser jedoch den Vorteil, daß einerseits die Beliebigkeit einer Einzelfallrechtsprechung überwunden wird, indem Elemente als leitende Prinzipien zur Verfügung gestellt werden, und andererseits gegenüber einem starren Tatbestand, wie der des § 32 a Abs. 3 S. 2 GmbHG, die Möglichkeit eröffnet wird, das Zusammenspiel der Elemente in jedem Einzelfall zu berücksichtigen.

V. Zeitlicher Anwendungsbereich

Im folgenden Abschnitt soll der zeitliche Anwendungsbereich des Kapitalersatzrechts und s 214 I.A. 1986 verglichen werden. Gem. § 32 a Abs. 1 GmbHG ist ein Darlehen dann als eigenkapitalersetzend zu qualifizieren, wenn es der Gesellschaft „in einem Zeitpunkt, in dem ihr die Gesellschafter als ordentliche Kaufleute Eigenkapital zugeführt hätten" gewährt wird. Diesen Zeitraum bezeichnet das Gesetz als „Krise der Gesellschaft". Nach s 214 (2) (b) I.A. 1986 haftet eine Person wegen *wrongful trading* ab dem Zeitpunkt, zu dem sie wusste oder wissen mußte, daß eine *insolvent liquidation* der Gesellschaft unvermeidbar war („knew or ought to have concluded that there was no reasonable prospect that the company would avoid going into insolvent liquidation"). Abgestellt wird also auf das Kennen oder Kennen-

500 Vgl. *Leenen*, S. 34 u. 43.
501 Vgl. exemplarisch *BGHZ* 119, 191 (200 ff.).
502 Vgl. *Haas*, DZWiR 1999, 177 (178); *Obermüller*, Rdnr. 5.109 ff.
503 Vgl. *Obermüller*, Rdnr. 5.109 ff.

müssen des Adressaten. Es wird zum einen zu untersuchen sein, was in der deutschen Rechtsordnung unter der Krise der Gesellschaft zu verstehen ist und zu welchem Zeitpunkt diese beginnt. Zum anderen stellt sich die Frage, ab welchem Zeitpunkt in der angelsächsischen Rechtsordnung ein *insolvent winding-up* einer Gesellschaft unvermeidbar ist.

1. Zeitlicher Anwendungsbereich des Kapitalersatzrechts

Der Grundtatbestand des Kapitalersatzrechts, § 32 a GmbHG, unterwirft Gesellschafterhilfen der Vermögensbindung ab dem Zeitpunkt, zu welchem ordentliche Kaufleute der Gesellschaft Eigenkapital zugeführt hätten.[504] Diesen Zustand bezeichnet das Gesetz auch als „Krise der Gesellschaft". Bei diesem Tatbestandsmerkmal handelt es sich nicht, wie man nach dem Wortlaut annehmen könnte, um einen Verschuldenstatbestand. Das Verhalten des Gesellschafters ist vielmehr objektiv nach den allgemeinen Grundsätzen kaufmännisch ordnungsgemäßer Unternehmensfinanzierung zu beurteilen.[505] Hierzu wird allgemein auf den bereits im Rahmen der Rechtsprechungsregeln entwickelten Maßstab der Kreditunwürdigkeit zurückgegriffen.[506] Dieser wiederum soll jedenfalls dann erfüllt sein, wenn die Gesellschaft überschuldet oder zahlungsunfähig ist.[507] Eine Gleichsetzung von Kreditunwürdigkeit und den Tatbeständen der Zahlungsunfähigkeit sowie der Überschuldung wird aber nicht vorgenommen.[508] Ob diese Kriterien nun alternativ zur Kreditunwürdigkeit[509] oder zu deren Feststellung herangezogen werden,[510] soll hier offen bleiben. Es soll vielmehr untersucht werden, ob die Kreditunwürdigkeit, wie teilweise behauptet wird,[511] im Rahmen der wirtschaftlichen Abwärtsbewe-

504 Für die Situation bei Gebrauchsüberlassungen vgl. *Haas/Dittrich*, in: Gerkan/Hommelhoff, Rdnr. 8.22 ff.

505 Vgl. *K Schmidt*, ZHR 1983, 165 (178); *K Schmidt*, in: Scholz, §§ 32a, 32b Rdnr. 35; *Lutter/Hommelhoff*, §§ 32 a/b Rdnr. 3; *Hueck/Fastrich*, in: Baumbach/Hueck, § 32 a Rdnr. 42.

506 Vgl. *BGHZ* 105, 168 (185); *Hueck/Fastrich*, in: Baumbach/Hueck, § 32 a Rdnr. 41; *K Schmidt*, in: Scholz, §§ 32a, 32b Rdnr. 35.

507 Vgl. *Lutter/Hommelhoff*, §§ 32 a/b Rdnr. 18; *Ulmer*, in: Hachenburg, § 32 a, b Rdnr. 47; *K Schmidt*, in: Scholz, §§ 32a, 32b Rdnr. 39; *Hueck/Fastrich*, in: Baumbach/Hueck, § 32 a Rdnr. 43; *Haas*, NZI 2001, 1 (6).

508 Vgl. ausführlich zum Verhältnis von Zahlungsunfähigkeit, Überschuldung und drohender Zahlungsunfähigkeit zur Kreditunwürdigkeit insbesondere S. 113 ff.; vgl. außerdem *Hueck/Fastrich*, in: Baumbach/Hueck, § 32 a Rdnr. 43; *Haas*, NZI 2001, 1 (6).

509 Vgl. *Lutter/Hommelhoff*, §§ 32 a/b Rdnr. 18; *Ulmer*, in: Hachenburg, § 32 a, b Rdnr. 47; *K Schmidt*, in: Scholz, §§ 32a, 32b Rdnr. 39.

510 Vgl. *Hueck/Fastrich*, in: Baumbach/Hueck, § 32 a Rdnr. 43; *Haas*, NZI 2001, 1 (6).

511 Vgl. *BGH*, WiB 1997, 1239 (1240); *Dauner-Lieb*, DStR 1998, 609; *Gehrlein*, NZG 1998, 845 (846); *Schaub*, DStR 1993, 1483 (1489).

gung eines Unternehmens ein der Insolvenzreife vorgelagertes Kriterium beschreibt, oder ob sie mit dieser deckungsgleich ist.

a) Die Kreditunwürdigkeit

Nach ständiger Rechtsprechung ist eine Gesellschaft kreditunwürdig, wenn sie einen akuten Kreditbedarf hat, den sie von dritter Seite nicht zu marktüblichen Bedingungen decken kann und ohne die Leistung des Gesellschafters liquidiert werden müßte.[512] Entscheidend für die Feststellung der Kreditunwürdigkeit einer Gesellschaft ist eine objektive Würdigung sämtlicher Umstände im Augenblick der Kreditgewährung. Die subjektive Ansicht eines einzelnen Kreditgebers hingegen kann allenfalls Indizwirkung für die Kreditunwürdigkeit haben.[513] Folglich muß das Liquiditätspotential der Gesellschaft mit deren Liquiditätsbedürfnis verglichen werden.[514] Eine solche Bewertung kann nur unter Zugrundelegung von unternehmensspezifischen Kriterien wie Umsatz- und Ertragszahlen,[515] Erfolgsaussichten oder Anlaß und Verwendungszweck der Kreditvergabe[516] und unter Hinzuziehung sämtlicher relevanten Indizien erfolgen.[517] Letztendlich stellt eine solche Bewertung nichts anderes als eine Prognoseentscheidung über die künftige Unternehmensentwicklung dar, wie sie auch innerhalb der zweistufigen insolvenzrechtlichen Überschuldungsprüfung vorgenommen wird.[518]

b) Die Überschuldung

Überschuldung liegt nach § 19 Abs. 2 InsO vor, wenn eine Gesellschaft nicht mehr in der Lage ist, mit ihrem Vermögen ihre Schulden zu begleichen. Das Vermögen kann unter *going-concern-* oder unter Zerschlagungsgesichtspunkten bestimmt werden. Die Bilanzierung nach Fortführungswerten ist jedoch nur dann sinnvoll, wenn das Unternehmen auch fortgeführt werden soll, während die Zerschlagungswerte angesetzt werden, wenn die Gläubiger der Gesellschaft durch eine Liquidation befriedigt werden sollen.[519] Es ist also eine zweistufige Überschuldungsprü-

---

512 Vgl. *BGHZ* 76, 326 (330); 81, 311 (314 ff.); 81, 252 (255); 105, 168 (175); 109, 55 (62); 119, 201 (204); *BGH*, NJW 1996, 720; 1997, 3171; *K Schmidt*, in: Scholz, §§ 32a, 32b Rdnr. 41; *Hueck/Fastrich*, in Baumbach/Hueck, § 32 a Rdnr. 43.

513 Vgl. *BGH*, ZIP 1987, 1541 (1542); 1990, 791 (795); *Lutter/Hommelhoff*, §§ 32 a/b Rdnr. 19; *K Schmidt*, in: Scholz, §§ 32a, 32b Rdnr. 37; a.A. *Claussen*, in: FS *Forster*, 1992, S. 139 (146), danach sei der einfachste Nachweis der Kreditwürdigkeit ein zeitnahes Kreditzusageschreiben.

514 Vgl. *K Schmidt*, in: Scholz, §§ 32a, 32b Rdnr. 37.

515 Vgl. *OLG Hamburg*, GmbHR 1991, 103 (106); *OLG Köln*, GmbHR 1992, 182 (183); 1994, 696 (698).

516 Vgl. *Lutter/Hommelhoff*, §§ 32 a/b Rdnr. 23.

517 Vgl. *BGHZ* 119, 201 (204).

518 Vgl. *Haas*, NZI 2001, 1 (6); siehe außerdem S. 167.

519 Vgl. *Eichele*, S. 105.

fung durchzuführen.[520] Zunächst wird unter Annahme der Liquidation ein Überschuldungsstatus in Gestalt einer fiktiven Insolvenzeröffnungsbilanz erstellt.[521] Fällt diese negativ aus, d.h. ist die Gesellschaft rechnerisch überschuldet, so wird anhand einer Fortführungsprognose geprüft, ob die Gesellschaft auf Dauer lebensfähig ist und in absehbarer Zeit nicht mit der Liquidation gerechnet werden muß. Fällt die Fortführungsprognose positiv aus, ist schließlich eine Bilanz nach Fortführungswerten zu erstellen.[522] Fällt auch diese positiv aus, ist die Gesellschaft nicht im Rechtssinne überschuldet.[523]

Wie verhält sich nun die insolvenzrechtliche Überschuldung im Verhältnis zur Kreditunwürdigkeit? Wie bereits dargestellt, ist die Überschuldung anhand des auf *K. Schmidt* zurückgehenden zweistufigen Prüfungsmodells festzustellen, welches sich aus einer rechnerischen Überschuldungsprüfung und einer negativen Fortbestehensprognose für die betroffene Gesellschaft zusammensetzt.[524] Interessant ist in diesem Zusammenhang insbesondere die anzustellende Überlebens- oder Fortbestehensprognose, anhand welcher ermittelt werden soll, ob die Zahlungs- oder Finanzkraft der Gesellschaft mittelfristig zur Fortführung des Unternehmens ausreicht.[525] Die These lautet hier, daß bei negativer Fortbestehensprognose stets Kreditunwürdigkeit gegeben sein wird, beide Kriterien also deckungsgleich sind.

Die Fortbestehensprognose setzt in erster Linie die Aufstellung eines dokumentierten Finanz- und Ertragsplanes voraus.[526] Dieser ist eine systematische Gegenüberstellung geplanter Einnahmen und Ausgaben. Mit seiner Hilfe kann kontrolliert werden, ob die zukünftig vom Unternehmen zu erfüllenden finanziellen Verpflichtungen durch entsprechende Liquiditätsreserven gedeckt werden können.[527] Hierbei ist notwendig auf die Besonderheiten des betreffenden Unternehmens, ins-

---

520 Vgl. *BGHZ* 119, 201 ff.; *BGH*, ZIP 1994, 701 (703); 1995, 23 (25); *Obermüller/Hess*, Rdnr. 93; *Häsemeyer*, Rdnr. 7.24 f.; *Haas*, NZI 2001, 1 (6); *Uhlenbruck*, in: Gottwald, § 6 Rdnr. 22; *Lutter/Hommelhoff*, § 64 Rdnr. 7 ff. *Schulze-Osterloh*, in: Baumbach/Hueck, § 64 Rdnr. 11; *Schmerbach*, in: FK-InsO, § 19 Rdnr. 6.

521 Vgl. *BGH*, NZI 2001, 87 (88).

522 Vgl. *BGHZ* 119, 201 (214); *BGH*, ZIP 1995, 124 (125); *Häsemeyer*, InsolvenzR, Rdnr. 7.25.

523 Eine bestimmte Prüfungsreihenfolge ist hierbei nicht vorgeschrieben, vgl. *Schaub*, DStR 1993, 1483 (1484); *Ulmer*, in: Hachenburg, § 63 Rdnr. 36; *ders.*, KTS 1981, 469 (478); *K Schmidt*, in: Scholz, § 63 Rdnr. 10; a.A. *BGH*, BB 1983, 14 (15); *Hommelhoff*, in: FS *Döllerer* 1988, S. 245 (248 f.). Zu den verschiedenen möglichen Vorgehensweisen vgl. *Lutter/Hommelhoff*, § 64 Rdnr. 13.

524 Vgl. *K Schmidt*, AG 1987, 334 ff.; *ders.* ZIP 1980, 233 ff.

525 Vgl. *BGHZ* 119, 201 (214); 126, 181 (199).

526 Vgl. *K Schmidt/Uhlenbruck*, Rdnr. 601; *Uhlenbruck*, in: Gottwald, § 6 Rdnr. 25; *Kallmeyer*, GmbHR 1999, 16 (17); *Schaub*, DStR 1993, 1483 (1485); *Ulmer*, KTS 1981, 469 (478).

527 Zur Ermittlung von Liquiditätskennzahlen vgl. *Schaub*, DStR 1993, 1483 (1486).

besondere seine Branchenzugehörigkeit, seinen Absatzmarkt, seine Produktpalette, die Zahl und Struktur seines Personals und seines Managements einzugehen.[528]

Diese Bewertung unterscheidet sich kaum von der Prüfung der Kreditunwürdigkeit. Bei dieser muß festgestellt werden, ob die Gesellschaft im Zeitpunkt der Gewährung eines möglicherweise als kapitalersetzend zu qualifizierenden Gesellschafterdarlehens ihren akuten Kreditbedarf nicht von dritter Seite zu marktüblichen Bedingungen stillen konnte und ohne die Leistung des Gesellschafters hätte liquidiert werden müssen.[529] Ähnlich wie im Bereich der Fortführungsprognose sind allgemeingültige Aussagen zur Kreditwürdigkeit eines Unternehmens schwerlich möglich. Es wird sich immer um Einzelfallentscheidungen handeln, die sich regelmäßig auf eine Reihe verschiedener, teils gesicherter, teils noch ungesicherter Umstände interner wie externer Natur gründen. Diese zugrunde zu legenden Umstände stimmen mit den Kriterien der bei der Überschuldungsprüfung zu erstellenden Fortbestehensprognose weitgehend überein. So wird ebenso wie bei der Fortbestehensprognose das Liquiditätspotential der Gesellschaft mit deren Liquiditätsbedürfnis verglichen.[530] Hierzu werden Kriterien wie Umsatz- und Ertragszahlen,[531] Erfolgsaussichten des Unternehmens sowie dessen Management- und Personalstruktur herangezogen.[532]

Die Kriterien, nach denen bei der Überschuldung eine negative Fortbestehensprognose erstellt wird, sind also kongruent mit den für die Frage der Kreditunwürdigkeit maßgeblichen.[533] Ein Unternehmen, dessen Fortbestand negativ begutachtet wird, ist daher in aller Regel bereits kreditunwürdig. Umgekehrt kann bei einer Ge-

---

528 Vgl. *Schaub*, DStR 1993, 1483 (1485).

529 Vgl. *BGHZ* 76, 326 (330); 81, 311 (314 ff.); 81, 252 (255); 105, 168 (175); 109, 55 (62); 119, 201 (204); *BGH*, NJW 1996, 720; 1997, 3171; *K. Schmidt*, in: Scholz, §§ 32 a, b Rdnr. 41; *Hueck/Fastrich*, in: Baumbach/Hueck, § 32 a Rdnr. 43.

530 Vgl. *K Schmidt*, in: Scholz, §§ 32a, 32b Rdnr. 37.

531 Vgl. *OLG Hamburg*, GmbHR 1991, 103 (106); *OLG Köln*, GmbHR 1992, 182 (183); GmbHR 1994, 696 (698).

532 Vgl. die Beispiele bei *Schaub*, DStR 1993, 1483 (1488).

533 So greift das *OLG Karlsruhe*, DStR 2000, 1529, in seinem Urteil vom 29.02.2000 zur Feststellung der Kreditunwürdigkeit sogar auf die zweistufige Überschuldungsprüfung zurück. Ähnlich auch *BGHZ* 119, 201 (205), wo der *Bundesgerichtshof* die Kreditunwürdigkeit aufgrund einer positiven Zukunftsprognose ablehnt und daher auf S. 215 eine erfolgreiche Überlebensprognose anstellt; ausdrücklich „ähnliche Erwägungen" im Rahmen der Fortführungsprognose bei der Überschuldungsprüfung und der Beurteilung der Kreditunwürdigkeit: *OLG Hamburg*, ZIP 1990, 1262 (1263); *OLG Stuttgart*, NJW-RR 1994, 1123; *OLG München*, NJW-RR 1994, 1059.

sellschaft, die von dritter Seite zu marktüblichen Bedingungen keinen Kredit mehr erhält, auch kaum mehr eine positive Überlebensprognose gestellt werden.[534]

Die zuvor nachgewiesene Übereinstimmung der Kriterien allein kann aber noch keine Gleichsetzung der Kreditunwürdigkeit mit dem Tatbestand der Überschuldung rechtfertigen. Schließlich reicht eine negative Fortführungsprognose für sich noch nicht aus, um den Eröffnungstatbestand der Überschuldung nach § 19 Abs. 1 InsO zu erfüllen. Dieser enthält, wie bereits dargestellt, neben dem prognostischen noch ein exekutorisches Element, die Feststellung der rechnerischen Überschuldung. Dieses Element könnte einer Überschneidung der beiden Tatbestände jedoch nur dann entgegenstehen, wenn es die Fortbestehensprognose einschränken würde. Dies ist nicht der Fall. Im Gegenteil bildet die rechnerische Überschuldung im Rahmen der zweistufigen Überschuldungsprüfung gegenüber der negativen Zukunftsprognose das weiter gefaßte Tatbestandsmerkmal. Wesentlicher Bestandteil der Überlebensprognose ist nämlich der Vergleich von Liquiditätspotential und -bedürfnis der Gesellschaft. Übersteigt das Bedürfnis das Potential, so dürfte die Fortführungsprognose negativ ausfallen, weil nicht behebbare Zahlungsdefizite zu erwarten sind. Das Liquiditätspotential der Gesellschaft bestimmt sich nicht zuletzt nach der Verfügbarkeit beleihbarer Vermögensgegenstände. Kann eine Gesellschaft potentiellen Kreditgebern ausreichende Sicherheiten bieten, dürfte ihre Liquidität gesichert sein. Der Mangel an beleihbaren Vermögensgegenständen wird sich aber auch in der nach Liquidationswerten aufzustellenden Überschuldungsbilanz niederschlagen, so daß ein Unternehmen mit negativer Zukunftsprognose im Sinne der zweistufigen Überschuldungsprüfung in der Regel auch rechnerisch überschuldet sein wird.[535]

Aus dieser Tatsache wird teilweise geschlossen, exekutorisches und prognostisches Element der zweistufigen Überschuldungsprüfung seien einander ebenbürtig, so daß bei positiver Fortführungsprognose von der Prüfung der rechnerischen Überschuldung Abstand genommen werden könnte.[536] Noch weiter geht die These *Drukarczyks*, wonach der zweistufige Überschuldungsbegriff aus diesem Grund de facto einstufig sei.[537] Diesen Ansichten kann nicht gefolgt werden. Eine umfassende Überschuldungsprüfung bedarf als objektivierendem Kriterium der rechneri-

---

534 Vgl. *OLG Karlsruhe*, DStR 2000, 1529; *OLG Düsseldorf*, ZIP 1998, 1910 (1911 f.); *Haas*, NZI 2001, 1 (6); *ders.*, S. 57; *ders.*, in: Gottwald, § 92 Rdnr. 220; *Schaub*, DStR 1993, 1483 (1489); *Schulze-Osterloh*, ZGR 1983, 123 (135 f.).

535 Vgl. *Haas*, NZI 2001, 1 (6); *ders.* Geschäftsführerhaftung und Gläubigerschutz, S. 58; *Haas*, in: *Gottwald*, § 92 Rdnr. 220; *Forster*, in: FS *Helmrich*, 1994, S. 615 (617); *Drukarczyk*, WM 1994, 1737 (1749); *K Schmidt*, in: Scholz, § 63 Rdnr. 10.

536 Vgl. *K Schmidt*, ZIP 1985, 713 (720); *K Schmidt*, in: Scholz, § 63 Rdnr. 10; *K Schmidt/Uhlenbruck*, S. 317 ff.; *Ulmer*, KTS 1981, 569 (477); *Ulmer*, in: Hachenburg, § 63 Rdnr. 31 ff.

537 Vgl. *Drukarczyk*, WM 1994, 1737 (1749).

schen Überschuldung. Eine bloße Beschränkung auf das prognostische Element würde Manipulationen Tür und Tor öffnen.[538] Zwar wird immer wieder betont, daß der Prognose eine objektive Betrachtungsweise und nicht Wunschdenken der Geschäftsführer zugrunde liegen soll,[539] doch erweist sich dieser Ansatz in der Praxis als schwer durchsetzbar. So bemerkt *Uhlenbruck* zutreffend, Finanzpläne in notleidenden Unternehmen seien oftmals wie Kriegsberichte: In Einzelheiten exakt, im ganzen falsch.[540] Hinzu kommt, daß eine von den Organen durchgeführte Fortführungsprognose als normatives Element auf die Fixierung bestimmter wirtschaftlicher Eckdaten durch den Überschuldungsstatus angewiesen ist, weil sie erst dadurch für ein Insolvenzgericht objektiv nachprüfbar wird. Auch bei positiver Fortführungsprognose muß also weiterhin rechnerische Überschuldung vorliegen, um den Tatbestand der rechtlichen Überschuldung zu erfüllen.[541]

c) Die Zahlungsunfähigkeit

Zahlungsunfähigkeit liegt nach § 17 Abs. 2 S. 1 InsO vor, wenn eine Gesellschaft nicht in der Lage ist, ihre fälligen Zahlungspflichten zu erfüllen.[542] Dieses Tatbestandsmerkmal ist abzugrenzen von der vorübergehenden Liquiditätsschwierigkeit und der Zahlungsunwilligkeit. Diese Abgrenzung kann im Einzelfall schwierig sein, weil die Begriffe der Illiquidität rechtlich und betriebswirtschaftlich unterschiedlich definiert werden und der Gesetzgeber selbst keine Anhaltspunkte bietet, wie die insolvenzrechtliche Illiquidität festzustellen ist.[543] Die stärkste Form der Zahlungsunfähigkeit ist die jetzt durch § 17 Abs. 2 S. 2 InsO erfaßte Zahlungseinstellung.[544] Die Zahlungseinstellung steht jedoch auf dem Zeitstrahl der wirtschaftlichen Abwärtsbewegung meist am Ende der Zahlungsunfähigkeit, weil diese sich hier derart verdichtet hat, daß sie nach außen erkennbar wird.[545] Zu diesem Zeitpunkt wird aber zumeist neben dem Tatbestand der Zahlungsunfähigkeit auch Überschuldung vorliegen.

---

538 Vgl. *Bähner*, KTS 1988, 443 (449).

539 Vgl. *Schaub*, DStR 1993, 1483 (1485).

540 Vgl. *Uhlenbruck*, KTS 1986, 27 (42).

541 Vgl. auch *Uhlenbruck*, in: Gottwald, § 6 Rdnr. 24 m.w.N.

542 Nach Ansicht *Häsemeyers* und *Uhlenbrucks* wird diese Abgrenzung durch den neuen Tatbestand der InsO noch erschwert. Zahlungsunfähigkeit wurde bis zu deren Einführung definiert als das „auf dem Mangel an Zahlungsmitteln beruhende dauernde Unvermögen des Schuldners, seine fälligen Schulden im wesentlichen zu bezahlen" (vgl. *BGH*, NJW 1962, 102). Durch den Verzicht des § 17 Abs. 2 S. 1 InsO auf die Kriterien der „Wesentlichkeit" und der „Dauerhaftigkeit" habe der Gesetzgeber auf zwei wesentliche Abgrenzungsmerkmale verzichtet; vgl. *Häsemeyer*, InsolvenzR, Rdnr. 7.25; *K Schmidt/Uhlenbruck*, S. 317.

543 Vgl. *Uhlenbruck*, in: Gottwald, § 6 Rdnr. 11.

544 Vgl. *Uhlenbruck*, in: Gottwald/*Uhlenbruck*, § 6 Rdnr. 4.

545 Vgl. *BGH*, NJW 1985, 1785; ZIP 1991, 39; ZIP 1995, 929 (930); *Häsemeyer*, Rdnr. 7.25; *Uhlenbruck*, in: Gottwald, § 6 Rdnr. 4; *Noack*, Rdnr. 64.

Nachdem bereits festgestellt wurde, daß die insolvenzrechtliche Überschuldung zeitlich kongruent mit der Kreditunwürdigkeit oder der Krise der Gesellschaft im Sinne des § 32 a Abs. 1 GmbHG ist, soll geprüft werden, inwiefern diese Überschneidungen mit dem Insolvenzauslöser der Zahlungsfähigkeit aufweist. Wie bereits dargestellt, liegt Zahlungsunfähigkeit nach § 17 Abs. 2 S. 1 InsO vor, wenn eine Gesellschaft nicht in der Lage ist, ihre fälligen Zahlungspflichten zu erfüllen. Schwierigkeiten bereitet indes die Feststellung der Zahlungsunfähigkeit. Obwohl der Gesetzgeber in § 17 Abs. 2 InsO auf das Merkmal der „Dauer" verzichtet hat, ist allgemein konsentiert, daß nur vorübergehende Zahlungsunfähigkeit noch nicht den Tatbestand des § 17 Abs. 2 InsO erfüllt.[546] Hier bleibt also weiterhin die Zahlungsunfähigkeit von der Zahlungsstockung abzugrenzen. Die Zahlungsunfähigkeit muß also von gewisser Dauer sein. Wie lange die Illiquidität letztendlich andauern muß, um die Schwelle zwischen Zahlungsstockung und Zahlungsunfähigkeit zu überschreiten soll hier nicht weiter diskutiert werden.[547] Festgehalten werden soll aber, daß auch der Tatbestand der Zahlungsunfähigkeit ein prognostisches Element enthält, indem er darauf abstellt, daß die Fähigkeit, fällige Schulden aus bereiten Mitteln zu tilgen, voraussichtlich auf Dauer nicht mehr gegeben sein muß. Hierin überschneidet er sich mit dem für das Kapitalersatzrecht ausschlaggebendem Merkmal der Kreditwürdigkeit. Auch die zur Feststellung der Zahlungsunfähigkeit herangezogenen Mittel sind bereits aus der Kreditunwürdigkeitsprüfung und dem prognostischen Element der zweistufigen Überschuldungsprüfung bekannt: So soll ein Finanzplan[548] oder eine Gegenüberstellung der verfügbaren Zahlungsmittel und der voraussichtlich anfallenden Geldschulden[549] die Zahlungsunfähigkeit belegen. Die Ergebnisse können aber auch hier schwerlich anders ausfallen als bei der Überprüfung der Kreditwürdigkeit im Rahmen des § 32 a Abs. 1 GmbHG. Es kann also festgehalten werden, daß eine zahlungsunfähige Gesellschaft in der Regel auch kreditunwürdig sein wird.

d) Die drohende Zahlungsunfähigkeit

Völlig ungeklärt ist schließlich das Verhältnis der Kreditunwürdigkeit zum neuen fakultativen Insolvenzauslösetatbestand der drohenden Zahlungsunfähigkeit nach § 18 InsO. Drohende Zahlungsunfähigkeit ist nach der Legaldefinition des § 18 Abs. 2 InsO gegeben, wenn der Schuldner voraussichtlich nicht in der Lage sein

---

546 Vgl. *Uhlenbruck*, in: Gottwald, § 6 Rdnr. 6 f.; *Schmerbach*, in: FK-InsO, § 17 Rdnr. 14; *Burger/Schellberg*, KTS 1995, 563 (567);

547 Die Ansätze reichen von mindestens zwei Wochen, vgl. *Schmerbach*, in: FK-InsO, § 17 Rdnr. 22, über mindestens sechs Wochen, vgl. *Papke*, DB 1969, 735 (736), bis hin zu mindestens drei Monaten, vgl. *Jäger*, DB 1986, 1441 (1442) und *Veit*, ZIP 1982, 273 (279).

548 Vgl. *Uhlenbruck*, in: Gottwald, § 6 Rdnr. 9; *Kuhn/Uhlenbruck*, § 102 KO Rdnr. 6 a; *Lücke*, DB 1984, 2361 (2362 f.); *Schulze-Osterloh*, in: Baumbach/Hueck, § 64 Rdnr. 5.

549 Vgl. *Schmerbach*, in: FK-InsO, § 17 Rdnr. 24.

wird, die bestehenden Zahlungsverpflichtungen im Zeitpunkt der Fälligkeit zu erfüllen. Mit Einführung dieses Tatbestandes hatte der Gesetzgeber eine zeitlich frühere Verfahrenseröffnung im Blick.[550] Daraus läßt sich also schließen, daß der Tatbestand der drohenden Zahlungsunfähigkeit den übrigen Insolvenzauslösern zeitlich vorgelagert sein soll. Sein Tatbestand ist bereits dann erfüllt, wenn sich die Zahlungsunfähigkeit im Sinne des § 17 InsO in der Zukunft abzeichnet. Insofern ist hier das prognostische Element noch stärker ausgeprägt, als bei den übrigen Insolvenzauslösern. Bei der Überschuldung nach § 19 InsO muß im auslösenden Moment zumindest die rechnerische Überschuldung vorliegen, das prognostische Element dient allein dazu, die Überlebenschancen der Gesellschaft vorauszusagen. Ähnlich ist die Situation bei der Zahlungsunfähigkeit nach § 17 InsO, wo ebenfalls die Zahlungsunfähigkeit im auslösenden Moment gegeben sein muß und die Prognose gewährleisten soll, daß diese von gewisser Dauer ist. Bei der drohenden Zahlungsunfähigkeit kann die Gesellschaft im auslösenden Moment jedoch ihren fälligen Zahlungsverpflichtungen nachkommen. Ihr Tatbestand bezieht sich auf einen in der Zukunft liegenden Zeitraum und erfordert daher eine vorausschauende Betrachtung. Wie schon bei den übrigen Insolvenzauslösern und der Kreditunwürdigkeit, greift die herrschende Meinung auch hier auf die Erstellung eines Finanzplanes zurück.[551] Die drohende Zahlungsunfähigkeit stützt sich auf die Differenz zwischen dem Anfangsbestand an Zahlungsmitteln und den geplanten Einzahlungen einerseits sowie den geplanten Auszahlungen[552]

---

550 Vgl. BT Drucks. 12/2443, S. 114; *Burger/Schellberg*, KTS 1995, 563 (572); *Schmerbach*, in: FK-InsO, § 17 Rdnr. 1; *Mönning*, in: Nerlich/Römermann, § 17 Rdnr. 16; *Uhlenbruck*, in: Gottwald, § 6 Rdnr. 10; *Haas*, S. 58.

551 Vgl. *Schmerbach*, in: FK-InsO, § 17 Rdnr. 1; *Mönning*, in: Nerlich/Römermann, § 17 Rdnr. 16; *Schulze-Osterloh*, in: Baumbach/Hueck, § 64 Rdnr. 10; *Uhlenbruck*, in: Gottwald, § 6 Rdnr. 10; *Burger/Schellberg*, KTS 1995, 563 (572); *dies.*, BB 1995, 261 (264); *Haas*, S. 58.

552 Umstritten ist in diesem Zusammenhang, ob bei der vorausschauenden Betrachtung allein solche Zahlungsverpflichtungen zu berücksichtigen sind, die im auslösenden Moment bestehen aber noch nicht fällig sind, so jedenfalls *Schmerbach*, in: FK-InsO, § 17 Rdnr. 5 f.; *Burger/Schellberger*, KTS 1995, 563 (572); *dies.*, BB 1995, 261 (264); unklar hingegen *Mönning*, in: Nerlich/Römermann, § 18 Rdnr. 26 f., oder ob auch solche Verpflichtungen in die Betrachtung mit einbezogen werden sollen, die noch nicht begründet sind *Uhlenbruck*, in: Gottwald, § 6 Rdnr. 11; *Uhlenbruck*, KTS 1994, 169 (171); *Schulze-Osterloh*, in: Baumbach/Hueck, § 64 Rdnr. 10. Für die erstgenannte Ansicht spricht dabei der Wortlaut des § 18 Abs. 2 InsO, wonach nur auf die „bestehenden Zahlungspflichten" abzustellen ist. Der Wille des Gesetzgebers ging jedoch dahin, auch solche Verbindlichkeiten in den Tatbestand mit einzubeziehen, die innerhalb des Beurteilungszeitraum begründet werden. So heißt es in der Begründung des RegE, abgedr. bei *Uhlenbruck*, S. 318, wörtlich: „In die Prognose, die bei der drohenden Zahlungsunfähigkeit anzustellen ist, muß die gesamte Entwicklung der Finanzlage des Schuldners bis zur Fälligkeit aller bestehenden Verbindlichkeiten einbezo-

andererseits.[553] Der zu beurteilende Zeitraum bestimmt sich grundsätzlich nach der zum Zeitpunkt der Beurteilung bereits begründeten zuletzt fällig werdenden Forderung.[554] Sollte sich diese Spanne als zu lang für eine aussagekräftige Beurteilung erweisen, so ist der Prognosezeitraum entsprechend zu beschränken.[555] Ergibt der Finanzplan mit hinreichender Wahrscheinlichkeit, daß die Gesellschaft innerhalb des beurteilten Zeitraumes zahlungsunfähig wird, ist der Tatbestand der drohenden Zahlungsunfähigkeit erfüllt.[556]

Vergleicht man nun den zeitlichen Anwendungsbereich von Kreditunwürdigkeit im Sinne des § 32 a Abs. 1 GmbHG und drohender Zahlungsunfähigkeit, so wird man auch hier feststellen, daß diese sich überschneiden. Beiden liegt eine Zukunftsprognose in Gestalt eines Finanz- oder Liquiditätsplanes zugrunde. Ob das Ergebnis einer solchen Prognose für beide Tatbestände unterschiedlich ausfallen kann, ist zweifelhaft. Ein Unternehmen, welches mit hinreichender Wahrscheinlichkeit in absehbarer Zeit zahlungsunfähig sein wird, wird wohl kaum zu marktüblichen Bedingungen Kredite von gesellschaftsfremden Dritten erhalten. Allerdings sind die Handlungsalternativen des Geschäftsführers hier nicht vergleichbar. Während dem Kapitalersatzrecht der Gedanke zugrunde liegt, daß eine kreditunwürdige Gesellschaft entweder liquidiert oder mit Eigenkapital auszustatten ist, ist dem Geschäftsführer einer drohend zahlungsunfähigen Gesellschaft ein weiterer Spielraum eingeräumt.

Der Gesetzgeber beabsichtigte, mit Schaffung des Insolvenzauslösetatbestandes der drohenden Zahlungsunfähigkeit mehr Insolvenzverfahren zur Eröffnung zu bringen und gleichzeitig dem notleidenden Unternehmen bzw. dem Unternehmensträger die Chance zur Reorganisation und Sanierung zu geben.[557] Die Gesellschaft soll sich also bereits dann unter den Schutz des Insolvenzverfahrens begeben können, wenn die Krise noch nicht immanent ist, sondern sich lediglich in der Zukunft abzeichnet. Das sprichwörtliche Kind ist bei der drohenden Zahlungsunfähigkeit also noch nicht in den Brunnen gefallen, sondern sitzt nur gefährlich nahe

---

gen werden; in diesem Rahmen sind neben den zu erwartenden Einnahmen auch die zukünftigen, noch nicht begründeten Zahlungspflichten mit zu berücksichtigen." Richtigerweise müssen daher auch solche Verbindlichkeiten berücksichtigt werden die im Beurteilungszeitpunkt noch nicht begründet waren, mit deren Begründung jedoch mit hinreichender Wahrscheinlichkeit zu rechnen ist. Nur auf diese Weise wird eine Prognose der zukünftigen wirtschaftlichen Situation eines Unternehmens umfassend gerecht.

553 Vgl. *Schmerbach*, in: FK-InsO, § 17 Rdnr. 9; *Mönning*, in: Nerlich/Römermann, § 17 Rdnr. 32; *Burger/Schellberg*, BB 1995, 261 (264).

554 Vgl. *Mönning*, in: Nerlich/Römermann, § 18 Rdnr. 25.

555 Vgl. *Mönning*, in: Nerlich/Römermann, § 18 Rdnr. 34; *Uhlenbruck*, in: *Gottwald*, § 6 Rdnr. 11.

556 Zur Feststellung der Eintritts- oder Ruinwahrscheinlichkeit vgl. *Drukarczyk/Schüler*, in: Kölner Schrift 1997, Rdnr. 33.

557 Vgl. *Uhlenbruck*, in: Gottwald, § 6 Rdnr. 10.

an dessen Rand. In dieser Situation war es vom Gesetzgeber nur konsequent, von einer Verpflichtung des organschaftlichen Vertreters zur Stellung des Insolvenzantrages bei drohender Zahlungsunfähigkeit abzusehen. Er ist lediglich berechtigt, sein Unternehmen unter den Schutz des Insolvenzverfahrens zu stellen. Er kann aber auch das Unternehmen weiterführen, ohne haftungsrechtliche und strafrechtliche Sanktionen fürchten zu müssen.[558]

Aus diesem Grunde wird sich die drohende Zahlungsunfähigkeit auf dem Zeitstrahl der wirtschaftlichen Abwärtsbewegung eines Unternehmens nur teilweise mit dem Stadium der Kreditunwürdigkeit überschneiden. Es sind aber auch Fälle denkbar, in denen die Gesellschaft zwar drohend zahlungsunfähig ist, diese Zahlungsunfähigkeit jedoch noch derart weit entfernt ist, daß man eine Kreditunwürdigkeit verneinen müßte.

2. Zeitlicher Anwendungsbereich von s 214 I.A. 1986

Anders als das Kapitalersatzrecht stellt s 214 I.A. 1986 zur Eröffnung seines zeitlichen Anwendungsbereichs nicht auf objektive Kriterien, sondern auf die subjektive Kenntnis seines jeweiligen Adressaten ab. Nach s 214 (2) (b) I.A. 1986 haftete dieser ab dem Zeitpunkt, an dem er wusste oder wissen mußte, daß die *insolvent liquidation* der Gesellschaft unvermeidbar ist. Dabei ist zunächst zu untersuchen, wann eine Gesellschaft nach englischem Recht als *insolvent* gilt. Daran schließt sich die Frage an, ob der zeitliche Anwendungsbereich von s 214 I.A. 1986 mit den Insolvenzauslösetatbeständen kongruent oder er diesen vorgelagert ist.

a) Der Insolvenzauslösetatbestand im englischen Recht

Eine einheitliche Definition der Insolvenzauslösetatbestände sieht der *Insolvency Act 1986* nicht vor. Bezeichnend für das englische Insolvenzrecht ist, daß es eine Vielzahl von Vorschriften aufweist, anhand derer die Insolvenz einer Gesellschaft festgestellt werden soll.[559] Dabei werden für einzelne Tatbestände unterschiedliche Maßstäbe angelegt: Grundlegender Insolvenzauslösetatbestand ist im englischen Recht die Zahlungsunfähigkeit einer Gesellschaft („inability to pay debts").[560] Diese ist Voraussetzung für jeden Tatbestand der *insolvent liquidation*.[561] In s 122 I.A. 1986 hat der englische Gesetzgeber festgelegt, unter welchen Umständen ein Ge-

---

558 Vgl. *Uhlenbruck*, in: Gottwald, § 6 Rdnr. 10; *Mönning*, in: Nerlich/Römermann, § 18 Rdnr. 43; *Schmerbach*, in: FK-InsO, § 17 Rdnr. 1; *Uhlenbruck*, KTS 1994, 169 (171); *ders.* GmbHR 1995, 195 (197); *K Schmidt/Uhlenbruck*, S. 56 ff.

559 Vgl. *Gower/Davies*, S. 833 f.

560 Vgl. *Barham*, (1994) 5 I.C.C.L.R. Supp. I (vi); *Goode*, (1989) J.B.L. 436; *Levy*, (2002) 13 I.C.C.L.R. 255 (257); *Day/Taylor*, (2001) 3 Ins Lawyer 97.

561 Vgl. hierzu bereit S. 6 ff.

richt das *winding-up* einer Gesellschaft anordnen kann. Der Begriff *insolvent* wird in dieser Vorschrift nicht erwähnt. Stattdessen schreibt der Gesetzgeber unter s 122 (1) (f) I.A. 1986 vor, daß eine Gesellschaft durch das Gericht aufgelöst werden kann, wenn diese ihre Verbindlichkeiten nicht mehr berichtigen kann („the company is unable to pay its debts"). Wann dies der Fall ist, bestimmt s 123 I.A. 1986 („Definition of inability to pay debts"). Danach ist eine Gesellschaft u.a. immer dann nicht in der Lage, ihre Verbindlichkeiten zu berichtigen, „if it is proved to the satisfaction of the court that the value of the company's assets is less than the amount of its liabilities, taking into account its contingent and prospective liabilities" (s 123 (2) I.A. 1986) oder „if it is proved to the satisfaction of the court that the company is unable to pay its debts as they fall due" (s 123 (1) (e) I.A. 1986).[562] Die erstgenannte Alternative wird in der Literatur gemeinhin als *balance sheet test*, die zweite als *cash flow test* bezeichnet.[563]

Der *balance sheet test*, obwohl formal zur Feststellung der Zahlungsunfähigkeit bestimmt, stellt eigentlich eine Prüfung der rechnerischen Überschuldung dar.[564] Tatsächliche Zahlungsunfähigkeit läßt sich nur über den *cash flow test* attestieren. Beide Tests werden jedoch nicht einheitlich angewandt. Vielmehr ist es so, daß für manche Tatbestände allein der *balance sheet test* ausschlaggebend ist, so zum Beispiel für s 214 I.A. 1986. Dies ergibt sich bereits aus der in s 214 (6) I.A. 1986 enthaltenen Definition der *insolvent liquidation*: „For the purposes of this section a company goes into insolvent liquidation if it goes into liquidation at a time when its assets are insufficient for the payment of its debts and other liabilities and the expenses of the winding up". Für andere, so zum Beispiel für die Frage, wann das Gericht eine *winding-up order* erlassen kann, können *cash flow* und *balance sheet test* alternativ herangezogen werden.[565]

---

562 S. 123 I.A. 1986 bietet neben dem zu erläuternden *cash flow* und *balance sheet test* die Möglichkeit, die Zahlungsunfähigkeit durch Nichtzahlung einer fälligen Forderung von über £ 750,00 an einen Gläubiger nachzuweisen, nachdem dieser eine *statutory notice* hinterlegt hat; vgl. hierzu bereits S. 8 ff. Für antragstellende Gläubiger stellt dies oft den eindeutigeren Nachweis der Zahlungsunfähigkeit dar, als der komplizierte Nachweis über den *cash flow* oder *balance sheet test*; vgl. *Keay*, (2003) 4 Ins Lawyer 148 (149).

563 Vgl. *Deloitte Haskins and Sells Appellant v. National Mutual Life Nominees Ltd. Respondent* [1993] A.C. 774 (787); *Re STALLTON DISTRIBUTION LIMITED* (unveröffentlicht) 2000 WL 33148741; *Re A Company (No. 7219 of 2001)* (unveröffentlicht) 2001 WL 1676925; P.C.; *Barham*, (1994) 5 I.C.C.L.R. Supp. I (vi); *Goode*, (1989) J.B.L. 436; *Campbell*, (2002) 6 I.L.J., 198 (199 f.); *Levy*, (2002) 13 I.C.C.L.R., 255 (257); *Day/Taylor*, (2001) 3 Ins Lawyer 97.

564 In der australischen Rechtsordnung findet sich eine der englischen entsprechende Definition des Terminus *insolvent*. Nach s 95 A (1) C.A. 2001 ist eine Gesellschaft *solvent*, „if, and only if, it is able to pay all its debts as and when they become due and payable". Nach s 95 A (2) C.A. 2001 gilt eine Gesellschaft die nicht *solvent* ist, als *insolvent*. Der *balance sheet test* wird in Australien jedoch nicht angewandt; vgl. *Redmond*, S. 409.

565 Vgl. *Goode*, J.B.L. 1989, 436.

Im Rahmen der *administration* schließlich stellt der Gesetzgeber auf die drohende Zahlungsunfähigkeit ab. Nach s 8 I.A. 1986 kann das Gericht bereits die *administration* anordnen, „if the court is satisfied that a company is or is likely to become unable to pay its debts (within the meaning given to that expression by section 123 of this Act)".[566]

Es läßt sich also festhalten, daß die englische Rechtsordnung, obwohl in s 122 (1) (f) I.A. 1986 formal nur auf die Zahlungsunfähigkeit als Insolvenzauslösetatbestand abgestellt wird, auch die Tatbestände der drohenden Zahlungsunfähigkeit und der Überschuldung kennt. Drohende Zahlungsunfähigkeit, Zahlungsunfähigkeit und Überschuldung gelten jedoch nicht einheitlich für sämtliche insolvenzrechtlichen Tatbestände, sondern sind von Fall zu Fall alternativ oder einzeln anzuwenden.

Im Rahmen der *administration*, einem insolvenzrechtlichen Instrument zur Sanierung wirtschaftlich angeschlagener Gesellschaften, genügt bereits die drohende Zahlungsunfähigkeit einer Gesellschaft, um diese unter den Schutz eines *administrators* zu stellen. Zur Einleitung einer *insolvent liquidation* bedarf es entweder der mittels *cash flow test* festzustellenden Zahlungsunfähigkeit oder der mittels *balance sheet test* nachzuweisenden rechnerischen Überschuldung der Gesellschaft. Der *balance sheet test* berücksichtigt neben den bereits bestehenden Verbindlichkeiten auch bedingte (*contingent*) und voraussichtliche (*prospective*) liabilities. Die Gerichte haben sich dabei eingehend damit auseinandergesetzt, inwiefern diese in den *balance sheet test* einzubeziehen sind. In der Entscheidung *Re a Company*[567] argumentierte ein antragstellender Gläubiger, daß durch jede Kreditaufnahme einer Gesellschaft in der Absicht, mit der empfangenen Valuta einen Antragsteller zu befriedigen, die voraussichtlichen Verbindlichkeiten dieser Gesellschaft erhöht würden, weil die Forderung des Kreditgebers zu einem späteren Zeitpunkt fällig würde. Danach sei die betreffende Gesellschaft *balance sheet insolvent* gewesen, weil Darlehen von Unternehmen aus dem selben Konzernverbund als fällig in den *balance sheet test* aufzunehmen seien. Der vorsitzende *Nourse J* lehnte diese Ansicht ab. Voraussichtliche und bedingte Verbindlichkeiten seien danach zu beurteilen ob und

566 Vgl. hierzu insbesondere die detaillierten Auseinandersetzung der *Chancery Division* mit den Voraussetzungen einer drohenden Zahlungsunfähigkeit in den Entscheidungen *Highberry Limited, Highberry LLC v. COLT Telecom Group Plc. (No. 6972 of 2002)* [2002] E.W.H.C. 2503 und *Highberry Ltd. v. Colt Telecom Group Plc. (No. 2)*, [2002] E.W.H.C. 2815 (Ch.), Ch. D., sowie die Kommentierung von *Toube*, (2003) 16 Insolvency Intelligence 15 f. Zu der Frage, wann eine Zahlungsunfähigkeit wahrscheinlich (*likely*) ist vgl. *Re Consumer and Industrial Press (No. 1)* [1988] B.C.L.C. 177, Ch. D.; *Re Harris Simons Construction Ltd.* [1989] B.C.L.C. 202, Ch. D.; *Re SCL Building Services* [1990] B.C.L.C. 98; *Re Primlaks (UK)* [1993] B.C.L.C. 734; *Three Rivers DC v. Bank of England (No 4)* [2002] 4 All E.R. 881, C.A.

567 [1986] B.C.L.C. 261.

wann sie fällig würden. Bestünden keine Zweifel, daß die entsprechenden Forderungen nicht vorzeitig fällig gestellt würden, so seien sie nur auf der Basis ihrer jeweiligen Fälligkeitszeitpunkte zu berücksichtigen.[568] Zur Geltendmachung von Ansprüchen wegen *wrongful trading* bedarf es schließlich der rechnerischen Überschuldung der Gesellschaft wie sie in s 214 (6) I.A. 1986 normiert ist.

b) Kongruenz von Insolvenzauslösetatbeständen und s 214 (2) (b) I.A. 1986

Die Formulierung von s 214 (2) (b) I.A. 1986 legt nahe, daß der zeitliche Anwendungsbereich der Haftung wegen *wrongful trading* den Insolvenzauslösetatbeständen vorgelagert ist. Der Gesetzgeber hat nicht etwa auf die Kenntnis oder das Kennenmüssen seines Adressaten von der Insolvenz der Gesellschaft abgestellt, sondern auf die Kenntnis oder das Kennenmüssen von deren Unvermeidbarkeit. Es stellt sich also die Frage, wann eine Insolvenz nicht mehr abgewendet werden kann.

Cooke und *Hicks* führen dabei zutreffend aus, daß die Sachverhalte der bisher entschiedenen Fälle zu s 214 I.A. 1986 überwiegend eindeutig waren.[569] Die englischen Gerichte hatten bis heute noch keinen Anlaß, sich detailliert mit den abstrakten Anforderungen an den *prediction point* nach s 214 (2) (b) I.A. 1986 auseinanderzusetzen. In der Entscheidung *Re Purpoint Ltd.*[570] aus dem Jahr 1991 wurde ein verhältnismäßig später Zeitpunkt gewählt, ab dem das Gericht annahm, daß die Direktoren von der Unvermeidbarkeit der Insolvenz wußten. In der Entscheidung *Re Produce Marketing Consortium Ltd. (No. 2)*[571] aus dem Jahr 1989 wurde der Zeitpunkt des Kennenmüssens auf 14 Monate vor Beginn der *insolvent liquidation* terminiert. Zu diesem hätten die *directors* die Jahresabschlüsse der Gesellschaft beim *Registrar of Companies* einreichen müssen.[572]

Aufschlußreicher ist die neue Entscheidung der *Chancery Division* des *High Court of Justice* in Sachen *Re The Continental Assurance Company of London plc. (in liquidation)*[573]. Es handelt sich bei diesem 72 Seiten umfassenden Urteil um eine der ausführlichsten Auseinandersetzungen des *High Courts* unter dem Vorsitz von *Park J* mit den Voraussetzungen von s 214 I.A. 1986. Bei der *Continental Assurance Co. of London plc.* handelte es sich um eine kleine Versicherungsgesellschaft, die im März 1992 in *insolvent liquidation* ging. Die Gesellschaft hatte als Folge unvorhergesehener Ansprüche aus Reiseversicherungen im Jahr 1990 schwere Verluste hinnehmen müssen. Grund für ihren späteren Zusammenbruch

568 Vgl. auch *Verrill*, (1993) 8 J.I.B.L., 485 (486 f.).
569 Vgl. *Cooke/Hicks*, (1993) J.B.L. 338 (339).
570 [1991] B.C.L.C. 491, Ch. D.; vgl. auch Anhang 2.
571 [1989] B.C.L.C. 520, Ch. D.; vgl. auch Anhang 2.
572 Vgl. *Cooke/Hicks*, (1993) J.B.L. 338 (339); *Arsalidou*, (2001) 22 Coy Lawyer 19 (20).
573 [2001] B.P.I.R. 733, Ch. D.; vgl. zu der Entscheidung außerdem *Walters*, (2001) 6 Ins Lawyer, 211 ff. und Anhang 2.

war zuvörderst, daß man versäumt hatte für diese Ansprüche entsprechende Rückstellungen zu bilden. Die *liquidators* der Gesellschaft machten Ansprüche gegen den *managing director* sowie gegen verschiedene *non-executive directors* geltend. Sie behaupteten, daß diese bereits Mitte des Jahres 1991 den Geschäftsbetrieb der Gesellschaft hätten einstellen müssen. Sie argumentierten, daß die Gesellschaft zu diesem Zeitpunkt bereits rechnerisch überschuldet (*balance sheet insolvent*) war. Die Direktoren hätten dies gewußt oder zumindest wissen müssen, sofern sie ordentlich Buch geführt hätten. Im Juli 1991 hatte die Geschäftführung anläßlich einer Krisensitzung Unterlagen vorgelegt, aus denen ein Reinvermögen (*net assets*) der Gesellschaft in Höhe von rd. £ 4,5 Mio. hervorging. Die Liquidatoren argumentierten, daß dieser Wert um rd. £ 5,0 Mio. zu korrigieren und daß die Gesellschaft unter diesen Umständen insolvent gewesen sei. Darüber hinaus wurde darauf hingewiesen, daß selbst bei unterstellter Richtigkeit dieser Zahlen die vom *Department of Trade and Industry* vorgegebenen Insolvenzmargen für Versicherungsgesellschaften nicht eingehalten worden wären. Dies hätten die Direktoren gewußt oder zumindest wissen müssen.

Knox J führte aus, daß die Gesellschaft im Juli 1991 nicht insolvent gewesen sei, gab den Klägern jedoch bezüglich des Verstoßes gegen die Vorschriften des *Department of Trade and Industry* recht. Selbst bei unterstellter Insolvenz zum angegebenen Zeitpunkt, so *Knox J*, sei eine Haftung der Direktoren jedoch abzulehnen. Die Beklagten hätten aufgrund der ihnen vorliegenden Unterlagen und der ihnen erteilten Informationen sorgfältig gehandelt, indem sie annahmen, der Geschäftsbetrieb könne in der Aussicht auf einen Investor fortgeführt werden. Sie hätten sich bei der Beurteilung der wirtschaftlichen Situation der Gesellschaft auf die Urteile des Finanzdirektors und auf die von ihnen beauftragten Wirtschaftsprüfer verlassen. Als im Dezember 1991 weitere Verluste aufgelaufen seien, hätten die Beklagten den Geschäftsbetrieb unverzüglich eingestellt und den Rat eines *insolvency practicioner* gesucht. In den Worten des Richters: „The directors ... took a wholly responsible and conscientious attitude, both to Continental's position and to their own responsibilities as directors".

Eine weitere instruktive Entscheidung traf die *Chancery Division* des *High Court of Justice* in Sachen *Official Receiver v. Doshi*[574]. Der Beklagte war Gesellschafter-Geschäftsführer einer Gesellschaft, die einen kleinen Weinhandel betrieb. Dieser finanzierte sich im wesentlichen dadurch, daß er Forderungen gegen Drittschuldner im Wege des Factoring an eine andere Gesellschaft veräußerte, um mit den hieraus erzielten Einnahmen den weiteren Wareneinkauf zu bestreiten. Als die Gesellschaft ihre fälligen Verbindlichkeiten nicht mehr zahlen konnte, begann der Beklagte „Luftrechnungen" für nicht bestehende Aufträge auszustellen und diese an die Factoringesellschaft zu veräußern. Der vorsitzende *Hart J* argumentierte, daß

574 [2001] 2 B.C.L.C. 235, Ch. D.; vgl. Anhang 2.

dem *director* spätestens ab dem Zeitpunkt, als er begann „Luftrechnungen" zu erstellen, hätte klar sein müssen, daß eine *insolvent liquidation* der Gesellschaft unvermeidbar war.

Zwei Erkenntnisse lassen sich aus den geschilderten Entscheidungen gewinnen. In *Official Receiver v. Doshi*[575] stellte das Gericht innerhalb der Frage nach dem zeitlichen Anwendungsbereich von s 214 I.A. 1986 auf jenen Zeitpunkt ab, als der *director* seine Illiquidität durch das Ausstellen von „Luftrechnungen" zu überbrücken versuchte. Abstrakt heißt dies, daß ein *director* ab Eintritt der Zahlungsunfähigkeit der Gesellschaft die Augen vor einer *insolvent liquidation* nicht mehr verschließen kann. Aus *Re The Continental Assurance Co. of London plc. (in liquidation)*[576] geht hervor, daß der zeitliche Anwendungsbereich von s 214 I.A. 1986 spätestes mit Eintritt der Insolvenzreife der Gesellschaft eröffnet ist. *Park J* diskutierte in dieser Entscheidung nur die Frage, ob die Gesellschaft zu dem vom *liquidator* angegebenen Zeitpunkt insolvent war, nicht aber ob diese auf absehbare Zeit unvermeidbar war. Der zeitliche Anwendungsbereich von s 214 I.A. 1986 deckt sich also mit den im englischen Recht anerkannten Insolvenzauslösetatbeständen der Zahlungsunfähigkeit und Überschuldung. Diese Ansicht bestätigen auch *Cooke* und *Hicks*.[577] Sie stellen bei der Feststellung des *prediction point* sowohl auf interne als auch auf externe Faktoren ab. Die internen Faktoren lassen sich auf Liquiditätsschwierigkeiten, Verschlechterung der *debt/equity-ratio* und rechnerische Überschuldung reduzieren. Die externen Faktoren hingegen sind solche, die ein Auftreten der internen Faktoren verursachen (Hinzukommen eines Wettbewerbers am Markt, Ausfall eines Großkunden oder gesamtwirtschaftliche Gründe).

3. Rechtsvergleichende Würdigung

a) Unterschiede

Während das deutsche Recht mit drohender Zahlungsunfähigkeit, Zahlungsunfähigkeit und Überschuldung drei selbständige Insolvenzgründe normiert, stellt das angelsächsische Recht – jedenfalls formal – allein auf die Zahlungsunfähigkeit der Gesellschaft ab. Nur diese kann Grund für die Einleitung einer *insolvent liquidation* sein. Neben die Zahlungsunfähigkeit tritt für den Fall der *administration*, die, wie bereits dargestellt, keinen Fall der *insolvent liquidation* darstellt, die drohende Zahlungsunfähigkeit als Eröffnungstatbestand. Der englische Gesetzgeber hat also eine Abstufung vorgenommen. Soll eine Gesellschaft saniert werden, kann sie sich

575 [2001] 2 B.C.L.C. 235, Ch. D; vgl. Anhang 2.
576 [2001] B.P.I.R. 733, Ch. D.; vgl. Anhang 2.
577 Vgl. *Cooke/Hicks*, (1993) J.B.L. 338 (348 f.).

bereits frühzeitig bei Vorliegen drohender Zahlungsunfähigkeit unter den Schutzmantel der *administration* begeben. Soll sie hingegen liquidiert werden, muß die Gesellschaft bereits zahlungsunfähig sein. Im deutschen Recht hingegen sind die Insolvenzgründe jeder für sich oder gemeinsam Auslöser eines einheitlichen Verfahrens, innerhalb dessen über die weitere Zukunft der Gesellschaft entschieden wird.

Ein weiterer Unterschied zwischen beiden Rechtsordnungen besteht in der verschiedenen Intensität der Auseinandersetzung von Rechtsprechung und Literatur mit den Insolvenzauslösetatbeständen und dem zeitlichen Anwendungsbereich der jeweiligen Haftungsvorschriften. Während in Deutschland die zeitliche Abgrenzung von Kreditunwürdigkeit, drohender Zahlungsunfähigkeit, Zahlungsunfähigkeit und Überschuldung detailliert herausgearbeitet worden und deren Verhältnis untereinander diskutiert worden ist, sind wesentliche Fragen im englischen Recht weitgehend unbeantwortet. So fragt *Simmons* in einem Artikel aus dem Jahr 2001 nach den innerhalb des *balance sheet test* anzusetzenden Werten: „Are the assets to be valued on a goingconcern or a break-up basis?“[578] Die Antwort hierauf bleibt sie schuldig.

b) Gemeinsamkeiten

Das Abstellen des englischen Gesetzgebers auf die Zahlungsunfähigkeit als Insolvenzeröffnungstatbestand ist nur ein formaler Unterschied. Über den nach s 123 I.A. 1986 zur Feststellung der Zahlungsunfähigkeit zur Verfügung gestellten *balance sheet test* hat die Überschuldung – wenn auch durch die Hintertür – ihren Weg in die Insolvenzauslösetatbestände gefunden. Sowohl in England als auch in Deutschland sind damit Zahlungsunfähigkeit und Überschuldung als wesentliche Insolvenzgründe gegeben. Die Tatsache, daß die drohende Zahlungsunfähigkeit im englischen Insolvenzrecht als Auslöser auf die *administration* beschränkt ist, resultiert daraus, daß die *administration* ein eigenständiges unabhängiges Verfahren darstellt. Ebenso wie bei der drohenden Zahlungsunfähigkeit im deutschen Recht liegt der Grund für ihre Einführung aber darin, daß man die Chancen für eine Sanierung wirtschaftlich angeschlagener Unternehmen durch Vorverlegung des Auslösezeitpunkts erhöhen wollte. Das gesetzgeberische Motiv war also in beiden Ländern das gleiche.

Die Insolvenzauslösetatbestände Zahlungsunfähigkeit, drohende Zahlungsunfähigkeit und Überschuldung sind, unabhängig von der jeweiligen Rechtsordnung, in einer zeitlichen Abfolge zu sehen. Das Merkmal der drohenden Zahlungsunfähigkeit wird in aller Regel zuerst erfüllt sein. Auf dem Zeitstrahl folgen ihm Zahlungsunfähigkeit und Überschuldung, welche sich überschneiden können.

---

578 *Simmons*, (2001) 14 Insolv. Int. 12 (13).

Im deutschen Recht weisen alle drei Tatbestände prognostische und Elemente auf. Hierin ist die stärkste Übereinstimmung mit der Kreditunwürdigkeit im Sinne des § 32 a Abs. 1 GmbHG zu sehen. Die Kriterien, nach denen bei der Überschuldung eine negative Fortbestehensprognose oder die Zahlungsunfähigkeit festgestellt werden, überschneiden sich mit denjenigen, die für die Frage einer Kreditunwürdigkeit maßgeblich sind. In allen Fällen werden die Selbstheilungskräfte eines Unternehmens als nicht mehr vorhanden oder nicht mehr ausreichend erachtet. Aus der vorstehenden Untersuchung kann also festgehalten werden, daß das Merkmal der Kreditunwürdigkeit die Insolvenzauslösetatbestände der Zahlungsunfähigkeit und der Überschuldung zeitlich einschließt. Eine Gesellschaft, welche kreditunwürdig ist wird in der Regel auch zahlungsunfähig und/oder überschuldet sein.

Dieser Befund wird auch durch die Erfahrungen der Praxis unterstützt. Das Eigenkapitalersatzrecht wurde danach lediglich für solche Gesellschaften akut, die gemessen an Fortführungs- oder Liquidationswerten überschuldet waren.[579] Die dem Gesellschafter vom *Bundesgerichtshof* anheim gestellten Handlungsalternativen stützen diese Erfahrungen aus der Praxis. Nach Auffassung des *Bundesgerichtshofs* stellt die Kreditunwürdigkeit einen Zustand dar, in dem der Gesellschafter die Gesellschaft ohne zusätzliche Finanzmittel liquidieren müßte.[580] Diese Handlungsalternativen (Sanierung und Liquidation) sind letztlich die gleichen wie in der Insolvenz der Gesellschaft.[581]

Etwas anders muß daher das Ergebnis bei der drohenden Zahlungsunfähigkeit lauten. Diese liegt nicht notwendigerweise in dem von der Kreditunwürdigkeit gesteckten zeitlichen Rahmen. Sie kann diesem auch vorgelagert sein. Die Handlungsalternativen lauten hier für den Geschäftsführer eben nicht Sanierung und Liquidation. Er kann die Gesellschaft vielmehr ohne Sanktionsmaßnahmen des Gesetzes fürchten zu müssen weiterführen, bis entweder Zahlungsunfähigkeit oder Überschuldung eintreten. Letztendlich bleibt es jedoch bei dem Befund: Die Insolvenzauslösetatbestände sind zeitlich deckungsgleich mit dem Merkmal der Kreditunwürdigkeit.

Trotz der spärlichen Materialien auf englischer Seite lassen sich auch hier wesentliche Übereinstimmungen zwischen den zeitlichen Anwendungsbereichen s 214 I.A. 1986 und den Insolvenzauslösetatbeständen feststellen. Die frühe, für die *administration* maßgebliche drohende Zahlungsunfähigkeit eröffnet den zeitlichen

---

579 Vgl. *BGH*, ZIP 1992, 618 (619);1993, 189 (191); 1994, 1934 (1936); 1997, 1375 (1377); NJW 1992, 2891 (2894); 1996, 1341 (1342); DStR 1995, 188 (190); vgl. außerdem die Beispiele bei *Lutter/Hommelhoff*, §§ 32 a/b Rdnr. 16 und *K Schmidt*, in: Scholz, §§ 32a, 32b Rdnr. 82.

580 Vgl. *BGHZ* 31, 258 (272); 81, 311 (317); *BGH*, GmbHR 1998, 233 (234); ZIP 1993, 189 (191); 1994, 1934 (1937); 1996, 1829 (1830); NJW 1992, 2891 (2892); 1996, 1341 (1342).

581 Vgl. auch *Haas*, NZI 2001, 1 (6); *ders.*, S. 58 f.; *ders.*, in: Gottwald, § 92 Rdnr. 221.

Rahmen von s 214 I.A. 1986 nicht. Ausschlaggebend sind allein Zahlungsunfähigkeit und Überschuldung.

c) Ergebnis

Abschließend kann zusammengefaßt werden, daß die Unterschiede zwischen beiden Rechtsordnungen bzgl. der Insolvenzauslösetatbestände systematisch bedingt sind. Läßt man diese Unterschiede außer acht, zeigt sich eine einheitliche Abfolge. Die frühe drohende Zahlungsunfähigkeit soll den Weg zu einer Sanierung des Unternehmens ebnen. Ihr folgen auf dem Zeitstrahl Zahlungsunfähigkeit und Überschuldung. Obwohl der jeweilige Gesetzgeber bei der Formulierung nicht explizit auf die Insolvenzauslösetatbestände abgestellt hat („Krise der Gesellschaft" und „no reasonable prospect that the company would avoid going into insolvent liquidation") ist der zeitliche Anwendungsbereich jedoch in beiden Ländern kongruent mit den Tatbeständen der Zahlungsunfähigkeit und der Überschuldung.

VI. Subjektive Voraussetzungen

Der Wortlaut des Kapitalersatzrechts läßt auf den ersten Blick keinen Raum für subjektive Tatbestandsvoraussetzungen auf Seiten des Gesellschafters. Anders hingegen der Wortlaut von s 214 (4) I.A. 1986. Dort wird für eine Haftung vorausgesetzt, daß der Adressat wußte oder wissen mußte, daß die *insolvent liquidation* der Gesellschaft unvermeidbar war („knew or ought to have concluded that there was no reasonable prospect that the company would avoid going into insolvent liquidation"). Ob auch dieser zunächst erheblich erscheinende Unterschied zwischen beiden Normen sich letztlich relativiert oder ganz aufhebt, soll nun untersucht werden.

1. Subjektive Voraussetzungen des Kapitalersatzrechts

Im Kapitalersatzrecht kommt es nach dem herkömmlichen Verständnis auf subjektive Erfordernisse in der Person des Gesellschafters nicht an. Begründung hierfür ist, daß der Gesetzgeber mit dem Abstellen auf das Finanzierungsverhalten ordentlicher Kaufleute einen rein objektiven Abgrenzungsmaßstab für die Eigenkapitalersatzfunktion gewählt habe.[582] Das Eigenkapitalersatzrecht sei, so *Altmeppen*, kein Fall einer „verhaltensbezogenen Haftung des Gesellschafters für die schuldhafte Verkennung der Kreditwürdigkeit seiner GmbH".[583]

---

582 Vgl. *Ulmer*, in: Hachenburg, § 32 a, b Rdnr. 56.

583 *Altmeppen*, ZIP 1984, 1939 (1941); *Roth/Altmeppen*, § 32a Rdnr. 21.

Von dieser Prämisse ist man mittlerweile zumindest für die Fälle des Stehenlassens einer Gesellschafterleistung abgerückt. Schon früh wurde im Schrifttum gefordert, daß ein in der Krise stehengelassenes Darlehen nur verstrickt werden könne, wenn der Gesellschafter die Krise der Gesellschaft kannte oder er sie erkennen musste.[584] Die überwiegende Ansicht ging sogar noch darüber hinaus und forderte eine Finanzierungsabrede zwischen dem kreditgebenden Gesellschafter und der Gesellschaft.[585] Die Anforderungen an diese Abrede sollten freilich gering sein. Es genüge zum Beispiel, daß die Kreditunwürdigkeit dem Darlehensgeber bekannt, oder weil evident, unverkennbar war.[586] Die Kenntnis bzw. die Kenntnismöglichkeit der Krise wird hierbei vorausgesetzt und als Indiz für das Vorliegen einer Finanzierungsabrede verstanden.[587] Mittlerweile hat auch die Rechtsprechung anerkannt, daß der Gesellschafter wenigstens die Möglichkeit gehabt haben muß, die Krise der Gesellschaft zu erkennen.[588]

Bei den Grundsätzen zur Behandlung stehengelassener Gesellschafterleistungen hat sich also ein subjektives Tatbestandsmerkmal durchgesetzt. Für den Fall des Gewährens eines Darlehens in Krisenzeiten wird demgegenüber im Schrifttum[589] und in der Rechtsprechung[590] an der Auffassung festgehalten, daß die Verstrickung des Darlehens allein an objektive Kriterien geknüpft ist. Immer häufiger werden jedoch Stimmen laut, die eine solche Differenzierung zwischen Stehenlassen und

---

584 Vgl. *Lutter/Hommelhoff*, §§ 32 a/b Rdnr. 47; *Häuselmann/Rümker/Westermann*, S. 54; *Timm*, GmbHR 1980, 286 (291); für eine rein objektive Beurteilung: OLG Hamburg ZIP 1984, 584 (586); *Roth/Altmeppen*, § 32a Rdnr. 21; *Wiedemann*, ZIP 1986, 1923 (1927); *Gerkan*, GmbHR 1986, 218 (221).

585 Vgl. *Ulmer*, in: Hachenburg, § 32a, b Rdnr. 30 ff., 87 ff.; *Schlegelberger/K Schmidt*, § 172a Rdnr. 12, 30; *Ulmer*, ZIP 1984, 1163 (1169); *K Schmidt*, ZIP 1981, 689 (692); *Hüffer*, ZHR 153 (1989), 322 (335); *Rümker*, ZIP 1982, 1385 (1394); *Geßler*, BB 1980, 1385 (1391).

586 Vgl. *K Schmidt*, ZIP 1999, 1241 (1244).

587 Vgl. *Ulmer*, in: Hachenburg, § 32a, b Rdnr. 56.

588 Vgl. *BGHZ* 127, 336 (346); *BGH*, NJW 1995, 457 (459); DStR 1995, 814 (815); ZIP 1994, 1934 (1938); 1996, 273 (275).

589 Vgl. *Ulmer*, in: Hachenburg, § 32 a, b Rdnr. 56; *Roth/Altmeppen*, § 32 a Rdnr. 8, 20; *Hueck/Fastrich*, in: Baumbach/Hueck, § 32 a Rdnr. 49.

590 Vgl. *OLG Hamm*, GmbHR 1999, 917 (919); der *BGH*, hingegen hat sich zu dieser Frage noch nicht explizit geäußert. Für eine Beschränkung des subjektiven Tatbestandsmerkmals spricht, daß die hierzu ergangenen Leitsätze und Urteilsbegründungen sich lediglich auf Fälle des Stehenlassens beziehen, vgl. *BGHZ* 127, 336 (346): „Nach alledem kann das sogenannte Stehenlassen einer früher gewährten Kredithilfe deren Umqualifizierung in Eigenkapitalersatz nur unter der doppelten Voraussetzung bewirken, daß der Gesellschafter die Krise wenigstens erkennen und seiner Verantwortung gemäß handeln konnte". *BGH*, NJW 1995, 457 (459): „Die Anwendbarkeit der Kapitalersatzregeln hängt, wie der Senat in seinem Urteil vom 7.11.1994 entschieden hat, im Fall des Stehenlassens einer Gesellschafterhilfe auch davon ab, ob der Gesellschafter die Krise der Gesellschaft zumindest erkennen konnte". Andererseits hat der *Bundesgerichtshof* in verschiedenen Urteilsbegründungen die Frage nach der Kenntnis oder Kenntnismöglichkeit von der Krise auch in Fällen einer positiven

positivem Gewähren in der Krise für ungerechtfertigt halten und für beide Fälle des Kapitalersatzrechts einen subjektiven Tatbestand fordern.[591]

Diese Ansicht ist überzeugend. Es ist nicht einzusehen, warum zwischen Hingabe und Stehenlassen eines Gesellschafterdarlehens unterschieden werden soll. Dort wurde von der Rechtsprechung argumentiert, entscheidender Grund für die Verstrickung eines stehengelassenen Gesellschafterdarlehens sei die in der Krise getroffene Entscheidung des Gesellschafters, die liquidationsreife Gesellschaft fortzuführen (sog. „Finanzierungsentscheidung“).[592] Eine solche Finanzierungsentscheidung des Gesellschafters soll aber nach überwiegender Ansicht allgemeine Voraussetzung für die Umqualifizierung eines Gesellschafterdarlehens sein und nicht auf den Fall der stehengelassenen Gesellschafterhilfe beschränkt sein.[593] Auch beim positiven Gewähren eines Darlehens wird der Gesellschafter also vor die Wahl gestellt, entweder nur haftendes Kapital zuzuführen, oder von einer weiteren Finanzierung abzusehen und die Gesellschaft dadurch in die Liquidation zu zwingen.[594] Entsprechend muß er auch hier den Einwand geltend machen können, er habe keine Möglichkeit gehabt, die den Eintritt der Krise begründenden Umstände zu erkennen. Dies gilt um so mehr angesichts der grundsätzlichen Finan-

---

Hingabe eines Darlehens angesprochen, vgl. *BGH*, NJW 1992, 1764: „Will der Gesellschafter einer GmbH seine der Gesellschaft in der Krise gewährte oder belassene Leistung nicht als Eigenkapitalersatz gelten lassen, so ist es regelmäßig an ihm darzulegen, warum er ausnahmsweise keine Möglichkeit gehabt haben will, den Eintritt der Gesellschaftskrise zu erkennen“. In *BGH*, NJW-RR 1990, 290 (291) heißt es: „Der tragende Grund für die Qualifizierung von Gesellschafterleistungen als eigenkapitalersetzend ist nach dieser Rechtsprechung sowohl bei der ersten Gewährung als auch bei ihrem späteren Stehenlassen der gleiche: Muß der Gesellschafter erkennen, daß die Gesellschaft in Zukunft ohne seine Hilfe nicht mehr lebensfähig ist, so muß er ihr entweder seine weitere Unterstützung versagen und dadurch die Liquidation der Gesellschaft herbeiführen oder er hat, wenn er sich zur Fortsetzung seiner Hilfe entschließt, diese der Gesellschaft auf eigene Gefahr zu belassen, bis ihr Stammkapital wieder nachhaltig gedeckt ist.

591 Vgl. *Lutter/Hommelhoff*, §§ 32a/b Rdnr. 5; *Rowedder*, in: Rowedder, § 32a Rdnr. 25; *Haas*, in: Gottwald, § 92 Rdnr. 233; *Eichele*, S. 28, 142; *Hommelhoff*, in: Gerkan/Hommelhoff, Rdnr. 2.23; *Reiner*, in: FS *Boujong*, 1996, S. 425 (451, FN 149); *Koller*, in: FS *Hensius*, 1991, S. 357 (374); *Schäfer*, ZHR 162 (1998), 232; *K Schmidt*, in: Scholz, §§ 32a, 32b Rdnr. 44, lehnt ein solches Tatbestandsmerkmal zwar ab, meint aber, daß „bei Gewährung eigenkapitalersetzender Darlehen ... diese Kenntnis regelmäßig vorhanden“ sei.

592 Vgl. *BGHZ* 127, 336 (344).

593 Vgl. *BGH*, ZIP 1997, 1375 (1376); *K Schmidt*, in: Scholz, §§ 32a, 32b Rdnr. 31; *Schulze-Osterloh*, in: Baumbach/Hueck, § 32 a Rdnr. 2; *Haas*, in: Gottwald, § 92 Rdnr. 228; *Habersack*, ZHR 162 (1998), 201 (204 f.); *ders.* ZHR 1997, 457 (467 ff.); *Oppenländer*, GmbHR 1998, 505 (506).

594 Nach *Barth*, S.98, soll es dabei nicht auf eine positive Entscheidung des Gesellschafters für eine Finanzierung durch Darlehen trotz Vorliegen einer Krise ankommen. Diese könne der Gesellschafter nämlich nur dann treffen, wenn er auch positive Kenntnis von der Krise habe. Vielmehr sei das Unterlassen einer Entscheidung zwischen Zufuhr von haftendem Kapital

zierungsfreiheit des Gesellschafters. Für einen Verstoß gegen die ausnahmsweise Beschränkung dieser Freiheit durch das Kapitalersatzrecht kann der Gesellschafter nur verantwortlich gemacht werden, wenn er den Grund für diese Beschränkung, nämlich die Krise der Gesellschaft, kannte oder erkennen konnte.

Bei der Frage, unter welchen Voraussetzungen man von der Kenntnis oder Kenntnismöglichkeit des Gesellschafters ausgehen kann, werden keine hohen Anforderungen gestellt. Anders als zum Beispiel bei der Aktiengesellschaft, wo von dem Leitbild des Anlagegesellschafters ausgegangen wird, der kein laufendes Informationsrecht innehat und nach § 131 AktG nur auf der Hauptversammlung Auskunft verlangen kann, ging der Gesetzgeber bei der GmbH davon aus, daß deren Gesellschafter in der Regel unternehmerisches Interesse haben und hat diese mit einer starken Stellung ausgestattet. So besteht für den GmbH-Gesellschafter aufgrund seines individuellen (§ 51 a GmbHG) und kollektiven Informationsrechtes (§ 46 Nr. 6 GmbHG) die Möglichkeit, sich jederzeit einen Überblick über die wirtschaftlichen Verhältnisse der Gesellschaft zu verschaffen.[595] Entsprechend der Rechtsprechung des ***Bundesgerichtshofs*** zum Stehenlassen eines Gesellschafterdarlehens wird man annehmen können, daß das Bestehen der Kenntnismöglichkeit von der Krise die Regel darstellt und der Gesellschafter für deren Fehlen die Beweislast zu tragen hat.[596] Er kann sich daher im Interesse des Gläubigerschutzes auch nicht darauf berufen, er habe sich nicht um die finanzielle Situation seines Unternehmens gekümmert.[597] Allein dem Kleingesellschafter wird über § 32 a Abs. 3 S. 2 GmbHG ein Recht auf unternehmerisches Desinteresse zugestanden.[598]

Zusammenfassend bedeutet das vorstehend Gesagte, daß die Kenntnis des Gesellschafters von den die Verstrickung begründenden Umständen indiziert ist. Es findet quasi eine Beweislastumkehr statt. Dem Gesellschafter ist es möglich, sich zu entlasten, indem er darlegt und notfalls beweist, warum er die Krise der Gesellschaft nicht erkennen konnte und folglich nicht wußte, daß er eine Entscheidung darüber zu treffen hatte, ob er eine liquidationsreife Gesellschaft fortführen wollte.[599]

---

und der Liquidation der Gesellschaft, die er durch Verweigerung weiterer und den Abzug bereits vorhandener Gesellschafterhilfen erzwingen könne. Ähnlich auch der *BGH*,, in: *BGHZ* 127, 336 (345): „Vielmehr wird von dem Gesellschafter in dieser Situation eine echte Finanzierungsentscheidung, wenn auch mit der Maßgabe erwartet, daß auch ihr zurechenbares Unterlassen zu einer Umqualifizierung früher gewährter Kredithilfen in Eigenkapitalersatz führen kann."

595 Vgl. *Haas*, in: Gottwald, § 92 Rdnr. 233.

596 Vgl. *BGHZ* 127, 336 (347); *BGH*, NJW 1996, 722 (723).

597 Vgl. *BGH*, ZIP 1992, 616 (617).

598 Vgl. *Barth*, S. 102 ff.; *Westermann*, DZWiR 2000, 1 (3); *Hirte*, ZInsO 1998, 147 (153).

599 Vgl. *Eichele*, S. 29.

2. Subjektive Voraussetzungen des *wrongful trading*

Zur Beantwortung der Frage, wann der jeweilige Adressat hätte wissen müssen, daß die *insolvent liquidation* unvermeidbar war, legt der englische Gesetzgeber, unter Berücksichtigung der individuellen Fähigkeiten des Adressaten, einen objektiven Maßstab an.[600] Nach s 214 I.A. 1986 muss der jeweilige Adressat sich so verhalten, wie eine „reasonably diligent person having both the general knowledge, skill and experience that may reasonably be expected of a person carrying out the same functions as are carried out by that director in relation to the company and the general knowledge, skill and experience that that director has".

Von Bedeutung ist zunächst, daß der englische Gesetzgeber in s 214 I.A. 1986 einen objektiven Maßstab an die Fähigkeiten des Adressaten anlegt. Die Einführung eines solchen objektiven Kriteriums stellt eine Kehrtwende in der englischen Rechtsprechung dar. Das englische Gesellschaftsrecht war in der Vergangenheit traditionell nachsichtig, wenn es um den von Geschäftsführern zu erwartenden Standard ging.[601] Weiterhin ist von Bedeutung, daß das ergänzende subjektive Kriterium, welches auf die Qualifikation des einzelnen Adressaten abstellt, den objektiven Maßstab im Einzelfall nach oben korrigieren soll.[602] Es stellt damit eine Ausnahme von dem in s 214 (4) (a) I.A. 1986 normierten *objective test* dar, der allein auf das Verhalten eines ordentlichen Geschäftsführers in der Situation des Adressaten abstellt.

Einen ersten Schritt in diese Richtung stellte die Entscheidung des *Court of Appeal* in der Sache *Dorchester Finance Co. v. Stebbing*[603] dar. Dort argumentierte der vorsitzende *Foster J*, daß das englische Recht von einem *director* zwar verlange, daß dieser bezüglich seiner Geschäftsführung nur die Sorgfalt in eigenen Angelegenheiten walten lassen müsse, diese aber nicht geringer sein dürfe als die Sorgfalt, die „an ordinary man might be expected to take on his own behalf". *Gower* führt hierzu aus: „This is an objective test and one pitched at a reasonably high level, since presumably an ordinary man will be diligent in the promotion of his own affairs".[604] Dieser Ansatz blieb nicht ohne Kritik. So wird argumentiert, der objektive

---

600 Vgl. *Milman/Durrant*, S. 230; *Norman v. Theodore Goddard* [1991] B.C.L.C. 1028.

601 Vgl. *Romer J*, in: *Re City Equitable Fire Insurance Co. Ltd.* [1925] 1 Ch. 407: „A director need not exhibit in the performance of his duties a greater degree of skill than may reasonably be expected from a person of his knowledge and experience". *Hicks*, (1993) 14 Coy Lawyer 16: „If the members appoint a second-rate board, then they cannot demand a high standard of management from those directors".

602 Vgl. *Milman/Durrant*, S. 230; *Hicks*, (1993) 14 Coy Lawyer 16; *Pryce-Brown*, (2000) 21 Coy Lawyer 300 (302); *Wheeler*, (1993) J.B.L. 256; *Clark*, (1999) 27 S.L.T. 239; *Mc Kenzie*, J.R. 1995, 519 (525); a.A. *Wardman*, (1994) 15 B.L.R. 71.

603 [1989] B.C.L.C. 498.

604 *Gower/Davies*, S. 642.

Test mit seinem subjektiven Korrektiv benachteilige den erfahrenen *director*. Erfahrene und besonders qualifizierte Personen würden durch diesen dualen Standard von der Aufnahme einer *directorship* abgeschreckt. Bereits amtierende Direktoren würden von Weiterbildungsmaßnahmen und dem Erwerb zusätzlicher Qualifikationen abgehalten.[605] Der objektivierende Ansatz von s 214 (4) I.A. 1986 manifestierte sich dann endgültig in der Entscheidung der *Chancery Division* des *High Court of Justice* in Sachen *Re Produce Marketing Consortium (in liquidation) (No.1)*.[606] Dort lehnte das Gericht es ab, als Maßstab innerhalb von s 214 I.A. 1986 Kriterien aus anderen Vorschriften heranzuziehen, die auf das Verhalten des jeweiligen Adressaten abstellen. Dabei hatte sich der Beklagte insbesondere auf s 727 (1) C.A. 1985 berufen. Diese Vorschrift stellt einen *director*, der wegen einer Sorgfaltspflichtverletzung oder Verletzung einer treuhänderischen Pflicht in Anspruch genommen wird, ganz oder teilweise von der Haftung frei, wenn dieser sich „honestly and reasonably" verhalten hat. Seit dieser Entscheidung haben die englischen Gerichte wiederholt den objektiven Charakter der Vorschrift in verschiedenen Entscheidungen bestätigt.[607]

Der jeweils anzulegende Maßstab ist unter Berücksichtigung aller Umstände des Einzelfalls zu bestimmen. Die Gerichte nehmen, wie zum Beispiel die erstinstanzliche Entscheidung in Sachen *Re Produce Marketing Consortium Ltd. (No. 2)*[608] zeigt, bei der Interpretation dieser Richtschnur auf den Zuschnitt der betreffenden Gesellschaft bedacht.[609] Die an den Adressaten gestellten Anforderungen seien „much less extensive in a small company in a modest way of business, with simple accounting procedures and equipment, than it will be in a large company with sophisticated procedures".[610] Demnach wird von Direktoren einer weitverzweigten Gesellschaft mit einer besonders risikoreichen Geschäftstätigkeit ein höheres Maß an Sachverstand und Sorgfalt verlangt als von dem Direktor eines kleinen Familienunternehmens. Allerdings gelten auch für letztgenannte bestimmte Minimalanforderungen: Kein Direktor kann sich darauf berufen, wegen zu spät erstellter Bilanzen nichts von der bedrohlichen finanziellen Lage der Gesellschaft gewußt zu

---

605 Vgl. *Clark*, (1999) 27 S.L.T. 239 (241); *Roach*, (1999) 20 B.L.R. 51.

606 [1989] 1 W.L.R. 745, Ch. D.; bestätigt auch in *Re DKG Contractors Ltd.* [1990] B.C.C 903; vgl. Anhang 2. Eine ähnliche Entscheidung basierend auf vergleichbaren Vorschriften findet sich auch in der neuseeländischen Rechtsprechung; vgl. *Vinyl Processors v. Cant* [1991] 2 N.Z.L.R. 416.

607 Vgl. *Re DKG Contractors Ltd.* [1990] B.C.C. 903; *Re Purpoint Ltd.* [1991] B.C.L.C. 491, Ch. D.; vgl. Anhang 2.

608 [1989] B.C.L.C. 520; Ch. D.; vgl. Anhang 2.

609 Vgl. *Goode*, S. 471; *Bourne*, (1995) B.L.R 79 f.

610 *Re Produce Marketing Consortium Ltd. (No. 2)*, [1989] B.C.L.C. 520 (550), Ch. D.; vgl. Anhang 2.

haben.[611] Darüber hinaus stellt sich die Spruchpraxis der englischen Gerichte jedoch uneinheitlich dar. Einerseits entschied *Knox J* in *Re Produce Marketing Consortium Ltd. (No. 2)*[612], daß Direktoren wegen *wrongful trading* belangt werden können, wenn sie wußten, daß ihre Gesellschaft in zwei aufeinanderfolgenden Jahren Verluste verbuchen mußte, deren Umsatz rückgängig war und deren Verbindlichkeiten das Aktivvermögen überstiegen.[613] Andererseits hat *Vinelott J* in *Re Purpoint Ltd.*[614] eine insolvenzrechtliche Haftung abgelehnt, obwohl die betreffende Gesellschaft hoffnungslos unterkapitalisiert war.[615]

Der Adressat kann sich auch nicht darauf berufen, daß er sich nicht um die Belange der Gesellschaft gekümmert habe. Dies ist insbesondere von Bedeutung bei der Inanspruchnahme eines *non-executive director.* In Haftungsfragen zeigen sich die englischen Gerichte sehr zurückhaltend, wenn es darum geht, zwischen *executive-* und *non-executive director* zu unterscheiden. Die einheitliche Haftung dieser beiden Organe wurde in der Entscheidung *Dorchester Finance Co. v. Stebbing*[616] begründet. Das Gericht gab in diesem Fall einer Klage statt, durch welche zwei *non-executive directors* für eine Sorgfaltspflichtverletzung des *executive director* mithaften sollten. Diese hatten sich laut Sachverhalt nur sporadisch in den Geschäftsräumen ihrer Gesellschaft blicken lassen und ihre Tätigkeit darauf beschränkt, in der Abwesenheit des *executive director* ausgehende Schecks zu zeichnen. Ihre Haftbarkeit für die Sorgfaltpflichtverletzung des geschäftsführenden Direktors wurde besonders auf ihre Qualifikation als vereidigte Buchprüfer gestützt. Als solche hätten sie den laufenden Geschäften der Gesellschaft mehr Aufmerksamkeit zollen müssen. Zwar hätte in diesem Fall auch ein einheitlicher, objektiver Standard genügt, um die *non-executive directors* haften zu lassen, doch ist fraglich, ob das subjektive Korrektiv der s 214 (4) I.A. 1986 den Besonderheiten der *non-executive directorship* Rechnung trägt. Die Rolle des *non-executive director* unterscheidet sich stark von der ihrer *executive counterparts*. Sie entspricht etwa der des Bei- oder Aufsichtsrats im deutschen Gesellschaftsrecht. Ihre Aufgabe ist es, die Tätigkeit der geschäftsführenden Direktoren zu überwachen und die Interessen der Gesellschafter zu wahren. Berücksichtigt man, daß *non-executive directors* häufig gerade aufgrund ihrer besonderen Qualifikation in ihr Amt gewählt werden, so birgt der duale Standard von s 214 (4) I.A. 1986 ein hohes Haftungsrisiko. So argumentiert *Park J* in *Re The Continental Assurance Company of London plc. (in*

---

611 Vgl. *DKG Contractors Ltd.* [1990] B.C.C. 903; *Farrar/Hannigan*, S. 739; *Milman/Durrant*, Rdnr. 12-48.

612 [1989] B.C.L.C. 520, Ch. D.; vgl. Anhang 2.

613 Vgl. *Pennington*, S. 261 f.; *Bourne*, (1995) B.L.R. 79 f.; *Campbell*, C.L.R. 1989, 68 (73).

614 [1991] B.C.L.C. 491, Ch. D.; vgl. Anhang 2.

615 Vgl. *Cooke/Hicks*, (1993) J.B.L. 338 (341); *Milman/Durrant*, Rdnr. 12-47.

616 [1989] B.C.L.C. 498.

liquidation)[617]: „I cannot refrain from remarking that, if the non executive directors were liable to pay millions of pounds to the liquidators in this case, it is hard to imagine any well-advised person ever agreeing to accept an appointment as a non-executive director of any company". Andererseits erhöht eine solche gesteigerte Verantwortlichkeit auch das Engagement, mit dem ein *non-executive director* sein Amt wahrnimmt. Ein *non-executive director*, der damit rechnen muß für die Pflichtverletzungen seines exekutiven Partners mitzuhaften, wird dessen Aktivitäten sorgsamer überwachen als derjenige, der im Falle einer Verfehlung nichts zu befürchten hat. Außerdem sind bei der Geltendmachung eines Anspruchs wegen *wrongful trading* hohe Anforderungen an den Anspruchsinhaber gestellt. Dieser muß ein präzises Datum benennen, zu dem der Anspruchsgegner positive Kenntnis bzgl. der Unvermeidbarkeit der *insolvent liquidation* hatte oder zu dem er Kenntnis hätte haben müssen.[618]

Schließlich soll noch erwähnt werden, daß s 214 I.A. 1986 keine Erfolgshaftung statuiert. Direktoren und Schattendirektoren steht nach s 214 (3) I.A. 1986 der Nachweis offen, daß sie jeden möglichen Schritt unternommen haben, um den Schaden für die Gläubiger der Gesellschaft so gering wie möglich zu halten.[619] Unklar ist jedoch, wie sich Adressaten der Vorschrift verhalten sollen, um sich zu exkulpieren. Aus den bisherigen Entscheidungen der Englischen Gerichte zu s 214 I.A. 1986 läßt sich kein Leitfaden für betroffene Direktoren gewinnen, doch hat die Literatur zu diesem Thema einen umfassenden Maßnahmenkatalog aufgestellt.[620] Danach sollte ein Direktor sobald er erkennt, daß sein Unternehmen auf die Insolvenz zusteuert, frühzeitig professionelle außenstehende Beratung einholen, sicherstellen, daß die Buchhaltung auf dem neuesten Stand ist und möglicherweise die Eröffnung des Insolvenzverfahrens beantragen. Darüber hinaus, sollte er seinem Standpunkt gegenüber den anderen Direktoren Gehör verschaffen und diese auf die wirtschaftliche Situation aufmerksam machen.[621] Nach allgemeiner Auffassung genügt es jedenfalls nicht, wenn der betreffende Direktor einfach von

617 [2001] B.P.I.R. 733, Ch. D.; vgl. Anhang 2.

618 Vgl. *Re Sherborne Associates Ltd.* [1995] B.C.C. 40; *Walters*, (2001) 6 Ins Lawyer 211 (214); vgl. auch Anhang 2.

619 Vgl. s 214 (3) I.A. 1986: "The court shall not make a declaration under this section with respect to any person if it is satisfied that after the condition specified in subsection (2)(b) was first satisfied in relation to him that person took every step with a view to minimising the potential loss to the company's creditors as (assuming him to have known that there was no reasonable prospect that the company would avoid going into insolvent liquidation) he ought to have taken."

620 Vgl. zum Beispiel den 12-Punkte-Katalog von *Goode*, S. 209 f., den Leitfaden des *Institute of Directors*, auszugsweise abgedruckt in B.L.R. 1991, 78 (79), oder auch *Bailey*, S. 421 f.

621 Vgl. *Campbell*, C.L.R. 1989, 68 (75).

seinem Amt zurücktritt.[622] Auch das Einstellen jeglicher Geschäftstätigkeit allein wird als nicht ausreichend gewertet.[623]

3. Rechtsvergleichende Würdigung

a) Unterschiede

Wie bei den zuvor untersuchten Tatbestandsmerkmalen hat der deutsche Gesetzgeber auch bei der Normierung subjektiven Voraussetzungen des § 32 a GmbHG auf ein starres Regel-Ausnahme-Verhältnis zurückgegriffen. Nach dem Wortlaut des § 32 a Abs. 1 GmbHG ist innerhalb der Vorschrift kein Raum für subjektive Voraussetzungen auf Seiten des Adressaten. Durch die Einführung des Sanierungsprivilegs (§ 32 a Abs. 3 S. 3 GmbHG) normierte der Gesetzgeber dann aber einen Ausnahmetatbestand. Ein weiteres subjektives Tatbestandsmerkmal ist zwar nicht gesetzlich normiert, aber in Rechtsprechung und Literatur – zumindest für den Fall des stehengelassenen Darlehens – allgemein anerkannt. Im Fall der Darlehensgewährung in der Krise ist umstritten, ob subjektive Voraussetzungen in der Person des Darlehensgebers erfüllt sein müssen. Folgt man der Meinung, die einen solchen subjektiven Tatbestand bejaht, so soll das Darlehen nur dann verstrickt werden, wenn der Gesellschafter eine Finanzierungsentscheidung getroffen hat und Kenntnis von der Krise der Gesellschaft hatte oder haben mußte.

Das englische Recht geht den subjektiven Tatbestand von s 214 I.A. 1986 in einer anderen, flexibleren Weise an. Der Adressat haftet von vornherein nur wegen *wrongful trading*, wenn er wußte oder wissen mußte, daß die *insolvent liquidation* unvermeidbar war. Als Maßstab für die Fähigkeiten des Anspruchsgegners wird auf eine dualen Standard, bestehend aus objektiven und subjektiven Elementen, abgestellt.

Aus diesen unterschiedlichen formalen Ansätzen resultiert auch eine materielle Differenz in den Anforderungen an den jeweiligen Adressaten. Vereinfacht lautet der Tenor von § 32 a GmbHG: Jeder Gesellschafter haftet, es sei denn er kann nachweisen, daß er von der Krise keine positive Kenntnis hatte oder er diese nicht kennen mußte. Während in Deutschland also eine Beweislastumkehr zulasten des Gesellschafters stattfindet und aufgrund dessen gesetzlicher Informationsrechte die Kenntnis von der Krise vermutet wird, trifft in England die Beweislast den *liquidator*. Dieser muß einen präzisen Zeitpunkt, den *predicition point*, benennen, zu dem der Adressat positive Kenntnis von der Unvermeidbarkeit der Insolvenz hatte oder zumindest haben mußte. Der Tenor von s 214 I.A. 1986 lautet also vereinfacht:

622 Vgl. *Goode*, S. 210; *Hicks*, (1993) 14 Coy Lawyer, 55 (57); *Campbell*, C.L.R. 1989, 68 (76); *Lingard*, S. 21.

623 Vgl. *Campbell*, C.L.R. 1989, 68 (76).

Der Adressat haftet nur, wenn der *liquidator* ihm positive Kenntnis der Unvermeidbarkeit der Insolvenz nachweist oder diese ihm bekannt sein mußte.

Darüber hinaus steht dem Adressaten von s 214 I.A. 1986 der Nachweis offen, daß er nach dem *prediction point* jeden möglichen Schritt unternommen hat, die Verluste der Gesellschaftsgläubiger so gering wie möglich zu halten. Gelingt ihm dies, so bleibt er von der Haftung frei. Eine solche Exkulpation ist dem Kapitalersatzrecht fremd.

b) Gemeinsamkeiten

Beide Normenkomplexe, Kapitalersatzrecht und *wrongful trading*, setzen positive Kenntnis oder Kennenmüssen der drohenden Insolvenz auf Seiten ihres jeweiligen Adressaten voraus. Was in Deutschland unter dem Begriff der „Finanzierungsentscheidung" zusammengefaßt wird, ergibt sich bei der Haftung wegen *wrongful trading* aus s 214 (2) (b) I.A. 1986. Bei dem an den Adressaten anzulegenden Maßstab stellen beide Rechtsordnungen auf die Umstände des Einzelfalls ab. So ist konsentiert, daß der Umfang des Geschäftsbetriebs der jeweiligen Gesellschaft in eine Beurteilung mit einfließen muß. Weiterhin wird den Adressaten von s 214 I.A. 1986 und Kapitalersatzrecht – mit Ausnahme des nur geringfügig Beteiligten gem. § 32 a Abs. 3 S. 2 GmbHG – kein Recht auf unternehmerisches Desinteresse zugestanden. Sie können sich nicht darauf berufen, sich nicht um die Belange der Gesellschaft gekümmert zu haben. Exemplarisch für diese Adressatengruppe ist in Deutschland der nicht unternehmerisch beteiligte Gesellschafter und in England der *non-executive director.*

c) Ergebnis

Im Ergebnis haben sich die auf den ersten Blick gravierenden Unterschiede in den Formulierungen von § 32 a Abs. 1 GmbHG und s 214 (2) (b) I.A. 1986 nur als zwei formal verschiedene Herangehensweisen herausgestellt. Der deutsche Gesetzgeber hat hier, ebenso wie bei der Normierung des persönlichen Anwendungsbereichs der Vorschrift, ein starres Regel-Ausnahme-Prinzip gewählt. Subjektive Voraussetzungen auf Seiten des Gesellschafters sind in § 32 a Abs. 1 GmbHG nicht vorgesehen. In diesen Damm der Objektivität werden immer wieder Breschen geschlagen. So hat der nur geringfügig beteiligte Gesellschafter ein Recht auf unternehmerisches Desinteresse. Bei ihm wird davon ausgegangen, daß er von der Krise der Gesellschaft keine Kenntnis hatte. Gesellschafter, deren Beteiligung die Schwelle der Geringfügigkeit überschreitet, sollen nach im Vordringen befindlicher Ansicht in Literatur und Rechtsprechung zumindest den Nachweis erbringen können, daß die Krise der Gesellschaft ihnen nicht bekannt war und sie diese auch nicht erkennen mußten. Diese Formulierung hat der englische Gesetzgeber unmittelbar in den Tatbestand von s 214 I.A. 1986 aufgenommen. Das Ergebnis ist also, bis auf die Beweislastverteilung, in England und Deutschland übereinstimmend.

Ob die innerhalb von s 214 I.A. 1986 gewählte Beweislastverteilung der Vorschrift zum Vorteil gereicht, ist zweifelhaft. Der Nachweis der positiven Kenntnis oder des Kennenmüssens der Unvermeidbarkeit der *insolvent liquidation* ist für einen *liquidator* – nicht nur in finanzieller Hinsicht – mit hohem Aufwand verbunden und wird immer wieder als einer der Gründe genannt, warum eine Inanspruchnahme wegen *wrongful trading* in der Praxis nur selten erfolgt.

VII. Rechtsformübergreifendes Prinzip

1. Das Kapitalersatzrecht als rechtsformübergreifendes Prinzip

Die Regeln über kapitalersetzende Darlehen gelten zunächst unmittelbar nur für die Gesellschafter einer GmbH. Für das Recht der Personengesellschaften erfolgt eine Anwendung über die §§ 129 a, 172 a HGB. Danach erstreckt sich das Eigenkapitalersatzrecht auf diejenigen Personenhandelsgesellschaften, die über keine natürliche Person als Gesellschafter oder, im Fall der Kommanditgesellschaft, als Komplementärin verfügen, wie z. B. die GmbH & Co. KG.[624] Bei diesen Personengesellschaften stehen den Gläubigern keine natürlichen Personen, die für die Gesellschaftsschulden unbeschränkt haften, zur Verfügung. Nach dem Wortlaut von §§ 129 a, 172 a HGB fallen nicht die Gesellschafter der OHG oder die Komplementäre der KG in den persönlichen Anwendungsbereich des Kapitalersatzrechts, sondern die an ihnen beteiligten Gesellschafter oder Mitglieder. Dem liegt, so *Habersack*,[625] der Gedanke zugrunde, daß die Gesellschafter der OHG und die Komplementäre der KG ohnehin für die Gesellschaftsschulden unbeschränkt haften und damit ihre Einbeziehung in den Kreis der Adressaten des Kapitalersatzrechts die Stellung der Gesellschaftsgläubiger nicht verbessern würde.[626] Die überwiegende Meinung geht daher davon aus, daß nur ein beschränkt haftender Gesellschafter den Grundsätzen über kapitalersetzende Darlehen unterworfen werden muß.[627] Diese Ansicht sieht sich jedoch dem Vorwurf ausgesetzt, daß die unbeschränkte Haftung diese Grundsätze nicht zu ersetzen vermag. Der spezifische, aus der Gesellschafterfremdfinanzierung entstehende Schaden wird von der unbeschränkten Haftung nicht ausgeglichen. Dies kann nur eine Verstrickung des Gesellschafterdarlehens für die Dauer der Krise.[628]

---

624 Vgl. *Habersack*, ZHR 162 (1998), 201 (212); Zum Anwendungsbereich auf weitere Gesellschaftsformen *K Schmidt*, in: MünchKommHGB, § 172 a Rdnr. 4.

625 Vgl. *Habersack*, ZHR 162 (1998), 201 (212).

626 Vgl. auch *K Schmidt*, in: MünchKommHGB, § 172 a Rdnr. 25 m.w.N..

627 a.A. *K Schmidt*, JZ 1985, 304.

628 Vgl. *K Schmidt*, in: MünchKommHGB, § 172 a Rdnr. 4.

In die gleiche Richtung geht die Frage, ob gesetzestypische Personenhandelsgesellschaften, d.h. solche, deren Komplementär oder Gesellschafter eine natürliche Person ist, in den Anwendungsbereich des Kapitalersatzrechts fallen. Auch hier steht die überwiegende Ansicht auf dem Standpunkt, daß diese Gesellschaftsformen nicht den Regeln über eigenkapitalersetzende Gesellschafterdarlehen unterliegen.[629] Eine abweichende Ansicht vertritt *K. Schmidt* indem er auch hier die These zugrunde legt, das Eigenkapitalersatzrecht diene vor allem der Abgrenzung von Eigen- und Fremdkapital in der Krise. Er sieht in den Eigenkapitalersatzregeln allgemeine Finanzierungsregeln.[630] Dieser Ansicht ist nur im Ergebnis zu folgen. Wie bereits zuvor ist allein maßgeblich, ob durch den Ausschluß von Personenhandelsgesellschaften mit natürlichem Komplementär aus dem Anwendungsbereich des Kapitalersatzrechts den Drittgläubigern ein Nachteil entsteht. Und wie zuvor lautet die Antwort auch hier, daß allein die Verstrickung eines Gesellschafterdarlehens durch das Eigenkapitalersatzrecht adäquaten Schutz vor den negativen Folgen der Gesellschafterfremdfinanzierung bietet.

Es ist heute allgemein konsentiert, daß die Regeln über eigenkapitalersetzende Gesellschafterhilfen dem Grundsatz nach auch auf den Aktionär entsprechend anzuwenden sind.[631] Unterschiede zum GmbH-Recht ergeben sich hinsichtlich des persönlichen Anwendungsbereichs der Kapitalersatzregeln. Wie bereits dargelegt,[632] ist durch Inkrafttreten des KapAEG und des KonTraG im GmbH-Recht erst jüngst der persönliche Anwendungsbereich des Kapitalersatzrechts eingeschränkt worden. Zuvor ging die ganz überwiegende Ansicht davon aus, daß Adressat des Kapitalersatzrechts jeder Gesellschafter ungeachtet der Höhe seiner Beteiligung oder seiner Motivation sei.[633] Im Bereich eigenkapitalersetzender Aktionärsdarlehen hingegen ist bereits seit dem BuM-Urteil des II. Zivilsenats des *Bundesgerichtshofs* aus dem Jahr 1984 anerkannt, daß der persönliche Anwendungsbereich dort nur denjenigen Aktionär erfaßt, der mit seiner Beteiligung ein unternehmerisches Interesse verfolgt.[634] Nach Auffassung des Senats ist hiervon regelmäßig bei einem Aktienbesitz von mehr als 25 % des Grundkapitals auszugehen. „Bei einer darun-

---

629 Vgl. *BGHZ* 112, 31 (38); *Habersack*, ZHR 162 (1998), 201 (213); *ders.*, in: Staub, § 129 a Rdnr. 6; *Baumbach/Hopt*, § 129 a Rdnr. 2; *Rümker*, ZGR 1988, 494 (511); *Habersack*, ZHR 162 (1998), 201 (213).

630 Vgl. *K Schmidt*, in: MünchKommHGB, § 172 a Rdnr. 5; *ders.*, in: Scholz, §§ 32a,b Rdnr. 22.

631 Vgl *BGHZ* 90, 381 (390 ff); *Junker* ZHR 1992, 394 (400), *Hüffer* § 57; Rdnr 16 ff.; *Habersack* ZHR 1998, 201 (215); *Schwark*, JZ 1984, 1031 (1037).

632 Siehe S. 96 ff.

633 So die wohl ganz überwiegende Ansicht, vgl etwa *BGHZ* 105, 168 (175 f), *OLG Celle*, NZG 1999, 75 (76); *Gerkan*, ZGR 1997, 173 (179); *Ulmer*, in: Hachenburg, §§ 32a, b Rdnr. 37; *Habersack* ZHR 1998, 201 (204); *Baumbach/Hueck* § 32a Rdnr. 19; *K Schmidt*, in: Scholz, § 32 a Rdnr. 30; *Rowedder*, in: Rowedder § 32 a Rdnr. 30; *Roth!Altmeppen* § 32 a Rdnr. 6; *Fleck*, FS *Werner*, 1984, 5. 122 f. a.A. aber *Lutter/Hommelhoff* §§ 32a/b GmbHG Rdnr. 56.

634 *BGHZ* 90, 381 ff.

terliegenden aber nicht unbeträchtlichen Beteiligung kann ein Gesellschafterdarlehen als haftendes Kapital einzustufen sein, wenn die Beteiligung in Verbindung mit weiteren Umständen dem Gläubiger Einfluß auf die Unternehmensleitung sichert und er ein entsprechendes unternehmerisches Interesse erkennen läßt".[635] Als Begründung für diese Einschränkung verwies der Senat auf die unterschiedliche Stellung des GmbH-Gesellschafters und des Aktionärs. So hätten die Aktionäre weder die Befugnis zur Erteilung von Weisungen in Fragen der Geschäftsführung noch ein Informationsrecht. Auch die Bindung des Aktionärs an die Gesellschaft unterscheide sich von der des Gesellschafters an die GmbH. Insbesondere beim Aktionär einer Publikumsgesellschaft überwiege regelmäßig das Interesse an einer günstigen Kapitalanlage über das Interesse an einer unternehmerischen Betätigung.[636]

Das Abstellen auf eine fixe Beteiligungshöhe erweist sich – wie auch schon im Rahmen des § 32 a Abs. 3 S. 2 GmbHG – als zu unflexibel, um eine unternehmerische Beteiligung festzustellen. *Habersack* verweist zu Recht darauf, daß angesichts der im Schnitt geringen Präsenz bei Hauptversammlungen großer Publikumsgesellschaften, bereits eine Beteiligung unter 25 % unter Umständen das Bestehen eines Abhängigkeitsverhältnisses i.S.d. § 17 Abs. 1 AktG begründen könne.[637] Andererseits, so *Habersack*, sei die sog. „kleine AG" vom Gesetzgeber für mittelständische Unternehmen als eine Alternative zur Rechtsform der GmbH gedacht und unterscheide sich daher in puncto Selbstidentifizierung des Gesellschafters mit dem von der Gesellschaft betriebenen Unternehmen in nichts von einer typischen GmbH. Vor diesem Hintergrund sei eine unterschiedliche Ausgestaltung der Finanzierungsfolgeverantwortung in beiden Rechtsformen nicht zu rechtfertigen.[638] Der persönliche Anwendungsbereich der Regeln über den Eigenkapitalersatz lasse sich daher nicht anhand einer festen Beteiligungsquote messen, sondern es sei im Einzelfall festzustellen, ob der Aktionär die Krise der Gesellschaft hätte erkennen können und ob er damit eine ihm zurechenbare Finanzierungsentscheidung getroffen habe.[639] Anders als im Rahmen des § 32 a Abs. 3 S. 2 GmbHG ist die Beteiligungsschwelle für den Ausschluß des Aktionärs aus dem Adressatenkreis des Kapitalersatzrechts nicht gesetzlich normiert. Der Gesetzgeber hat laut Regierungsbegründung zum KapAEG eine Befreiung für sogenannte Zwerganteile im Aktienrecht wegen der dort geltenden „klaren (Beteiligungs-) Schwelle" von 25 % für entbehrlich gehalten. Aufgrund der bestehenden Rechtssicherheit bestünde – so der Gesetzgeber – im Aktienrecht anders als im GmbH-

---

635 *BGHZ* 90, 381 (388).
636 Vgl. *Habersack*, ZHR 162 (1998), 201 (216).
637 Vgl. *BGHZ* 69, 334 (337); *BGH*, WM 1997, 967 (970); *Habersack* ZHR 1998, 201 (215).
638 Vgl. *Habersack* ZHR 1998, 201 (216).
639 Vgl. *Habersack* ZHR 1998, 201 (219).

Recht kein Regelungsbedarf.[640] Es besteht also keine dem § 32 a Abs. 3 S. 2 GmbHG entsprechende Norm, die systemkonform ausgelegt und in das Kapitalersatzrecht eingepaßt werden müßte. Ob man den Grad an Verantwortung, Wissensvorsprung und realer Einflußmöglichkeit, die notwendig ist, um die Anwendung des Kapitalersatzrechts zu rechtfertigen, anhand eines festen Mindestschwellenwertes messen sollte, ist fraglich.[641] Ebenso fraglich ist, bei welcher Höhe dieser ansetzen sollte. Eine Übernahme der 10 %-Schwelle des § 32 a Abs. 3 S. 2 GmbHG für die Aktiengesellschaft würde zwar zu einer Vereinheitlichung des rechtsformübergreifenden Kapitalersatzrechts beitragen, ließe allerdings die rechtsformspezifischen Eigenheiten der AG außer Betracht. Angesichts der breiten Kritik am Kleinbeteiligungsprivileg empfiehlt es sich daher, die dort begangenen Fehler zu vermeiden und von einer fixen gesetzlich normierten Quote abzusehen. Stattdessen sollte unter Berücksichtigung von mitunternehmerischer Verantwortung und Vermögensbeteiligung des jeweiligen Aktionärs eine Einzelfallbewertung vorgenommen werden.

2. Das *wrongful trading* als rechtsformübergreifendes Prinzip

S 214 I.A. 1986 selbst gibt keine Auskunft darüber, auf welche Rechtsformen die Haftung wegen *wrongful trading* anwendbar ist. Aufschlußreicher ist ein Blick auf die systematische Stellung der Vorschrift.[642] Diese ist angesiedelt im *Insolvency Act 1986*, welcher das gesamte Insolvenzrecht für natürliche Personen und rechtsformübergreifend für sämtliche Gesellschaftsformen enthält. Innerhalb des *Insolvency Act 1986* ist s 214 I.A. 1986 Bestandteil des *Part IV*, der sich mit dem „Winding Up of Companies Registered Under the Companies Act“ auseinandersetzt. Grundsätzlich ist s 214 I.A. 1986 daher auf Mitglieder sämtlicher Gesellschaftsformen unter dem *Companies Act 1985* anwendbar. Gem. s 1 C.A. 1985 gehören hierzu die *public company limited by shares*, die *private company limited by shares*, die *private company limited by guarantee and without a share capital*, die *private unlimited company having a share capital* und die *private unlimited compay not having a share capital*. Rechtstheoretisch handelt es sich also bei der Haftung wegen *wrongful trading* um ein rechtsformübergreifendes Prinzip. In der Rechtspraxis stellt sich die Situation allerdings anders dar. Bis zum heutigen Tag waren insgesamt sechs auf einen Anspruch aus s 214 I.A. 1986 gestützte Klagen vor den eng-

640 Vgl. BT-Drucks 13/7141, S. 11 f.
641 So aber wohl *Haas*, in: Gottwald, § 93 Rdnr. 13.
642 Siehe hierzu ausführlich S. 81 ff.

lischen Gerichten erfolgreich.[643] In all diesen Fällen handelte es sich bei der insolventen Gesellschaft um eine *private company limited by shares*. Von den übrigen 25 Entscheidungen, in denen eine Haftung wegen *wrongful trading* diskutiert wurde, betreffen 20 eine *private company limited by shares*[644] und zwei eine Gesellschaft in der Rechtsform der *public company limited by shares*.[645] Die verbleibenden drei Entscheidungen setzten sich mit ausländischen Gesellschaften auseinander.[646]

3. Rechtsvergleichende Würdigung

Das Kapitalersatzrecht in Deutschland gilt unmittelbar nur für die Rechtsform der GmbH. Eine Ausweitung seines Anwendungsbereichs auf die Personengesellschaften erfolgt über die §§ 129 a, 172 a HGB, auf die Aktiengesellschaft über eine analoge Anwendung der §§ 57, 62 AktG. Sowohl für die Personen- als auch für die Aktiengesellschaft haben sich Besonderheiten herausgebildet. Auch haben die

---

643 *Re Produce Marketing Consortium Ltd. (No. 2)* [1989] B.C.L.C. 520, Ch. D.; *Re DKG Contractors Ltd.* [1990] B.C.C. 903; *Re Purpoint Ltd.* [1991] B.C.L.C. 491, Ch. D; *Re Fairmont Tours (Yorkshire) Ltd.* (unveröffentlicht) erwähnt in Insolvency Law and Practice 1996, 12; *Re Brian D Pierson (Contractors) Ltd.* [1999] B.C.C. 26, Ch. D.; *Official Receiver v. Doshi* [2001] 2 B.C.L.C. 235, Ch. D.; vgl. Anhang 2.

644 *Re Keypack Homecare Ltd.* [1987] B.C.L.C. 409; *Re a Company (No. 005009 of 1987), ex p. Cropp and another* [1989] B.C.L.C. 13, D.C.; *Re Mc Bacon Ltd.* [1991] Ch. 127, Ch. D.; *Re Hydrodan (Corby) Ltd. (In Liquidation)* [1994] 2 B.C.L.C. 180, Ch. D.; *R v. Millard* C.A. (unveröffentlicht) erwähnt in [1994] Crim. L.R. 146; *Re GrayanBuilding Services Ltd. (in liq.)* [1995] Ch. 241, C.A.; *Re PFTZM Ltd.* [1995] 2 B.C.L.C. 354, Ch. D.; *Re Sherborne Associates Ltd.* [1995] B.C.C. 40; *Burgoine and another v. Waltham Forest London Council and another* (Transcript), 95 L.G.R. 520; *Re Living Images Ltd.* [1996] 1 B.C.L.C. 348, Ch. D.; *Secretary of State for Trade and Industry v. Laing and others* [1996] 2 B.C.L.C. 324, Ch. D.; *Secretary of State for Trade and Industry v. Blake and others* [1997] 1 B.C.L.C. 728; *Re Farmizer (Products) Ltd.* [1997] 1 B.C.L.C. 589, C.A.; *Ward (liquidator of Span Technology Ltd.) v. Sellors and others* C.A., 27 October 1997 (Transcript); *Re TLL, Secretary of State for Trade and Industry* v. *Collins and others* Ch. D., 27. November 1998 (Transcript); *Re Leading Guides International Ltd. (in liq.)* [1998] 1 B.C.L.C. 620; *Re Sykes (Butchers) Ltd. (in liq.)*; *Secretary of State for Trade and Industry v. Richardson and another* [1998] 1 B.C.L.C. 110; *Re Oasis Merchandising Service Ltd.* [1998] Ch. 170, C.A.; *Hughes and another v. Beckett and others* C.A., 6 April 1998 (Transcript); *Liquidator of Marini Ltd. v. Dickensen* [2003] E.W.H.C. 334, Ch.D.; vgl. Anhang 2.

645 *Re Chancery plc.* [1991] B.C.L.C. 712; *Re The Continental Assurance Company of London plc. (in liquidation), Re* [2001] B.P.I.R. 733, Ch. D.; vgl. Anhang 2.

646 *International Westminster Bank plc. v. Okeanos Maritime Corporation* [1987] 3 All E.R. 137; *Re Latreefers Inc.* [1999] 1 B.C.L.C. 271; Ch. D.; *Re Howard Holdings Inc.* [1998] B.C.C. 549, Ch. D.; vgl. Anhang 2.

durch das KapAEG und das KonTraG im GmbH-Recht eingeführten Einschränkungen des persönlichen Anwendungsbereichs des Kapitalersatzrechts noch keinerlei Auswirkungen auf die Personen- und Aktiengesellschaft gezeigt. Von einem einheitlichen rechtsformübergreifenden Institut ist das Kapitalersatzrecht daher in puncto Rechtssicherheit und Einheitlichkeit noch weit entfernt. Die Haftung wegen *wrongful trading* hat demgegenüber den Vorteil, daß sie durch ihre systematische Stellung im *Insolvency Act 1986* von vornherein nicht auf eine bestimmte Rechtsform festgelegt ist. Sie richtet sich an die Mitglieder sämtlicher unter dem *Companies Act 1985* inkorporierten Gesellschaftsformen, und zwar unabhängig davon, ob diese mit ihrem Vermögen beschränkt oder unbeschränkt haften. In der Rechtspraxis findet sich jedoch eine nahezu ausschließliche Anwendung des *wrongful trading* in Insolvenzverfahren über das Vermögen von *private companies limited by shares*. Allerdings spricht dieser statistische Wert nicht gegen das *wrongful trading* als – auch in der Praxis – rechtsformübergreifendes Haftungsprinzip. Die geringe Zahl der Fälle, in denen eine *public company* involviert war, entspricht vielmehr dem zahlenmäßigen Verhältnis zwischen *private* und *public companies*.[647]

VIII. Rechtsfolgen

1. Die Rechtsfolgen des Kapitalersatzrechts

Das Kapitalersatzrecht kompensiert die negativen Folgen der Gesellschafterfremdfinanzierung in erster Linie durch zwei Rechtsfolgen. Hat der Gesellschafter auf seine Darlehensforderung vor Stellung eines Antrags auf Eröffnung des Insolvenzverfahrens über das Vermögen seiner Gesellschaft Rückzahlungen erhalten und dadurch die den Drittgläubigern zur Verfügung stehende Haftungsmasse geschmälert, können diese Rückzahlungen gem. § 135 InsO angefochten werden. Das Erlangte ist gem. § 143 InsO an die Masse zurückzugewähren. Allerdings ist eine Anfechtung wegen Befriedigung eigenkapitalersetzender Gesellschafterleistungen nur innerhalb einer Jahresfrist möglich.

Hat der Gesellschafter die eigenkapitalersetzende Gesellschafterleistung vor Eintritt der Insolvenz stehen lassen, kann er seinen Anspruch auf Rückgewähr im Insolvenzverfahren nur gem. § 32 a Abs. 1 GmbHG i.V.m. § 39 Abs. 1 Nr. 5 InsO geltend machen. Der Anspruch des Gesellschafters auf Rückgewähr der eigenkapitalersetzenden Leistung ist danach im Rang nach den übrigen Forderungen der Insolvenzgläubiger zu befriedigen.[648]

---

647 Siehe hierzu auch S. 5 f.

648 Vgl. *Haas*, in: Gottwald, § 92 Rdnr. 241.

Eine weitere Besonderheit bestehen hinsichtlich der Rechtsfolgen gem. §§ 32 a Abs. 2, 32 b GmbHG bei gesellschafterbesicherten Drittdarlehen. Darunter versteht man Kredite, die von dritter Seite an die Gesellschaft ausgereicht und von einem ihrer Gesellschafter durch etwa Bürgschaft, Grundpfandrechte oder Sicherungsübereignung abgesichert werden.[649] Sobald das Insolvenzverfahren über das Vermögen der schuldnerischen Gesellschaft eröffnet ist, hat der darlehensgebende Dritte gem. § 32 a Abs. 2 GmbHG zunächst Befriedigung aus der vom Gesellschafter gestellten Sicherheit zu suchen. Reicht der aus der Verwertung der Sicherheit erzielte Erlös hierzu nicht aus, kann er den Restbetrag, mit dem er in der Verwertung ausgefallen ist, zur Insolvenztabelle anmelden. Somit ist der Dritte in der Insolvenz der Gesellschaft zwar nicht nachrangiger Gläubiger, kann aber nach § 32 a Abs. 2 GmbHG nur den Betrag als Insolvenzforderung anmelden, mit dem er bei der Inanspruchnahme der Sicherung oder des Bürgen ausgefallen ist.[650] Steht dem Darlehensgeber sowohl eine Sicherheit der Gesellschaft sowie eine Sicherheit des Gesellschafters zur Verfügung, muß der Darlehensgeber nach überwiegender Ansicht[651] nicht zuerst auf die Gesellschaftersicherheit zurückgreifen, sondern kann sich auch aus der Gesellschaftssicherheit befriedigen.[652] Hat die Gesellschaft das durch den Gesellschafter besicherte Darlehen im letzten Jahr vor dem Antrag auf Eröffnung des Insolvenzverfahrens oder nach diesem Antrag durch Rückzahlung oder Verwertung einer von ihr gestellten Sicherheit abgelöst, muß der Gesellschafter den Betrag bis zur Höhe der von ihm gestellten Sicherheit der Gesellschaft nach § 32 b GmbHG erstatten.[653] Weil der Erstattungsanspruch nach § 32 b GmbHG anfechtungsrechtlicher Natur ist,[654] verjährt er entsprechend § 146 InsO zwei Jahre nach Eröffnung des Insolvenzverfahrens.[655] Hat der Dritte den Gesellschafter aus der gestellten Sicherheit in Anspruch genommen, steht diesem gegen die Gesellschaft grundsätzlich ein Regreßanspruch, z.B. gem. § 774 BGB, § 1143 BGB, zur Verfügung. Auch dieser ist jedoch den Beschränkungen des § 32 a GmbHG unterworfen und ist i.S.d. § 39 Abs. 1 Nr. 5 InsO im Rang nach den übrigen Forderungen der Insolvenzgläubiger zu befriedigen.[656]

---

649 Vgl *Gerkan/Hommelhoff*, 8.139 ff; *Haas*, in: Gottwald, § 92 Rdnr. 242.

650 Vgl. *Haas*, in: Gottwald, § 92 Rdnr. 242.

651 *BGH*, NJW 1985, 858 (859); 1992, 1166 (1167); *Hueck/Fastrich*, in: Baumbach/Hueck, § 32a Rdnr. 70.

652 Vgl. *Haas*, in: Gottwald, § 92 Rdnr. 242.

653 Vgl. *Haas*, in: Gottwald, § 92 Rdnr. 242.

654 Vgl *BGHZ* 123, 289 (291 ff); ZIP 1994, 31; *Eckard*, EWiR 1999, 175 (176).

655 Vgl. *Haas*, in: Gottwald, § 92 Rdnr. 242.

656 Vgl *Hueck/Fastrich*, in: Baumbach/Hueck, § 32 a Rdnr. 58; *K Schmidt* ZIP 1999, 1821 (1824); *Haas*, in: Gottwald, § 92 Rdnr. 242.

2. Die Rechtsfolgen des *wrongful trading*

Die Rechtsfolgen des *wrongful trading* finden sich in den sections 214 (1), 215 I.A. 1986. Gem. s 214 (1) I.A. 1986 kann das Gericht den Gegner eines Anspruchs aus *wrongful trading* verurteilen, einen in seinem Ermessen stehenden Betrag, die *financial contribution*, an die Masse zu zahlen („may declare that that person is to be liable to make such contribution to the company's assets as the court thinks proper"). S 215 (4) I.A. 1986 stellt dem Gericht u.a. darüber hinaus anheim, Forderungen des Anspruchsgegners gegen die insolvente Gesellschaft im Rang hinter die Forderungen der ungesicherten Drittgläubiger zurückzustufen („may direct that the whole or any part of any debt owed by the company to that person and any interest thereon shall rank in priority after all other debts owed by the company and after any interest on those debts"). Das breite Ermessensspektrum, das der Gesetzgeber dem Gericht in s 214 (1) I.A. 1986 eingeräumt hat, wirft die Frage auf, wonach sich die Höhe der *contribution* bemißt. Dabei ist zunächst fraglich, welcher Natur der Ersatzanspruch ist. In Betracht kommt dabei neben einem rein kompensatorischen auch ein poenaler Charakter, ähnlich den *punitive damages* im amerikanischen Recht. Es handelt sich hierbei um Schadensersatz mit in erster Linie strafendem (*punitive* oder *penal*) Charakter.[657] Zugebilligt werden diese Ersatzansprüche allerdings nicht im Straf-, sondern im Zivilprozeß.[658] In der deutschen Rechtsordnung hat sich hierfür die Bezeichnung „Strafschadensersatz" eingebürgert.[659] Würde man einen solchen poenalen Charakter bejahen, läge es nahe, die Höhe der *contribution* gem. s 214 (1) I.A. 1986 anhand der Vorwerfbarkeit des individuellen Fehlverhaltens des Adressaten zu bemessen. Seit der Entscheidung *Re Produce Marketing Consortium Ltd. (No. 2)*[660] aus dem Jahr 1989 ist aber allgemein anerkannt, daß die gem. s 214 (1) I.A. 1986 zu leistende *contribution* kompensatorischen und nicht poenaler Natur ist.

In Rechtsprechung und Literatur wird überwiegend davon ausgegangen, daß sich die Höhe der *contribution* nach der Gesamtsumme der nach dem *decision point* i.S.d. s 214 (2) (b) I.A. 1986 – also nach dem Zeitpunkt, zu dem der Adressat von der Unvermeidbarkeit der Insolvenz wusste oder wissen musste – begründeten Verbindlichkeiten der insolventen Gesellschaft bemißt.[661] Einschränkend wird teilwei-

---

657 Vgl. *Merkt*, S. 72.

658 Vgl. *Rosengarten*, S. 30.

659 Vgl. BVerfGE 91, 335 (335); *Siehr*, RIW 1991, 705 (706).

660 [1989] B.C.L.C. 520 (554), Ch. D.; *Knox J*: „In my judgment the jurisdiction under section 214 is primarily compensatory rather than penal." Zu dem zugrunde liegenden Sachverhalt vgl. bereits S 75 f.

661 Vgl. *Re Produce Marketing Consortium Ltd., Re (No. 2)* [1989] B.C.L.C. 520 (554), Ch. D.; *Re The Continental Assurance Company of London plc. (in liquidation)* [2001] B.P.I.R. 733, Ch. D.; *Milman/Durant*, S. 233; *Ellington*, (1991) 12 Coy Lawyer 25 f.; *Walters*, (2001) 6 I.L.J. 211 (214); vgl. Anhang 2.

se vertreten, daß diese Verbindlichkeiten allerdings nur insoweit zugrunde gelegt werden können, als sie mit dem rechtswidrigen Verhalten des Anspruchsgegners in direktem Zusammenhang stehen.[662] Dies hätte z.B. zur Folge, daß Verbindlichkeiten, die nicht aus Vertrag, sondern aus Delikt resultieren, nicht berücksichtigt würden. Nach Auffassung von *Knox J* in *Re Produce Marketing Consortium Ltd. (No. 2)* ist eine solche Einschränkung jedoch nicht mit der Intention des Gesetzgebers vereinbar: „Parliament has indeed chosen very wide words of discretion and it would be undesirable to seek to spell out limits on that discretion ... The fact that there was no fraudulent intent is not of itself a reason for fixing the amount at a nominal or low figure, for that would amount to frustrating what I discern as Parliament's intention in adding section 214 to section 213 in the Insolvency Act 1986".[663] Es bleibt also zu untersuchen, wie die englischen Gerichte von ihrem Ermessensspielraum Gebrauch gemacht haben. Insgesamt liegen bis zum heutigen Tag sechs Entscheidungen vor, in denen ein Gericht dem Anspruch eines *liquidator* auf Zahlung einer *contribution* aus s 214 I.A. 1986 stattgegeben hat.[664]

Die erste positive Entscheidung über einen Anspruch aus *wrongful trading* stammt aus dem Jahr 1989. Es handelt sich um das Urteil der *Chancery Division* des *High Court of Justice* unter Vorsitz von *Knox J* in der Sache *Re Produce Marketing Consortium Ltd. (No. 2)*.[665] Aufgrund ihres präjudiziellen Charakters gilt sie noch heute als wegweisend.[666] Bei den Anspruchsgegnern handelte es sich um die alleinigen Gesellschafter-Geschäftsführer der insolventen *Produce Marketing Consortium Ltd.* Das Gericht gab der Klage des *liquidator* auf Zahlung einer *contribution* gem. s 214 I.A. 1986 statt und verurteilte die Gesellschafter gesamtschuldnerisch T£ 75,0 an die Masse zu zahlen. Im Innenverhältnis zwischen den beiden Gesamtschuldnern sah es *Knox J* als gerechtfertigt an, einem der Gesellschafter einen Betrag von T£ 50,0 aufzuerlegen. Dieser entsprach der Höhe nach einer Bürgschaft, mit welcher dieser Gesellschafter ein Darlehen der Hausbank der insolventen Ge-

---

662 Vgl. *Re The Continental Assurance Company of London plc. (in liquidation)* [2001] B.P.I.R. 733, Ch. D.; *Walters*, (2001) 6 I.L.J. 211 (214); vgl. Anhang 2.

663 [1989] B.C.L.C. 520 (554), Ch. D.; vgl. Anhang 2.

664 *Re Produce Marketing Consortium Ltd. (No. 2)* [1989] B.C.L.C. 520, Ch. D.; *Re DKG Contractors Ltd.* [1990] B.C.C. 903; *Re Purpoint Ltd.* [1991] B.C.L.C. 491, Ch. D; *Re Fairmont Tours (Yorkshire) Ltd.* (unveröffentlicht) erwähnt in Insolvency Law and Practice 1996, 12; *Re Brian D Pierson (Contractors) Ltd.* [1999] B.C.C. 26, Ch. D.; *Official Receiver v. Doshi* [2001] 2 B.C.L.C. 235, Ch. D.; vgl. Anhang 2.

665 [1989] B.C.L.C. 520 (554), Ch. D.; vgl. außerdem Anhang 2.

666 Richterliche Entscheidungen sind im *common law* Bereich von fundamentaler Bedeutung und bilden einen wichtigen Faktor der Rechtsfortbildung sowie eine Hauptquelle für die Formulierung von Rechtsgrundsätzen. Präzedenzentscheidungen werden als normativ bezüglich der in ihnen enthaltenen Grundsätze und Regeln angesehen, wobei sie gegenüber einer Regel, die in einem Parlamentsgesetz oder einer Verordnung enthalten ist, nachrangig sind.

sellschaft abgesichert hatte.[667] *Knox J* führte zum Umfang der zu leistenden *contribution* aus: „Prima facie the appropriate amount that a director is declared to be liable to contribute is the amount by which the company's assets can be discerned to have been depleted by the director's conduct which caused the discretion under subsection (i) to arise".[668]

Die zweite Entscheidung über einen Anspruch aus *wrongful trading* stammt aus dem Jahr 1990. Es handelt sich um ein Urteil der *Chancery Division* des *High Court of Justice* unter dem Vorsitz von *Weekes J* in Sachen *Re DKG Contractors Limited.*[669] Der Sachverhalt stellt sich wie folgt dar: Die Gesellschaft, welche ein Bauunternehmen betrieb, wurde im Jahr 1986 gegründet und ging im Dezember 1989 in *insolvent liquidation.* Eine ordentliche Finanzbuchhaltung in Form von Jahresabschlüssen wurde nie erstellt. Bei Eröffnung der *insolvent liquidation* war die Gesellschaft Forderungen in Höhe von insgesamt T£ 224,0 ausgesetzt. Die Beklagten, ein Ehepaar, waren die alleinigen Gesellschafter-Geschäftsführer der *DKG Contractors Limited.* Der Ehemann hatte der Gesellschaft Baumaschinen und von ihm beschäftigte Arbeitskräfte überlassen. Im Jahr 1988 geriet die Gesellschaft in wirtschaftliche Schwierigkeiten. Verschiedene Zwangsvollstreckungsversuche von Drittgläubigern verliefen fruchtlos. In den letzten zehn Monaten vor der *liquidation* ließ sich der Ehemann insgesamt über T£ 417,0 aus dem Vermögen der Gesellschaft auszahlen. Er machte geltend, diese Zahlungen seien auf Forderungen aus Überlassung von Baumaschinen und Personal an die Gesellschaft erfolgt. Das Gericht verurteilte die Beklagten gesamtschuldnerisch zur Zahlung von T£ 417,0.[670]

Im selben Jahr erging mit *Re Purpoint Ltd.*[671] eine weitere – in der Literatur weit weniger beachtete – Entscheidung der *Chancery Division* des *High Court of Justice* über einen Anspruch aus s 214 I.A. 1986. Der Beklagte hielt in diesem Fall die Hälfte der Stammeinlagen an einer im Jahr 1985 erworbenen Vorratsgesellschaft, der *Purpoint Ltd.*, deren *director* er war. Zum Erwerb der Betriebs- und Geschäftsausstattung nahm die Gesellschaft ein Darlehen in Höhe von T£ 5,0 bei einer Bank auf. Bereits Ende des Jahres 1986 hatte die Gesellschaft Steuerrückstände in Höhe von T£ 20,0. Im Januar 1987 wurde der Geschäftsbetrieb vollständig und auf Dauer eingestellt. Im Mai 1987 ging die Gesellschaft dann in *insolvent liquidation.* Der nicht durch Eigenkapital gedeckte Fehlbetrag betrug zu diesem Zeitpunkt T£ 63,0. Das Gericht unter Vorsitz von *Vinelott J* verurteilte den Beklagten zur Zahlung eines Betrags in Höhe der Gesamtverbindlichkeiten der insolventen Gesellschaft.

667 Vgl. *Jacobs*, (1989) 8 I.B.L 22 (24); *Halls*, J.L.S.S. 1989, 429 ff; (1990) J.B.L. 249 (253).
668 *Re Produce Marketing Consortium Ltd. (No. 2)* [1989] BCLC 520 (553), Ch. D.; vgl. Anhang 2.
669 [1990] B.C.C. 903.
670 Vgl. *Poole*, (1991) 10 I.B.F.L. 1991, 9 (11); (1991) 4 Insolv. Int., 21 ff.
671 [1991] B.C.L.C. 491, Ch. D.; vgl. Anhang 2.

Im Jahr 1998 gab die *Chancery Division* des *High Court of Justice* in Sachen *Re Brian D Pierson (Contractors) Ltd.*[672] erneut einer Klage eines *liquidator* wegen *wrongful trading* statt. Bei den Beklagten handelte es sich um ein Ehepaar, das gemeinsam sämtliche Anteile an der insolventen *Brian D Pierson Ltd.* hielt. Seit dem Jahr 1991 wiesen die Jahresabschlüsse der Gesellschaft regelmäßig einen nicht durch Eigenkapital gedeckten Fehlbetrag von rd. T£ 500,0 aus. Die Gesellschafter hatten sich gegenüber den kreditgebenden Banken selbstschuldnerisch verbürgt. Nachdem sie von dem Kreditinstitut aus der Bürgschaft in Anspruch genommen worden waren, machten die Gesellschafter ihren Revalierungsanspruch gegen die *Brian D Pierson Ltd.* geltend und hielten sich bei dieser schadlos. Die Gesellschaft ging in *insolvent liquidation* und der *liquidator* nahm die Gesellschafter u.a. wegen *wrongful trading* in Anspruch. Das Gericht verurteilte die Gesellschafter zur Zahlung von T£ 260,0, was er Höhe nach den Zahlungen der *Brian D Pierson Ltd.* an ihre Gesellschafter entsprach.

Die jüngste positive Entscheidung über einen Anspruch aus *wrongful trading* erging im Jahr 2001 in Sachen *Official Receiver v. Doshi.*[673] Der zugrunde liegende Sachverhalt wurde bereits zuvor erläutert.[674] Die *Chancery Division* des *High Court of Justice* unter Vorsitz von *Hart J* verurteilte den Gesellschafter zur Zahlung eines Betrags in Höhe der nach dem *decision point* begründeten Verbindlichkeiten.[675]

Es kann also festgehalten werden daß die englischen Gerichte bei der Bezifferung der zu zahlenden *contribution* auf die Höhe der nach dem *decision point* begründeten Verbindlichkeiten abstellen. Allerdings zeigt bereits die Entscheidung *Re Produce Marketing Consortium Ltd.*[676], daß s 214 I.A. 1986 keinen umfassenden Schadensersatz bietet, die Vorschrift also nicht rein kompensatorischer Natur sein kann. *Knox J* stellte in der Urteilsbegründung fest, daß nach dem maßgeblichen Zeitpunkt neue Verbindlichkeiten in Höhe von T£ 92,0 begründet wurden. Wäre der Anspruch ein reiner Schadensersatzanspruch, hätte die *contribution* in dieser Höhe festgestellt werden müssen. Stattdessen wählte *Knox J* jedoch einen Betrag in Höhe von T£ 75,0, der sich – zumindest teilweise – an der Höhe der von einem Gesellschafter geleisteten Bürgschaft orientierte.[677] Auch bei den Entscheidungen *Re DKG Contractors Limited*[678] und *Brian D Pierson (Contractors) Ltd.*[679] berücksichtigten die Gerichte Rückzahlungen auf gewährte Gesellschafterdarlehen oder

672 [1999] B.C.C. 26, Ch. D.; vgl. Anhang 2.
673 [2001] 2 B.C.L.C. 235, Ch. D; vgl. Anhang 2.
674 Siehe S. 125.
675 Vgl. *Walters*, (2001) 6 I.L.J. 211 (214).
676 [1989] B.C.L.C. 520; vgl. Anhang 2.
677 Vgl. (1990) J.B.L. 249 (254).
678 [1990] B.C.C. 903; vgl. Anhang 2.
679 [1999] B.C.C. 26, Ch. D.; vgl. Anhang 2.

Zahlungen auf Forderungen der Gesellschafter für von ihnen gewährte entgeltliche Nutzungsüberlassungen. Einzig in der Entscheidung *Re Purpoint Ltd.*[680] verurteilte das Gericht die Gesellschafter-Geschäftsführer zum Ersatz des gesamten den ungesicherten Drittgläubigern entstandenen Schadens.[681] Von der Möglichkeit, Forderungen der Gesellschafter gegen die insolvente Gesellschaft gem. s 215 (4) I.A. 1986 zu subordinieren, haben die Gerichte bisher keinen Gebrauch gemacht.

3. Rechtsvergleichende Würdigung

Die Rechtsfolgen von Kapitalersatzrecht und *wrongful trading* könnten bezüglich ihrer gesetzlichen Normierung unterschiedlicher nicht sein. Das Kapitalersatzrecht gibt dem Rechtsanwender genau vor, wie Gesellschafterdarlehen und gleichzustellende Leistungen in der Insolvenz zu behandeln sind und wie hierauf erfolgte Zahlungen rückgängig gemacht werden können. Es kennt nur zwei Rechtsfolgen: Subordination und Rückgewähr, wobei letztgenannte der Höhe nach auf die tatsächlich an den Gesellschafter ausgezahlten Beträge beschränkt ist. Die Haftung wegen *wrongful trading* hingegen stellt die zu verhängende Sanktion vollständig in das Ermessen des über den Anspruch entscheidenden Gerichts. Dieses kann sowohl Ersatz für den Forderungsausfall der ungesicherten Drittgläubiger anordnen als auch Rückzahlungen auf gewährte Gesellschafterdarlehen rückgängig machen oder Forderungen des Adressaten gegen die Gesellschaft im Rang zurückstufen. Eine Erklärung für diese Diskrepanz liegt darin, daß das Kapitalersatzrecht auf die Risiken der Gesellschafterfremdfinanzierung „maßgeschneidert" ist, während die Haftung wegen *wrongful trading* eine Vielzahl vorinsolvenzlicher Risiken erfassen soll. Bezeichnend ist jedoch, daß drei von sechs der positiv durch Gerichte entschiedenen Fälle von *wrongful trading* eine Darlehenshingabe durch einen oder mehrere Gesellschafter zum Gegenstand hatten und Rückzahlungen auf hieraus resultierende Forderungen rückgängig gemacht wurden. Wäre auf diese Fälle das deutsche Kapitalersatzrecht angewandt worden, wäre die Entscheidung im Ergebnis nicht anders ausgefallen. Allerdings bleibt anzumerken, daß in den betreffenden Entscheidungen durch den *liquidator* neben dem Anspruch aus *wrongful trading* in der Regel noch Ansprüche wegen *fraudulent trading* sowie Anfechtungsansprüche geltend gemacht wurden und nicht eindeutig ersichtlich ist, inwiefern das Gericht bei der Berechnung des zu zahlenden Betrages auch auf diese zurückgegriffen hat.

680 [1991] B.C.L.C. 491, Ch. D.; vgl. Anhang 2.

681 Zu der Höhe der in der Entscheidung *Re Fairmont Tours (Yorkshire) Ltd.* (unveröffentlicht), erwähnt in Insolvency Law and Practice 1996, 12, festgesetzten *contribution* liegen keine Informationen vor; vgl. Anhang 2.

IX. Normzweck

Letzter Punkt der vergleichenden Untersuchung von Kapitalersatzrecht und *wrongful trading* ist der Normzweck der Vorschriften. Die zuvor verglichenen Tatbestandsmerkmale haben bereits angedeutet, daß es sich bei s 214 I.A. 1986 um eine insolvenzrechtliche Haftungsvorschrift handelt. Fraglich ist, welche Funktion sie im Gefüge der insolvenzrechtlichen Haftungsordnung einnimmt.

Für das Kapitalersatzrecht ist die Lage weniger eindeutig. Systematische Stellung und historischer Ursprung der Vorschriften scheinen auf eine gesellschaftsrechtliche Zuordnung hinzudeuten. Gelingt auch für das Kapitalersatzrecht der Nachweis, daß dieses in seiner Zielrichtung insolvenzrechtlich geprägt ist, wäre ein weiterer Schritt getan, eine Kongruenz von Kapitalersatzrecht und der Haftung wegen *wrongful trading* nachzuweisen. Beide wären Bestandteil der jeweiligen insolvenzrechtlichen Haftungsordnung. Der Unterschied zwischen beiden Regelungen läge dann im wesentlichen darin, daß die Vorschriften dieser insolvenzrechtlichen Haftungsordnungen unterschiedlich differenziert ausgestaltet sind. Während das Kapitalersatzrecht speziell auf die Risiken der Gesellschafterfremdkapitalfinanzierung zugeschnitten ist, erfaßt die Haftung wegen *wrongful trading* diese nur nebenbei. Der nachfolgende Abschnitt soll daher herausarbeiten, worin der Normzweck des Kapitalersatzrechts und der Haftung für *wrongful trading* liegt.

1. Der Normzweck des Kapitalersatzrechts

In der deutschen Rechtsordnung haftet der Gesellschafter nach den Vorschriften des Eigenkapitalersatzrechts für die negativen Folgen seiner Kreditierung. Die Frage ist jedoch, wodurch dieser besondere Verantwortungsbeitrag gerechtfertigt ist.

Das Spannungsfeld zwischen Gläubigerschutz und Finanzierungsfreiheit markiert den Ausgangspunkt aller Erklärungsversuche zum Normzweck des Kapitalersatzrechts, nämlich den Gedanken, daß ein Gesellschafter, sobald er erkennen muß, daß die Gesellschaft in Zukunft ohne seine Hilfe nicht mehr lebensfähig sein wird, ihr entweder seine weitere Unterstützung versagen und dadurch die Liquidation herbeiführen muß, oder, wenn er sich zur Fortsetzung seiner Hilfe entschließt, die Verantwortung für die, bereits dargestellten negativen Folgen seiner Finanzierung zu tragen hat.[682] Entwickelt wurde dieser Grundsatz in der Rechtsprechung, welche aus einer Anzahl von Einzelansätzen[683] eine gesellschafterliche Verantwortung für

---

682 Vgl. *BGHZ* 81, 252 (257).

683 Vgl. *BGHZ* 31, 258 (268 ff.); 67, 171 (174 f.); 75, 334 (336 f.); 76, 326 (329); zu diesen im einzelnen vgl. *Fastrich*, in: FS *Zöllner*, 1998, S. 143 (147).

eine ordnungsgemäße Unternehmensfinanzierung herausgestellt hat.[684] Dieser Grundsatz ist weithin auch vom Schrifttum übernommen worden[685] und wurde zunächst unter dem Begriff der Finanzierungsverantwortung zusammengefaßt.[686] Dieser sah sich jedoch dem Mißverständnis ausgesetzt, es gehe um ein Gebot, die Gesellschaft mit dem von ihr benötigten Kapital auszustatten,[687] weshalb heute überwiegend der Begriff der Finanzierungsfolgenverantwortung verwendet wird.[688] Diese Terminologie hat sich auch der *Bundesgerichtshof* zu eigen gemacht.[689]

Zieht man den Begriff der Finanzierungsfolgenverantwortung als Rechtsgrund für die Umqualifizierung von Gesellschafterdarlehen in haftendes Kapital heran, so stößt man bald an dessen Grenzen. Er vermag nicht zu erklären, weshalb nur der Gesellschafter für die negativen Folgen seiner Finanzierung Verantwortung übernehmen soll. Diese sind schließlich nicht beschränkt auf Gesellschafterdarlehen. Vielmehr gehen sie von jedem Darlehen unabhängig von der Rechtsstellung des Gebers aus.[690] Dem gesellschaftsfremden Dritten erlegt die deutsche Rechtsordnung jedoch keinen besonderen Verantwortungsbeitrag für seine Finanzierung auf, um die auf seine Kreditierung zurückgehenden negativen Folgen auszugleichen. Nach § 1 S. 1, 38 InsO gilt vielmehr mit Eintritt des Insolvenzfalls der Grundsatz der gemeinschaftlichen und anteiligen Befriedigung der Gläubiger aus dem Schuldnervermögen.[691] Dies hat zur Folge, daß bei der Verteilung des Erlöses aus der Verwertung der Masse[692] alle Insolvenzgläubiger gleich behandelt werden. Sie werden nach dem Verhältnis der Forderungsbeträge berücksichtigt, bekommen also einen Prozentsatz des ihnen zustehenden Betrages, die sog. „Quote", ausgezahlt. Eine Rangfolge gibt es dabei nur zwischen den „normalen" Insolvenzgläubigern (§ 38 InsO) und den nachrangigen Gläubigern (§ 39 InsO).[693]

Teilweise wird vertreten, daß dieser Gleichbehandlungsgrundsatz selbst schon dogmatisch als eine wechselseitige Ausgleichshaftung der Insolvenzgläubiger un-

---

684 So grundlegend *BGHZ* 90, 381 (389).

685 Vgl. statt aller *Hueck/Fastrich*, in: Baumbach/Hueck, § 32 a Rdnr. 3 m.w.N.

686 Vgl. *Ulmer*, in: Hachenburg, § 32 a ,b Rdnr. 8 m.w.N.

687 Vgl. *Ulmer*, in: Hachenburg, § 32 a ,b Rdnr. 8; *Goette*, ZHR 162 (1998), 223 (224); *Gerkan*, ZGR 1997, 173 (176).

688 Vgl. nur *Hueck/Fastrich*, in: Baumbach/Hueck, § 32 a Rdnr. 3; *Lutter/Hommelhoff*, § 32a/b Rdnr. 3 f.; *K Schmidt*, in: Scholz, §§ 32a, 32b Rdnr. 4; *Ulmer*, in: Hachenburg, § 32a, b Rdnr. 8; *Eichele*, S. 14 ff.

689 Vgl. *BGHZ* 127, 336 (344 f.).

690 Vgl. *Haas*, NZI 2001, 1 (2).

691 Vgl. *Haas*, NZI 2001, 1 (2); *Schmerbach*, in: FK-Inso, § 1 Rdnr. 13.

692 Gemeint ist hierbei die „Soll-Masse". Es wird also vorausgesetzt, daß die Aus- und Absonderungsrechte bereits berücksichtigt und daß auch die Massegläubiger befriedigt sind. Vgl. *Bork*, Rdnr. 189 ff.

693 Vgl. *Bork*, Rdnr. 301.

tereinander verstanden werden kann.[694] Bei dieser Haftung handele es sich um eine Sekundärhaftung: In erster Linie hafte die Insolvenzmasse den Gläubigern für die Erfüllung ihrer Insolvenzforderungen. Sekundär seien die Insolvenzforderungen ihrerseits dann aber im Verhältnis der Gläubiger untereinander einer gegenständlich beschränkten Haftung dafür unterworfen, daß alle Gläubiger aus der Masse befriedigt würden. Der daraus resultierende Abschlag, den jeder Gläubiger auf seine Forderung hinzunehmen habe, sei Ausdruck jener wechselseitigen Ausgleichshaftung, welche der Gläubiger aufgrund seines zuvor genommenen Einflusses auf das schuldnerische Vermögen und die Risikosituation der Mitgläubiger hinzunehmen hat.[695]

Selbst wenn man den Gläubigergleichbehandlungsgrundsatz so versteht, geht doch der nach dem Kapitalersatzrecht zu leistende Verantwortungsbeitrag weit darüber hinaus. Der Gesellschafter-Kreditgeber muß sich gem. § 39 Abs. 1 Nr. 5 InsO bei der Verteilung der Masse hinter den regulären Insolvenzgläubigern einreihen, obwohl die negativen Folgen von Gesellschafter- und Drittdarlehen identisch sind.

Unabhängig davon also, wie man den Grundsatz der gemeinschaftlichen Gläubigerbefriedigung deutet, bedarf der gegenüber dem Normalfall mit dem Kapitalersatzrecht verbundene „besondere" Verantwortungsbeitrag einer besonderen Rechtfertigung.[696]

a) Gesellschaftsrechtliche Ansätze zur Bestimmung des Normzwecks

Teilweise wird die Ansicht vertreten, die Verantwortung des Gesellschafters gegenüber seinen Mitgläubigern in Form des Kapitalersatzrechts ergebe sich aus spezifisch gesellschaftsrechtlichen Erwägungen.

aa) Zusammenhang zwischen dem Kapitalersatzrecht und der Haftungsverfassung des Unternehmensträgers

Diskutiert wird insbesondere ein Zusammenhang des Kapitalersatzrechts mit der Finanz- oder Haftungsverfassung des Unternehmensträgers. Die Finanzverfassung der GmbH besteht ähnlich der der Aktiengesellschaft aus unterschiedlichen Regelungsbereichen. So gehören zur Finanzverfassung der GmbH neben den Problemkreisen der Verwendung von Gewinnen und der Änderung des Stammkapitals auch die im HGB angesiedelten Vorschriften zur Rechnungslegung.[697] Zentrales Ele-

---

694 Vgl. *Häsemeyer*, KTS 1982, 507 ff.

695 Vgl. *Häsemeyer*, KTS 1982, 507 (528); *ders.*, Rdnr. 2.33.

696 Vgl. *Grunewald*, GmbHR 1997, 7 (9); *Reiner*, in: FS *Boujong*, 1996, 415 (422); *Fastrich*, in: FS *Zöllner*, 1998, 143 (147); *Haas*, NZI 2001, 1 (3).

697 Vgl. *Grunewald*, S. 110 ff.

ment sind jedoch die Vorschriften zur Kapitalsicherung.[698] Dies liegt darin begründet, daß diese die Kehrseite des in § 13 Abs. 2 GmbHG normierten Haftungsprivilegs bilden.[699] Eine solche Ausnahme des privat- und handelsrechtlichen Grundsatzes, daß derjenige, welcher als Einzelperson oder in Gemeinschaft mit anderen ein Geschäft betreibt für die daraus entstehenden Verpflichtungen haftet, ist nur gerechtfertigt, wenn die Aufbringung und Erhaltung eines die Gläubiger schützenden Haftungsfonds gewährleistet ist.[700]

Für einen Zusammenhang zwischen der Finanzverfassung der GmbH und dem Kapitalersatzrecht spricht auf den ersten Blick dessen Entwicklungsgeschichte. Die heutige Fassung der §§ 32 a, b GmbHG geht zurück auf eine Rechtsprechungslinie, welche ihren Ausgang in einer Einzelfallentscheidung im Jahr 1938 nahm und sich bis zum Jahr 1980 zu einem eigenen Rechtsinstitut fortentwickelte.[701] Obwohl als Fortschreibung des Richterrechts gedacht,[702] weisen die §§ 32 a, b GmbHG Unterschiede zu den Rechtsprechungsregeln sowohl in Verfahrenssituation und Tatbestand als auch in der Rechtsfolge auf. Abweichend von der Rechtslage nach den Rechtsprechungsregeln kann der Ersatzkapitalcharakter eines Gesellschafterdarlehens nach den Novellenregelungen nur innerhalb eines eröffneten Insolvenzverfahrens geltend gemacht werden.[703] Ansonsten ist der besondere Charakter des Darlehens ohne Bedeutung. Genau umgekehrt ist die Situation bei den Rechtsprechungsgrundsätzen, wonach der Ersatzkapitalcharakter jederzeit geltend gemacht werden kann, solange er besteht.[704] Schließlich ergeben sich Abweichungen auch in der Person des Anspruchstellers. Nach den §§ 32 a, b GmbHG kann der Rückgewähranspruch aus §§ 143, 135 InsO nur durch den Insolvenzverwalter geltend gemacht werden.[705] Nach den Rechtsprechungsregeln hingegen kann und muß der Geschäftsführer schon vor Insolvenzeröffnung und unabhängig von der insolven-

---

698 Vgl. *K Schmidt*, § 37 I, S. 1108.

699 Teilweise wird den §§ 19, 30 GmbHG aus diesem Grund sogar eine noch weitergehende Bedeutung zugeschrieben. Sie werden als „Grundpfeiler" oder als „Kernstück" des gesamten GmbH-Rechts bezeichnet, vgl. *RGZ* 168, 292 (297); *BGHZ* 28, 77 (78); *Rowedder*, in: Rowedder, § 30 Rdnr. 1; *Westermann*, in: Scholz, § 30 Rdnr. 1.

700 Vgl. *BGH*, ZIP 1996, 590; *BGHZ* 151, 181 ff.

701 Siehe hierzu bereits S. 76 ff.

702 Vgl. Begr. RegE, BT Drucks. 8/1347, S. 39: „Rechtsprechung und Schrifttum haben bisher die Rechtsfolgen für Gesellschafterdarlehen, die an Stelle einer gebotenen Eigenkapitalzuführung gewährt worden sind, nur auf allgemeine Grundsätze stützen können. Um insoweit eine eigene gesetzliche Grundlage zu schaffen und um bestehende Zweifelsfragen soweit wie möglich auszuräumen, wird in den §§ 32 a und 32 b eine besondere Regelung über Gesellschafterdarlehen vorgesehen".

703 Vgl. *Gehde*, S. 60.

704 Vgl. *BGHZ* 90, 370 (378); *Hueck/Fastrich*, in: Baumbach/Hueck, § 32 a Rdnr. 76; *Hommelhoff*, in: Gerkan/Hommelhoff, Rdnr. 1.18.

705 Zu den Auswirkungen der InsO auf das Kapitalersatzrecht vgl. *Noack*, in: FS *Claussen*, 1997, S. 307 (311).

zspezifischen Lage der Gesellschaft den Erstattungsanspruch und damit den Ersatzkapitalcharakter des Gesellschafterdarlehens geltend machen (§ 42 Abs. 3, §§ 30, 31 GmbHG analog). Die gravierendsten Unterschiede bestehen jedoch auf der Rechtsfolgenseite.[706] Die §§ 32 a, b GmbHG verstricken den Eigenkapitalersatz in seiner vollen Höhe,[707] also nicht bloß in dem Umfang, in dem er benötigt wird um den Eintritt oder die Vertiefung der Unterbilanz zu beseitigen.[708] Es kommt also nicht zu einer indirekten Erhöhung des Stammkapitals.[709] Den Rechtsprechungsregeln und den §§ 32 a, b GmbHG liegen aufgrund der divergierenden Rechtsfolgen zwei verschiedene Konzepte zugrunde. Erstere bezwecken einen Schutz des Stammkapitals als Betriebsmittel- und Haftungsfonds der Gesellschaft im Vorfeld des Insolvenzverfahrens. Ihr zeitlicher Anwendungsbereich ist also dem der Novellenregeln vorgelagert,[710] ihre Schutzrichtung ist präventiv.[711] Die schützende Vorsorge der Rechtsprechungsregeln trifft zunächst die Gesellschaft selbst. Die Gläubiger profitieren hiervon nur als Nebeneffekt, weil sie ein kollektives Interesse am Erhalt des Gesellschaftsvermögens besitzen. Außerdem ist der Schutz auf die Höhe des Stammkapitals beschränkt. Diese wird nicht überschritten und ist nicht daran orientiert, in welcher Höhe die Gesellschaftermittel tatsächlich Eigenkapitalfunktion wahrnehmen. Die Schutzrichtung der Novellenregeln hingegen ist reaktiv und richtet sich zuvörderst an die Gesellschaftsgläubiger.[712] Erst mit Eröffnung des Insolvenzverfahrens ist den Gesellschaftern eine Rückzahlung ihres Darlehens verwehrt und eine bereits erfolgte Rückzahlung nach den Vorschriften des Insolvenzrechts anfechtbar. Diese Unterschiede auf Tatbestands- und Rechtsfolgenseite verdeutlichen, daß das historische Argument eine Zugehörigkeit der Vorschriften betreffend die eigenkapitalersetzenden Gesellschafterdarlehen zum Gesellschaftsrecht nicht begründen kann. Obwohl Rechtsprechungs- und Novellenregeln heute nebeneinander angewandt werden,[713] sind sie nicht als zusammengehörig zu betrachten, sondern stellen voneinander unabhängige und selbständige Regelungskomplexe dar. Die Tatsache, daß die Rechtsprechungsregeln in Analogie zu den Vorschriften der Kapitalerhaltung entwickelt wurden, begründet sich allein

---

706 Vgl. *Küting/Kessler*, BB 1994, 2103 (2107).

707 Vgl. *Lutter/Hommelhoff*, §§ 32 a/b Rdnr. 92.

708 Vgl. *Lutter/Hommelhoff*, §§ 32 a/b Rdnr. 102.

709 Zur hiervon zu unterscheidenden direkten Erhöhung des Stammkapitals durch Einbringung eines Gesellschafterdarlehens als Sacheinlage vgl. *Priester*, in: FS *Stimpel*, 1985, S. 475 ff.

710 Vgl. *Lutter/Hommelhoff*, ZGR 1979, 31 (41).

711 Vgl. *Hommelhoff/Kleindiek*, in: FS GmbHG, 1992, S. 421 (429).

712 Vgl. *Gehde*, S. 60; *Hommelhoff/Kleindiek*, in: FS GmbHG, 1992, S. 421 (429).

713 Vgl. hierzu die Grundsatzentscheidung des *BGH*, im Nutzfahrzeug-Urteil *BGHZ* 90, 370 (378); *K. Schmidt*, in: Scholz, §§ 32a, 32b Rdnr. 13; *Ulmer*, in: Hachenburg, § 32 a, b Rdnr. 14; *Hueck/Fastrich*, in: Baumbach/Hueck, § 32 a Rdnr. 74; *Roth/Altmeppen*, § 32 a Rdnr. 40; *Lutter/Hommelhoff*, §§ 32 a/b Rdnr. 10; *Hommelhoff*, in: Gerkan/Hommelhoff, Rdnr. 1.2; zustimmend auch unter verfassungsrechtlichen Aspekten *Seidl*, ZGR 1988, 296 (312); *Hommelhoff*, ZGR 1988, 460 (478); *Wank*, ZGR 1988, 314 (378).

dadurch, daß diese mit Auszahlungsverbot und Rückzahlungsanspruch eine geeignete Rechtsfolge anboten.

Auch die systematische Stellung der §§ 32 a, b GmbHG im GmbH-Recht in unmittelbarer Nähe zu den Vorschriften der Kapitalerhaltung vermag einen Zusammenhang zwischen Finanzverfassung des Unternehmensträgers und Kapitalersatzrecht nicht zu begründen. Wie bereits dargestellt,[714] handelt es sich bei den § 32 a Abs. 1 und 3 GmbHG um den Grundtatbestand des Kapitalersatzrechts. Die außerhalb des GmbH-Rechts befindlichen Vorschriften sind sämtlich Rechtsfolgen dieses Tatbestandes. Es muß aber ebenfalls bemerkt werden, daß der Gesetzgeber im Bereich des Kapitalersatzrechts nicht systematisch gearbeitet hat.[715] Dies zeigt sich insbesondere daran, daß mit den §§ 32 a Abs. 2, 32 b GmbHG sinnvollerweise in die Anfechtungsvorschriften der Insolvenzordnung einzugliedernde Normen in das GmbH-Gesetz eingeordnet wurden. Aus diesem Grund ist es unangebracht, aus der systematischen Stellung der §§ 32 a, b GmbHG auf einen Zusammenhang zwischen Kapitalersatzrecht und Finanzverfassung des Unternehmensträgers zu schließen.

Auch ein inhaltlicher Zusammenhang zwischen Kapitalersatzrecht und den der Finanzverfassung der GmbH immanenten Vorschriften zur Kapitalerhaltung (§§ 30, 31 GmbHG) existiert nicht. Gemeinsamkeiten bestehen weder im zeitlichen noch im persönlichen Anwendungsbereich oder den subjektiven Voraussetzungen. Allenfalls innerhalb der Rechtsfolge bestehen Übereinstimmungen hinsichtlich des Auszahlungsverbots.

Rechtsfolgen auslösender Zeitpunkt des Kapitalersatzrechts ist die Kreditunwürdigkeit der Gesellschaft, indiziert durch deren Zahlungsunfähigkeit oder Überschuldung, während die Vermögensbindung innerhalb der Vorschriften zur Kapitalerhaltung mit dem Zeitpunkt beginnt, zu dem das Gesellschaftsvermögen durch weitere Auszahlung an die Gesellschafter unter die satzungsmäßig festgelegte Stammkapitalziffer absinken würde. Man spricht in diesen Fällen von einer Unterbilanz. Kreditunwürdigkeit i.S.d. § 32 a Abs. 1 GmbHG und Unterbilanz weisen nur geringfügige Überschneidungen auf. Vielmehr ist die Unterbilanz in all ihren Einzelheiten bei Feststellung der Kreditunwürdigkeit konkret zu würdigen.[716] So kommen zum Beispiel die Umstände, die zur Entstehung der Unterbilanz geführt haben, oder die Höhe des Stammkapitals als Indizien bei der Feststellung der Kreditunwürdigkeit zur Geltung.[717] Es kann also nicht von einer Unterbilanz auf die

714 Vgl. S. 81.

715 So auch *Claussen*, GmbHR 1996, 316 (320); *Fastrich*, in: FS *Zöllner*, 1998, S. 143 (158); *Haas*, NZI 2001, 1 (3).

716 Vgl. *Lutter/Hommelhoff*, §§ 32 a/b Rdnr. 23.

717 Vgl. *OLG Hamburg*, GmbHR 1991, 103 (107); *OLG München*, GmbHR 1994, 181 (182 f.).

Kreditunwürdigkeit der Gesellschaft geschlossen werden.[718] Zwar beschreiben die Tatbestände von Überschuldung und Unterbilanz beide Zustände, in denen das Gesamtvermögen der Gesellschaft nicht oder nur unzureichend durch Eigenkapital gedeckt ist; in dieser Übereinstimmung erschöpfen sich jedoch bereits die Gemeinsamkeiten. Weil beiden nämlich verschiedene Werte zugrunde liegen, markieren sie auf dem Zeitstrahl der wirtschaftlichen Abwärtsbewegung unterschiedliche Zeitpunkte. Obwohl es gängiger Auffassung entspricht, ist die Unterbilanz nicht notwendig Vorstufe der insolvenzrechtlich bedeutsamen Überschuldung. Dies ist nur dann zutreffend, wenn keine stillen Reserven vorhanden sind, so daß schon die fortgeführten Buchwerte den Mangel an Eigenkapital erkennen lassen. Werden dagegen im Überschuldungsstatus stille Reserven aufgedeckt, die einen Überschuß des Aktivvermögens über die Verbindlichkeiten ergeben, so kann zwar eine Unterbilanz vorliegen, die insolvenzrechtlich bedeutsame Überschuldung aber noch weit entfernt sein.[719] Auch Zahlungsunfähigkeit als Auslöser für eine Verstrickung von Gesellschafterdarlehen und Unterbilanz bestimmen sich durch verschiedene Kriterien und treten daher auch in unterschiedlichen Krisenstadien einer Gesellschaft auf. In der Regel ist die Unterbilanz der Zahlungsunfähigkeit weit vorgelagert. Schließlich ist bei Unterschreiten der Stammkapitalziffer durch das Aktivvermögen meistens noch Liquiditätspotential vorhanden.

Der Wortlaut von § 30 Abs. 1 GmbHG („die Gesellschafter") und § 32 a Abs. 1 GmbHG („ein Gesellschafter") läßt zwar vermuten, beide Vorschriften richteten sich an den gleichen Adressatenkreis, doch ist der persönliche Anwendungsbereich der Kapitalerhaltungsvorschriften was die Einbeziehung Dritter anbelangt weiter gefaßt als der des Kapitalersatzrechts. Darüber hinaus beruht die Einbeziehung Dritter auf anderen Erwägungen als im Rahmen des Kapitalersatzrechts. § 30 Abs. 1 GmbHG verbietet es, das zur Erhaltung des Stammkapitals erforderliche Vermögen der Gesellschaft an die Gesellschafter auszuzahlen und ist damit nicht einschlägig bei Auszahlungen an Dritte oder Nichtgesellschafter.[720] Um einer Aushebelung des Tatbestandes vorzubeugen, müssen jedoch auch solche Auszahlungen als Leistungen an den Gesellschafter zählen, die diesem mittelbar zugute kommen[721] oder der Umgehung der Vorschrift dienen.[722] Entscheidendes Abgrenzungskriterium ist hierfür, ob die Auszahlung an den Dritten dem Gesellschafter wirtschaftlich zuzurechnen ist. Der Grundtatbestand des Kapitalersatzrechts,

718 Vgl. *BGHZ* 119, 201 (212); *BGH*, DStR 1999, 1622 (1623); *OLG Karlsruhe*, DStR 2000, 1529 m. Anm. *Haas*; *Lutter/Hommelhoff*, §§ 32 a/b Rdnr. 23; *K Schmidt*, in: Scholz, §§ 32a, 32b Rdnr. 37; *Schlegelberger/K Schmidt*, § 172 a Rdnr. 23; *Haas*, NZI 2001, 1 (3); *Fastrich*, in: FS *Zöllner*, 1998, S. 143 (157).

719 Vgl. *BGH*, NJW-RR 2001, 1043; *Eichele*, S. 105 f.

720 Vgl. *Goerdeler/Müller*, in: Hachenburg, § 30 Rdnr. 47.

721 Vgl. *Westermann*, in: Scholz, § 30 Rdnr. 28.

722 Vgl. *Goerdeler/Müller*, in: Hachenburg, § 30 Rdnr. 47.

§ 32 a Abs. 1 GmbHG, stellt für die Darlehensgewährung ebenfalls auf die Gesellschaftereigenschaft des Darlehensgebers ab. Der hiervon erfaßte Personenkreis wird durch § 32 a Abs. 3 S. 1 GmbHG auf andere Kreditgeber erweitert, deren Darlehensgewährung an die Gesellschaft wirtschaftlich derjenigen durch den Gesellschafter gleichkommt (sog. „wirtschaftlicher Gesellschafter").[723] Die Begründung liegt in diesem Zusammenhang jedoch nicht in einem besonderen Näheverhältnis des Dritten zum Gesellschafter oder zur Gesellschaft, sondern in dessen unternehmerischem Einfluß.[724] Auch spielt im Recht der Kapitalerhaltung die Motivation des Gesellschafters anders als im Kapitalersatzrecht keine Rolle. Dort hat der Gesetzgeber durch die Einführung des § 32 a Abs. 3 S. 3 GmbHG jene Gesellschafter aus dem Adressatenkreis des Kapitalersatzrechts ausgeschlossen, die ihr Darlehen „zum Zwecke der Sanierung" der Gesellschaft gewähren.

Darüber hinaus knüpft das Kapitalersatzrecht, wie bereits dargestellt,[725] an einer Finanzierungsentscheidung des Gesellschafters und damit an ein subjektives Tatbestandsmerkmal an. Den Vorschriften zur Kapitalerhaltung ist ein solches fremd. Ihre Rechtsfolgen treten unabhängig vom Wissensstand der handelnden Organe ein. Lediglich durch die Anspruchsreduktion wegen guten Glaubens des Auszahlungsempfängers gem. § 31 Abs. 2 GmbHG erfahren sie eine gewisse Einschränkung.

Gemeinsamkeiten zwischen Kapitalersatzrecht und Kapitalerhaltung bestehen schließlich allenfalls bei der Rechtsfolge des Auszahlungsverbots und der Rückzahlungspflicht, wobei sich auch in diesem Zusammenhang erhebliche Unterschiede im Rahmen der Verjährung und des Umfangs der Rückgewährpflicht zeigen. Die Unterschiede auf der Rechtsfolgenseite ergeben sich aus der unterschiedlichen Schutzrichtung der beiden Regelungskomplexe. Während die Vorschriften zur Kapitalerhaltung einen fortdauernden Schutz des Stammkapitals der Korporation als Betriebsmittel- und Haftungsfonds bezwecken, geht das Ziel der Novellenregeln darüber hinaus. Sie sind auf einen Erhalt des Gesellschaftsvermögens in Krisenzeiten gerichtet, und daher nicht auf die eine Behebung der Unterbilanz begrenzt. Die Rückzahlungspflicht des Gesellschafters bei Verstoß gegen § 30 GmbHG ist in § 31 Abs. 1, 2 GmbHG normiert. Der entsprechende Darlehensrückzahlungsanspruch gegen den Gesellschafter ergibt sich für die Novellenregeln aus § 135 InsO. Danach sind Rechtshandlungen, die vor dem Eröffnungsantrag vorgenommen wurden und die für Forderungen eines Gesellschafters auf Rückgewähr eines kapitalersetzenden Darlehens oder für eine gleichgestellte Forderung, Sicherung oder Befriedigung gewährt haben, anfechtbar und zugunsten der Gläubigergesamtheit

723 Vgl. *BGH*, ZIP 1989, 93 (94); NJW 1980, 592; *Haas*, DZWiR 1999, 177 (178); *ders.*, in: Gottwald, § 92 Rdnr. 188.

724 Siehe auch S. 91 ff.

725 Siehe auch S. 128 ff.

gemäß § 143 InsO an die Masse zurückzuerstatten. Gegenüber dem Anspruch aus § 31 Abs. 1, 2 GmbHG ist § 135 InsO teils weiter, teils enger gefaßt. Enger ist er insoweit, als eine Anfechtung wegen Befriedigung eigenkapitalersetzender Gesellschafterleistungen nur innerhalb Jahresfrist möglich ist.[726] Dagegen kann der Rückgewähranspruch gegen den Gesellschafter entsprechend §§ 30, 31 Abs. 5 GmbHG auch für länger zurückliegende Zeiträume geltend gemacht werden, es sei denn, der Anspruch ist verjährt. Die Verjährungsfrist beträgt nach der Rechtsprechung fünf Jahre.[727] Darüber hinaus bietet die entsprechende Anwendung des § 31 GmbHG den Vorteil, daß über die Ausfallhaftung des § 31 Abs. 3 GmbHG die übrigen Gesellschafter in Anspruch genommen werden können, sollte der empfangende Gesellschafter zur Rückzahlung nicht imstande sein. Weiter gefaßt ist § 135 InsO insofern, als die Vorschrift den Gesellschafter zur Rückzahlung auch über den Ausgleich der Unterbilanz hinaus verpflichtet. Zu erstatten ist also die gesamte empfangene Leistung und nicht nur der zur Auffüllung des Stammkapitals benötigte Teil.[728]

bb) Der Rechtsschein der Kreditwürdigkeit

Teilweise wird behauptet, die im Kapitalersatzrecht zum Ausdruck kommende gesteigerte Verantwortung des Gesellschafters sei Folge des vom Gesellschafter-Kreditgeber durch die Wahl der Finanzierungsart hervorgerufenen unzutreffenden Rechtsscheines, daß nämlich die Gesellschaft aus eigener Kraft leistungsfähig und damit kreditwürdig sei.[729] Wäre dies der Fall, so käme das Kapitalersatzrecht einer Rechtscheinshaftung nahe. Teilweise wird dieser Gedanke auch unter dem Gesichtspunkt eines *venire contra factum proprium*[730] oder allgemeiner als Verstoß gegen Treu und Glauben[731] diskutiert, wenn der Gesellschafter sein ausgereichtes Darlehen in der Krise zurückfordert. Wie nachfolgend begründet werden soll, kön-

---

726 Soweit eine Sicherung gewährt wurde, ist die Handhabung anfechtbar, wenn sie in den letzten zehn Jahren vor dem Antrag auf Eröffnung des Insolvenzverfahrens vorgenommen wurde.

727 Vgl. *BGH*, ZIP 1994, 1441 (1446).

728 Vgl. *Lutter/Hommelhoff*, §§ 32 a/b Rdnr. 15; *K Schmidt*, in: Scholz, §§ 32a, 32b Rdnr. 76.

729 Vgl. *BGHZ* 75, 334 (338); *Fastrich*, in: FS *Zöllner*, 1998, S. 143 (146); *Lutter/Hommelhoff*, ZGR 1979, 31 (36); *Pape*, DB 1996, 2113; *Ehricke*, S. 152 f.; *Ulmer*, ZIP 1984, 1163 (1171); *Ulmer*, in: Hachenburg, § 32 a, b Rdnr. 8.

730 Nach Auffassung des *Bundesgerichtshofs*, vgl. *BGHZ* 67, 171 (175), liegt der tragende Grund für die Umqualifizierung von Gesellschafterdarlehen darin, „daß ein Gesellschafter, der die sonst konkursreife Gesellschaft anstatt durch die wirtschaftlich gebotene Zufuhr neuen Eigenkapitals durch Darlehen zu stützen sucht, sich zu seinem eigenen Verhalten und dem Zweck der gesetzlichen Kapitalerhaltungsvorschriften in Widerspruch setzt, wenn er der Gesellschaft die als Kapitalgrundlage benötigten Mittel wieder entzieht, obwohl sie noch nicht ohne diese lebensfähig ist". In diesem Sinne auch *BGHZ* 75, 334 (336); 76, 326 (329); *Altmeppen*, ZIP 1993, 1677 (1682).

731 Vgl. *Reiner*, in: FS *Boujong*, 1996, 415 (424).

nen diese Ansätze das Kapitalersatzrecht weder hinsichtlich der Tatbestandsvoraussetzungen noch hinsichtlich der Rechtsfolge rechtfertigen.

Alle drei Ansätze gehen übereinstimmend davon aus, daß der Gesellschafter durch seine Darlehenshingabe bei den Gläubigern der Gesellschaft ein schutzwürdiges Vertrauen weckt. Dieses Vertrauen der Gläubiger kann sich auf zwei verschiedene Tatbestände beziehen. Zum einen kommt ein konkretes Vertrauen der Gläubiger dahingehend in Betracht, daß ein möglicherweise wirtschaftlich angeschlagenes Unternehmen nicht mit Fremdkapital, sondern mit Eigenkapital am Leben gehalten wird.[732] Zum anderen könnte auch ein abstraktes Vertrauen in die Leistungsfähigkeit der unerkannt liquidationsreifen Gesellschaft begründet werden.[733]

Um auf einen Tatbestand vertrauen zu können, muß man sich der ihn begründenden Umstände bewußt sein.[734] Um darauf vertrauen zu können, daß eine Gesellschaft mit Eigen- und nicht mit Fremdkapital am Leben gehalten wird, müßte den Gläubigern also zunächst deren Finanzierungssituation bewußt sein. Hiervon ist im Regelfall jedoch nicht auszugehen, weil nur wenige Gläubiger in einer derart starken Position sind, Einblick in die Finanzierungssituation ihrer Schuldner zu erhalten.[735] Es fehlt hier also bereits an der Kenntnis des Vertrauenden vom Vertrauenstatbestand, welche eine gesteigerte Verantwortung des Gesellschafters rechtfertigen könnte.

In Betracht kommt außerdem ein Vertrauen der Gläubiger in die abstrakte Leistungsfähigkeit und damit Kreditwürdigkeit der Gesellschaft. Indem der Gesellschafter seiner eigentlich liquidationsreifen Gesellschaft ein Darlehen zur Verfü-

---

732 Vgl. *Ulmer*, in: Hachenburg, § 32 a, b Rdnr. 33; *Bezzenberger*, in: FS *Bezzenberger*, 2000, S. 23 (35); Ähnlich auch *Gehde*, S. 63, der meint, das Vertrauen müsse sich darauf beziehen, daß der darlehensgebende Gesellschafter der Gesellschaft das Darlehen in der Krise beläßt, um die Haftungsmasse zu erhalten. Dies setzt jedoch voraus, daß Die Gläubiger der Gesellschaft Kenntnis von deren Finanzierungssituation haben, was aus den darzulegenden Gründen selten der Fall ein wird.

733 Der *Bundesgerichtshof*, vgl. *BGHZ* 75, 334 (338), führte für den Fall eines über den Beginn der Krise stehengelassenen Gesellschafterdarlehens aus, dies erwecke „bei den Gläubigern fälschlich den Eindruck, die GmbH verfüge noch über so viel Eigenkapital, daß sie ihre Geschäfte als werbendes Unternehmen weiterbetreiben könne". In einer weiteren Entscheidung, vgl. *BGHZ* 109, 55 (57) führt er aus, durch die Umqualifizierung von Gesellschafterleistungen in haftendes Kapital solle gewährleistet werden, „daß der Gesellschafter nur haftendes Kapital einsetzt, wenn er der GmbH den Fortbestand in der Krise ermöglicht und auf diese Weise bei Außenstehenden den Eindruck einer mit genügend Kapital ausgestatteten und deshalb voll lebensfähigen Gesellschaft hervorruft". Vgl. außerdem *Fastrich*, in: FS *Zöllner*, 1998, S. 143 (146); *Lutter/Hommelhoff*, ZGR 1979, 31 (36); *Pape*, DB 1996, 2113; *Ehricke*, S. 152 f.; *Ulmer*, ZIP 1984, 1163 (1171); *Ulmer*, in: Hachenburg, § 32 a, b Rdnr. 8; *Reiner*, in: FS *Boujong*, 1996, 415 (424).

734 Vgl. *Canaris*, S. 507.

735 Vgl. bereits S 48.

gung stellt, hält er diese künstlich am Leben und versetzt sie somit in die Lage, weiter am allgemeinen Geschäftsverkehr teilzunehmen, obwohl sie eigentlich ihren Betrieb wegen Zahlungsunfähigkeit oder Überschuldung einstellen müßte.[736] Es wird vertreten, daß der Gesellschafter hierdurch einen Vertrauenstatbestand schaffe.[737] Hierbei handele es sich nicht um ein konkretes Vertrauen (subjektiver Vertrauensschutz) einzelner Verkehrsteilnehmer, sondern um ein allgemeines Vertrauen des Geschäftsverkehrs in die Leistungsfähigkeit der Gesellschaft im Sinne eines objektiven Verkehrsschutzes. Bei diesem brauche gerade nicht festgestellt zu werden, ob einzelne Gläubiger der Gesellschaft dieser tatsächlich individuelles Vertrauen entgegengebracht haben.[738] Objektiver Verkehrsschutz ziele auf den Schutz des potentiellen nicht des aktuellen Vertrauens ab.[739]

Selbst wenn dies zuträfe und man ein solches normativ typisiertes Vertrauen des Geschäftsverkehrs bejaht,[740] bedarf es über den Vertrauenstatbestand hinaus als zweites Merkmal der Haftung jedenfalls einer Schutzwürdigkeit dieses Vertrauens.[741] Ein solcher Mechanismus ist dem Kapitalersatzrecht jedoch fremd. Es kennt keine solchen einschränkenden Kriterien wie Gutgläubigkeit. Vielmehr greift das Kapitalersatzrecht unabhängig davon ein, ob die Gesellschaftsgläubiger gut- oder bösgläubig waren.[742] Es bedarf auch keines Kausalzusammenhanges zwischen dem Vertrauen des Gesellschaftsgläubigers in die Kreditwürdigkeit der Gesellschaft und seiner Disposition. Auch kommt das Kapitalersatzrecht solchen Gläu-

---

736 Vgl. *Lutter/Hommelhoff*, ZGR 1979, 31 (35).

737 Vgl. *Lutter/Hommelhoff*, ZGR 1979, 31 (36 f.).

738 Vgl. *Canaris*, S. 503 f.

739 Vgl. *Lutter/Hommelhoff*, ZGR 1979, 31 (37).

740 Nach Ansicht von *Canaris*, S. 369, gibt es keinen Rechtsschein der Kreditwürdigkeit bzw. Leistungsfähigkeit. weil das Hervorrufen eines abstrakten Eindrucks der Leistungsfähigkeit noch keinen Anschein erwecke, daß dieser ein bestimmter Vermögensgegenstand zugeordnet sei. Dem entspricht außerhalb des Kapitalersatzrechts auch die höchstrichterliche Rechtsprechung, *BGHZ* 12, 105 (110). Danach kann der fälschlich erweckte Anschein der Kreditwürdigkeit in seinen Auswirkungen nicht unter den Gesichtspunkten des Rechtsscheines beurteilt werden. Er vermag erst dann eine besondere Verantwortung zu rechtfertigen, wenn er die Schwelle zum Auskunftsvertrag oder zur Haftung wegen unerlaubter Handlung überschritten hat. Warum dies bei einem Gesellschafterkredit anders sein sollte, ist nicht zu erkennen. Schließlich ist der fälschlich durch den Kredit erweckte Eindruck unabhängig davon, wer diesen gegeben hat; vgl. hierzu auch *Haas*, NZI 2001, 1 (4).

741 Vgl. *Canaris*, S. 504.

742 Dies ändern will *Gehde*, S. 436: „Wie in den USA schon praktiziert, ist auch in Deutschland zu fordern, daß Vertragsgläubiger die aufgrund einer gleichen Macht- und Informationsverteilung die Möglichkeit haben, das Risiko eines Vertragsschlusses mit einer durch Gesellschafterdarlehen finanzierten kreditunwürdigen Gesellschaft zu kalkulieren, von der Umqualifizierung auszuschließen sind, wenn die dennoch mit der Gesellschaft Verträge abschließen. Das deutsche Prinzip 'Alle oder Keiner' ist nicht aufrechtzuerhalten, vielmehr ist auf der Rechtsfolgenseite zwischen den Außenstehenden Gläubigern zu unterscheiden."

bigern zugute, die Ihren Anspruch gegen die Gesellschaft kraft Gesetzes und damit völlig unabhängig von jeglichem Vertrauen erworben haben.[743] Letzteres ist aber in der Regel kennzeichnend für eine Vertrauenshaftung. Die Art und Weise wie der Vertrauende seine Stellung erworben hat, muß im Hinblick auf die besonderen Zwekke der Vertrauenshaftung schutzwürdig erscheinen. Eine Vertrauenshaftung kommt daher nicht in Betracht, wenn der geltend gemachte Anspruch nicht in einer rechtsgeschäftlichen Stellung zwischen den Parteien wurzelt, sondern z.B. auf einer unerlaubten Handlung beruht.

Im Ergebnis weist das Kapitalersatzrecht keine Charakteristika einer Vertrauenshaftung auf, die eine gesteigerte Verantwortung des kreditgebenden Gesellschafters rechtfertigen würde.

cc) Der Grundsatz der ordnungsgemäßen Unternehmensfinanzierung

Teilweise wird die gesteigerte Verantwortung des Gesellschafters auch mit einer besonderen, aus der Finanzierungshoheit folgenden Pflicht zur „ordnungsgemäßen Unternehmensfinanzierung" begründet.[744]

Der Inhalt dieser Pflicht ist jedoch umstritten. So wird teilweise vertreten, der „Grundsatz der ordnungsgemäßen Unternehmensfinanzierung" verpflichte die Gesellschafter zu einer formell korrekten und sachlich angemessenen Kapitalausstattung ihrer Gesellschaft über die gesetzlich vorgeschriebene Mindestkapitalausstattung hinaus.[745] Bei einem Verstoß hiergegen müßten die Gesellschafter einen Verantwortungsbeitrag in Gestalt des Kapitalersatzrechts leisten. Diese Ansicht ist jedoch abzulehnen. Eine solche Inanspruchnahme der Gesellschafter käme einer Haftung für materielle Unterkapitalisierung oder einer Nachschußpflicht der Ge-

---

743 Vgl. *Haas*, NZI 2001, 1 (4).

744 Der *Bundesgerichtshof*, vgl. *BGHZ* 90, 381 (388), geht davon aus, daß sämtliche Begründungsversuche auf einen Gedanken zurückgeführt werden könnten: Dieser sei die „Verantwortung des Gesellschafters für eine ordnungsgemäße Unternehmensfinanzierung, die ihn in der Krise zwar nicht positiv verpflichtet, fehlendes Kapital aus seinem Vermögen nachzuschießen, der er sich aber nicht in der Weise zum Nachteil der Gläubiger entziehen kann, daß er bei einer tatsächlich beabsichtigten Finanzhilfe, anstatt sie durch die objektiv gebotene Einbringung haftenden Kapitals zu leisten, auf eine andere , ihm weniger riskant erscheinende Finanzierungsform ausweicht". Ähnlich in einer weiteren Entscheidung, vgl. *BGHZ* 105, 168 (175): „Nach den vom Gesetz und der Rechtsprechung aufgestellten Grundsätzen vom Kapitalersatz ist jeder Gesellschafter für eine seriöse Finanzierung der im Rechtsverkehr auftretenden GmbH verantwortlich"; übereinstimmend *BGHZ* 121, 31 (35); 127, 336 (344); vgl. außerdem *Wiedemann*, in. FS *Beusch*, 1993, S. 870 (910 f.); *ders.*, § 10 IV 3a; *K Schmidt*, in: Scholz, §§ 32a, 32b Rdnr. 2, 4, 6; *K Schmidt*, § 18 III, S. 529 ff.; *ders.*, GmbHR 1986, 337; *ders.*, in: FS *Goerdeler*, 1987, S. 487 (492); *ders.*, ZIP 1990, 69 (74); *ders.*, ZIP 1991, 1 (2); *ders.*, AG 1984, 12 (14); *Junker*, ZHR 1992, 394 (399 f.).

745 Vgl. *Wiedemann*, in: FS *Beusch*, 1993, S. 870 (910 f.); *ders.*, § 10 IV 3a.

sellschafter gleich. Wie bereits dargestellt,[746] widerspräche eine solche Haftung dem in § 13 Abs. 2 GmbHG normierten Trennungsprinzip, wonach die Gesellschaft ihren Gläubigern alleine mit dem Gesellschaftsvermögen haftet.

Nach *K. Schmidt* hingegen ist die in § 32 a, b GmbHG zum Ausdruck kommende gesteigerte Verantwortung des Gesellschafters, die Finanzierungsfolgeverantwortung, Teil eines gesellschaftsformübergreifenden Konzepts, das Grundsätze ordnungsgemäßer Unternehmensfinanzierung für alle Gesellschaften umfaßt, in denen zwischen Eigen- und Fremdkapital unterschieden wird.[747] § 32 a GmbHG sei zwar auf die GmbH zugeschnitten, doch drücke er nur einen für alle Gesellschaften geltenden Grundsatz aus. Im Ergebnis gehe es um die Frage, unter welchen Voraussetzungen Fremdkapital wie Eigenkapital behandelt werden müsse[748], also um die Frage der nominellen Unterkapitalisierung[749]. Davon zu trennen sei die materielle Unterkapitalisierung: Stünden der Gesellschaft Fremdmittel zur Verfügung, so könne es nur noch um deren Falschbezeichnung als Fremdkapital gehen, nicht aber um die Frage, ob der Gesellschafter verpflichtet ist, überhaupt Mittel zur Verfügung zu stellen (materielle Unterkapitalisierung). Bei der materiellen Unterkapitalisierung sei zu entscheiden, ob der Gesellschafter Schadenersatz leisten müsse, weil er schuldhaft gehandelt habe,[750] während es auf ein Verschulden bei der nominellen Unterkapitalisierung nicht ankomme.

Bei nomineller Unterkapitalisierung sei allein die Frage nach der Sanktion rechtsformspezifisch zu behandeln. Dies hänge vom System des Kapitalersatzschutzes in den einzelnen Gesellschaften ab.[751] Für die GmbH seien hier die §§ 32 a, b GmbHG einschlägig, welche die Voraussetzungen der Umqualifizierung näher bestimmten.

Diese Auffassung *K. Schmidts* korrespondiert mit der von ihm vertretenen funktionstypischen Abgrenzung von Eigen- und Fremdkapital.[752] Fallen der formelle und der materielle Charakter eines Finanzierungsmittels auseinander, sei seine Zugehörigkeit zu dem jeweiligen Sondervermögen (Eigen- oder Fremdkapital) anhand seiner Funktion zu bestimmen. Stelle sich heraus, daß ein formell als Fremdkapital an die Gesellschaft ausgereichtes Darlehen nach seiner Funktion Eigenkapital dar-

---

746 Siehe bereits S. 28 ff.

747 Vgl. *K Schmidt*, in: Scholz, §§ 32a, 32b Rdnr. 2, 4, 6; *ders.*, § 18 III, S. 529 ff.; *ders.*, GmbHR 1986, 337; *ders.*, in: FS *Goerdeler*, 1987, S. 487 (492); *ders.*, ZIP 1990, 69 (74); *ders.*, ZIP 1991, 1 (2); *ders.*, AG 1984, 12 (14); so auch *Junker*, ZHR 1992, 394 (399 f.).

748 Vgl. *K Schmidt*, in: Scholz, §§ 32a, 32b Rdnr. 2.

749 Siehe S. 34.

750 Vgl. *K Schmidt*, § 2 I, S. 34.

751 Vgl. *K Schmidt*, GmbHR 1986, 337 (338).

752 Siehe S. 14, 20.

stellt, so nehme das Kapitalersatzrecht eine funktionsgerechte (Um-) Qualifizierung vor.[753]

Dieser Hinweis auf einen materiell oder funktional verstandenen Eigenkapitalbegriff[754] kann aber eine Pflicht zur ordnungsgemäßen Unternehmensfinanzierung, welche die gesteigerte Verantwortung des Gesellschafters im Kapitalersatzrecht rechtfertigen würde, nicht begründen.[755] Charakteristisch für Eigenkapital ist – auch nach *K. Schmidt* – dessen Haftungsfunktion.[756] Genau diese Eigenschaft weist jedoch Fremdkapital, das der Gesellschafter seiner Gesellschaft zuführt, grundsätzlich nicht auf.[757] Über diese Tatsache hilft auch eine funktionelle Betrachtungsweise nicht hinweg. Funktional vergleichbar werden Eigen- und Fremdkapital erst durch die Rechtsfolge des Kapitalersatzrechts, die Umqualifizierung. Die Rechtsfolge kann jedoch schwerlich herangezogen werden, um den Normzweck zu qualifizieren.[758] Den Gesellschafter trifft also keine „Pflicht zur ordnungsgemäßen Unternehmensfinanzierung", die es rechtfertigen könnte, ihn bei Verstoß gegen diese über das Kapitalersatzrecht zu poenalisieren.

dd) Wesen der Mitgliedschaft und Kapitalersatz

In Literatur[759] und Rechtsprechung[760] wird mitunter die besondere, über den insolvenzrechtlichen Gleichbehandlungsgrundsatz hinausgehende Verantwortung des kreditgebenden Gesellschafters mit dessen Doppelrolle begründet. Dieser Gedanke findet sich in verschiedenen Varianten und wird manchmal mit bereits erörterten Gesichtspunkten verknüpft.[761] Dem Gesellschafter wird dabei der Vorwurf ge-

---

753 Vgl. hierzu nur *K. Schmidt*, in: Scholz, §§ 32a, 32b Rdnr. 6.

754 Vgl. *K Schmidt*, ZIP 1999, 1241 (1244); *ders.*, ZIP 1991, 1 (2); *Goette*, ZHR 162 (1998), 223 (224); *Lutter/Hommelhoff*, ZGR 1979, 31 (42).

755 Vgl. *Haas*, NZI 2001, 1 (5).

756 Vgl. *K Schmidt*, § 18 II, S. 514; vgl. außerdem S. 17.

757 Eine Ausnahme gilt in den Fällen des Rangrücktritts bzw. wenn der Gesellschafter einen Finanzplankredit zugesagt hat. Zu letzteren s. ausführlich *Habersack*, ZHR 1997, 457 ff.; *Dauner-Lieb*, in: Gerkan/Hommelhoff, 9.1 ff.; *Gerkan*, ZGR 1997, 192 ff.

758 Vgl. *Haas*, NZI 2001, 1 (5); *Reiner*, in: FS *Boujong*, 1996, 415 (426).

759 Vgl. *K Schmidt*, ZHR 147 (1983), 165 (183), *ders.*, ZIP 1981, 689 (690); *Barth*, S. 81 ff.; *Maier-Reimer*, in: FS *Rowedder*, 1994, S. 245 (269); *Ulmer*, in: Hachenburg, § 32a, b Rdnr. 8; *Förster*, S. 271; *Ulmer*, in: FS *Duden*, 1977, S. 661 (673); *ders.*, ZIP 1984, 1163 (1166); *Immenga*, ZIP 1983, 1405 (1407); *Ballerstedt*, ZHR 1971, 383 (392); *Sonnenberger*, NJW 1969, 2033 (2037); *Altmeppen*, ZIP 1993, 1677 (1682); *Roth/Altmeppen*, § 32 a Rdnr. 9; *Westermann*, ZIP 1982, 379 (387); *Karollus*, in: FS *Claussen*, 1997, S. 199 (202); *Flume*, S. 84 f.; *Bormann*, S. 66 ff.

760 Vgl. *BGHZ* 90, 381 (388); 105, 168 (176).

761 Vgl. *Haas*, NZI 2001, 1 (5), *Altmeppen*, ZIP 1993, 1677 (1682) und *K Schmidt*, ZHR 1983, 165 (183), welche das Argument der Doppelrolle mit dem Argument des widersprüchlichen Verhaltens verknüpfen, zu den Schwierigkeiten eines für das Verbot widersprüchlichen Verhaltens erforderlichen Vertrauenstatbestandes vgl. bereits S. 52 f.

macht, er wolle durch die Darlehensfinanzierung maximalen Profit bei minimalem Risiko erzielen. Er profitiere nämlich von der Darlehensfinanzierung im Falle der Überwindung der Krise als Gesellschafter, wolle aber bei einem Fehlschlag hinsichtlich seines Darlehens nur das Risiko eines gewöhnlichen Gläubigers übernehmen.[762] Nach dieser Auffassung dient das Kapitalersatzrecht also (auch) dem gerechten Ausgleich zwischen den Risiken der Krisenverschleppung und dem Nutzen der Krisenüberwindung.[763] Die Verantwortung für diesen Ausgleich soll der Gesellschafter wegen seines Wissensvorsprunges gegenüber außenstehenden Gläubigern tragen.[764]

Der Gesellschafter sei ungleich einem Drittgläubiger bereits mit Risikokapital in der notleidenden Gesellschaft engagiert und laufe in der Insolvenz Gefahr, seine Beteiligung zu verlieren. Dadurch habe er ein besonderes Interesse am Fortbestehen der Gesellschaft, welches ihn von den übrigen Gläubigern unterscheide.[765] Hinzu komme, daß er außerdem einen größeren Sanierungsnutzen als gewöhnliche Gläubiger habe, welche bestenfalls mit Tilgung ihres Kredites und entsprechenden Zinsen rechnen könnten.[766] Der Gesellschaftergläubiger profitiere dagegen von der

---

762 *Maier-Reimer*, in: FS *Rowedder*, 1994, S. 245 (269), formuliert diesen Gedanken wie folgt: „Der Gesellschafter hat die Chance der Vermögensmehrung wie sie mit dem Einsatz von Eigenkapital verbunden ist. Wegen dieser Chance ist er bereit, Kredite unter Umständen zu geben, unter denen ein außenstehender Dritter entsprechende Kredite nicht gewährt hätte". Ähnlich auch der *BGH*,, vgl. *BGHZ* 90, 381 (389), welcher die Umqualifizierung von Fremdkapital damit begründet, „daß ein Gesellschafter sich tatsächlich zu einer Finanzhilfe entschlossen, für diese aber die für ihn scheinbar weniger riskante Form eines Darlehens gewählt hat, obwohl die Vermögenslage der Gesellschaft die Zufuhr echten Eigenkapitals erfordert hätte und ein außenstehender Geldgeber in sonst gleicher Lage nicht bereit gewesen wäre, der Gesellschaft zu den selben Bedingungen Kredit zu geben". In einer weiteren Entscheidung des *BGH*,, vgl. *BGHZ* 105, 168 (176), führt dieser an, der Gesellschafter dürfe nicht „eine beabsichtigte Finanzhilfe für die unterkapitalisierte Gesellschaft zum Nachteil der Gläubiger statt durch objektiv gebotene Einbringung haftenden Kapitals durch eine andere, weniger riskant erscheinende Finanzierungsart" erbringen. Vgl. auch *Fleischer*, Finanzplankredite, S. 86 ff.; *Koppensteiner*, AG 1998, 308 (314).

763 Vgl. *Barth*, S. 82; *Fleischer*, S. 88 f., der von „Symmetrie von Chancen und Risiken" spricht.

764 Vgl. *BGHZ* 90, 381 (388); *Lutter/Hommelhoff*, §§ 32 a/b, Rdnr. 3; *Ulmer*, in: FS *Duden*, 1977, S. 661 (672).

765 Vgl. *Ulmer*, in: FS *Duden*, 1977, S. 661 (673); *Barth*, S. 81. Nach *Koppensteiner*, AG 1998, 308 (314), stößt dieses Argument jedenfalls praktisch an seine Grenze, wenn das Kreditrisiko des Gesellschafters in keinem Verhältnis zu seiner Beteiligung steht.

766 Nach der Ansicht von *Götz*, S. 68 ff., resultiert die Gefahr für die Gläubiger und damit auch der Vorteil für den darlehensgebenden Gesellschafter weniger aus dem erhöhten Sanierungsnutzen als aus dessen Einflußmöglichkeiten auf die Geschicke der Gesellschaft. Dem darleihenden Gesellschafter falle es als Geschäftsführer oder zumindest mittelbar aufgrund seines Einflusses als Gesellschafter recht leicht, günstige Zins-, Sicherungs-, Tilgungs- und Kündigungsmodalitäten zu vereinbaren. Er könne Verträge auch jederzeit präferenz- und situationskonform abändern, ohne daß Drittgläubiger informiert werden müßten. Im Schutz

Sanierung sowohl hinsichtlich des an sein Unternehmen gewährten Kredits, als auch seiner Beteiligungsrechte an der Gesellschaft. Diese würden wieder werthaltig und ermöglichten ihm die weitere Teilnahme am Gewinn der Gesellschaft.

Dieses Motiv ist aber nicht auf den Gläubigergesellschafter beschränkt. Auch Großgläubiger, wie zum Beispiel die Hausbank einer Gesellschaft, die nach entsprechendem Engagement außerhalb der Krise nach deren Eintritt weitere Darlehen gewährt, sind neben dem Interesse an Amortisierung und Verzinsung dieser Kredite darum bemüht, früher zur Verfügung gestellte Mittel zu retten.[767] Hiergegen läßt sich jedoch einwenden, daß die Stellung solcher Großgläubiger nicht mit der eines Gesellschafters vergleichbar ist. Ihr Interesse an der Rettung der Gesellschaft bedeutet nicht mehr als das Interesse an der Rettung einer Investition und wird daher nicht annähernd so groß sein wie das des Gesellschafters, für den seine Beteiligung nicht selten die Existenzgrundlage darstellt. Hinzu kommt, daß insbesondere Kreditinstitute sich für ihr Engagement in der Regel ausreichende Sicherheiten, u.a. von den Gesellschaftern persönlich, zur gewähren lassen und daher von dem drohenden Zusammenbruch des Unternehmens nicht wie ein Gesellschafter betroffen sind.[768]

Dem erhöhten Sanierungsnutzen des Gläubigergesellschafters müßte, so die Vertreter des Arguments der Doppelrolle, ein vergleichsweise geringes Risiko bei der Darlehensfinanzierung gegenüberstehen. Die Frage muß also lauten, welche Konsequenzen der Gesellschafter ohne das Eingreifen des Kapitalersatzrechts im Falle einer gescheiterten Sanierung zu tragen hätte. Zunächst einmal wäre seine Unternehmensbeteiligung entwertet.[769] Diese Folge würde jedoch auch eintreten, wenn der Gesellschafter anstatt einer Finanzierung durch Darlehen das von der Rechtsordnung geforderte Eigenkapital nachgeschossen hätte. Des weiteren würde aus seinem Anspruch auf Rückzahlung eine Insolvenzforderung. Hier stünde der Gesellschaftergläubiger besser als er bei der Zuführung von Eigenkapital stehen würde. Dieses würde nämlich in der Insolvenz nur berücksichtigt, wenn von der Insolvenzmasse nach Befriedigung der Insolvenzgläubiger ein Überschuß verbleiben würde. Diese Diskrepanz wird vom Kapitalersatzrecht berichtigt, indem Forderun-

---

vor derartigen mißbräuchlichen Vereinbarungen läge der einzig relevante Schutzbereich des Kapitalersatzrechts. Allerdings erweise sich die Rechtsfolge des Kapitalersatzrechts als inadäquat, weil sie nicht an spezifischen Mißbräuchen sondern allgemein am Eintritt der Kreditunwürdigkeit anknüpfe.

767 Nach *Koppensteiner*, AG 1998, 308 (314), läßt sich dieser Gedanke auch auf Lieferanten und andere Gläubiger ausdehnen, wenn diese z.B. eine Verbindlichkeit der Gesellschaft stunden oder aber Abnehmer der Gesellschaft ein Darlehen in der Krise geben, um eine wichtige Bezugsquelle zu erhalten. Nach *Kruppa*, S. 71 ff. 88 ff., sollen aus den genannten Gründen auch Kreditinstitute dem Kapitalersatzrecht unterliegen.

768 Vgl. *Uhlenbruck*, S. 56.

769 Vgl. *Koppensteiner*, AG 1998, 308 (314).

gen aus eigenkapitalersetzenden Gesellschafterdarlehen gem. § 39 Abs. 1 Nr. 5 InsO wie haftendes Kapital behandelt und nachrangig befriedigt werden.

Allein diese Argumentation vermag aber das Kapitalersatzrecht noch nicht zu begründen. Die Finanzierung durch Gesellschafterdarlehen ist grundsätzlich ein legitimes und sinnvolles Instrument der Unternehmensfinanzierung. Gleiches gilt für die Absicht des Gesellschafters, so man sie denn unterstellen kann, sein Finanzierungsrisiko über die Erbringung der Stammeinlage hinaus möglichst gering zu halten. Wieso sollte dies in der Krise auf einmal anders sein und der Gesellschafter hier nicht gleichzeitig Gläubiger sein dürfen? Es bedarf also weiterer Kriterien neben der Rolle des finanzierenden Gesellschafters, um das Kapitalersatzrecht zu begründen.

An dieser Stelle wird von Rechtsprechung[770] und Literatur[771] der Wissensvorsprung des Gesellschaftergläubigers gegenüber den außenstehenden Gläubigern ins Feld geführt. Er könne nämlich die im Falle einer Insolvenz für die Gläubiger allgemein unausweichlichen Folgen aufgrund seines Einflusses auf die Geschäftsführung oder weil er oftmals selbst an der Geschäftsführung beteiligt sei sowie aufgrund seines Informationsvorsprunges (durch Teilhabe- und Auskunftsrechte) für sich selbst ausschließen oder zumindest seine Risiken minimieren.

Diese Annahme ist aus zweierlei Gründen problematisch. Zweifelhaft ist nämlich ob die bloße Gesellschafterstellung des Darlehensgebers, unabhängig von dessen tatsächlichen Einfluß auf die Geschicke der Gesellschaft ausreicht, um auf einen Informations- oder Einflußvorsprung gegenüber Dritten zu schließen. Es kann davon ausgegangen werden, daß ein professioneller Kreditgeber über bessere Informationen und Druckmittel gegenüber der Gesellschaft verfügt als ein Gesellschafter mit einer nur geringen Beteiligung.[772] Hieran vermag auch die durch das KapAEG eingefügte Ausnahmeregelung des § 32 a Abs. 3 S. 2 GmbHG nichts zu ändern, welche nicht geschäftsführende Gesellschafter mit einer Beteiligung von weniger als 10 % von den Grundsätzen zum Eigenkapitalersatz ausnimmt. Die starre Anknüpfung an eine Beteiligung von 10 % ist kein brauchbares Kriterium, um einen maßgebenden Einfluß- und Wissensvorsprung des Gesellschafters zu messen.[773]

---

770 Der *BGH*, vgl. *BGHZ* 90, 381 (388), argumentiert, daß ein Gläubiger der „die notleidende Gesellschaft nicht durch die sonst gebotene Hergabe fehlenden Eigenkapitals, sondern durch Darlehen über Wasser zu halten sucht ... nicht in der Erwartung, sein Geld aufgrund besserer Informationsmöglichkeiten notfalls noch beizeiten in Sicherheit bringen zu können, auf dem Rücken der Gläubiger spekulieren“ darf.

771 Vgl. *Ulmer*, in: FS *Duden*, 1977, S. 661 (673); *Barth*, S. 82 f.

772 Vgl. *Haas*, S. 62; *Koppensteiner*, AG 1998, 308 (314); *Maier-Reimer*, in: FS *Rowedder*, 1994, S. 245 (269).

773 Vgl. *Haas*, S. 62 f.

Hinzu kommt, daß eine Schlechterstellung des Gesellschafterdarlehens über die Vorschriften des Kapitalersatzrechts selbst bei Annahme eines Macht- und Informationsvorsprunges des darleihenden Gesellschafters nur dann gerechtfertigt wäre, wenn dieser von seinem Privileg auch tatsächlich Gebrauch gemacht hätte. Dieser Ansatz steht aber im Widerspruch zu den für den Fall des stehengelassenen Gesellschafterdarlehens entwickelten Grundsätzen. Ein Gesellschafter, der vor Eintritt der Krise ein Darlehen ausgereicht hat, macht nämlich dann von seinem angeblichen Macht- und Informationsvorsprung gewiß keinen Gebrauch, wenn er dieses Darlehen bis zur Eröffnung des Insolvenzverfahrens wie ein Fremdkreditgeber stehen läßt.[774] Nur unter diesen Umständen wird er aber durch das Kapitalersatzrecht abgestraft. Wenn er umgekehrt die Krise aufgrund seines Informationsvorsprunges rechtzeitig heraufziehen sieht, weil er vielleicht von seinen Auskunftsrechten Gebrauch gemacht hat, und sein zuvor ausgereichtes Darlehen fällig stellt, bleibt er von den Rechtsfolgen des Kapitalersatzrechts verschont.

Insgesamt kann also die Doppelrolle des Kreditgebers die Behandlung von Gesellschafterdarlehen als Eigenkapital nicht rechtfertigen.[775] Die vermeintlichen Vorteile, welche der Kreditgeber aus seiner Beteiligung ziehen kann, sind nicht gesellschafterspezifisch, sondern kommen auch anderen privilegierten Gläubigern zugute. Niemand käme jedoch auf die Idee, den Kredit der vorstehend genannten, nicht an der Gesellschaft beteiligten Hausbank unter diesen Voraussetzungen in haftendes Kapital umzuqualifizieren.[776]

ee) Ergebnis

Die überwiegend vertretene Ansicht, die Verantwortung des Gesellschafters gegenüber seinen Mitgläubigern ergebe sich aus spezifisch gesellschaftsrechtlichen Erwägungen ist nicht zutreffend. Weder kann ein Zusammenhang des Kapitalersatzrechts zur Finanzverfassung des Unternehmensträgers hergestellt werden, noch ergibt sich ein solcher aus dem Wesen der Mitgliedschaft.

b) Kapitalersatzrecht und insolvenzrechtliche Haftungsordnung

Nachdem nun festgestellt wurde, daß es zwischen Gesellschaftsrecht und Kapitalersatzrecht keinen spezifischen Zusammenhang gibt, soll untersucht werden, ob ein solcher – wie in der Literatur teilweise vertreten[777] – zur insolvenzrechtlichen Haftungsordnung besteht.

---

774 Vgl. *Haas*, S. 63; so wohl auch *K Schmidt*, ZHR 1983, 165 (183).

775 Im Ergebnis ebenso: *Wiedemann*, in. FS *Beusch*, 1993, S. 870 (906).

776 Vgl. *Rümker*, ZGR 1988, 494 (504).

777 Vgl. *Haas*, NZI 2001, 1 (9); Bezzenberger, in: FS *Bezzenberger* 2000, S. 23 (42 f.); im Ansatz ähnlich auch *Fastrich*, in: FS *Zöllner*, 1998, S. 143 (151 f.).

aa) Gemeinsamkeiten im zeitlichen Anwendungsbereich

Wie bereits dargestellt,[778] sind die Insolvenzauslösetatbestände Zahlungsunfähigkeit, drohende Zahlungsunfähigkeit und Überschuldung in einer zeitlichen Abfolge zu sehen. Das Merkmal der drohenden Zahlungsunfähigkeit wird in aller Regel zuerst erfüllt sein. Auf dem Zeitstrahl folgen ihm Zahlungsunfähigkeit und Überschuldung, welche sich überschneiden können. Alle drei Tatbestände weisen prognostische Elemente auf. Hierin ist die stärkste Übereinstimmung mit der Kreditunwürdigkeit im Sinne des § 32 a Abs. 1 GmbHG zu sehen. Die Kriterien, nach denen bei der Überschuldung eine negative Fortbestehensprognose oder die Zahlungsunfähigkeit festgestellt werden, überschneiden sich mit denjenigen, die für die Frage einer Kreditunwürdigkeit maßgeblich sind. In allen Fällen werden die Selbstheilungskräfte eines Unternehmens als nicht mehr vorhanden oder nicht mehr ausreichend erachtet. Aus der vorstehenden Untersuchung kann also festgehalten werden, daß das Merkmal der Kreditunwürdigkeit die Insolvenzauslösetatbestände der Zahlungsunfähigkeit und der Überschuldung zeitlich einschließt. Eine Gesellschaft, welche kreditunwürdig ist wird in der Regel auch zahlungsunfähig und/oder überschuldet sein.

Dieser Befund wird auch durch die Erfahrungen der Praxis unterstützt. Das Eigenkapitalersatzrecht wurde danach lediglich für solche Gesellschaften akut, die gemessen an Fortführungs- oder Liquidationswerten überschuldet waren.[779] Die dem Gesellschafter vom *Bundesgerichtshof* anheimgestellten Handlungsalternativen stützen diese Erfahrungen aus der Praxis. Nach Auffassung des *Bundesgerichtshofs* stellt die Kreditunwürdigkeit einen Zustand dar, in dem der Gesellschafter die Gesellschaft ohne zusätzliche Finanzmittel liquidieren müßte.[780] Diese Handlungsalternativen (Sanierung oder Liquidation) sind letztlich die gleichen wie in der Insolvenz der Gesellschaft.[781]

Etwas anders lautet das Ergebnis bei der drohenden Zahlungsunfähigkeit. Diese liegt nicht notwendigerweise in dem von der Kreditunwürdigkeit gesteckten zeitlichen Rahmen. Sie kann diesem auch vorgelagert sein. Die Handlungsalternativen lauten hier für den Geschäftsführer eben nicht allein Sanierung oder Liquidation. Er kann die Gesellschaft vielmehr ohne Sanktionsmaßnahmen des Gesetzes fürch-

---

778 Siehe S. 111 ff.

779 Vgl. die Beispiele bei *Lutter/Hommelhoff*, §§ 32 a/b Rdnr. 16 und *K Schmidt*, in: Scholz, §§ 32a, 32b Rdnr. 82; aus der Rechtsprechung vgl. *BGH*, NJW 1992, 2891 (2894); 1996, 1341; ZIP 1992, 618 (619); 1993, 189 (191); 1994, 1934 (1936);1997, 1375 (1377); DStR 1995, 188 (190);.

780 Vgl. *BGHZ* 31, 258 (272); 81, 311 (317); *BGH*, NJW 1992, 2891 (2892); 1996, 1341 (1342); GmbHR 1998, 233 (234); ZIP 1993, 189 (191); 1994, 1934 (1937); 1996, 1829 (1830).

781 Vgl. auch *Haas*, NZI 2001, 1 (6); *ders.*, S. 58 f.; *ders.*, in: Gottwald, § 92 Rdnr. 221.

ten zu müssen weiterführen, bis entweder Zahlungsunfähigkeit oder Überschuldung eintreten.

Letztendlich bleibt es jedoch bei dem Befund: Die Insolvenzauslösetatbestände sind zeitlich deckungsgleich mit dem Merkmal der Kreditunwürdigkeit.

bb) Der sachliche Zusammenhang

Nachdem nun festgestellt wurde, daß zwischen Kapitalersatzrecht und Insolvenzrecht ein enger zeitlicher Zusammenhang besteht, soll nachfolgend begründet werden, daß das Kapitalersatzrecht auch inhaltlich einen Bestandteil der insolvenzrechtlichen Haftungsordnung darstellt.

aaa) Außerkraftsetzung der Außenkontrolle des Kreditmarktes

Einen ersten Schritt in diese Richtung geht eine neue, von *Fastrich* begründete Ansicht in der Literatur.[782] Ihr zufolge liegt der Normzweck des Eigenkapitalersatzrechts darin, die Außenkontrolle der Gesellschaft durch den Kreditmarkt wiederherzustellen.[783] Hierin überschneide er sich mit der Funktion des Insolvenzrechts.[784] Eine Gesellschaft, die keine Überschüsse erziele und kein ausreichendes Vermögen als Haftungsgrundlage habe, werde vom Kreditmarkt kein weiteres Kapital erhalten. Hierin liege ein Selbstschutz der Marktteilnehmer, der sich zu einem objektiven Kontrollmechanismus zusammenfüge. Wenn die Gesellschaft die für ihr Fortleben nötigen Mittel nicht erhalte, müsse sie liquidiert werden, sei es freiwillig oder im Wege des Insolvenzverfahrens. Auf diese Weise ziehe der Kreditmarkt eine für kreditunwürdig gehaltene Gesellschaft aus dem Verkehr. Die Gesellschafter könnten sich dem Urteil des Marktes widersetzen und den weiteren Kapitalbedarf selber decken. Dann würden sie die Außenkontrolle des Kreditmarktes ausschalten. Dies soll nach Auffassung *Fastrichs* den Gesellschaftern jedoch nur unter den Voraussetzungen erlaubt sein, daß sie ein vorrangiges Verlustrisiko auf sich nehmen. Die Gesellschafter sollen in der Krise entweder Haftkapital geben und dem Markt auf eigenes Risiko trotzen, oder sie sollen sich dem Urteil des Marktes fügen und ebenso handeln wie Fremdgläubiger, also der Gesellschaft die weitere finanzielle Unterstützung versagen, keine neuen Gelder mehr nachschießen und schon gegebene Gelder soweit wie möglich zurückverlangen, so daß die Gesellschaft liquidiert werden muß. Gewährt ein Gesellschafter statt dessen ein gewöhnliches Darlehen, so wähle er die falsche Finanzierungsform, und das erkenne das Recht nicht an.

782 Vgl. *Fastrich*, in: FS *Zöllner*, 1998, S. 143 (149 ff.).

783 Vgl. *Götz*, S. 69, bezeichnet dieses Risiko als Risiko der schädigenden Selbstkontraktion; teilweise zustimmend *Bezzenberger*, in: FS *Bezzenberger*, 2000, S. 23 (36).

784 Vgl. *Fastrich*, in: FS *Zöllner*, 1998, S. 143 (151); *Reiner*, in: FS *Boujong*, 1996, 415 (438).

Fastrich hat mit dieser Argumentation einen Schritt in die richtige Richtung gewagt. Er hat erkannt, daß das Kapitalersatzrecht sich in seinem zeitlichen Anwendungsbereich mit den Insolvenzauslösetatbeständen, insbesondere mit der Überschuldung, überschneidet.[785]

bbb) Verwirklichung der insolvenzrechtlichen Haftungsordnung

Im folgenden wird die Stellung des Kapitalersatzrechts innerhalb der insolvenzrechtlichen Haftungsordnung untersucht. Das „ideale" Insolvenzverfahren setzt voraus, daß der Eröffnungsantrag im Zeitpunkt des Insolvenzeintritts oder nach dem neuen fakultativen Tatbestand der drohenden Zahlungsunfähigkeit sogar davor gestellt wird. Zu diesem Zeitpunkt wird die verwertbare Masse den größtmöglichen Umfang haben und somit die Chance, ein Verfahren überhaupt zur Eröffnung zu bringen, am größten sein.

Nach Stellung des Antrags auf Eröffnung des Insolvenzverfahrens wird die insolvenzrechtliche Haftungsordnung durch verschiedene Maßnahmen verwirklicht. So hat das Insolvenzgericht nach § 21 Abs. 1 InsO die Aufgabe, in der Phase zwischen Antragstellung und Erlaß des Eröffnungsbeschlusses durch vorläufige Regelungen eine den Gläubigern nachteilige Veränderung in der Vermögenslage des Schuldners zu verhüten. Hierfür steht ihm ein Katalog verschiedener korrespondierender und miteinander kombinierbarer Sicherungsmittel zur Verfügung.[786] Hierzu zählen das Verfügungsverbot gem. § 21 Abs. 2 Nr. 2 InsO, die Einsetzung eines vorläufigen Insolvenzverwalters gem. § 21 Abs. 2 Nr. 1 InsO und die Untersagung der Einzelzwangsvollstreckung in das Vermögen des Schuldners gem. § 21 Abs. 2 Nr. 3 InsO.

Durch den Eröffnungsbeschluß und die Bestellung eines Insolvenzverwalters nach § 27 InsO wird die insolvenzrechtliche Haftung dann durch den Konkurs- oder Insolvenzbeschlag verwirklicht.[787] Der Schuldner wird durch Entzug der Verfügungsbefugnis über sein Vermögen und Übergang auf den Insolvenzverwalter gem. § 80 Abs. 1 InsO entmachtet. Parallel dazu wird auch den einzelnen Insolvenzgläubigern das Recht abgesprochen, ihre Forderungen in einem ordentlichen Prozeß durchzusetzen. Sie werden darauf verwiesen, sich zur Wahrnehmung ihrer Interessen am Insolvenzverfahren zu beteiligen (§§ 87, 174 InsO).

---

785 Vgl. *Fastrich*, in: FS *Zöllner*, 1998, S. 143 (151): „Es ist überraschend, daß die Rechtsprechung des *BGH*,, soweit ersichtlich, nie grundsätzlich auf das Verhältnis des Kapitalersatzrechts zur Insolvenzantragspflicht wegen Überschuldung eingegangen ist."

786 Dabei ist der Maßnahmenkatalog des § 21 Abs. 2 InsO nicht abschließend. Er zählt nur beispielhaft die wichtigsten Sicherungsmaßnahmen auf, vgl. *Uhlenbruck*, in: Gottwald, § 14 Rdnr. 1 a.E.

787 Vgl. *Haas*, NZI 2001, 1 (7); *Häsemeyer*, Rdnr. 21.02; *Heilmann/Smid*, S. 22.

Weil das Insolvenzverfahren nur auf Antrag eingeleitet wird, besteht jedoch die Gefahr, daß zwischen dem Eintritt der Insolvenzauslösetatbestände und dem Eingreifen der ersten Sicherungsmaßnahmen nach Antragstellung ein längerer Zeitraum liegt.[788] Dies ist einerseits darauf zurückzuführen, daß die zur Antragstellung berechtigten Gläubiger die Insolvenzreife ihres Schuldners nur schwer erkennen können, weil der Eintritt der Insolvenzauslösetatbestände sich in aller Regel auf Basis unternehmensinterner Daten ergibt und diese den Gläubigern in der Regel verborgen bleiben.[789] Dies gilt in erster Linie für die Überschuldung; aber auch die Zahlungsunfähigkeit offenbart sich den Gläubigern erst in einem späten Stadium, nämlich dann, wenn der Schuldner seine Zahlungen eingestellt hat und die Zahlungsunfähigkeit nach außen offenkundig wird.[790]

Neben dem unzureichenden Informationsstand der Gläubiger ist andererseits häufig die fehlende Bereitschaft der Beteiligten zur Antragstellung Grund für den langen Zeitraum zwischen Insolvenzeintritt und Eröffnung.[791] Während der Geschäftsführer eines bedrohten Unternehmensträgers durch Androhung von Sanktionen zu rechtzeitiger Antragstellung angehalten wird, fehlen für Gläubiger solche „negativen Anreize". Dies führt dazu, daß solche Gläubiger, die über entsprechende Informationen über die wirtschaftliche Situation des Schuldners verfügen, eher versucht sein werden diese einzusetzen, um eine bevorzugte Befriedigung zu erlangen.[792] Auch der Geschäftsführer der insolvenzreifen Gesellschaft wird trotz der ihm drohenden haftungs- und strafrechtlichen Konsequenzen oftmals den Insolvenzantrag verspätet stellen. Er hofft schließlich noch auf die Rettung und Fortführung der Gesellschaft oder versucht deren Verluste für den Fall des Zusammenbruchs zu minimieren.

Insbesondere in den letztgenannten Fällen besteht die Gefahr, daß das Schuldnervermögen erheblich reduziert wird, was die Befriedigungsaussichten der Gläubigergesamtheit reduziert. Die Gläubiger und der Gemeinschuldner selbst sind bemüht, die Verluste für den Fall des drohenden Zusammenbruchs möglichst gering zu halten. Die Gläubiger werden bevorzugte Befriedigung suchen oder versuchen, sich Sicherheiten für ihre offenen Forderungen bestellen zu lassen. Der Gemeinschuldner hingegen versucht, sich eben diesen Zugriffen zu entziehen indem er Gesellschaftsvermögen beiseite schafft oder den Geschäftsbetrieb unkontrolliert einstellt.[793] Dieses Phänomen wird von *Smid* als Ausverkauf der Masse bezeichnet. In diesem Stadium ersetzt der ungeordnete Zugriff einzelner Gläubiger, des Ge-

788 Vgl. *Haas*, NZI 2001, 1 (7); *Smid*, S. 237.
789 Vgl. *Schildbach*, BB 1983, 2129 (2133).
790 Vgl. *Haas*, NZI 2001, 1 (7).
791 Vgl. *Schildbach*, BB 1983, 2129 (2133); *Haas*, NZI 2001, 1 (7).
792 Vgl. *Heilmann/Smid*, S. 237; *Schildbach*, BB 1983, 2129 (2133); *Haas*, NZI 2001, 1 (7).
793 Vgl. *Gottwald*, in: Gottwald, § 1 Rdnr. 22; *Weber*, in: FS Konkursordnung, 1977, S. 321 (334 f.); *Haas*, NZI 2001, 1 (7).

schäftsführers und der Gesellschafter die eigentlich angebrachte insolvenzrechtliche Haftungsordnung.[794]

Um diesen Ausverkauf der Masse zu verhindern, haben der Gesetzgeber und die Rechtsprechung ein System von reaktiven Schutzmechanismen geschaffen. Dieses soll die von einer verzögerten Antragstellung ausgehenden Gefahren für die insolvenzrechtliche Haftungsordnung begrenzen.[795] Anknüpfungspunkt der verschiedenen Schutzmechanismen bilden in diesem Zusammenhang im wesentlichen zwei Aspekte, nämlich der Informationsvorsprung Einzelner sowie deren unterschiedliche Möglichkeiten auf das Schuldnervermögen zum Nachteil der Gläubigergesamtheit einzuwirken.

An den ersten Aspekt, den Informationsvorsprung Einzelner, knüpfen die Anfechtungsvorschriften des Insolvenzrechts an. Deren Systematik ist zuvor bereits erörtert worden.[796] Die Anfechtungsvorschriften des Insolvenzrechts stellen – unter Berücksichtigung des Vertrauens in die Privatautonomie der schuldnerischen Gesellschaft – ein wirksames System zum Schutz der Masse in der kritischen Phase vor Insolvenzeröffnung dar. Freilich bedarf es dieses Schutzes durch das Anfechtungsrecht innerhalb des Insolvenzeröffnungsverfahrens nur, solange und soweit das Gericht dem Gemeinschuldner kein Verfügungsverbot auferlegt, d.h. bis zur Bestellung eines vorläufigen Insolvenzverwalters oder Eröffnung des Verfahrens.[797]

An die Möglichkeit des Geschäftsführers, das Schuldnervermögen zu Lasten der Gläubiger zu schmälern, knüpft die Vorschrift des § 64 GmbHG an. Über diese Haftung hinaus kommt noch die hiervon zu trennende Außenhaftung des Geschäftsführers gegenüber den Gläubigern der Gesellschaft in Betracht. Zu nennen wäre hier zunächst die Haftung des Geschäftsführers gegenüber den bei Eintritt der Insolvenz vorhandenen Gläubigern (sog. „Altgläubiger") auf Ersatz des Quotenschadens aus § 823 Abs. 2 BGB i. V. m. § 64 Abs. 1 GmbHG.[798]

Die besonderen Anfechtungsvorschriften der Insolvenzordnung und das Verbot der Insolvenzverschleppung nach § 64 GmbHG bilden zusammen ein System zum Schutz der Insolvenzmasse in der sensiblen Phase zwischen Eintritt der Insolvenzreife und Antragstellung bzw. Anordnung vorläufiger Sicherungsmaßnahmen durch das Insolvenzgericht. Sie verhindern, daß die Masse durch schuldhaftes Ver-

794 Vgl. *Heilmann/Smid*, § 14 Rdnr. 3.

795 Vgl. *Schmidt*, ZfB 1984, 160 (164); *Haas*, NZI 2001, 1 (7).

796 Vgl. S. 57 ff.

797 Vgl. *Zeuner*, S. 1; *Holzer*, WiB 1997, 729 (729).

798 Vgl. *BGHZ* 29, 100 (102 f.); 75, 96 (106); 100, 19 (21); 126, 181 (190); 138, 211 (214); *Ulmer*, in: Hachenburg, § 64 Rdnr. 47; *Schulze-Osterloh*, in: Baumbach/Hueck, § 64 Rdnr. 82; *K Schmidt*, in: Scholz, § 64 Rdnr. 35; *Haas*, S. 22; *ders.*, NZG 1999, 373 ff.; *Sommer/Maser*, BB 1996, 65 (68)

säumen des Geschäftsführers oder bevorzugte Befriedigung wohlinformierter Gläubiger geschmälert wird.

Wie *Haas* zutreffend feststellt, geht eine Gefahr für die Insolvenzmasse aber nicht nur von Geschäftsführern und Gläubigern aus.[799] Auch Gesellschafter können im Vorfeld der Insolvenzeröffnung auf die insolvenzrechtliche Haftungsordnung zum Nachteil der Gläubigergesamtheit einwirken. Die Motivation der Gesellschafter hierfür ist offenkundig. Nicht selten ist die typische personenbezogene GmbH für ihre Gesellschafter nicht nur Kapitalanlage, sondern Mitunternehmergemeinschaft und Berufsgrundlage. Bricht die Gesellschaft auseinander, verlieren die Gesellschafter daher nicht selten auch ihre wirtschaftliche Zukunft.[800] Die Eröffnung des Insolvenzverfahrens führt bei der GmbH nach § 60 Abs. 1 Nr. 4 GmbHG in der Regel zur Auflösung.[801] Der Gesellschafter verliert hierdurch seine Beteiligung, ohne dafür finanziell entschädigt zu werden. Zwar sieht die Regelung des § 199 S. 2 InsO vor, daß etwaige Überschüsse nach Befriedigung der Insolvenzgläubiger an die Gesellschafter zu verteilen sind, doch bilden solche Insolvenzverfahren in der Praxis die Ausnahme.[802] Auch der Gesellschafter wird also im Vorfeld des Insolvenzverfahrens versucht sein, jede noch so geringe Fortführungschance zu nutzen, selbst wenn sie zu Lasten der Gläubigergesamtheit geht. Zu diesem Zweck kann er sowohl gesellschaftsrechtlich als auch rechtsgeschäftlich auf das Vermögen der Gesellschaft einwirken.

Eine Einflußnahme auf das Vermögen der Korporation durch den Gesellschafter kommt zunächst durch Ausübung des ihm zustehenden Weisungsrechts gegenüber dem Geschäftsführer in Betracht. Neben dieser gesellschaftsrechtlichen Einflußnahme besteht noch die Möglichkeit, daß der Gesellschafter rechtsgeschäftlich zum Nachteil der Gläubigergesamtheit auf das Gesellschaftsvermögen einwirkt. Dies kann zum einen dadurch geschehen, daß der Gesellschafter der insolvenzreifen Gesellschaft ein Darlehen gewährt. Zum anderen kann er sich ein bereits vor Eintritt der Krise ausgereichtes und über den Eintritt der Insolvenzreife hinaus stehengelassenes Darlehen zurückzahlen lassen. Der Nachteil für die Gläubigergesamtheit ist in beiden Fällen bereits ausführlich diskutiert worden.[803]

Die These lautet nun, daß diese Handlungsweisen durch das bisher dargelegte System zum Erhalt des Gesellschaftsvermögens nicht erfaßt werden. Es besteht eine Schutzlücke, die erst durch die Vorschriften zum Eigenkapitalersatz geschlossen wird. *Reiner* hingegen ist der Ansicht, insbesondere die Haftung des Gesellschafters wegen sittenwidriger Gläubigergefährdung gem. § 826 BGB und die Haftung

799 Vgl. *Haas*, NZI 2001, 1 (8).
800 Vgl. *Bezzenberger*, in: FS *Bezzenberger*, 2000, S. 23 (36).
801 Vgl. *K Schmidt/Uhlenbruck*, S. 424; *Haas*, NZI 2001, 1 (8).
802 Vgl. *K Schmidt*, in: Kölner Schrift 1997, S. 911 (919); *K Schmidt/Uhlenbruck*, S. 424.
803 Siehe hierzu ausführlich S. 48 ff.

des Gesellschafters als Teilnehmer der Insolvenzverschleppungshaftung stellten eine hinreichende Sanktion für die eigenkapitalersetzenden Mittelzuführung dar.[804] Gemeinsam seien diese Tatbestände in der Lage, einen Großteil des Anwendungsbereiches der Lehre vom Eigenkapitalersatz abzudecken.[805] Die Tauglichkeit beider Tatbestände, § 826 BGB und §§ 823 Abs. 2 BGB, 64 Abs. 1 GmbHG i.V.m. § 830 Abs. 2 BGB, zur Erfassung der aus der Gesellschafterfremdkapitalfinanzierung resultierenden Risiken ist bereits erläutert worden.[806] Der Ansicht *Reiners*, die Haftung wegen vorsätzlicher sittenwidriger Schädigung und Insolvenzverschleppung wären in der Lage, das Kapitalersatzrecht zu substituieren, kann danach nicht gefolgt werden. Zwar haben beide Normenkomplexe die gleiche Zielsetzung, indem sie das Gesellschaftsvermögen im Vorfeld der Insolvenz schützen sollen, der zugrundeliegende Gedanke ist jedoch verschieden. Die Haftung aus § 826 BGB und die Insolvenzverschleppungshaftung beinhalten beide einen Unrechtsvorwurf. Im Falle des § 826 BGB liegt dieser in dem Verbot, andere in einer gegen die guten Sitten verstoßenden Weise zu schädigen. Zwar können kapitalersetzende Darlehen im Einzelfall mit der Absicht der Gläubigerschädigung gegeben sein, und sie fallen dann selbstverständlich auch unter § 826 BGB; hierbei handelt es sich aber nur um eine geringfügige Überschneidung mit dem Anwendungsbereich des § 32 a GmbHG. Wie *Reiner* selbst konstatiert, ist § 826 BGB alleine nicht in der Lage, alle Konstellationen des Kapitalersatzes zu erfassen.[807] Und selbst wenn man den Begriff der Sittenwidrigkeit ausdehnen würde, wären darunter nicht solche Gesellschafterhilfen zu subsumieren, die in der Absicht gewährt wurden, das Unternehmen zu sanieren.

Ähnlich verhält es sich bei der Haftung des Gesellschafters wegen Insolvenzverschleppung gem. §§ 823 Abs. 2 BGB, 64 Abs. 1 GmbHG i.V.m. § 830 Abs. 2 BGB. Hier liegt der Unrechtsvorwurf in dem Verbot, die Eröffnung des Insolvenzverfahrens zu verschleppen. Ein solcher Unrechtsvorwurf ist dem Kapitalersatzrecht jedoch fremd. Es beinhaltet keineswegs ein Verbot der Gewährung von Darlehen anstelle von Eigenkapital.[808] Es stellt im Gegenteil eine erlaubte und vom Ge-

---

804 *Reiner*, in: FS *Boujong*, 1996, S. 415 (444 ff.); Ähnlich auch *Götz*, S. 74 ff.. Weil *Götz* aber die Gefahr für gesellschaftsfremde Gläubiger besonders in mißbräuchlichen Vereinbarungen sieht, kommt er zu dem Schluß, daß dieser durch die entwickelten Fallgruppen zur Bankenhaftung aus den §§ 138, 126 BGB effizient entgegengetreten werden kann. Die Prämisse von der *Götz* ausgeht ist also von der hier vertretenen völlig verschieden.

805 Vgl. *Reiner*, in: FS *Boujong*, 1996, S. 415 (454).

806 Vgl. S. 60 ff.

807 Vgl. *Reiner*, in: FS *Boujong*, 1996, S. 415 (445).

808 Vgl. *BGHZ* 76, 326 (330); 90, 381 (390); *BFH*, DB 1992, 763 (765); *K Schmidt*, in: Scholz, §§ 32a, 32b Rdnr. 4; *Ulmer*, in: Hachenburg, § 32 a, b Rdnr. 7; *Schulze-Osterloh*, in: Baumbach/Hueck, § 32 a Rdnr. 2; *Ulmer*, ZIP 1984, 1163 (1165); *Fleck*, in: FS *Werner*, 1984, S. 107 (109); mißverständlich hingegen *BGHZ* 105, 168 (185); a.A. Flume, S. 84 f.; *Ballerstedt*, ZHR 135 (1971), 383 (393).

sellschaftsrecht nicht mißbilligte Finanzierungsform dar. Aus dieser Tatsache resultieren auch die meisten Unterschiede auf Tatbestands- und Rechtsfolgenseite.

Bei der Haftung aus Insolvenzverschleppung handelt es sich um eine deliktische Haftung. Dementsprechend setzt sie individuelles Verschulden voraus. Das Kapitalersatzrecht hingegen ist verschuldensunabhängig. Des weiteren ist das der Teilnehmerhaftung gem. §§ 823 Abs. 2 BGB, 64 Abs. 1 GmbHG i.V.m. § 830 Abs. 2 BGB innewohnende kollusive Zusammenwirken von Gesellschafter und Geschäftsführer auf Sachverhalte eigenkapitalersetzender Darlehensgewährung nicht anwendbar. Wenn das Kapitalersatzrecht und seine Rechtsfolgen schon unabhängig vom Vorsatz des Gesellschafters eingreifen, kann es noch weniger auf den Vorsatz des Geschäftsführers bei der Annahme des Darlehens ankommen. Schließlich bleibt die Haftung wegen Teilnahme an der Insolvenzverschleppung auch in ihrem sachlichen Anwendungsbereich hinter dem Kapitalersatzrecht zurück. Schwierigkeiten ergeben sich dabei nicht nur im Rahmen stehengelassener Gesellschafterdarlehen,[809] sondern auch bei den über § 32 a Abs. 3 S. 1 GmbHG einbezogenen eigenkapitalersetzenden Nutzungsüberlassungen.

Auch auf der Rechtsfolgenseite liegt dem Kapitalersatzrecht ein von der Insolvenzverschleppung unterschiedliches Konzept zugrunde. Das eigenkapitalersetzende Gesellschaftermittel wird für die Dauer der Krise gebunden. Wird die Darlehensvaluta dennoch an den Gesellschafter zurückgezahlt, kann der Insolvenzverwalter einen Erstattungsanspruch geltend machen. Dieser ist auf die Höhe des Darlehens beschränkt. Würde die Gewährung eines kapitalersetzenden Gesellschafterdarlehens als Insolvenzverschleppung qualifiziert, ginge der Anspruch auf Ersatz des Quotenschadens in seinem Umfang weit über den Rückgewähranspruch des §§ 135 Nr. 1, 143 InsO des Kapitalersatzrecht hinaus. Der für § 64 GmbHG prägende Gedanke, nämlich dem Betroffenen sämtliche aus der Fortführung eines insolventen Unternehmens resultierenden Risiken zuzuweisen, ist mithin auf die vorliegenden Fälle, in denen der Gesellschafter rechtsgeschäftlich auf das Schuldnervermögen einwirkt, nicht unmittelbar übertragbar.[810]

Es kann also festgehalten werden, daß die Schutzlücke im Bereich rechtsgeschäftlicher Einflußnahme des Gesellschafters auf das Gesellschaftsvermögen weder durch eine Haftung des Gesellschafters als Teilnehmer an der Insolvenzverschleppung[811] noch durch eine Haftung gem. § 826 BGB geschlossen werden kann. Beide beruhen auf unterschiedlichen Grundlagen und sind verschiedener Natur. Ähnlich liegen die Dinge bei den Anfechtungsvorschriften. Auch sie erfassen den Bereich der kapitalersetzenden Gesellschafterdarlehen nur unzureichend.[812]

809 Vgl. *Bezzenberger*, in: FS *Bezzenberger*, 2000, S. 23 (42).
810 Vgl. *Haas*, NZI 2001, 1 (9).
811 Vgl. auch *Bezzenberger*, in: FS *Bezzenberger*, 2000, 23 (42).
812 Abweichend: *Götz*, S. 77.

c) Ergebnis

Das Eigenkapitalersatzrecht der GmbH ist, entgegen der vorherrschenden Meinung in der Literatur, insolvenzrechtlich geprägt. Es stellt einen von mehreren Bausteinen zum Schutz der Insolvenzmasse in der sensiblen Phase zwischen Eintritt der Insolvenzreife und Eröffnung des Insolvenzverfahrens dar. Es wird dabei von weiteren Vorschriften flankiert. Im Vorfeld der Verfahrenseröffnung dienen diesem Zweck insbesondere das in § 64 GmbHG normierte Verbot der Insolvenzverschleppung sowie die Vorschriften zur Insolvenzanfechtung. Ab Anordnung der vorläufigen Verwaltung wird die Insolvenzmasse dann durch das Vollstreckungsverbot und den Übergang der Verwaltungs- und Verfügungsbefugnis auf den Insolvenzverwalter vor Zugriffen Dritter geschützt. Ohne das Eigenkapitalersatzrecht wäre dieses Abwehrsystem zur Wirkungslosigkeit verdammt, weil nur das Kapitalersatzrecht die von den beiden anderen Rechtsinstituten nicht adäquat erfaßten gläubigerschädigenden rechtsgeschäftlichen Einflußnahmen des Gesellschafters auf das Schuldnervermögen abdeckt.[813] Sinn und Zweck der Regeln zum Kapitalersatzrecht ist damit letztendlich, die insolvenzrechtliche Haftungsordnung und damit die Befriedungs- und Gleichbehandlungsfunktion des Insolvenzrechts zu verwirklichen.

2. Der Normzweck des *wrongful trading*

Anders als in Deutschland, wo die Feststellung des Normzwecks des Eigenkapitalersatzrechts auf erhebliche Schwierigkeiten stößt, ist der Sinn und Zweck der englischen Haftungsvorschriften verhältnismäßig einfach zu bestimmen. Es werden verschiedene Ansätze vertreten, die im folgenden dargelegt werden sollen.

a) Die Haftung wegen wrongful trading als Ausdruck allgemeiner fiduziarischer Pflichten des directors

Wie bereits dargelegt, statuiert s 214 I.A. 1986 eine Pflicht der Geschäftsführer, ab dem Zeitpunkt, ab welchem keine Aussicht mehr besteht die *liquidation* der Gesellschaft zu vermeiden, die Verluste der Gläubiger so gering wie möglich zu halten. Diese Pflicht besteht entweder gegenüber der Gesellschaft selbst oder durch diese gegenüber den Gesellschaftsgläubigern. Es wird vertreten, daß diese Pflicht, obwohl formal neu und nur im Falle der Abwicklung zur Verfügung stehend, lediglich Ausdruck der allgemeinen nicht insolvenzrechtlichen fiduziarischen Geschäftsführerpflichten gegenüber der Gesellschaft ist. Nach dem englischen *equity law* unterliegt der Geschäftsführer einer gesunden Gesellschaft der Pflicht, die In-

813 So auch *Fastrich*, in: FS *Zöllner*, 1998, S. 143 (158).

teressen der Gesellschaft zu schützen und aufrecht zu erhalten.[814] Grundsätzlich besteht diese Pflicht allein gegenüber der Gesellschaft[815], so daß die Gesellschafter nicht direkt berücksichtigt werden. Die Geschäftsführer sind den Gesellschaftern jedoch indirekt verpflichtet.[816] Das Interesse der Gesellschaft ist schließlich nur die Summe der Interessen der mit ihr in Verbindung stehenden Gruppen. Nach s 309 C.A. 1985 sind dies ausschließlich die Belange der Gesellschafter und neuerdings auch der Arbeitnehmer.[817] Dies ändert sich jedoch während und im Vorfeld der Insolvenz. Dann werden nämlich die Interessen der Gesellschafter durch die der Gläubiger ergänzt, wenn nicht gar ersetzt. Dies wird besonders deutlich in der Entscheidung *Liquidator of West Mercia Safetywear v. Dodd*[818]: Nach Auffassung des Gerichts sind die Gläubiger während und im Vorfeld der Insolvenz „prospectively entitled, through the mechanism of liquidation, to displace the power of the directors and the shareholders to deal with the company's assets". Demnach ersetzen bereits im Vorfeld der Insolvenz die Gläubiger die Gesellschafter als Eigentümer der Gesellschaft , was zur Folge hat, daß ab diesem Zeitpunkt die fiduziarischen Geschäftsführerpflichten indirekt ihnen geschuldet werden.

Man könnte daher vertreten, daß s 214 I.A. 1986 lediglich klarstellende Funktion hat, indem es den Wechsel der Loyalität der Gesellschafter im Falle der drohenden Insolvenz zugunsten der Gläubiger festschreibt.[819] Diese Argumentation scheint zwar auf den ersten Blick einleuchtend, erweist sich jedoch bei eingehender Untersuchung als widersprüchlich. Zunächst steht sie im Widerspruch zu der in der Entscheidung *Re Oasis Merchandising Service Ltd.*[820] durch den *Court of Appeal* getroffenen Abgrenzung zwischen dem bereits vor der Insolvenz bestehenden Anspruch aus s 212 I.A. 1986, der auch von der Gesellschaft selbst geltend gemacht werden kann, und dem im Vorfeld der Insolvenz gänzlich neu entstehenden Anspruch aus s 214 I.A. 1986, welcher ausschließlich vom *liquidator* geltend gemacht werden kann.[821]

---

814 Diese Pflicht wird in der Literatur teilweise als *duty to act bona fide in the interests of the company* oder als *duty to act in good faith* bezeichnet; vgl. *Farrar*, S. 329 und *Gower/Davies*, S. 601.

815 Vgl. hierzu die Grundsatzentscheidung *Percival v. Wright* [1902] 2 Ch 421; vgl. außerdem *Farrar*, S. 325 ff.; *Gower/Davies*, S. 600.

816 Vgl. *Piercy v. S. Mills & Co.* [1920] Ch. 77; *Hogg v. Cramphorn Ltd.* [1967] Ch. 254; *Rackham v. Peek Foods Ltd.* [1990] B.C.L.C. 895.

817 Vgl. s 309 (1) C.A. 1985: „...include the interests of the company's employees in general, as well as the interests of its members".

818 (1988) 4 B.C.C. 30, C.A.; vgl. außerdem *Re Welfab Engineers Ltd.* [1990] B.C.L.C. 833.

819 Vgl. *Mokal*, (2000) 59 C.L.J. 335 (343); *Oditah*, (1990) L.M.C.L.Q. 205 (217 f.).

820 [1998] Ch. 170, C.A.

821 Vgl. *Re Howard Holdings Inc.* [1998] B.C.C. 549 (554), Ch. D.; *Mokal*, (2000) 59 C.L.J. 335 (343).

Darüber hinaus ist es schwierig, eine Analogie zwischen der Pflicht aus s 214 I.A. 1986 und irgendeiner außerhalb der Insolvenz bestehenden Pflicht herzustellen. Die von s 214 I.A. 1986 aufgestellten Gebote können als finale Pflichten der Geschäftsführer bezeichnet werden, die nur dann in Kraft treten, wenn keine Aussicht mehr besteht, daß die *liquidation* vermieden werden kann. Sollte die Krise aus irgendeinem Grund überwunden werden, endet Ihre Wirkung wieder. Der Hintergrund vor dem die Gebote aus s 214 I.A. 1986 entsteht ist der, daß die Gesellschaft zugrunde geht, ohne ihre sämtlichen Verbindlichkeiten berichtigen zu können. Daraus entstehen Verluste für sämtliche ungesicherten Gläubiger. In diesem Zusammenhang sind die Direktoren verpflichtet, diese Verluste so gering wie möglich zu halten. Dies wird in den meisten Fällen nur durch Bestellung eines *liquidator* zu gewährleisten sein.[822] Der Unterschied zu sämtlichen vor Eintritt der Insolvenz bestehenden Pflichten ist damit offensichtlich.[823]

Vor der Insolvenz sind die Pflichten der Direktoren jedenfalls nicht darauf angelegt, kurzfristig Gewinne zu erzielen. Es kann im Gegenteil durchaus legitim sein, innerhalb langfristiger Strategien eine Stagnation oder sogar Verluste in Kauf zu nehmen.[824] S 214 I.A. 1986 ist aber im Gegenteil einzig auf kurzfristige Maximierung des Wertes des Gesellschaftsvermögens angelegt. Der Unterschied könnte also nicht größer sein. Abgesehen davon, daß die aus s 214 I.A. 1986 resultierenden Pflichten nur während oder im Vorfeld der Insolvenz entstehen, haben sie auch außerhalb dieser kritischen Phase keinerlei Existenzberechtigung.

b) Die Haftung wegen wrongful trading als Ausdruck eines hypothetical bargain der Gläubiger

Es wird argumentiert, die Haftung wegen *wrongful trading* nach s 214 I.A. 1986 entspreche dem der gesamten insolvenzrechtlichen Haftungsordnung zugrunde liegenden Muster, welches darauf ausgerichtet sei, möglichst ein Ergebnis zu erzielen, das die Gläubiger der Gesellschaft *ex ante* mit den übrigen betroffenen Parteien für den Fall der Insolvenz vereinbaren würden.

---

822 Vgl. z.B. *Goode*, S. 472 f.

823 Vgl. *Mokal*, (2000) 59 C.L.J. 335 (343).

824 Vgl. McKendrick/*Davies*, S. 87: „So long, at least, as the company seems likely to continue as an independent entity, there would seem to be no reason in principle why the directors, in adopting their business policies, should be required by law to favour those shareholders who wish to sell their shares now or in the short term, as against those who see themselves as long-term holders".

aa) Insolvenzrechtliche Haftungsordnung und hypothetical bargain der Gläubiger

Diese dem anglo-amerikanischen Recht zugrundeliegende Rechtfertigung der insolvenzrechtlichen Haftungsordnung ist in Deutschland bisher unbekannt und soll daher an dieser Stelle kurz dargestellt werden.

Es ist rechtsordnungsübergreifend bekannt, daß es Ziel der insolvenzrechtlichen Haftungsordnung ist, das zur Verteilung an die Gesellschaftsgläubiger zur Verfügung stehende Gesellschaftsvermögen zu maximieren.[825]

Darüber hinaus dient das Insolvenzrecht aber auch der Befriedung der sozialen Verhältnisse.[826] Die Insolvenzeröffnungstatbestände greifen in der Regel dann ein, wenn das Vermögen eines Schuldners nicht mehr ausreicht, um die Gesamtheit seiner Gläubiger zu befriedigen. In dieser Situation konkurrieren die Gläubiger in dem Bemühen, wenigstens eine teilweise Befriedigung zu erlangen. *Smid* verweist zurecht darauf, daß dieser Wettlauf der Gläubiger in der Praxis zu tumultartigen Szenen führen kann. Das vom Prioritätsprinzip geprägte Individualzwangsvollstreckungssystem ist in einer solchen Situation überfordert.[827] Es kann die Befriedung der Verhältnisse nicht gewährleisten und schützt damit auch den Schuldner nicht hinreichend. In Abwesenheit einer effektiven Gesamtvollstreckung gilt daher, daß der Gläubiger, der seine Forderung zuerst und am nachdrücklichsten geltend macht, die höchsten Aussichten auf Befriedigung genießt. Es tritt ein Wettlauf der Gläubiger ein. Bezogen auf die Gesamtheit der Gläubiger führt ein solches Vorgehen zu erhöhten Kosten.

Aus der Befriedungsfunktion resultiert die Gleichbehandlungsfunktion. Das Insolvenzrecht soll sicherstellen, daß die Gläubiger nach dem Maß ihrer Berechtigung keine Ungleichbehandlung erfahren. Das Insolvenzrecht tritt daher auf den Plan, um eine geordnete Verteilung des Gesellschaftsvermögens, der Masse, zu gewährleisten. Es besteht keine Notwendigkeit mehr, den Geschäftsbetrieb des Schuldners Stück für Stück zu veräußern, um einzelne Kreditoren zu befriedigen. Vielmehr kann eine sozial effizientere Entscheidung getroffen werden. Der Geschäftsbetrieb kann z.B. als Ganzes veräußert werden, was in der Regel einen höheren Beitrag zur Masse leistet als die Veräußerung einzelner Vermögenswerte. Nach Befriedigung der gesicherten Gläubiger kann das verbleibende Vermögen *pari passu*, d.h. gleichrangige Forderungen werden gleich behandelt, unter den ungesicherten Gläubigern verteilt werden. Das Insolvenzrecht ist also ein paternalistisches Instrument, indem es die Handlungsfreiheit der einzelnen Gläubiger zugunsten der Gläubigergesamtheit einschränkt.[828]

---

825 Vgl. *Goode*, S. 25 ff.

826 So auch *Häsemeyer*, Rdnr. 2.01 ff.; *Gottwald*, in: Gottwald, § 1 Rdnr. 7.

827 Vgl. *Heilmann/Smid*, Rdnr. 16.

828 Vgl. *Mokal*, (2000) 59 C.L.J. 335 (343).

Als Rechtfertigung für die Beschränkung der Handlungsfreiheit der Gläubiger wird in der anglo-amerikanischen Literatur das Argument angeführt, die insolvenzrechtliche Haftungsordnung schaffe lediglich einen Zustand, den vernünftige Gläubiger *ex ante* für den Fall der Insolvenz vereinbaren würden.[829] Kämen sämtliche Gläubiger vor Eintritt der Insolvenz zusammen, würden sie eine Beschränkung ihrer individuellen Rechte zugunsten der Gläubigergesamtheit für den Fall der Insolvenz vereinbaren. Sie würden akzeptieren, daß es im Interesse der Gläubigergesamtheit sei, das Unternehmen als Ganzes zu erhalten und ggf. zu veräußern und daher die Fähigkeit des Einzelnen, in das Vermögen der Gesellschaft zu vollstrecken so lange einschränken, wie dies auch für die übrigen gleichrangigen Gläubiger gelte.[830] Das Insolvenzrecht biete lediglich ein vorgefertigtes System und erspare den Einzelnen die mit dem Abschluß verbundenen Kosten und den Zeitaufwand.[831]

bb) Der Zusammenhang zwischen dem hypothetical bargain und der Haftung wegen wrongful trading

Der soeben dargelegte Ansatz ist insbesondere deswegen ansprechend, weil er an die Autonomie der Gläubiger appelliert. Die insolvenzrechtliche Haftungsordnung würde vom einzelnen Gläubiger als bestmögliche Lösung für die Gläubigergesamtheit akzeptiert. Fraglich ist, ob die Wirkungen von s 214 I.A. 1986 ebenfalls von den einzelnen Gläubigern im Rahmen des *hypothetical bargain* akzeptiert würden.

Auffällig ist, daß die hypothetische Vereinbarung nur die Kreditoren der Gesellschaft betrifft. Andere Parteien, wie zum Beispiel die Gesellschafter finden keine Erwähnung. Der Ansatz des *hypothetical bargain* berücksichtigt nur solche Parteien, die direkt von der insolvenzrechtlichen Haftungsordnung betroffen sind und stellt die Frage, ob diese die getroffenen Einschränkungen akzeptieren würden. Die Aussichten der Gesellschafter, im Falle einer Liquidation Ausschüttungen auf ihre Einlageforderung zu erhalten, sind aber von vornherein nur marginal und ihr Interesse an der hypothetischen Vereinbarung daher dementsprechend gering. Dennoch sind auch die Gesellschafter stille Teilnehmer an dieser Vereinbarung. Die sich aus ihren mitgliedschaftlichen Rechten ergebenden Forderungen werden erst dann befriedigt, wenn die übrigen Gläubiger befriedigt sind. Mit anderen Worten haben sie sich bereit erklärt, ihre Forderungen im Gegenzug für ihre aus ihrem Gesellschafterstatus resultierenden Rechte den Forderungen der außenstehenden Gläubiger der Gesellschaft im Range unterzuordnen. Nachdem nun die Stellung

---

829 Vgl. hierzu grundlegend *Jackson*, (1982) 91 Yale L.J., 857; *Baird/Jackson*, (1984) 51 Univ. Chicago L.R., 97.

830 Vgl. *Jackson*, S. 16.

831 Vgl. *Mokal*, (2000) 59 C.L.J. 335 (337).

der Gesellschafter innerhalb des *hypothetical bargain* geklärt ist, kann mit der Untersuchung begonnen werden, ob sich die durch s 214 I.A. 1986 auferlegten Pflichten durch diesen Ansatz rechtfertigen lassen, d.h., ob diese im Interesse aller am *hypothetical bargain* beteiligten Parteien liegt.

Eine wichtige Rolle in diesem Zusammenhang spielen sog. „Agencykosten."[832] Das Prinzip dieser Kosten soll an dieser Stelle kurz dargestellt werden. In der wirtschaftswissenschaftlichen Literatur wird die der *agency* zugrunde liegende Beziehung folgendermaßen definiert: „An arrangement in which one person's (the principal's) welfare depends on what another person (the agent) does".[833] Agencykosten entstehen immer dann, wenn *principal* und *agent* eigene Interessen verfolgen und es Grund zu der Annahme gibt, daß der *agent* nicht im besten Interesse des *principal* handelt.[834] Der *prinicipal* kann diesem Problem entgegenwirken indem er Mittel abzweigt, um den *agent* bei der Ausübung seiner Tätigkeit zu überwachen und zu kontrollieren. Die hierfür anfallenden Kosten werden als *monitoring costs* bezeichnet. Unter bestimmten Umständen, die an späterer Stelle dargelegt werden sollen, ist es außerdem möglich, daß der *agent* ein Interesse daran hat, dem *principal* Sicherheiten gegen eigenes Fehlverhalten zu bieten. Dies kann zum Beispiel geschehen, indem sich der *agent* verpflichtet, dem *principal* mögliche aus seinem Fehlverhalten entstehende Schäden zu ersetzen. Das Eingehen einer solchen Verpflichtung wird als *bonding* bezeichnet. Selbst unter der Berücksichtigung von *monitoring* und *bonding* verbleibt aber in der Regel eine Differenz zwischen den Entscheidungen, die der *agent* im Interesse des *principal* treffen sollte und den tatsächlich getroffenen Entscheidungen.[835] Diese Differenz wird als *residual loss* bezeichnet.[836] Agencykosten können demnach als die Summe aus *monitoring* und *bonding costs* abzüglich des *residual loss* definiert werden.[837]

In einer sehr vereinfachten Struktur der *limited liability company* stellen die Gesellschafter das Eigenkapital zur Verfügung und erhalten hierfür neben mitgliedschaftlichen Rechten eine ruhende Forderung gegen die Gesellschaft, während das Tagesgeschäft den Direktoren anvertraut wird. Kreditoren andererseits stellen der Gesellschaft finanzielle Mittel in der Erwartung zur Verfügung, diese zuzüglich Zinsen nach einer bestimmten Frist zurückgezahlt zu bekommen. Die Direktoren sind verpflichtet, ihr Handeln allein am Wohl der Gesellschaft auszurichten. Dieses Wohl der Gesellschaft entspricht, solange die Gesellschaft solvent ist, dem Wohl

832 Grundlegend hierzu *Jensen/Meckling*, (1976) 3 J. Fin. Economics 305 ff.

833 Vgl. *Pindyck/Rubenfeld*, S. 632; *Jensen/Meckling*, (1976) 3 J. Fin. Economics 305 (308).

834 Vgl. *Jensen/Meckling*, (1976) 3 J. Fin. Economics 305 (308).

835 Der Grund hierfür liegt darin, daß die Kosten der Durchsetzung von *monitoring* und *bonding* meist die erzielten Beträge übertreffen; vgl. *Fama/Jensen*, (1983) Journal of Law and Economics 327 (327).

836 Vgl. *Jensen/Meckling*, (1976) 3 J. Fin. Economics 305 (308).

837 Vgl. *Jensen/Meckling*, (1976) 3 J. Fin. Economics 305 (308).

der Gesellschafter. Nimmt man an, daß die Direktoren die Gesellschaft für die Gesellschafter verwalten, und daß die Interessen beider Parteien übereinstimmend sind, ist klar, daß Finanzierung der Gesellschaft mittels Fremdkapital Agencykosten hervorruft. Das Interesse der Kreditoren ist auf die volle Rückzahlung ihres Darlehens bei Fälligkeit und die Zahlung von Zinsen gerichtet. Ist die Darlehensvaluta aber einmal in das Vermögen der Gesellschaft übergegangen, wird es von den Direktoren im Geschäftsbetrieb der Gesellschaft umgesetzt mit dem Ziel den Profit der Gesellschafter zu maximieren. Dabei tendieren die Direktoren dazu, einen Kurs einzuschlagen, der nicht unbedingt auch im Interesse der Gläubiger liegt.[838] Diese Tendenz nimmt zu, je mehr sich die Gesellschaft in wirtschaftlichen Schwierigkeiten befindet: „As long as the debtor's business prospects remain good, a strong reputational incentive deters misbehavior. But once the business environment deteriorates, the [firm's decision-maker] is increasingly influenced by a 'high-roller strategy'. The poorer the prospects for a profitable conclusion to the venture, the less the entrepreneur has to risk and the more he stands to gain from imprudent or wrongful conduct".[839] In diesem Zusammenhang sind mindestens drei verschiedene Formen von Kreditor/Manager-Agencykosten relevant.[840] Zunächst entstehen sog. *„asset substitution costs“*, weil die Direktoren geneigt sind, risikoreiche Strategien mit Aussicht auf hohe Gewinne einzuschlagen.[841] Geht eine solche Strategie auf, so kommen die hieraus erzielten erhöhten Gewinne fast ausschließlich den Gesellschaftern zugute. Schlägt sie fehl, werden die hieraus entstehenden Verluste von Gesellschaftern und Kreditoren gleichermaßen getragen. Die Neigung der Direktoren, Wagnisse einzugehen, vergrößert sich noch, wenn die Gesellschaft in wirtschaftliche Schwierigkeiten gerät. Im Falle einer *insolvent liquidation* droht den Gesellschaftern ein Forderungsausfall in voller Höhe, was zur Folge hat, daß die im Interesse der Gesellschafter handelnden Direktoren geneigt sein werden die letzten finanziellen Ressourcen der Gesellschaft für eine noch so geringe Aussicht auf Rettung aufs Spiel zu setzen. Assets, die vorher noch zur Verteilung an die Gläubiger der Gesellschaft zur Verfügung gestanden hätten, werden veräußert.[842]

Wenn eine Gesellschaft ein Darlehen aufnimmt, entsteht außerdem ein zweiter Typ von Agencykosten, weil die Direktoren möglicherweise anderen Kreditoren gleiche oder höhere Priorität einräumen. Dies wertet die Forderung des ersten Darlehensgebers ab, weil er gezwungen ist, mit jener zweiten Forderung zu konkurrieren oder sich dieser unterzuordnen. Auch diese Gefahr erhöht sich im Vorfeld der Insolvenz: „Management might, for example, have the debtor borrow from a later

838 Vgl. *Mokal*, (2000) 59 C.L.J. 335 (347).
839 Vgl. *Scott*, S. 624.
840 Vgl. *Drukarczyk*, (1991) 11 I.R.L.E. 203 (205 ff.); *Scott*, S. 919 ff.
841 Vgl. *Mokal*, (2000) 59 C.L.J. 335 (348).
842 Vgl. *Adler*, (1993) 22 J. Legal Studies 73 (82).

secured creditor to meet payroll in an attempt – foolish from the investors' collective perspective – to keep the firm in business long enough for a possible but unlikely reversal of fortune".[843]

Schließlich entstehen Agencykosten, weil die Direktoren gegenüber den Kreditoren einen Wissensvorsprung genießen, wenn es um die wirtschaftliche Lage der Gesellschaft geht.[844] Auch dies gewinnt an Bedeutung in der Krise der Gesellschaft. Gerade dann sollte dieser Wissensvorsprung im Interesse der Gläubiger genutzt werden und die Gesellschaft rechtzeitig in *liquidation* geführt werden um eine möglichst hohe Quote für die Gläubiger zu erreichen. Es besteht aber die Gefahr, daß diese Maßnahme unterbleibt, weil sie für die Direktoren jede Möglichkeit abschneiden würde, die Forderungen der Gesellschafter vor der Entwertung zu retten.[845]

Welche Auswirkungen hat das zuvor Gesagte nun auf den *hypothetical bargain* der Kreditoren? Die Kreditoren erkennen, daß mit der Zuführung von Fremdkapital an die Firma Agencykosten verbunden sind und die Direktoren im Zweifel eher im Interesse der Gesellschafter und zum Nachteil der Kreditoren handeln würden. Um dieser Gefahr zu begegnen würden sich die Kreditoren möglicherweise vertraglich ein Recht einräumen lassen, die Geschäftsführung der Direktoren jedenfalls so lange zu überwachen, wie die hieraus entstehenden Vorteile in einem vernünftigen Verhältnis zu den anfallenden Kosten stehen. Es ist wahrscheinlich, daß – solange die Kreditoren die anfallenden Risiken im Vorfeld der Kreditvergabe erkennen – sie die für eine Überwachung der Geschäftsführung anfallenden Kosten über den zu berechnenden Zinssatz auf die kreditnehmende Gesellschaft umlegen können. Es sind also die Gesellschafter, die letztendlich unter diesen Kosten leiden, da mehr Geld für die aufgenommenen Kredite anfällt und weniger zur Befriedigung ihrer Forderungen verbleibt.[846]

Um das Verhalten der Manager zu überwachen, stehen den Kreditoren verschiedene Optionen zur Verfügung. Eine wäre zum Beispiel, sich vertraglich das Recht einräumen zu lassen, die Bücher der Gesellschaft regelmäßig von außenstehenden Experten prüfen zu lassen oder den Handlungsspielraum der Direktoren vertraglich einzuschränken. Eine zweite, für die Gesellschafter weit günstigere Möglichkeit bestünde darin, sicherzustellen, daß sich beim Auftreten wirtschaftlicher Schwierigkeiten der Gesellschaft die Direktoren das Wohlergehen der Kreditoren zur Maxime machen.[847] Diese Option ist jedenfalls vorteilhafter als im Rahmen des *hypothetical bargain* die einzelnen Schritte der Direktoren zu antizipieren und ent-

843 Vgl. *Adler*, (1993) 22 J. Legal Studies 73 (80).
844 Vgl. *Drukarczyk*, (1991) 11 I.R.L.E. 203 (206 f.).
845 Vgl. *Mokal*, (2000) 59 C.L.J. 335 (348).
846 Vgl. *Jensen/Meckling*, S. 338 f.
847 Vgl. *Mokal*, (2000) 59 C.L.J. 335 (349).

sprechende Gegenmechanismen zu entwerfen. Weil die Direktoren im Angesicht der Krise am ehesten wissen, welche Schritte einzuleiten sind, ist es nur logisch, diese in einer solchen Situation direkt den Gläubigern der Gesellschaft zu verpflichten. Anders formuliert, ist es im eigenen Interesse der Gesellschafter, die Direktoren im Vorfeld der Insolvenz an die Gläubiger zu binden. Ob nun die Gläubiger die Direktoren überwachen oder die Direktoren den Gläubigern verpflichtet sind, die anfallenden Kosten sind letztendlich von den Gesellschaftern zu tragen und wie bereits dargestellt ist die letztgenannte Alternative für die Gesellschafter die günstigere:[848] „When monitoring costs, such as direct supervision, are high relative to actions by the debtor that reassure the creditor, both parties will agree ex ante to substitute cost-effective bonding alternatives".[849]

Im Ergebnis würde also die in s 214 I.A. implizierte Pflicht von den Gesellschaftern innerhalb des *hypothetical bargain* akzeptiert. Es ist an dieser Stelle noch einmal zu betonen, daß nicht nur die Direktoren die Last aus einer solchen Pflicht tragen, sondern daß auch die Gesellschafter zu einer Zeit, in der für sie viel auf dem Spiel steht, der Treue der Direktoren beraubt werden. Dieser Verlust wird aber durch die geringeren Zinsen, die im Gegenzug für aufgenommene Kredite anfallen, kompensiert.

c) Die besondere Bedeutung von s 214 I.A. 1986 in closely-held companies

Fraglich ist, ob die Agencykostenanalyse im Zusammenhang des *hypothetical bargain* gleichermaßen relevant für alle Arten von Firmen ist, und ob alle Arten von Kreditoren tatsächlich ihres Schutzes bedürfen. Zuvor wurde bereits angedeutet, daß s 214 I.A. 1986 in der Rechtspraxis hauptsächlich Anwendung auf Firmen findet, in denen Geschäftsführung und Anteile in einer Hand liegen.[850] Im folgenden soll dieser Nachweis nun von rechtstheoretischer Seite untermauert und dargelegt werden, daß die von s 214 I.A. 1986 den Direktoren auferlegte Pflicht hauptsächlich innerhalb sog. *„closely-held companies"* relevant ist. Gelingt dieser Nachweis, so ist ein weiterer Schritt getan, einen Zusammenhang zwischen dem deutschen Kapitalersatzrecht und der englischen Haftung wegen *wrongful trading* zu erbringen. Denn, wie bei der Erarbeitung des Normzwecks des Kapitalersatzrechts festgestellt, füllt dieses im Vorfeld der Insolvenz die sich bei der rechtsgeschäftlichen Einflußnahme der Gesellschafter auf das Gesellschaftsvermögen auftuende Lücke. Der im englischen Recht angeführte Ansatz des *hypothetical bargain* ist aber nichts anderes als ein Instrument der Gläubiger, ihre Interessen im Vorfeld der Insolvenz zu wahren. Ist s 214 I.A. 1986 eine Ausprägung dieses Ansatzes und gewinnt diese

848 Vgl. *Jensen/Meckling*, S. 325 f., 338.
849 Vgl. *Scott*, S. 927 f.
850 Siehe hierzu bereits S. 103 ff.; vgl. außerdem Anhang 2.

Vorschrift besondere Bedeutung gegenüber Gesellschaftern-Geschäftsführern, so ist es tatsächlich nicht weit vom deutschen Kapitalersatzrecht entfernt.

In einer *openly-held firm* sind die Gesellschafter nicht identisch mit den Entscheidungsträgern, den Direktoren, und letztere sind daher dem Einfluß des Arbeitsmarktes (*market for managerial labour*) unterworfen.[851] Das Unternehmen selbst ist ständig auf der Suche nach talentierten Managern und versucht diese an Bord zu ziehen, indem es gute Leistung zu belohnen verspricht. Die Leistung eines Managers bestimmt nicht nur seinen gegenwärtigen, sondern auch seinen zukünftigen Marktwert und damit das Gehalt, das ein Unternehmen zu zahlen bereit ist. Der Manager einer *openly-held firm* ist daher eher mit dem Geschick des Unternehmens verbunden als deren Anteilseigner, der in der Regel ein Portofolio von Beteiligungen an verschiedenen Gesellschaften hält, oder als deren Gläubiger, der verschieden Unternehmen beliefert oder finanziert: „For the purposes of the managerial labour market, the previous associations of a manager with success and failure are informations about his talents. The manager of a firm ... may not suffer any immediate gain or loss in current wages from the current performance of his team, but the success or failure of the team impacts his future wages and this gives the manager a stake in the success of the team".[852] Der Arbeitsmarkt bietet damit einen natürlichen Kontrollmechanismus indem der künftige Verdienst eines Managers dessen gegenwärtige Leistung widerspiegelt. Schlechte Leistungen beeinflussen die Geschicke der Gesellschaft negativ was wiederum dem Arbeitsmarkt signalisiert, den Stellenwert des jeweiligen Geschäftsführers herabzustufen.[853]

Darüber hinaus indiziert die Leistung eines Direktors aber auch, wie er sich im Falle einer Krise gegenüber den Gläubigern der Gesellschaft verhalten wird. Der Kapitalmarkt antizipiert, wie stark sich der Geschäftsführer den Gesellschaftern verpflichtet fühlt und wie sehr er geneigt ist, in seinem und ihrem Interesse und damit gegen das Interesse der Kreditoren zu handeln. Die hieraus resultierenden Kosten wiederum werden auf die Gesellschafter in Form von höheren Zinsen umgelegt. Diese Tatsache schließlich wirkt sich auf den Arbeitsmarkt aus. Ist die Einstellung des Geschäftsführers mit höheren Kosten bei der Kreditaufnahme verbunden, ist es nur logisch, wenn die Gesellschaft versucht, diese Kosten in Form eines geringeren Gehalts auf den Direktor umzulegen. Ebenso wahrscheinlich ist aber, daß die Gesellschaft einen solchen Geschäftsführer gar nicht erst einstellt und damit ein Signal an potentielle Kreditgeber sendet: „The reputational integrity of managers is a bond that shareholders can post to other stakeholders that reduces the cost of monitoring and contracting ... managerial reputational bonds are so valuable in facilitating cost effective contracting that shareholders ... will seek out or train in-

851 Vgl. hierzu grundsätzlich die Arbeit von *Fama*, (1980) 88 J. Political Economy 288 ff.
852 Vgl. *Fama*, (1980) 88 J. Political Economy 288 (292).
853 Vgl. *Fama*, (1980) 88 J. Political Economy 288 (297 f.).

dividuals who are capable of commitment to stakeholders, elevate them to management, and entrench them".[854]

Um diesen Gedanken zu Ende zu führen, hat die Tatsache, daß ein Manager, der im Angesicht der Krise die Interessen der Gläubiger außer acht läßt, mit Gehaltseinbußen in Gegenwart und Zukunft zu rechnen hat, zur Folge, daß er, um dem entgegenzuwirken, die Interessen der Gläubiger stärker berücksichtigt. Er wird geneigt sein, dem Arbeitsmarkt zu beweisen, daß er im Vorfeld der Insolvenz alles tut, um die Verluste der Gläubiger so gering als möglich zu halten: „In light of their imminent re-entry into the job market, managers may reason that the best strategy to adopt in a distress situation is one of honesty and integrity. Rather than using wrongdoing as a way of gambling the company back to success, the managers may decide to avoid scrupulously any hint of wrongdoing out of a concern for inflicting irrevocable damage to their reputational capital in the managerial job market".[855]

Der hier zu führende Nachweis lautet, daß die Pflicht aus s 214 I.A. 1986 eigentlich nur bei solchen Firmen von Bedeutung ist, deren Direktoren nicht der Kontrolle durch den Arbeitsmarkt ausgesetzt sind.[856] In solchen Fällen bildet s 214 I.A. 1986 das geeignete Instrument, um Agencyproblemen zwischen Kreditor und Manager vorzubeugen. Oder im Kontext des *hypothetical bargain* gesprochen, wären Kreditoren *ex ante* hauptsächlich im Falle von Gesellschaften, deren Direktoren gegen die Sanktionen des Arbeitsmarktes immun sind, an einer s 214 I.A. 1986 entsprechenden Verpflichtung interessiert. Im Gegenzug liegt eine solche Verpflichtung auch im Interesse der Direktoren selbst, weil diese potentiellen Gläubigern signalisiert, daß im Falle einer Insolvenz ihre Interessen gewahrt werden.

Der Wortlaut von s 214 I.A. 1986 unterscheidet nicht danach, in welchem Maß der haftende Direktor dem Einfluß des Arbeitsmarktes unterworfen ist. Dies ist durchaus sinnvoll, weil Unternehmen möglicherweise Phasen durchlaufen, in denen dieser Einfluß auf die Direktoren nicht vorhanden ist. Dies gilt zum Beispiel für Manager, die kurz vor dem Ende ihrer beruflichen Laufbahn stehen. Es wäre unverhältnismäßig aufwendig, eine Verpflichtung zu schaffen, welche die richtige Rechtsfolge zur rechten Zeit anwendet. Aufgrund der vielen verschiedenen Variablen ist es am effektivsten, eine allumfassende Regelung zu treffen. Dies ändert

---

854 Vgl. *Daniels*, (1994-5) 24 C.B.L.J. 229 (241); *Shleifer/Summers*, in: Auerbach, S. 40.

855 Vgl. *Daniels*, (1994-5) 24 C.B.L.J. 229 (241).

856 In eine ähnliche Richtung geht auch die Argumentation von *Frost*, 44 Hastings Law Journal 1993, 449 (483): Die Kontrolle durch den Arbeitsmarkt funktioniert nur, "when the present value of maintaining the company as a going concern exceeds the value of the benefits derived from taking action that adversely affects creditors (for example, the payment of excessive dividends)".

jedoch nichts an der Tatsache, daß die Bedeutung dieser Vorschrift wächst, je kleiner die Außenkontrolle des Arbeitsmarktes über den Manager ist.[857]

Am offensichtlichsten ist dies bei Managern von sog. „*closely-held firms*“, die gleichzeitig Anteile an dem betreffenden Unternehmen halten.[858] Diese sind nicht der Gefahr des Jobverlusts wegen schlechter Leistung ausgesetzt, weil sie in ihrer Eigenschaft als Gesellschafter gleichzeitig an der Bestellung und Abberufung der Direktoren beteiligt sind. Darüber hinaus ist bei *closely-held firms* eine Veränderung der Gesellschafterstruktur verhältnismäßig unwahrscheinlich, so daß die Direktoren auch nicht dem Zwang des *shareholder value* unterworfen sind.[859] Eine dauerhaft schlechte Leistung wirkt sich zwar negativ auf das Wohlergehen des Gesellschafter-Geschäftsführers aus, es besteht aber kein effektiver Ausgleich für den Fall von Manager/Kreditor Agencykosten. Der Direktor der *closely-held firm* läuft nicht Gefahr, entlassen zu werden und muß sich daher auch nicht um eine “weiße Weste” für den Arbeitsmarkt sorgen.

Man könnte zwar annehmen, daß ein umsichtiger Gesellschafter-Geschäftsführer angesichts der drohenden Insolvenz erkennt, daß sein Verhalten gegenüber den Kreditoren seine Zukunftsaussichten beeinflußt, dies ist jedoch nicht notwendigerweise der Fall: „At least for some closely-held firms, the owner-manager will anticipate making substantial nonpecuniary or sentimental investments during the lie of his enterprise. These investments are reflected in common metaphors such as ‘It’s my life’s work’, and ‘My name is over the door’. Furthermore, an owner-manager’s firm-specific investment is essentially nondiversifiable”.[860]

Weil der Gesellschafter-Geschäftsführer in der Regel einen erheblichen Anteil seines persönlichen materiellen und immateriellen Vermögens in sein Unternehmen investiert, ist es um so wahrscheinlicher, daß er bis zum letztmöglichen Moment versucht, das Ruder – notfalls mit äußerst riskanten Spekulationen – herumzureißen und damit die Interessen seiner Gläubiger vernachlässigt. Die Identifikation des Gesellschafter-Geschäftsführers mit seiner Firma bleibt daher stark. Dem entsprechend gering ist auch der Einfluß des Arbeitsmarktes auf seine Geschäftsführung. Der Bedarf nach einem Ausgleich der Agencykosten durch s 214 I.A. 1986 ist also am ausgeprägtesten im Zusammenhang mit *closely-held firms*. Gläubiger solcher Firmen sind angesichts des erhöhten Risikos geneigt einen höheren Zinssatz für das von ihnen zur Verfügung gestellte Kapital zu verlangen. Aufgrund dieser Tatsache und um dies zu vermeiden wären Gesellschafter-Geschäftsführer bereit eine s 214 I.A. 1986 entsprechende Verpflichtung einzugehen. Das gleiche gilt

857 Vgl. *Mokal*, (2000) 59 C.L.J. 335 (353).

858 Vgl. zu den Agencykosten bei der *closely-held company* im allgemeinen *Easterbrook/Fischel*, (1986) 38 Stanford L. R., 271 ff.

859 Vgl. *Farrar* S. 519.

860 Vgl. *Jackson/Scott*, S. 174.

auch für den Schattendirektor.[861] Ist der Schattendirektor eine juristische Person, eine Mutter- oder Holdinggesellschaft, ist dies offensichtlich, weil diese als solche nicht der Kontrolle des freien Arbeitsmarktes unterworfen ist. Aber auch eine natürlichen Person als Schattendirektor ist für ihren Einfluß auf den oder die formalen Direktoren nicht der Kontrolle des Arbeitsmarktes unterworfen. Der Mißerfolg der Gesellschaft wird ihm vom Arbeitsmarkt nicht zugerechnet.

Die Bedeutung von s 214 I.A. 1986 im Zusammenhang mit *closely-held firms* wird auch durch einen Überblick über die entschiedenen Fälle unterstützt. So sind für die Zeit seit Einführung des Tatbestandes im Jahr 1986 insgesamt 31 Entscheidungen veröffentlicht worden. Untersucht man diese Fälle auf die Beteiligung von Gesellschaftern in einer gleichzeitigen Rolle als Direktor oder Schattendirektor, so ergeben sich folgende Ergebnisse:

Nur in sechs dieser 31 Fälle wurde einem Anspruch aus s 214 I.A. 1986 stattgegeben und in allen dieser Fälle hielt zumindest einer der Anspruchsgegner einen substantiellen Geschäftsanteil.[862] In zwei Fällen – ebenfalls gegen anteilshaltende Direktoren – wurde ein Anspruch des *liquidator* wegen *wrongful trading* abgelehnt.[863] In weiteren sechs Entscheidungen ließ das jeweilige Gericht zwar anklingen, daß die Fakten darauf hindeuteten, daß die Direktoren den Tatbestand des *wrongful trading* erfüllten. Es ging hierbei jedoch um Ansprüche nach s 214 I.A. 1986 bei denen ein vorläufiger Punkt verhandelt wurde oder die Prüfung Teil einer Klage auf Disqualifikation des Direktors war. Auch in sämtlichen dieser Fälle handelte es sich um eine *closely held firm*, d.h. war der Anspruchsgegner gleichzeitig Anteilseigner.[864] Darüber hinaus finden sich weitere sieben Fälle, in denen *wrongful trading* innerhalb einer Klage auf Disqualifikation diskutiert wurde, die jedoch aus verschiedenen Gründen nicht zu Ende geführt wurden *(abandoned or lost at trial or struck out for want of prosecution)*. Auch dort waren die betreffenden Gesellschaf-

---

861 Vgl. das Beispiel bei *Mokal*, (2000) 59 C.L.J. 335 (354).

862 Die Angaben in Klammern hinter der Fundstelle geben die Höhe des jeweiligen Anteils (soweit bekannt) an: *Re Produce Marketing Consortium Ltd. (No. 2)* [1989] B.C.L.C. 520, Ch. D. (50 %); *Re DKG Contractors Ltd.* [1990] B.C.C. 903 (98 %); *Re Purpoint Ltd.* [1991] B.C.L.C. 491, Ch. D. (100 %); *Re Fairmont Tours (Yorkshire) Ltd.* (unveröffentlicht) erwähnt in Insolvency Law and Practice 1996, 12 (100 %); *Re Brian D Pierson (Contractors) Ltd.* [1999] B.C.C. 26, Ch. D. (die beiden betreffenden Geschäftsführer hielten zusammen 100 % der Anteile); *Official Receiver v. Doshi* [2001] 2 B.C.L.C. 235, Ch. D. (70 %), in dieser Entscheidung wurde gleichzeitig auf Disqualifikation des betreffenden Direktors geklagt; vgl. auch Anhang 2.

863 *Re The Continental Assurance Company of London plc. (in liquidation)* [2001] B.P.I.R. 733, Ch. D.; *Liquidator of Marini Ltd. v. Dickensen* [2003] E.W.H.C. 334, Ch. D.

864 *Re Keypack Homecare Ltd.* [1987] B.C.L.C. 409; *Secretary of State for Trade and Industry v. Laing and others* [1996] 2 B.C.L.C. 324, Ch. D. (51 %); *Re Living Images Ltd.* [1996] 1 B.C.L.C. 348, Ch. D. (99 %); *Re TLL, Secretary of State for Trade and Industry* v. *Collins and others* Ch. D., 27. November 1998 (Transcript) (5 % plus eine Option auf weitere 5 %);

ten *closely held*.[865] In acht Fällen von möglichem *wrongful trading* war der Anspruchsgegner ein Schattendirektor[866] und in einem Fall schließlich handelte es sich bei der betreffenden Gesellschaft um eine *public company limited by shares*, deren Anteile sich im Streubesitz befanden (*openly held firm*).[867] Zu zwei Fällen sind keine Information erhältlich.[868] Demnach waren in 30 von 31 Fällen[869] die Adressaten der Haftung wegen *wrongful trading* entweder an der Gesellschaft beteiligt und/oder als Schattendirektor einzuordnen.[870]

Re Leading Guides International Ltd. (in liq.) [1998] 1 B.C.L.C. 620 (100 %); *Re Sykes (Butchers) Ltd. (in liq.)*; *Secretary of State for Trade and Industry v. Richardson and another* [1998] 1 B.C.L.C. 110 (20 % durch den Beklagten, gegen die Klage auf Disqualifikation erfolgreich war); vgl. auch Anhang 2.

865 *Re Mc Bacon Ltd.* [1991] Ch. 127, Ch. D.; *Re GrayanBuilding Services Ltd. (in liq.)* [1995] Ch. 241, C.A. (100 %); *Re Sherborne Associates Ltd.* [1995] B.C.C. 40 (36 %, 36 % und 3 % der Gründungsanteile); *Secretary of State for Trade and Industry v. Blake and others* [1997] 1 B.C.L.C. 728; *Re Farmizer (Products) Ltd.* [1997] 1 B.C.L.C. 589, C.A. (100 %); *Ward (liquidator of Span Technology Ltd.) v. Sellors and others* C.A., 27 October 1997 (Transcript) (100 %); *Re Sykes (Butchers) Ltd. (in liq.)*; *Secretary of State for Trade and Industry v. Richardson and another* [1998] 1 B.C.L.C. 110 (80 % durch den Beklagten, gegen die Klage auf Disqualifikation nicht erfolgreich war); vgl. auch Anhang 2.

866 *International Westminster Bank plc. v. Okeanos Maritime Corporation* [1987] 3 All E.R. 137; *Re a Company (No. 005009 of 1987), ex p. Cropp and another* [1989] B.C.L.C. 13, D.C.; *Re Hydrodan (Corby) Ltd. (In Liquidation)* [1994] 2 B.C.L.C. 180, Ch. D.; *Burgoine and another v. Waltham Forest London Council and another* (Transcript), 95 L.G.R. 520 (50 %); *Re PFTZM Ltd.* [1995] 2 B.C.L.C. 354, Ch. D.; *Secretary of State for Trade and Industry v. Laing and others* [1996] 2 B.C.L.C. 324, Ch. D.; *Re Oasis Merchandising Service Ltd.* [1998] Ch. 170, C.A.; *Re Latreefers Inc.* [1999] 1 B.C.L.C. 271; Ch. D.; vgl. auch Anhang 2.

867 *Re Chancery plc.* [1991] B.C.L.C. 712; Zwar ahndelt es sich auch bei der *Re The Continental Assurance Company of London plc. (in liquidation)* [2001] B.P.I.R. 733 um eine *public company limited by shares*, diese befanden sich aber nicht im Streubesitz; vgl. auch Anhang 2.

868 *R v. Millard* C.A. (unveröffentlicht) erwähnt in [1994] Crim. L.R. 146; *Hughes and another v. Beckett and others* C.A., 6 April 1998 (Transcript); vgl. auch Anhang 2.

869 Die Entscheidung *Secretary of State for Trade and Industry v. Richardson and another* [1998] 1 B.C.L.C. 110 richtete sich gegen zwei Direktoren mit unterschiedlichem Erfolg, so daß sie in der obigen Aufzählung doppelt genannt wird.

870 Die Ausnahme bildet die Entscheidung der *Chancery Division* des *High Court of Justice* in Sachen *Re Howard Holdings Inc.* [1998] B.C.C. 549, Ch. D.; vgl. Anhang 2. In diesem Fall richtete sich die Klage gegen drei Gesellschafter, die keine Anteile an der Gesellschaft hielten und auch keinen maßgeblichen Einfluß auf diese ausübten. Diese wurden nur in Anspruch genommen, weil der aktive Geschäftsführer, welcher auch Anteile an der Gesellschaft hielt, selbst insolvent war und sich abgesetzt hatte.

3. Rechtsvergleichende Würdigung

a) Gemeinsamkeiten

Der in der englischen Literatur entwickelte Ansatz des *wrongful trading* als Instrument zur Reduzierung von Agencykosten auch in der deutschen Diskussion aufgegriffen worden.[871] So untersucht *Götz* in einer juristischen und ökonomischen Analyse,[872] ob das Eigenkapitalersatzrecht in seiner konkreten Ausgestaltung in der Lage ist, den Agencykonflikt zwischen Eignern und Drittgläubigern in nennenswertem Umfang abzuschwächen. Er kommt jedoch zu einem anderen Ergebnis als die englische Literatur. So argumentiert er, das Eigenkapitalersatzrecht enge den Investitionsspielraum des Unternehmers ein und führe dadurch zu gesteigerten Agencykosten. Er würde nämlich durch das Eigenkapitalersatzrecht gezwungen, Eigen- und Fremdkapital in verschiedenen Unternehmen zu investieren, um eine mögliche Umqualifizierung des Fremdkapitals zu umgehen.[873] Bestünde die Hürde des Eigenkapitalersatzrechts nicht, würde er nur in ein einziges Unternehmen investieren und die bei Personenidentität von *principal* und *agent* anfallenden Agencykosten vermeiden. Diese Annahme von *Götz* geht jedoch von einer falschen Prämisse aus. Das Kapitalersatzrecht richtet sich nicht an solche Fälle, in denen ein Investor um sein Portfolio abzurunden einen Betrag entsprechend bestimmter Risikopräferenzen als Eigen- und Fremdkapital anlegt.[874] Ein solcher Investor würde auch kaum, außer in den Fällen des stehengelassenen Darlehens, in den Adressatenkreis des Kapitalersatzrechts fallen, weil er sein Vermögen nicht in eine Gesellschaft, die sich in wirtschaftlichen Schwierigkeiten befindet, einbringen würde. Der klassische Adressat des Kapitalersatzrechts hält bereits vor seinem Fremdkapitalengagement Geschäftsanteile der Gesellschaft und führt dieser dann aus unternehmerischen Motiven Fremdkapital zu.[875]

Ein weiterer Ansatz zur Rechtfertigung des Kapitalersatzrechts in der deutschen Literatur geht davon aus, daß die durch das Kapitalersatzrecht auferlegte Haftung der Wiederherstellung der Außenkontrolle des Kreditmarktes dient.[876] Dieser sorge, indem der Gesellschaft von rational motivierten außenstehenden Kreditgebern kein Mittel mehr zur Verfügung gestellt würden, unter normalen Umständen dafür, daß eine liquidationsreife Gesellschaft rechtzeitig aus dem Verkehr gezogen werde, bevor sie potentiellen Gläubigern weiteren Schaden zufügen könne. Dies Au-

871 Vgl. *Götz*, S. 119 ff.; *Fischer*, S. 179 ff; *Drukarczyk*, in: FS *Schneider*, 1995, S. 171 (199); *Klaus*, ZfB 1994, 247 ff.

872 Vgl. *Götz*, S. 119 ff.

873 Vgl. *Götz*, S. 150 f.

874 Vgl. *Götz*, S. 149.

875 Dies gesteht *Götz* auch zu, vgl. *Götz*, S. 155.

876 Vgl. *Fastrich*, in: FS *Zöllner*, 1998, S. 143 (149 ff.); *Götz*, S. 69; teilweise zustimmend *Bezzenberger*, in: FS *Bezzenberger*, 2000, S. 23 (36); *Reiner*, in: FS *Boujong*, 1996, 415 (438).

ßenkontrolle werde untergraben, wenn der Gesellschafter aus wirtschaftlich irrationalen Motiven ein Darlehen gewähre. Die Begründung der Haftung wegen *wrongful trading* ist ähnlich. So wird hier argumentiert, daß der Geschäftsführer einer *closely-held firm* der Außenkontrolle des Arbeitsmarktes entzogen sei und daher im Vorfeld der Insolvenz dazu tendiere, wider die Interessen der Gläubiger zu handeln. Die Folgen dieses negativen Effekts soll s 214 I.A. 1986 ausgleichen. Sowohl das Eigenkapitalersatzrecht als auch die Haftung wegen *wrongful trading* setzen also dort an, wo die externen Kontrollmechanismen des Marktes versagen. Beide haben ihren Hauptanwendungsbereich in Gesellschaftsstrukturen, bei denen Geschäftsanteile und Management in einer Hand liegen. In solchen Strukturen besteht die gesteigerte Gefahr, daß geschäftsführende Gesellschafter im Angesicht der Insolvenz zu Maßnahmen greifen, deren Einsatz und Risiko in keinem Verhältnis stehen und die zu Lasten der außenstehenden ungesicherten Gläubiger gehen.

b) Unterschiede

Der wesentliche Unterschied zwischen *wrongful trading* und Kapitalersatzrecht liegt darin, daß obwohl beide Vorschriften der Sicherung des Gesellschaftsvermögens in der Phase zwischen Insolvenzreife und Eröffnung eines Insolvenzverfahrens dienen, der Normzweck des Kapitalersatzrechts speziell im Ausgleich für die aus rechtsgeschäftlicher Einflußnahme des Gesellschafters auf das Vermögen entstehenden negativen Folgen liegt. Die Haftung wegen *wrongful trading* hingegen erfaßt Einflußnahmen sowohl des Gesellschafters in seiner Eigenschaft als *shadow director* als auch des *director*, der nicht am Gesellschaftsvermögen beteiligt ist. Ein Überblick über die positiven Entscheidungen der Gerichte betreffend Ansprüche aus *wrongful trading* zeigt, daß s 214 I.A. 1986 insbesondere dann Wirkung entfaltet, wenn ein Gesellschafter als *shadow director* seiner Gesellschaft Fremdkapital zugeführt oder sich bei Kreditgebern für deren Verbindlichkeiten verbürgt und damit rechtsgeschäftlich auf deren Vermögen eingewirkt hat. Allerdings statuiert die Haftung darüber hinaus auch eine allgemeine Pflicht des *director*, ab dem Zeitpunkt, an dem er die Unvermeidbarkeit der *insolvent liquidation* erkennt oder erkennen muß, die Verluste der Gesellschaftsgläubiger so gering wie möglich zu halten. Funktionell weist s 214 I.A. 1986 damit ebenfalls Übereinstimmungen zur deutschen Insolvenzverschleppungshaftung auf.

c) Ergebnis

Im Ergebnis ist sowohl das Kapitalersatzrecht als auch das *wrongful trading* Vorschriften insolvenzrechtlicher Natur. Ihr Ziel ist, die insolvenzrechtliche Haftungsordnung und deren Befriedigungs- und Gleichbehandlungsfunktion durchzusetzen. Beide haben ihren Anwendungsschwerpunkt in Fällen, in denen mitunternehmerische Verantwortung und Gläubigerstellung in einer Person vereint sind. Begründung dafür ist, daß in solchen Fällen aufgrund dieser Personenidentität und des daraus resultierenden Informationsvorsprungs bestimmte externe Kontrollmechanismen, die des Kredit- und des Arbeitsmarktes, außer Kraft gesetzt werden. Unterschiede ergeben sich allein dadurch, daß das Kapitalersatzrecht ausschließlich die rechtsgeschäftliche Einflußnahme des Gesellschafters auf das Gesellschaftsvermögen und das *wrongful trading* darüber hinaus noch jegliche Einflußnahme des *director* erfaßt.

4. Kapitel

Zusammenfassung und Ausblick

A. Zusammenfassung

Inhaber von Geschäftsanteilen an einer Gesellschaft sind sowohl in England als auch hierzulande grundsätzlich frei bei deren Finanzierung. Sie können diese sowohl durch Zufuhr von Eigen- als auch Fremdkapital gestalten oder Elemente beider Formen miteinander kombinieren. Insbesondere bei solchen Mischformen erfolgt eine Zuordnung zum Eigen- oder Fremdkapital anhand einer Funktionsanalyse des zugeführten Kapitals unter Hinzuziehung aller zur Verfügung stehenden Anhaltspunkte. Eingeschränkt wird die Finanzierungsfreiheit in beiden Ländern durch unterschiedlich stark ausgeprägte Vorschriften zur Kapitalaufbringung und -erhaltung sowie durch eine ausnahmsweise Durchgriffshaftung auf die hinter der Korporation stehenden Gesellschafter. Anders als das deutsche Gesellschaftsrecht sieht das englische für die *private company limited by shares* keine Mindestkapitalziffer vor und auch die Aufbringung des Stammkapitals unterliegt weniger strengen Vorschriften. Die hierdurch eröffneten Schutzlücken sollen nach der Grundkonzeption des englischen Gesetzgebers durch strenge Publizitätsanforderungen, eine verschärfte Staatsaufsicht und die Selbstinformationsobliegenheiten der Marktteilnehmer geschlossen werden. Größere Aufmerksamkeit als der Kapitalaufbringung schenken die englischen Gerichte und die Gesetzgebung der Kapitalerhaltung. Das Stammkapital ist dort ebenso wie in Deutschland gegen einen Abfluß an die Gesellschafter geschützt. Eine in der deutschen Literatur befürwortete und in der Rechtsprechung teilweise umgesetzte Haftung wegen materieller Unterkapitalisierung existiert in England nicht. Ein Durchgriff auf die hinter der Gesellschaft stehenden Mitglieder kommt nur nach den Grundsätzen des *piercing the corporate veil* in Betracht. Diese greift im wesentlichen dann, wenn die Gesellschaft keine Eigenständigkeit besitzt (entweder weil sie nur eine Fassade darstellt oder weil sie im Konzernverbund mit ihrer „Mutter" eine wirtschaftliche Einheit bildet), ist also keine klassische Haftung wegen materieller Unterkapitalisierung.

Führen die Mitglieder einer Gesellschaft dieser Fremdkapital zu, birgt dies Risiken für die Drittgläubiger. Diese sind sowohl in Deutschland als auch in England erkannt worden. Als gemeinsames Risiko der Gesellschafterdarlehen ist sowohl in Deutschland als auch in England zunächst die mögliche Täuschung potentieller Drittgläubiger über die wirtschaftliche Leistungsfähigkeit der Gesellschaft genannt worden. Diese Gefahr ist jedoch zu unbestimmt und muß hinsichtlich der aus der möglichen Täuschung resultierenden negativen Folgen konkretisiert werden. Dabei ist als erste – in der englischen Literatur nicht erkannte – Folge die Veränderung der Vermögensverhältnisse der Gesellschaft zu nennen. Ein Gesellschafterdarlehen ermöglicht es der eigentlich insolvenzreifen Gesellschaft, weiter zu wirtschaften. Hieraus kann ein weiteres Anwachsen der Schuldenmasse bei einer gleichzeitigen Aufzehrung des Vermögens, der sog. „Schereneffekt", resultieren. Dieser kann insbesondere deshalb eintreten, weil sich die Gesellschafter/Geschäftsführer unter dem Druck kurzfristiger Erfolge zum Abschluß besonders risikofreudiger Geschäfte genötigt sehen. Weil dieser Effekt jedoch auch bei der als rechtmäßig anerkannten und vom Kapitalersatzrecht nicht sanktionierten Eigenkapitalzufuhr in der Krise eintritt, bleibt als negative Folge der Gesellschafterfremdfinanzierung nur die mögliche Veränderung der Haftungsverhältnisse der Gesellschaft. Leidtragende sind in diesem Zusammenhang insbesondere die Neugläubiger der Gesellschaft, deren Befriedigungsaussicht sich im Falle der Insolvenz auf die auszuzahlende Quote reduziert. Aber auch dieser Effekt tritt ebenso bei der Finanzierung durch Eigenkapital ein. Als spezifische, aus der Gesellschafterfremdfinanzierung resultierende negative Folge für die Drittgläubiger können daher nur das Hinzutreten des Gesellschafters als weiterer Gläubiger sowie die Verminderung der Masse durch eventuelle Darlehensrückzahlungen an den Gesellschafter festgehalten werden.

Die negativen Folgen der Gesellschafterfremdfinanzierung können hierzulande allein durch das Kapitalersatzrecht ausgeglichen werden. Weder eine Haftung des Gesellschafters wegen vorsätzlicher sittenwidriger Schädigung noch die Insolvenzverschleppungshaftung als Täter oder Teilnehmer sowie die insolvenzrechtlichen Anfechtungsvorschriften sind hierzu in der Lage.

In England kommt nur eine Haftung des Gesellschafters wegen *wrongful trading* als *shadow director* in Betracht. Die *avoidance provisions* bieten zwar mit *voidable preferences* gem. s 239 I.A. 1986 eine Möglichkeit Darlehensrückzahlungen an den Gesellschafter anzufechten. Diese Vorschrift ist aber immer dann wirkungslos, wenn solche Rückzahlungen nicht erfolgt sind und die Risiken der Gesellschafterfremdfinanzierung sich nur im Hinzutreten des Gesellschafters als weiterem Gläubiger realisieren. Eine Haftung des Gesellschafters nach den Grundsätzen des *piercing the corporate veil* scheitert jedenfalls schon an deren unbestimmten Tatbestandsvoraussetzungen. Auch die Haftung des Gesellschafters wegen *misfeasance* und *fraudulent trading* erweist sich als wirkungslos. Im ersten Fall bedarf es der Verletzung einer treuhänderischen Pflicht des Adressaten gegenüber den Gläubigern. Eine solche Pflicht besteht jedoch nach allgemeiner Ansicht weder für den Gesellschafter noch den Geschäftsführer. Im Rahmen des *fraudulent trading* scheitert eine Verantwortlichkeit des Gesellschafters für seine Darlehenshingabe schließlich an den strengen subjektiven Voraussetzungen dieser Vorschrift.

Ein Vergleich der Tatbestandsvoraussetzungen beider Normenkomplexe ergibt zunächst, daß Kapitalersatzrecht und *wrongful trading* Übereinstimmungen betreffend ihrer Entwicklungsgeschichte, Anspruchsinhaber- und -begünstigtem, persönlichem und zeitlichem Anwendungsbereich, subjektiven Voraussetzungen, Erfassung verschiedener Gesellschaftsformen, Rechtsfolgen und Normzweck aufweisen.

Beide Normenkomplexe haben ihren Ursprung in einer deliktischen Haftung. Das erste Urteil zum Kapitalersatzrecht stützte sich auf § 826 BGB betreffend die vorsätzliche sittenwidrige Schädigung. Die Haftung wegen *wrongful trading* hat ihre Wurzeln in einer Haftung wegen betrügerischer Fortführung einer insolvenzreifen Gesellschaft.

Auch bezüglich des Anspruchsinhabers und -begünstigten ergeben sich wesentliche Übereinstimmungen. Ansprüche aus Kapitalersatzrecht und *wrongful trading* können nur innerhalb eines eröffneten Insolvenzverfahrens durch den Insolvenzverwalter/*liquidator* geltend gemacht werden. Der Anspruch aus s 214 I.A. 1986 kann ebensowenig wie das Anfechtungsrecht nach § 135 InsO an einen Dritten abgetreten werden. Die Früchte des Anspruchs stehen den Drittgläubigern der Gesellschaft zu.

Der persönliche Anwendungsbereich der Vorschriften erfaßt den an der Gesellschaft unternehmerisch beteiligten Gesellschafter. In Deutschland ist dieser unmittelbarer Adressat während in England eine Einbeziehung über die Figur *shadow directorship* erfolgt. Im Rahmen der *shadow directorship* ist die unternehmerische Beteiligung Tatbestandsvoraussetzung. Liegt sie nicht vor, ist eine Haftung des Gesellschafters ausgeschlossen. In Deutschland wird der nicht unternehmerisch beteiligte Gesellschafter über das Kleinbeteiligungsprivileg des § 32 a Abs. 3 S. 2 GmbHG von den Folgen des Kapitalersatzrechts ausgenommen. Dabei geht der Gesetzgeber davon aus, daß bei einer Beteiligung von weniger als 10 % am Stammkapital typischerweise die unternehmerische Verantwortung fehlt. Dritte, die keine formale Gesellschafterstellung innehaben, können ebenfalls gemäß den Vorschriften des Kapitalersatzrechts und des *wrongful trading* haften. Eine solche Ausweitung des persönlichen Anwendungsbereichs wird hierzulande durch § 32 a Abs. 3 S. 1 GmbHG erreicht. Sie ist aber ausgeschlossen, wenn der Dritte keinerlei Vermögensbeteiligung an der Gesellschaft hält. In England bedarf es einer solchen Vermögensbeteiligung nicht. Die Figur der *shadow directorship* ermöglicht eine Einbeziehung allein bei einer entsprechend stark ausgeprägten mitunternehmerischen Verantwortung. Unterschiede ergeben sich im gesetzgeberischen Ansatz. Der deutsche Gesetzgeber hat einen typisierenden Ansatz gewählt. Der Gesellschafter und ihm wirtschaftlich gleich zu stellende Dritte sind Adressaten des Kapitalersatzrechts, wenn sie unternehmerische Mitverantwortung tragen. Entscheidendes Kriterium, um das Maß an Unternehmensverantwortung, d.h. an Wissensvorsprung und realer Einflußmöglichkeit zu ermitteln, das erforderlich ist, um die Anwendung des Kapitalersatzrechts zu rechtfertigen, ist die unflexible Beteiligungshöhe von 10 % für formale Gesellschafter. Für wirtschaftliche Gesellschafter muß die mitunternehmerische Verantwortung der eines Gesellschafters mit einer

Beteiligung von mehr als 10 % entsprechen. Der englische Gesetzgeber hingegen nimmt bei der Frage nach dem Vorliegen einer *shadow directorship*, eine Gesamtbetrachtung der zugrundeliegenden Beziehung zwischen potentiellem *shadow director* und der Gesellschaft vor. Erst aus dem Zusammenspiel der verschiedenen Elemente kann bestimmt werden, ob eine *shadow directorship* vorliegt. Vergleicht man die in der englischen und der deutschen Rechtsordnung gewählten Ansätze miteinander, verdient das englische System den Vorzug. Grundsätzlich können auch durch eine typologische Betrachtungsweise brauchbare Ergebnisse erzielt werden. Dies ist dann der Fall, wenn der Typus eine Vielzahl von Merkmalen enthält, die untereinander abstuf- und austauschbar sind. Diese Vorgehensweise ist dem englischen Ansatz bereits sehr angenähert. Im Ergebnis bietet dieser jedoch den Vorteil, daß einerseits die Beliebigkeit einer Einzelfallrechtsprechung überwunden wird, indem Elemente als leitende Prinzipien zur Verfügung gestellt werden, und andererseits gegenüber einem starren Tatbestand, wie der des § 32 a Abs. 3 S. 2 GmbHG, die Möglichkeit eröffnet wird, das Zusammenspiel der Elemente in jedem Einzelfall zu berücksichtigen.

Der zeitliche Anwendungsbereich des Kapitalersatzrechts wird durch die Kreditunwürdigkeit der Gesellschaft eröffnet. Diese ist jedenfalls immer dann gegeben, wenn die Gesellschaft zahlungsunfähig oder überschuldet ist. Die Haftung wegen *wrongful trading* stellt zwar formal auf die Zahlungsunfähigkeit der Gesellschaft ab, diese beinhaltet jedoch über den *balance sheet test* auch deren Überschuldung.

Beide Normenkomplexe, Kapitalersatzrecht und *wrongful trading*, setzen positive Kenntnis oder Kennenmüssen der drohenden Insolvenz auf Seiten ihres jeweiligen Adressaten voraus. Was in Deutschland unter dem Begriff der „Finanzierungsentscheidung“ zusammengefaßt wird, ergibt sich bei der Haftung wegen *wrongful trading* aus s 214 (2) (b) I.A. 1986. Unterschiede ergeben sich lediglich bezüglich der Beweislast. Während diese hierzulande beim Gesellschafter liegt, muß nach englischem Recht der *liquidator* den Nachweis führen, daß der Adressat Kenntnis der Unvermeidbarkeit der *insolvent liquidation* hatte oder zumindest von ihr wissen mußte.

Kapitalersatzrecht und *wrongful trading* gelten übergreifend für verschiedene Rechtsformen. Die Ausweitung des Anwendungsbereichs des Kapitalersatzrechts auf die Personengesellschaften erfolgt über die §§ 129 a, 172 a HGB, auf die Aktiengesellschaft über eine analoge Anwendung der §§ 57, 62 AktG. Sowohl für die Personen- als auch für die Aktiengesellschaft haben sich Besonderheiten herausgebildet. Die durch das KapAEG und das KonTraG im GmbH-Recht eingeführten Einschränkungen des persönlichen Anwendungsbereichs des Kapitalersatzrechts haben bisher noch keinerlei Auswirkungen auf die Personen- und Aktiengesellschaft gezeigt. Von einem einheitlichen rechtsformübergreifenden Institut ist das Kapitalersatzrecht daher in puncto Rechtssicherheit und Einheitlichkeit noch weit entfernt. Die Haftung wegen *wrongful trading* hat demgegenüber den Vorteil, daß sie durch ihre systematische Stellung im *Insolvency Act 1986* von vornherein nicht auf eine bestimmte Rechtsform festgelegt ist. Sie richtet sich an die Mitglieder sämtlicher unter dem *Companies Act 1985* inkorporierten Gesellschaftsformen, und zwar unabhängig davon, ob diese mit ihrem Vermögen beschränkt oder unbeschränkt haften.

Auf der Rechtsfolgenseite gibt das Kapitalersatzrecht dem Rechtsanwender genau vor, wie Gesellschafterdarlehen und gleichzustellende Leistungen in der Insolvenz zu behandeln sind und wie hierauf erfolgte Zahlungen rückgängig gemacht werden können. Es kennt nur zwei Rechtsfolgen: Subordination und Rückgewähr, wobei letztgenannte der Höhe nach auf die tatsächlich an den Gesellschafter ausgezahlten Beträge beschränkt ist. Die Haftung wegen *wrongful trading* hingegen stellt die zu verhängende Sanktion vollständig in das Ermessen des über den Anspruch entscheidenden Gerichts. Dieses kann sowohl Ersatz für den Forderungsausfall der ungesicherten Drittgläubiger anordnen als auch Rückzahlungen auf gewährte Gesellschafterdarlehen rückgängig machen.

Sowohl beim Kapitalersatzrecht als auch beim *wrongful trading* handelt es sich um Vorschriften insolvenzrechtlicher Natur mit dem Ziel, die insolvenzrechtliche Haftungsordnung und deren Befriedigungs- und Gleichbehandlungsfunktion durchzusetzen. Ihr Anwendungsschwerpunkt liegt in Fällen, in denen mitunternehmerische Verantwortung und Gläubigerstellung in einer Person vereint sind. Begründung dafür ist, daß in solchen Fällen aufgrund dieser Personenidentität und des daraus resultierenden Informationsvorsprungs bestimmte externe Kontrollmechanismen, die des Kredit- und des Arbeitsmarktes, außer Kraft gesetzt werden. Unterschiede ergeben sich dadurch, daß das Kapitalersatzrecht ausschließlich die rechtsgeschäftliche Einflußnahme des Gesellschafters auf das Gesellschaftsvermögen und das *wrongful trading* darüber hinaus noch jegliche Einflußnahme des *director* erfaßt.

B. Ausblick

Schlußendlich kann festgehalten werden, daß sich ungeachtet der *Salomon* Entscheidung[877] mit der Haftung wegen *wrongful trading* ein Rechtsinstitut herausgebildet hat, dessen Tatbestandsmerkmale und Rechtsfolgen geeignet sind, negativen Folgen der Gesellschafterfremdfinanzierung auszugleichen. Läge der Fall des Schuhmachers *Salomon* heute dem *House of Lords* zur Entscheidung vor, sein Urteil würde vermutlich anders ausfallen. So schreibt *Sealy* in seiner rechtlichen Würdigung des Falles unter Anwendung des heutigen Insolvenzrechts in England und Australien: „Mr. Salomon was, I think, fortunate in not having to cope with modern

877 *Salomon v. A. Salomon & Co Ltd.* [1897] A.C. 22, H.L.

insolvency law, whether we think of the law of England following the Insolvency Acts of 1985-1986, or that of Australia after the reforms of the Corporations Law enacted in 1992. A liquidator of A Salomon & Co. Ltd. in either jurisdiction today might well have been tempted to 'throw the book' at our hero (although given the bulk of current companies legislation this would be better put as 'both books' in the United Kingdom and in Australia as 'all three'!). And the likelihood is that on one ground or another, he would have been able to claw back some assets from the luckless Mr. Salomon, or to reopen some transaction which would have left him far worse off today than was possible under the law of 1897. And even Mr. Edmund Broderip, as Mr. Salomon's assignee might have had his security challenged".[878] Dabei hätte Mr. Salomon allen Grund, eine Haftung gem. s 214 I.A. 1986 zu fürchten[879]. Das *House of Lords* hätte mit dieser Vorschrift heute ein Mittel zur Hand, die Forderung des *Salomon* gegen die insolvente Gesellschaft gem. sections 214, 215 (4) I.A. 1986 im Rang hinter die der ungesicherten Gläubiger zurückzustufen[880] und *Salomon* in Anlehnung an die Entscheidung des *High Court of Justice* i.S. *Re Produce Marketing*[881] zu einer *contribution* in Höhe der zuvor von der Gesellschaft befriedigten Forderung des *Broderip* zu verurteilen, dem *Salomon* zuvor persönlich eine Sicherheit gewährt hatte.

Ob s 214 I.A. 1986 sich als Modell für Europa präsentieren kann ist jedoch fraglich. Wie sich gezeigt hat, ist die Vorschrift dem Kapitalersatzrecht in puncto Flexibilität voraus. So bietet das Tatbestandsmerkmal der *shadow directorship* für die Gerichte die Möglichkeit, im Einzelfall angemessenere Ergebnisse bei der Feststellung einer nicht unternehmerischen Beteiligung zu erzielen als das Kleinbeteiligungsprivileg des § 32 a Abs. 3 S. 2 GmbHG mit seiner starren 10 %-Schwelle. Auch bei der Einbeziehung von Dritten, die nicht am Vermögen der Gesellschaft beteiligt sind, gelingt es über die Figur des *shadow director* mehr Betonung auf deren unternehmerische Verantwortung zu legen. So wäre es in England möglich, eine Bank, welche sich in einem Kreditvertrag weitgehenden Einblick in und Einflußmöglichkeiten auf die Geschäftsführung eines schuldnerischen Unternehmens (*covenants*)[882] einräumen läßt, in den persönlichen Anwendungsbereich des *wrongful trading* einzubeziehen. Andererseits ist die Herausarbeitung der einzelnen Voraussetzungen einer *shadow directorship* durch die englischen Gerichte noch nicht weit gediehen und die Anforderungen an eine solche sehr hoch angesiedelt.[883] Das zu Beginn die-

878 *Sealy*, (1998) 16 C.S.L.J. 176 (176 f.).
879 So auch *Sealy*, (1998) 16 C.S.L.J. 176 (182).
880 Dabei muß jedoch angemerkt werden, daß die englischen Gerichte in den bisher veröffentlichten Fällen von der Möglichkeit, Forderungen des Adressaten zu subordinieren, keinen Gebrauch gemacht haben.
881 [1989] B.C.L.C. 520 (554); vgl. auch Anhang 2.
882 Siehe hierzu bereits S. 95 f.
883 Vgl. *Fleischer*, AG1999, 350 (361).

ser Arbeit angesprochene *Forum Europaeum Konzernrecht* hat in seinen Ausführungen angedeutet, daß es einem weniger strengen Standpunkt zuneigt.[884] Auch die Rechtsprechung in anderen Ländern des *Commonwealth*, insbesondere in Australien, wo die gesetzliche Definition des *shadow director* der englischen entspricht, deutet auf eine Senkung der Anforderungsschwelle hin[885].

Darüber hinaus weist das *wrongful trading* starke Berührungspunkte zur deutschen Insolvenzverschleppungshaftung auf und ist also kein maßgeschneidertes Instrument zum Ausgleich der negativen Folgen der Gesellschafterfremdfinanzierung. Es bleibt in seiner Effektivität damit immer hinter dem Kapitalersatzrecht zurück. Dies wird noch verstärkt durch die hohen prozessualen Anforderungen an die Geltendmachung eines Anspruchs. Den *liquidator* trifft die Beweislast bezüglich der Kenntnis oder des Kennenmüssens der Adressaten von der Unvermeidbarkeit der Insolvenz. Er muß hierfür einen exakten Zeitpunkt, den *prediction point*, benennen. Die hierzu nötige Aufarbeitung der Buchhaltung ist mit hohen Kosten verbunden, was dazu führt, daß Ansprüche aus s 214 I.A. 1986 nur selten gerichtlich geltend gemacht werden. Hier bietet das Kapitalersatzrecht den Vorteil, daß die Kenntnis des Gesellschafters von der wirtschaftlichen Lage der Gesellschaft aufgrund seiner gesetzlichen Informationsrechte vermutet wird. Ansprüche aus Kapitalersatzrecht sind daher verhältnismäßig unkompliziert in ihrer gerichtlichen Geltendmachung und daher hierzulande in der Praxis an der Tagesordnung. In England hingegen, so *Schulte*, „the court's face is set against a liquidator ... because of formalist barriers. The barriers reduce the potency of section 214 to near insignificance ... If the theory of wrongful trading is to have potency, it must be given a vehicle with efficacy. For the moment at least, section 214 is of no interest to a liquidator, no benefit to creditors, and for wrongdoers it is the impotent progency of a fine legal theory".[886]

884 Vgl. *Forum Europaeum Konzernrecht*, ZGR 1988, 672 (764 f.).
885 Vgl. *Fleischer*, AG 1999, 350 (361).
886 *Schulte*, (1999) 20 Coy Lawyer 80 (88).

Anhang 1

Zitierte Vorschriften des Companies Act 1985 (C.A. 1985)

S 1. Mode of forming incorporated company

(1) Any two or more persons associated for a lawful purpose may, by subscribing their names to a memorandum of association and otherwise complying with the requirements of this Act in respect of registration, form an incorporated company, with or without limited liability.

(2) A company so formed may be either

(a) a company having the liability of its members limited by the memorandum to the amount, if any, unpaid on the shares respectively held by them ("a company limited by shares");

(b) a company having the liability of its members limited by the memorandum to such amount as the members may respectively thereby undertake to contribute to the assets of the company in the event of its being wound up ("a company limited by guarantee"); or

(c) a company not having any limit on the liability of its members ("an unlimited company").

(3) A "public company" is a company limited by shares or limited by guarantee and having a share capital, being a company

(a) the memorandum of which states that it is to be a public company, and

(b) in relation to which the provisions of this Act or the former Companies Acts as to the registration or reregistration of a company as a public company have been complied with on or after 22nd December 1980; and a "private company" is a company that is not a public company.

(3A) Notwithstanding subsection (1), one person may, for a lawful purpose, by subscribing his name to a memorandum of association and otherwise complying with the requirements of this Act in respect of registration, form an incorporated company being a private company limited by shares or by guarantee.

(4) With effect from 22nd December 1980, a company cannot be formed as, or become, a company limited by guarantee with a share capital.

S 2. Requirements with respect to memorandum

(1) The memorandum of every company must state

(a) the name of the company;

(b) whether the registered office of the company is to be situated in England and Wales, or in Scotland;

(c) the objects of the company.

(2) Alternatively to subsection (1)(b), the memorandum may contain a statement that the company's registered office is to be situated in Wales; and a company whose registered office is situated in Wales may by special resolution alter its memorandum so as to provide that its registered office is to be so situated.

(3) The memorandum of a company limited by shares or by guarantee must also state that the liability of its members is limited.

(4) The memorandum of a company limited by guarantee must also state that each member undertakes to contribute to the assets of the company if it should be wound up while he is a member, or within one year after he ceases to be a member, for payment of the debts and liabilities of the company contracted before he ceases to be a member, and of the costs, charges and expenses of winding up, and for adjustment of the rights of the contributories among themselves, such amount as may be required, not exceeding a specified amount.

(5) In the case of a company having a share capital

(a) the memorandum must also (unless it is an unlimited company) state the amount of the share capital with which the company proposes to be registered and the division of the share capital into shares of a fixed amount;

(b) no subscriber of the memorandum may take less than one share; and

(c) there must be shown in the memorandum against the name of each subscriber the number of shares he takes.

(6) Subject to subsection (6A), the memorandum must be signed by each subscriber in the presence of at least one witness, who must attest the signature; and that attestation is sufficient in Scotland as well as in England and Wales.

(6A) Where the memorandum is delivered to the registrar otherwise than in legible form and is authenticated by each subscriber in such manner as is directed by the registrar, the requirements in subsection (6) for signature in the presence of at least one witness and for attestation of the signature do not apply.

(7) A company may not alter the conditions contained in its memorandum except in the cases, in the mode and to the extent, for which express provision is made by this Act. In relation to Scotland:

(6) Subject to subsection (6A), the memorandum must be signed by each subscriber in the presence of at least one witness, who must attest the signature.

S 25. Name as stated in memorandum

(1) The name of a public company must end with the words "public limited company" or, if the memorandum states that the company's registered office is to be situated in Wales, those words or their equivalent in Welsh ("cwmni cyfyngedig cyhoeddus"); and those words or that equivalent may not be preceded by the word "limited" or its equivalent in Welsh ("cyfyngedig").

(2) In the case of a company limited by shares or by guarantee (not being a public company), the name must have "limited" as its last word, except that

(a) this is subject to section 30 (exempting, in certain circumstances, a company from the requirement to have "limited" as part of the name), and

(b) if the company is to be registered with a memorandum stating that its registered office is to be situated in Wales, the name may have "cyfyngedig" as its last word.

S 247. Qualification of company as small or medium-sized

(1) A company qualifies as small or medium-sized in relation to a financial year if the qualifying conditions are met

(a) in the case of the company's first financial year, in that year, and

(b) in the case of any subsequent financial year, in that year and the preceding year.

(2) A company shall be treated as qualifying as small or medium-sized in relation to a financial year

(a) if it so qualified in relation to the previous financial year under subsection (1) above or was treated as so qualifying under paragraph (b) below; or

(b) if it was treated as so qualifying in relation to the previous year by virtue of paragraph (a) and the qualifying conditions are met in the year in question.

(3) The qualifying conditions are met by a company in a year in which it satisfies two or more of the following requirements

Small company	
1. Turnover	Not more than £2.8 million
2. Balance sheet total	Not more than £1.4 million
3. Number of employees	Not more than 50
Medium-sized company	
1. Turnover	Not more than £11.2 million
2. Balance sheet total	Not more than £5.6 million
3. Number of employees	Not more than 250.

(4) For a period which is a company's financial year but not in fact a year the maximum figures for turnover shall be proportionately adjusted.

(5) The balance sheet total means

(a) where in the company's accounts Format 1 of the balance sheet formats set out in Part I of Schedule 4[or Part I of Schedule 8] is adopted, the aggregate of the amounts shown in the balance sheet under the headings corresponding to items A to D in that Format, and

(b) where Format 2 is adopted, the aggregate of the amounts shown under the general heading "Assets".

(6) The number of employees means the average number of persons employed by the company in the year (determined on a monthly basis).

That number shall be determined by applying the method of calculation prescribed by paragraph 56(2) and (3) of Schedule 4 for determining the corresponding number required to be stated in a note to the company's accounts.

S 263. Certain distributions prohibited

(1) A company shall not make a distribution except out of profits available for the purpose.

(2) In this Part, "distribution" means every description of distribution of a company's assets to its members, whether in cash or otherwise, except distribution by way of

(a) an issue of shares as fully or partly paid bonus shares,

(b) the redemption or purchase of any of the company's own shares out of capital (including the proceeds of any fresh issue of shares) or out of unrealised profits in accordance with Chapter VII of Part V,

(c) the reduction of share capital by extinguishing or reducing the liability of any of the members on any of the company's shares in respect of share capital not paid up, or by paying off paid up share capital, and

(d) a distribution of assets to members of the company on its winding up.

(3) For purposes of this Part, a company's profits available for distribution are its accumulated, realised profits so far as not previously utilised by distribution or capitalisation, less its accumulated, realised losses, so far as not previously written off in a reduction or reorganisation of capital duly made.

This is subject to the provision made by sections 265 and 266 for investment and other companies.

(4) A company shall not apply an unrealised profit in paying up debentures, or any amounts unpaid on its issued shares.

(5) Where the directors of a company are, after making all reasonable enquiries, unable to determine whether a particular profit made before 22nd December 1980 is realised or unrealised, they may treat the profit as realised; and where after making such enquiries they are unable to determine whether a particular loss so made is realised or unrealised, they may treat the loss as unrealised.

S 309. Directors to have regard to interests of employees

(1) The matters to which the directors of a company are to have regard in the performance of their functions include the interests of the company's employees in general, as well as the interests of its members.

(2) Accordingly, the duty imposed by this section on the directors is owed by them to the company (and the company alone) and is enforceable in the same way as any other fiduciary duty owed to a company by its directors.

(3) This section applies to shadow directors as it does to directors.

S 351. Particulars in correspondence, etc.

(1) Every company shall have the following particulars mentioned in legible characters in all business letters and order forms of the company, that is to say

(a) the company's place of registration and the number with which it is registered,

(b) the address of its registered office,

(c) in the case of an investment company (as defined in section 266), the fact that it is such a company, and

(d) in the case of a limited company exempt from the obligation to use the word "limited" as part of its name, the fact that it is a limited company.

(2) If in the case of a company having a share capital there is on the stationery used for any such letters, or on the company's order forms, a reference to the amount of share capital, the reference must be to paid-up share capital.

(5) As to contraventions of this section, the following applies

(a) if a company fails to comply with subsection (1) or (2), it is liable to a fine,

(b) if an officer of a company or a person on its behalf issues or authorises the issue of any business letter or order form not complying with those subsections, he is liable to a fine

S 459. Order on application of company member

(1) A member of a company may apply to the court by petition for an order under this Part on the ground that the company's affairs are being or have been conducted in a manner which is unfairly prejudicial to the interests of its members generally or of some part of its members (including at least himself) or that any actual or proposed act or omission of the company (including an act or omission on its behalf) is or would be so prejudicial.

(2) The provisions of this Part apply to a person who is not a member of a company but to whom shares in the company have been transferred or transmitted by operation of law, as those provisions apply to a member of the company; and references to a member or members are to be construed accordingly.

(3) In this section (and so far as applicable for the purposes of this section, in section 461(2)) "company" means any company within the meaning of this Act or any company which is not such a company but is a statutory water company within the meaning of [the Statutory Water Companies Act 1991].

S 727. Power of court to grant relief in certain cases

(1) If in any proceedings for negligence, default, breach of duty or breach of trust against an officer of a company or a person employed by a company as auditor (whether he is or is not an officer of the company) it appears to the court hearing the case that that officer or person is or may be liable in respect of the negligence, default, breach of duty or breach of trust, but that he has acted honestly and reasonably, and that having regard to all the circumstances of the case (including those connected with his appointment) he ought fairly to be excused for the negligence, default, breach of duty or breach of trust, that court may relieve him, either wholly or partly, from his liability on such terms as it thinks fit.

(2) If any such officer or person as above-mentioned has reason to apprehend that any claim will or might be made against him in respect of any negligence, default, breach of duty or breach of trust, he may apply to the court for relief; and the court on the application has the same power to relieve him as under this section it would have had if it had been a court before which proceedings against that person for negligence, default, breach of duty or breach of trust had been brought.

(3) Where a case to which subsection (1) applies is being tried by a judge with a jury, the judge, after hearing the evidence, may, if he is satisfied that the defendant or defender ought in pursuance of that subsection to be relieved either in whole or in part from the liability sought to be enforced against him, withdraw the case in whole or in part from the jury and forthwith direct judgment to be entered for the defendant or defender on such terms as to costs or otherwise as the judge may think proper.

S 741. "Director" and "shadow director"

(1) In this Act, "director" includes any person occupying the position of director, by whatever name called.

(2) In relation to a company, "shadow director" means a person in accordance with whose directions or instructions the directors of the company are accustomed to act. However, a person is not deemed a shadow director by reason only that the directors act on advice given by him in a professional capacity.

(3) For the purposes of the following provisions of this Act, namely

section 309 (directors' duty to have regard to interests of employees),

section 319 (directors' long-term contracts of employment),

section 320 to 322 (substantial property transactions involving directors),

section 322B (contracts with sole members who are directors), and sections 330 to 346 (general restrictions on power of companies to make loans, etc., to directors and others connected with them).

(being provisions under which shadow directors are treated as directors), a body corporate is not to be treated as a shadow director of any of its subsidiary companies by reason only that the directors of the subsidiary are accustomed to act in accordance with its directions or instructions.

Zitierte Vorschriften des Insolvency Act 1986 (I.A. 1986)

S 8. Power of court to make order

(1) Subject to this section, if the court

(a) is satisfied that a company is or is likely to become unable to pay its debts (within the meaning given to that expression by section 123 of this Act), and

(b) considers that the making of an order under this section would be likely to achieve one or more of the purposes mentioned below, the court may make an administration order in relation to the company.

(1A) For the purposes of a petition presented by the Bank of England alone or together with any other party an authorised institution or former authorised institution within the meaning of the Banking Act 1987 which defaults in an obligation to pay any sum due and payable in respect of a deposit within the meaning of section 92 of that Act shall be deemed to be unable to pay its debts as mentioned in subsection (1) above

(2) An administration order is an order directing that, during the period for which the order is in force, the affairs, business and property of the company shall be managed by a person ("the administrator") appointed for the purpose by the court.

(3) The purposes for whose achievement an administration order my be made are

(a) the survival of the company, and the whole or any part of its undertaking, as a going concern;

(b) the approval of a voluntary arrangement under Part1;

(c) the sanctioning under section 425 of the Companies Act of compromise and any such persons as are mentioned in that section; and

(d) a more advantageous realisation of the company's assets than would be effected on a winding up; and the order shall specify the purpose or purposes for which it is made.

(4) An administration order shall not be made in relation to a company after it has gone into liquidation, nor where it is

(a) an insurance company within the meaning of the Insurance Companies Act 1982,

S 17. General duties

(1) The administrator of a company shall, on his appointment, take into his custody or under his control all the property to which the company is or appears to be entitled

(2) The administrator shall manage the affairs, business and property of the company

(a) at any time before proposals have been approved (with or without modifications) under section 24 below, in accordance with any directions given by the court, and

(b) at any time after proposals have been so approved, in accordance with those proposals as from time to time revised, whether by him or a predecessor of his.

(3) The administrator shall summons a meeting of the company's creditors if

(a) he is requested, in accordance with the rules, to do so by one-tenth, in value , of the company's creditors, or

(b) he is directed to do so by the court.

S 83. Companies registered under Companies Act

(1) The following applies in the event of a company being wound up which has been registered under section 680 of the Companies Act (or previous corresponding provisions in the Companies Act 1948 or earlier Acts).

(2) Every person is a contributory, in respect of the company's debts and liabilities contracted before registration, who is liable

(a) to pay, or contribute to the payment of, any debt of liability so contracted, or

(b) to pay, or contribute to the payment of, any sum for the adjustment of the rights of the members among themselves in respect of any such debt or liability, or

(c) to pay, or contribute to the amount of, the expenses of winding up the company, so far as relates to the debts or liabilities above mentioned.

(3) Every contributory is liable to contribute to the assets of the company, in the course of the winding up, all sums due from him in respect of any such liability.

(4) In the event of the death, bankruptcy or insolvency of any contributory, provisions of this Act, with respect to the personal representatives, to the heirs and legatees of heritage of the heritable estate in Scotland of deceased contributories and to the trustees of bankrupt or insolvent contributories respective, apply.

S 89. Statutory declaration of solvency

(1) Where it is proposed to wind up a company voluntarily, the directors (or, in the case of a company having more than two directors, the majority of them) may at a directors' meeting make a statutory declaration to the effect that they have made a full inquiry into the company's affairs and that having done so, they have formed the opi-

nion that the company will be able to pay its debts in full, together with interest at the official rate (as defined in section 251), within such period not exceeding 12 months from the commencement of the winding up, as may be specified in the declaration.

(2) Such a declaration by the directors has no effect for purposes of this Act unless-

(a) it is made within the 5 weeks immediately preceding the date of the passing of the resolution for winding up, or on that date but before the passing of the resolution, and,

(b) it embodies a statement of the company's assets and liabilities as at the latest practicable date before the making of the declaration.

(3) The declaration shall be delivered to the registrar of companies before the expiration of 15 days immediately following the date on which the resolution for winding up is passed.

(4) A director making a declaration under this section without having reasonable grounds for the opinion that the company will be able to pay its debts in full, together with the interest at the official rate, within the period specified is liable to a imprisonment or a fine, or both.

(5) If the company is wound up in pursuance of a resolution passed within 5 weeks after the making of the declaration, and its debts (together with interest at the official rate) are not paid or provided for in full within the period specified, it is to be presumed (unless the contrary is shown) that the director did not have reasonable grounds for his opinion.

(6) If the declaration required by subsection (3) to be delivered to the registrar is not so delivered within the time prescribed by that subsection, the company and every offices in default is liable to a fine and, for continued contravention, to a daily default fine.

S 90. Distinction between "members" and "creditors" voluntary winding up

A winding up in the case of which a director's statutory declaration under section 89 has been made is a "members' voluntary winding up"; and a winding up in the case of which such a declaration had not been made is a "creditors' voluntary winding up".

S 91. Appointment of liquidator

(1) In a members' voluntary winding up, the company in general meeting shall appoint one or more liquidators for the purpose of winding up the company's affairs and distributing its assets.

(2) On appointment of a liquidator all the powers of the directors cease, except so far as the company in general meeting or the liquidator sanctions their continuance.

S 96. Conversion to creditors' voluntary winding up

As from the day on which the creditors' meeting is held under section 95, this Act has effect as if;

(a) the directors' declaration under section 89 had not been made, and

(b) the creditors' meeting and the company meeting at which it was resolved that the company be wound up voluntarily were the meetings summoned in section 98 in the next Chapter; and accordingly the winding up becomes a creditors' voluntary winding up.

S 100. Appointment of liquidator

(1) The creditors and the company at their respective meetings mentioned in section 98 may nominate a person to be liquidator for the purpose of winding up the company's affairs and distributing its assets.

(2) The liquidator shall be the person nominated by the creditors or, where no person has been so nominated, the person (if any) nominated by the company.

(3) In the case of different persons being nominated, any director, member or creditor of the company may, within 7 days after the date on which the nomination was made by the creditors, apply to the court for an order either;

  (a) directing that the person nominated as liquidator by the company shall be liquidator instead of or jointly with the person nominated by the creditors, or

  (b) appointing some other person to be liquidator instead of the person nominated by the creditors.

S 103. Cesser of directors' powers

On the appointment of a liquidator, all the powers of the directors cease, except so far as the liquidation committee (or, if there is no such committee, the creditors) sanction their continuance.

S 112. Reference of questions to court

(1) The liquidator or any contributory or creditor may apply to the court to determine any question arising in the winding up of a company, or to exercise, as respects the enforcing of calls or any other matter, all or any of the powers which the court might exercise if the company were being wound up by the court.

(2) The court, if satisfied that the determination of the question or the required exercise of power will be just and beneficial, may accede wholly or partially to the application on such terms and conditions as it thinks fit, or may make such other order on the application as it thinks just.

(3) A copy of an order made by virtue of this section staying the proceedings in the winding up shall forthwith be forwarded by the company, or otherwise as may be prescribed, to the registrar of companies, who shall enter it in his records relating to the company.

S 115. Expenses of voluntary winding up

All expenses properly incurred in the winding up, including the remuneration of the liquidator, are payable out of the company's assets in priority to all other claims.

S 122. Circumstances in which company may be wound up by the court

(1) A company may be wound up by the court if

(a) the company has by special resolution resolved that the company be wound up by the court,

(b) being a public company which was registered as such on its original incorporation, the company has not been issued under section 117 of the Companies Act (public company share capital requirements) and more than a year has expired since it was so registered,

(c) it is an old public company, within the meaning of the Consequential Provisions Act,

(d) the company does not commence its business within a year from its incorporation or suspends its business for a whole year.

(e) except in the case of a private company limited by shares or by guarantee the number of members is reduced below 2,

(f) the company is unable to pay its debts,

(g) the court is of the opinion that it is just and equitable that the company should be wound up.

(2) In Scotland, a company which the Court of Session has jurisdiction to wind up may be wound up by the Court if there is subsisting a floating charge over property comprised in the company's property and undertaking, and the court is satisfied that the security of the creditor entitled to the benefit of the floating charge is in jeopardy.

For this purpose a creditors' security is deemed to be in jeopardy if the Court is satisfied that events have occurred or are about to occur which render it unreasonably in the creditor's interests that the company should retain power to dispose of the property which subject to the floating charge.

S 123. Definition of inability to pay debts

(1) A company is deemed unable to pay its debts

(a) of a creditor (by assignment or otherwise) to whom the company is indebted in a sum exceeding £750 then due has served on the company, by leaving it at the company's registered office, a written demand (in the prescribed form) requiring the company to pay the sum so due and the company has for 3 weeks thereafter neglected to pay the sum or to secure or compound for it to the reasonable satisfaction of the creditor, or

(b) if, in England and Wales, execution or other process issued on a judgment, decree or order of any court in favour of a creditor of the company is returned unsatisfied in whole or in part, or

(c) if, in Scotland, the induciae of a charge for payment on an extract decree, or an extract registered bond, or an extract registered protest, have expired without payment being made, or

(d) if, in Northern Ireland, a certificate of unenforceability has been granted in respect of a judgment against the company, or

(e) if it is proved to the satisfaction of the court that the company is unable to pay its debts as they fall due.

(2) A company is also deemed unable to pay its debts if it is proved to the satisfaction of the court that the value of the company's assets is less than the amount of its liabilities, taking into account its contingent and prospective liabilities.

(3) The money sum for the time being specified in subsection (1)(a) is subject to increase or reduction by order under section 416 in Part XV.

S 124. Application for winding up

(1) Subject to the provisions of this section, an application to the court for the winding up of a company shall be by petition presented either by the company, or the directors, or by any creditor or creditors (including any contingent or prospective creditor or creditors), contributory or contributories or by clerk of a magistrates' court in the exercise of the power conferred by section 87A of the Magistrates' Courts Act 1980 (enforcement of fines imposed on companies, or by all or any of those parties, together or separately.

(2) Except as mentioned below, a contributory is not entitled to present a winding-up petition unless either –

(a) the number of members is reduced below 2, or

(b) the shares in respect of which he is a contributory, or some of them, either were originally allotted to him, or have been held by him, and registered in his name, for at least 6 months during the 18 months before the commencement of the winding up, or have devolved on him through the death of a former holder.

(3) A person who is liable under section 76 to contribute to a company's assets in the event of its being wound up may petition on either of the grounds set out in section 122(1)(f) and (g), and subsection (2) does not then apply; but unless the person is a

contributory otherwise than under section 76, he may not in his character as contributory petition on any other ground.

This subsection is deemed included in Chapter VII or Part V of the Companies Act (redeemable shares; purchase by a company of its own shares) for the purposes of the Secretary of State's power to make regulations under section 179 of that Act.

(4) A winding-up petition may be presented by the Secretary of State

(a) if the ground of the petition is that in section 122(1)(b) or (c), or

(b) in a case falling within section 124A below.

(5) Where a company is being wound up voluntarily in England and Wales, a winding-up petition may be presented by the official receiver attached to the court as well as by any other person authorised in that behalf under the other provisions of this section; but the court shall not make a winding-up order on the petition unless it is satisfied that the voluntary winding up cannot be continued with due regard to the interests of the creditors or contributories.

S 124A. Petition for winding up on grounds of public interest

(1) Where it appears to the Secretary of State from

(a) any report made or information obtained under Part XIV of the Companies Act 1985 (company investigations, etc.),

(b) any report made under section 94 or 177 of the Financial Services Act 1986 or any information obtained under section 105 of that Act.

(c) any information obtained under section 2 of the Criminal Justice Act 1987 or section 52 of the Criminal Justice (Scotland) Act 1987 (fraud investigations), or

(d) any information obtained under section 83 of the Companies Act 1989 (powers exercisable for purpose of assisting overseas regulatory authorities),

that it is expedient in the public interest that a company should be wound up, he may present a petition for it to be wound up if the court thinks it just and equitable for it to be so.

(2) (Non-application). This section does not apply if the company is already being wound up by the court.

S 131. Company's statement of affairs

(1) Where the court has made a winding-up order or appointed a provisional liquidator, the official receiver may require some or all of the persons mentioned in subsection (3) below to make out and submit to him a statement in the prescribed form as to the affairs of the company.

(2) The statement shall be verified by affidavit by the persons required to submit it and shall show

(a) particulars of the company's assets, debts and liabilities;

(b) the names and addresses of the company's creditors;

the securities held by them respectively;

(d) the dates when the securities were respectively give; and

(e) such further or other information as may be prescribed or as the official receiver may require.

(3) The persons referred to in subsection (1) are

(a) those who are or have been officers of the company;

(b) those who have taken part in the formation of the company at any time within one year before the relevant date;

(c) those who are in the company's employment, or have been in its employment within that year, and are in the official receiver's opinion capable of giving the information required;

(d) those who are or have been within that year officers of, or in the employment of, a company which is, or within that year was, an officer of the company.

(4) Where any persons are required under this section to submit a statement of affairs to the official receiver, they shall do so (subject to the next subsection) before the end of the period of 21 days beginning with the day after that on which the prescribed notice of the requirement is given to them by the official receiver.

(5) The official receiver, if he thinks fit, may

(a) at any time release a person from an obligation imposed on him under subsection (1) or (2) above; or

(b) either when giving the notice mentioned in subsection (4) or subsequently, extended the period so mentioned;

and where the official receiver has refused to exercise a power conferred by this section, the court, if it thinks fit, may exercise it.

(6) In this section

"employment" includes employment under a contract for services; and

"the relevant date" means

(a) in a case where a provisional liquidator is appointed, the date of his appointment; and

(b) in a case where no such appointment is made, the date of the winding-up order.

(7) If a person without reasonable excuse fails to comply with any obligation imposed under this section, he is liable to a fine and, for continued contravention, to a daily default fine.

(8) In the application of this section to Scotland references to the official receiver are to the liquidator or, in a case where a provisional liquidator is appointed, the provisional liquidator.

S 132. Investigation by official receiver

(1) Where a winding-up order is made by the court in England and Wales, it is the duty of the official receiver to investigate

(a) if the company has failed, the causes of the failure; and

(b) generally, the promotion, formation, business, dealings and affairs of the company,

and to make such report (if any) to the court as he thinks fit.

(2) The report is, in any proceedings, prima facie evidence of the facts stated in it.

S 133. Public examination of officers

(1) Where a company is being wound up by the court, the official receiver or, in Scotland, the liquidator may at any time before the dissolution of the company apply to the court for the public examination of any person who

(a) is or has been an officer of the company; or

(b) has acted as liquidator or administrator of the company or as receiver or manager or, in Scotland, receiver of its property; or

(c) not being a person falling within paragraph (a) or (b), is or has been concerned, or has taken part, in the promotion, formation or management of the company.

(2) Unless the court otherwise orders, the official receiver or, in Scotland, the liquidator shall make an application under subsection (1) if he is requested in accordance with the rules ro do so by

(a) one-half, in value, of the company's creditors; or

(b) three-quarters, in value, of the company's contributories.

(3) On an application under subsection (1), the court shall direct that a public examination of the person to whom the application relates shall be held on a day appointed by the court; and that person shall attend on that day and be publicly examined as to the promotion formation or management of the company or as to the conduct of its business and affairs, or his conduct or dealings in relation to the company.

(4) The following may take part in the public examination of a person under this section and may question that person concerning the matters mentioned in subsection (3), namely

(a) the official receiver;

(b) the liquidator of the company;

(c) any person who has been appointed as special manager of the company's property or business;

(d) any creditor of the company who has tendered a proof or, in Scotland, submitted a claim in the winding up;

(e) any contributory of the company.

S 134. Enforcement of Section 133

(1) If a person without reasonable excuse fails at any time to attend his public examination under section 133, he is guilty of a contempt of court and liable to be punished accordingly.

(2) In a case where a person without reasonable excuse fails at any time to attend his examination under section 133 or there are reasonable grounds for believing that a person has absconded, or is about to abscond, with a view to avoiding or delaying his examination under that section, the court may cause a warrant to be issued to a constable or prescribed officer of the court

(a) for the arrest of that person; and

(b) for the seizure of any books, papers, records, money or goods in that person's possession.

(3) In such a case the court may authorise the person arrested under the warrant to be kept in custody, and anything seized under such a warrant to be held, in accordance with the rules, until such time as the court may order.

S 167. Winding up by the court

(1) Where a company is being wound up by the court, the liquidator may

(a) with the sanction of the court or the liquidation committee, exercise any of the powers specified in Parts I and II Schedule 4 ti this Act (payment of debts; compromise of claims, etc.; institution and defence of proceedings; carrying on of the business of the company), and

(b) with or without that sanction, exercise any of the general powers specified in Part III of that Schedule.

(2) Where the liquidator (not being the official receiver), in exercise of the powers conferred on him by this Act

(a) disposes of any property of the company to a person who is connected with the company (within the meaning of section 249 in Part VII), or

(b) employs a solicitor to assist him in the carrying out of his functions,

he shall, if there is for the time being a liquidation committee, give notice to the committee of that exercise of his powers.

(3) The exercise by the liquidator in a winding up by the court of the powers conferred by this section is subject to the control of the court, and any creditor or contributory may apply to the court with respect to any exercise or proposed exercise of any of those powers.

S 212. Summary remedy against delinquent directors, liquidators, etc.

(1) This section applies if in the course of the winding up of a company it appears that a person who

(a) is or has been an officer of the company,

(b) has acted as liquidator, administrator or administrative receiver of the company, or

(c) not being a person falling within paragraph (a) or (b), is or has been concerned, or has taken part, in the promotion, formation or management of the company,

has misapplied or retained, or become accountable for, any money or other property of the company, or been guilty of any misfeasance or breach of any fiduciary or other duty in relation to the company.

(2) The reference in subsection (1) to any misfeasance or breach of any fiduciary or other duty in relation to the company includes, in the case of a person who has acted as liquidator or administrator of the company, any misfeasance or breach of any fiduciary or other duty in connection with the carrying out of his functions as liquidator or administrator of the company.

(3) The court may, on the application of the official receiver or the liquidator, or of any creditor or contributory, examine into the conduct of the person falling within subsection (1) and compel him

(a) to repay, restore or account for the money or property or any part of it, with interest as such rate as the court thinks just, or

(b) to contribute such sum to the company's assets by way of compensation in respect of the misfeasance or breach of fiduciary or other duty as the court thinks just.

(4) The power to make an application under subsection (3) in relation to a person who has acted as liquidator or administrator of the company is not exercisable, except with the leave of the court, after that person has had his release.

(5) The power of a contributory to make an application under subsection (3) is not exercisable except with the leave of the court, but is exercisable notwithstanding that he will not benefit from any order the court may make on the application.

S 213. Fraudulent trading

(1) If in the course of the winding up of a company it appears that any business of the company has been carried on with intent to defraud creditors of the company or creditors of any other person, or for any fraudulent purpose, the following has effect.

(2) The court, on the application of the liquidator may declare that any persons who were knowingly parties to the carrying on of the business in the manner above-mentioned are to be liable to make such contributions (if any) to the company's assets as the court thinks proper.

S 214. Wrongful trading

(1) Subject to subsection (3) below, if in the course of the winding up of a company it appears that subsection (2) of this section applies in relation to a person who is or has been a director of the company, the court, on the application of the liquidator, may declare that that person is to be liable to make such contribution (if any) to the company's assets as the court thinks proper.

(2) This subsection applies in relation to a person if –

(a) the company has gone into insolvent liquidation,

(b) at some time before the commencement of the winding up of the company, that person knew or ought to have concluded that there was no reasonable prospect that the company would avoid gping into insolvent liquidation, and

(c) that person was a director of the company at that time; but the court shall not make a declaration under this section in any case where the time mentioned in paragraph (b) above was before 28th April 1986.

(3) The court shall not make a declaration under this section with respect to any person if it is satisfied that after the condition specified in subsection (2)(b) was first satisfied in relation to him that person took every step with a view to minimising the potential loss to the company's creditors as (assuming him to have known that there was no reasonable prospect that the company would avoid going into insolvent liquidation) he ought to have taken.

(4) For the purposes of subsection (2) and (3), the facts which a director of a company ought to know or ascertain, the conclusions which he ought to reach and the steps which he ought to take are those which would be known or ascertained, or reached or taken, by a reasonably diligent person having both –

(a) the general knowledge, skill and experience that may reasonably be expected of a person carrying out the same functions as are carried out by that director in relation to the company, and

(b) the general knowledge, skill and experience that that director has.

(5) The reference in subsection (4) to the functions carried out in relation to a company by a director of the company includes any functions which he does not carry out but which have been entrusted to him.

(6) For the purposes of this section a company goes into insolvent liquidation if it goes into liquidation at a time when its assets are insufficient for the payment of its debts and other liabilities and the expenses of the winding up.

(7) In this section "director" includes a shadow director.

(8) This section is without prejudice to section 213.

215. Proceedings under sections 213, 214

(1) On the hearing of an application under section 213 or 214, the liquidator may himself give evidence or call witnesses.

(2) Where under either section the court makes a declaration, it may give such further directions as it thinks proper for the giving effect to the declaratio; and in particular, the court may –

(a) provide for the liability for any person under the declaration to be a charge on any debt or obligation due from the company to him, or on any mortgage or charge or any interest in a mortgage or charge on assets of the company held by or vested in him, or any person on his behalf, or any person claiming as assignee from or through the person liable or ny person acting on his behalf, and

(b) from time to time make such further order as may be necessary for enforcing any charge imposed under this subsection.

(3) For the purposes of subsection (2), "assignee" –

(a) includes a person to whom or in whose favour, by the directions of the person made liable, the debt, obligation, mortgage or charge was created, issued or transferred or the interest created, but

(b) does not include an assignee for valuable considerarion (not including consideration by way of marriage) given in good faith and without notice of any of the matters on the ground of which the declaration is made.

(4) Where the court makes a declaration under either section in relation to a person who is a creditor of the company, it may direct that the whole or any part of any debt owed by the company to that person and any interest thereon shall rank in priority after all other debts owed by the company and after any interest on those debts.

(5) Sections 213 and 214 have effect notwithstanding that the person concerned may be criminally liable in respect of matters on the ground of which declaration under the section is to be made.

S 238. Transactions at an undervalue (England and Wales)

(1) This section applies in the case of a company where

(a) an administration order is made in relation to the company, or

(b) the company goes into liquidation;

and "the office-holder" means the administrator or the liquidator, as the case may be.

(2) Where the company has at a relevant time (defined in section 240) entered into a transaction with any person at an undervalue, the office-holder may apply to the court for an order under this section.

(3) Subject as follows, the court shall, on such an application, make such order as it thinks fit for restoring the position to what it would have been if the company had not entered into that transaction.

(4) For the purposes of this section and section 241, a company enters into a transaction with a person at an undervalue if

(a) the company makes a gift to that person or otherwise enters into a transaction with that person on terms that provide for the company to receive no consideration, or

(b) the company enters into a transaction with that person for a consideration the value of which, in money or money's worth, is significantly less than the value, in money or money's worth, of the consideration provided by the company.

(5) The court shall not make an order under this section in respect of a transaction at an undervalue if it is satisfied

(a) that the company which entered into the transaction did so in good faith and for the purpose of carrying on its business, and

(b) that at the time it did so there were reasonable grounds for believing that the transactions would benefit the company.

S 239. Preferences (England and Wales)

(1) This section applies as does section 238.

(2) Where the company has at a relevant time (defined in the next section) given a preference to any person, the office-holder may apply to the court for an order under this section.

(3) Subject as follows, the court shall, on such an application, make such order as it thinks fit for restoring the position to what it would have been if the company had not given that preference.

(4) For the purposes of this section and section 241, a company gives a preference to a person if

(a) that person is one of the company's creditors or a surety or guarantor for any of the company's debts or other liabilities, and

(b) the company does anything or suffers anything to be done which (in either case) has the effect of putting that person into that position which, in the event of the company going into insolvent liquidation, will be better than the position he would have been in if that thing had not been done.

(5) The court shall not make an order under this section in respect of a preference given to any person unless the company which gave the preference was influenced in deciding to give it by a desire to produce in relation to that person the effect mentioned in subsection (4)(b).

(6) A company which has given a preference to a person connected with the company (otherwise than by reason only of being its employee) at the time the preference was given is presumed, unless the contrary shown, to have been influenced in deciding to give it by such a desire as is mentioned in subsection (5).

(7) The fact that something has been done in pursuance of the order of a court does not, without more, prevent the doing or suffering of that thing from constituting the giving of a preference.

S 240. "Relevant time" under Section 238 and 239

(1) Subject to the next subsection, the time at which a company enters into a transaction at an undervalue or gives a preference is a relevant time if the transaction is entered into, or the preference given

(a) in the case of a transaction at an undervalue or of a preference which is given to a person who is connected with the company (otherwise than by reason only of being its employee), at a time in the period of 2 years ending with the onset of insolvency (which expression is defined below),

(b) in the case of a preference which is not such a transaction and is not given, at a time in the period of 6 months ending with the onset of insolvency, and

(c) in either case, at a time between the presentation of a petition for the making of an administration order in relation to the company and the making of such an order on that petition.

(2) Where a company enters into a transaction at an undervalue or gives a preference at a time mentioned in subsection (1)(a) or (b), that time is not a relevant time for the purposes of section 238 or 239 unless the company

(a) is at the time unable to pay its debts within the meaning of section 123 in Chapter VI or Part IV, or

(b) becomes unable to p ay its debts within the meaning of that section in consequence of the transaction or preference;

but the requirements of this subsection are presumed to be satisfied, unless the contrary is shown, in relation to any transaction at an undervalue which is entered into by a company with a person who is concerned with the company.

(3) For the purposes of subsection (1), the onset of insolvency is

(a) in a case where section 238 or 239 applies by reason of the making of an administration order or of a company going into liquidation immediately upon the discharge of an administration order, the date of the presentation of the petition on which the administration order was made, and

(b) in a case where the section applies by reason of a company going into liquidation at any other time, the date of the commencement of the winding up.

S 241. Orders under Sections 238 and 239

(1) Without prejudice to the generality of sections 238(3) and 239(3), an order under either of those sections with respect to a transaction or preference entered into or given by a company may (subject to the next subsection)

(a) require any property transferred as part of the transaction, or in connection with the giving of the prference, to be vested in the company,

(b) require any property to be so vested if it represents in any person's hands the application either of the proceeds of sale of property so transferred or of money so transferred,

(c) release or discharge (in whole or in part) any security given by the company,

(d) require any person to pay, in respect of benefits received by him from the company, such sums to the office-holder as the court may direct,

(e) provide for any surety or guarantor whose obligations to any person were released or discharged (in whole or in part) under the transaction, or by the giving of the preference, to be under such new or revived obligations to that person as the court thinks appropriate,

(f) provide for security to be provided for the discharge of any obligation imposed by or arising under the order, for such an obligation to be charged on any property and for the security or charge to have the same priority as a security or charge released or discharged (in whole or in part) under the transaction or by the giving of the preference, and

(g) provide for the extent to which any person whose property is vested by the order in the company, or on whom obligations are imposed by the order, is to be able to prove in the winding up of the company for debts or other liabilities which arose from, or were released or discharged (in whole or part) under or by, the transaction or the giving of the preference.

(2) An order under section 238 or 239 may affect the property of, or impose any obligation on, any person whether or not he is the person with whom the company in question entered into the transaction or (as the case may be) the person to whom the preference was given; but such an order

(a) shall not prejudice any interest in property which was acquired from a person other than the company and was acquired in good faith, for value and without notice of the relevant circumstances, or prejudice any interest deriving from such an interest, and

(b) shall require a person who received a benefit from the transaction or preference in good faith, for value and without notice of the relevant circumstances to pay a sum to the office- holder, except where that person was a party to the transaction or the payment is to be in respect of a preference given to that person at a time when he was a creditor of the company.

(3) For the purposes of this section the relevant circumstances, in relation to a transaction or preference, are –

(a) the circumstances by virtue of which an order under section 238 or (as the case may be) 239 could be made in respect of the transaction or preference if the company were to go into liquidation, or an administration order were made in relation to the company, within a particular period after the transaction is entered into or the preference given, and

(b) if that period has expired, the fact that the company has gone into liquidation or that such an order has been made.

(4) The provisions of sections 238 to 241 apply without prejudice to the availability of any other remedy, even in relation to a transaction or preference which the company had no power to enter into or give.

S 244. Extortionate credit transactions

(1) This section applies as does section 238, and where the company is, or has been, a party to a transaction for, or involving, the provision of credit to the company.

(2) The court may, on the application of the office-holder, make the order with respect to the transaction if the transaction is or was extortionate and was entered into the period of 3 years ending with the day on which the administration order was made or (as the case may be) the company went into liquidation.

(3) For the purposes of this section a transaction is extortionate if, having regard to the risk accepted by the person providing the credit

(a) the terms of it are or were such as to require grossly exorbitant payments to be made (whether unconditionally or in certain contingencies) in respect of the provision of the credit, or

(b) it otherwise grossly contravened ordinary principles of fair dealings;

and it shall be presumed, unless the contrary is proved, that a transaction with respect to which an application is made under this section is or, as the case may be, was extortionate.

(4) An order under this section with respect to any transaction may contain such one or more of the following as the court thinks fit, that is to say

(a) provision setting aside the whole or part of any obligation created by the transaction,

(b) provision otherwise varying the terms of the transaction or varying the terms on which any security for the purposes of the transaction is held,

(c) provision requiring any person who is or was a party to the transaction to pay the office-holder any sums paid to that person, by virtue of the transaction, by the company,

(d) provision requiring any person to surrender to the office-holder any property held by him as security for the purposes of the transaction,

(e) provision directing accounts to be taken between any persons.

(5) The powers conferred by this section are exercisable in relation to any transaction concurrently with any powers exercisable in relation to that transaction as a transaction at an undervalue or under section 242 (gratuitous alienations in Scotland).

S 249. "Connected" with a Company

For the purposes of any provision in this Group of Parts, a person is connected with a company if

(a) he is a director or shadow director of the company or an associate of such a director or shadow director, or

(b) he is an associate of the company ;

and "associate" has the meaning given by section 435 in Part XVIII of this Act.

S 251. Expressions used generally

In this Group of Parts, except in so far as the context otherwise requires

"administrative receiver" means

(a) an administrative receiver as defined by section 29(2) in Chapter I of Part III, or

(b) a receiver appointed under section 51 in Chapter II of that Part in a case where the whole (or substantially the whole) of the company's property is attached by the floating charge;

"business day" means any day other than a Saturday, a Sunday, Christmas Day, Good Friday or a day which is a bank holiday in any part of Great Britain;

"chattel leasing agreement" means an agreement for the bailment or, in Scotland, the hiring of goods which is capable of subsisting for more than 3 months;

"contributory" has the meaning given by section 79;

"director" includes any person occupying the position of director, by whatever named called;

"floating charge" means a charge which, as created, was a floating charge and includes a floating charge within section 462 of the Companies Act (Scottish floating charges);

"office copy", in relation to Scotland, means a copy certified by the clerk of court;

"the official rate", in relation to interest, means the rate payable under section 189(4);

"prescribed" means prescribed by the rules;

"receiver", in the expression "receiver or manager", does not include a receiver appointed under section 51 in Chapter II of Part III;

"retention of title agreement" means an agreement for the sale of goods to a company, being an agreement

(a) which does not constitute a charge on the goods, but

(b) under which, if the seller is not paid and the company is wound up, the seller will have priority over all other creditors of the company as respects the goods or any property representing the goods; "the rules" means rules under section 411 in Part XV; and "shadow director" in relation to a company, means a person in accordance with whose directions or instructions the directors of the company are accustomed to act but so that a person is not deemed a shadow director by reason only that the directors act on advice given by him in a professional capacity);

and any expression for whose interpretation provision is made by Part XXVI of the Companies Act, other than an expression defined above in this session, is to be constructed in accordance with that provision.

S 423. Transactions defrauding creditors

(1) This section relates to transactions entered into at an under- value; and a person enters such a transaction with another person if

(a) he makes a gift to the other person or he otherwise enters into a transaction with the other on terms that provide for him to receive no consideration;

(b) he enters into a transaction with the other in consideration of marriage; or

(c) he enters into a transaction with the other for a consideration the value of which, in money or money's worth, is significantly less than the value, in money or money's worth, of the consideration provided by himself.

(2) Where a person has entered into such a transaction, the court may, if satisfied under the next subsection, make such order as it thinks fit for

(a) restoring the position to what it would have been if the transaction had not been entered into, and

(b) protecting the interests of persons who are victims of the transaction.

(3) In the case of a person entering into such a transaction, an order shall only be made if the court is satisfied that it was entered into by him for the purposes

(a) of putting assets beyond the reach of a person who is making, or may at some time make, a claim against him, or

(b) of otherwise prejudicing the interest of such a person in relation to the claim which he is making or may make.

(4) In this section "the court" means the High Court or

(a) if the person entering into the transaction in an individual, any other court which would have jurisdiction in relation to a bankruptcy petition relating to him;

(b) if that person is a body capable of being wound up under Part IV or V of this Act, any other court having jurisdiction to wind it up.

(5) In relation to a transaction at an undervalue, references here and below to a victim of the transaction are to a person who is, or is capable of being, prejudiced by it; and in the following two sections the persons entering into the transaction is referred to as "the debtor".

S 424. Those who may apply for an order under section 423

(1) An application for an order under section 423 shall not be made in relation to a transaction except

(a) in a case where the debtor has been adjudged bankrupt or is a body corporate which is being wound up or in relation to which an administration order is in force, by the official receiver, by the trustee of the bankrupt's estate or the liquidator or administrator of the body corporate or (with the leave of the court) by a victim of the transaction;

(b) in a case where a victim of the transaction is bound by a voluntary arrangement approved under Part I or Part VIII of this Act, by the supervisor of the voluntary arrangement or by any person who (whether or not so bound) is such a victim; or

in any other case, by a victim of the transaction.

(2) An application made under any of the paragraphs of subsection (1) is to be treated as made on behalf of every victim of the transaction.

S 425. Provision which may be made by the order under section 423

(1) Without prejudice to the generality of section 423, an order made under that section with respect to a transaction may (subject as follows)

(a) require any property transferred as part of the transaction to be vested in any person, either absolutely or for the benefit of all the persons on whose behalf the application for the order is treated as made;

(b) require any property to be so vested if it represents, in any person's hands, the application either of the proceeds of sale of property so transferred or of money so transferred;

(c) release or discharge (in whole or in part) any security given by the debtor;

(d) require any person to pay to any other person in respect of benefits received from the debtor such sums as the court may direct;

(e) provide for any surety or guarantor whose obligations to any person were released or discharged (in whole or in part) under the transaction to be under such new or revived obligations as the court thinks appropriate;

(f) provide for security to be provided for the discharge of any obligation imposed by or arising under the order, for such an obligation to be charged on any property and for such security or charge to have the same priority as a security or charge released or discharged (in whole or in part) under the transaction.

(2) An order under section 423 may affect the property of, or impose any obligation on, any person whether or not he is the person with whom the debtor entered into the transaction; but such an order

(a) shall not be prejudiced any interest in property which was acquired from a person other than the debtor and was acquired in good faith, for value and without notice of the relevant circumstances, or prejudice any interest deriving from such an interest, and

(b) shall not require a person who received a benefit from the transaction in good faith, for value and without notice of the relevant circumstances to pay any sum unless he was a party to the transaction.

(3) For the purposes of this section the relevant circumstances in relation to a transaction the circumstances by virtue of which an order under section 423 may be made in respect of the transaction.

(4) In this section "security" means any mortgage, charge, lien or other security.

S 435. Meaning of "associate"

(1) For the purposes of this Act any question whether a person is an associate of another person is to be determined in accordance with the following provisions of this section (any provision that a person is an associate of another person being taken to mean that they are associates of each other).

(2) A person is an associate of an individual if that person is the individual's husband or wife, or is a relative, or the husband or wife of a relative, of the individual or the individual's husband or wife.

(3) A person is an associate of any person with whom he is in partnership, and of the husband or wife or a relative of any individual with whom he is in partnership; and a Scottish firm is an associate of any person who is a member of the firm.

(4) A person is an associate of any person whom he employs or by whom he is employed.

(5) A person in his capacity as trustee of a trust other than

(a) a trust arising under any of the second Group of Parts or the Bankruptcy (Scotland) Act 1985, or

(b) a pension scheme or an employees' share scheme (within the meaning of the Companies Act),

is an associate of another person if the beneficiaries of the trust include, or the terms of the trust confer a power that may be exercised for the benefit of, that other person or an associate of that other person.

(6) A company is an associate of another company

(a) if the same person has control of both, or a person has control of one and persons who are his associates, or he and persons who are his associates, have control of the other, or

(b) if a group pf two or more persons has control of each company, and the groups either consist of the same persons or could be regarded as consisting of the same persons by treating (in one or more cases) a member of either group as replaced by a person of whom he is an associate.

(7) A company is an associate of another person if that person has control of it or if that persons who are his associates together have control of it.

(8) For the purposes of this section a person is a relative of an individual if he is that individual's brother, sister, uncle, aunt, nephew, niece, lineal ancestor or lineal descendant, treating

(a) any relationship of the half blood as a relationship of the whole blood and the stepchild or adopted child of any person as his child, and

(b) an illegitimate child as the legitimate child of his mother and reputed father;

and references in this section to a husband or wife include a former husband or wife and a reputed husband or wife.

(9) For the purposes of this section any director or other officer of a company is to be treated as employed by that company.

(10) For the purposes of this section a person is to be taken as having control of a company if

(a) the directors of the company or of another company which has control of it (or any of them) are accustomed to act in accordance with his directions or instructions, or

(b) he is entitled to exercise, or control the exercise of, one third or more of the voting power at any general meeting of the company or of another company which has control of it;

and where two or more persons together satisfy either of the above conditions, they are to be taken as having control of the company.

(11) In this section "company" includes any body corporate (whether incorporated in Great Britain or elsewhere); and references to directors and other officers of a company and to voting power at any general meeting of a company have effect with any necessary modifications.

Zitierte Vorschriften der *Insolvency Rules 1986/1925*

R 4.218. General rule as to priority

(1) The expenses of the liquidation are payable out of the assets in the following order of priority

(a) expenses or costs which

(i) are properly chargeable or incurred by the official receiver or the liquidator in preserving, realising or getting in any of the assets of the company or otherwise relating to the conduct of any legal proceedings which he has power to bring or defend whether in his own name or the name of the company;

(ii) relate to the employment of a shorthand writer, if appointed by an order of the court made at the instance of the official receiver in connection with an examination; or

(iii) are incurred in holding an examination under Rule 4.214 (examinee unfit) where the application for it was made by the official receiver;

(b) any other expenses incurred or disbursements made by the official receiver or under his authority, including those incurred or made in carrying on the business of the company;

(c) the fees payable under any order made under section 414, including those payable to the official receiver (other than the fee referred to in sub-paragraph (d)(i) below), and any remuneration payable to him under general regulations;

(d)

(i) the fee payable under any order made under section 414 for the performance by the official receiver of his general duties as official receiver;

(ii) any repayable deposit lodged under any such order as security for the fee mentioned in sub-paragraph (i);

(e) the cost of any security provided by a provisional liquidator, liquidator or special manager in accordance with the Act or the Rules;

(f) the remuneration of the provisional liquidator (if any);

(g) any deposit lodged on an application for the appointment of a provisional liquidator;

(h) the costs of the petitioner, and of any person appearing on the petition whose costs are allowed by the court;

(j) the remuneration of the special manager (if any);

(k) any amount payable to a person employed or authorised, under Chapter 6 of this Part of the Rules, to assist in the preparation of a statement of affairs or of accounts;

(l) any allowance made, by order of the court, towards costs on an application for release from the obligation to submit a statement of affairs, or for an extension of time for submitting such a statement;

(la) the costs of employing a shorthand writer in any case other than one appointed by an order of the court at the instance of the official receiver in connection with an examination;

(m) any necessary disbursements by the liquidator in the course of his administration (including any expenses incurred by members of the liquidation committee or their representatives and allowed by the liquidator under Rule 4.169, but not including any payment of corporation tax in circumstances referred to in sub-paragraph (p) below);

(n) the remuneration or emoluments of any person who has been employed by the liquidator to perform any services for the company, as required or authorised by or under the Act or the Rules;

(o) the remuneration of the liquidator, up to any amount not exceeding that which is payable to the official receiver under general regulations;

(p) the amount of any corporation tax on chargeable gains accruing on the realisation of any asset of the company (without regard to whether the realisation is effected by the liquidator, a secured creditor, or a receiver or manager appointed to deal with a security);

(q) the balance, after payment of any sums due under subparagraph (o) above, of any remuneration due to the liquidator;

(r) any other expenses properly chargeable by the liquidator in carrying out his functions in the liquidation

Zitierte Vorschriften des *Corporations Act 2001* (C.A. 2001), Australien

Dictionary

9 Unless the contrary intention appears:

"director" of a company or other body means:

(a) a person who:

(i) is appointed to the position of a director, or

(ii) is appointed to the position of an alternate director and is acting in that capacity;

regardless of the name that is given to their position; and

(b) unless the contrary intention appears, a person who is not validly appointed as a director if:

(i) they act in the position of a director; or

(ii) the directors of the company or body are accustomed to act in accordance with the person's isntructions or wishes;

Subparagraph (b)(ii) does not apply merely because the directors act on advice given by the person in the proper performance of functions attaching to the person's professional capacity, or the person's business relationship with the directors or the company or body.

"related entity", in relation to a body corporate, means any of the following:

(a) the promoter of the body;

(b) a relative, or de facto spouse, of such a promoter;

(c) a relative of a spouse, or of a de facto spouse, of such a promoter;

(d) a director or a member of the body or of a related body corporate;

(e) a relative, or de facto spouse, of such a director or member;

(f) a relative of a spouse, or of a de fact spouse, of such a director or member;

(g) a body corporate that is related to the first-mentioned body;

(h) a beneficiary under a trust of which the first-mentioned body is or has at any time been a trustee;

(i) a relative, or de facto spouse, of such a beneficiary;

(j) a relative of a spouse, or of a de facto spouse, of such a beneficiary;

(k) a body corporate one of whose directors is also a director of the first-mentioned body;

(l) a trustee of a trust under which a person is a beneficiary, where the person is a related entity of the first-mentioned body because of any other application or application of this definition.

Solvency and Insolvency

95A (1) **[Solvency]** A person is solvent if, and only if, the person is able to pay all the person's debts, as and when they become due and payable.

95A (2) **[Insolvency]** A person who is not solvent is insolvent.

95A (3) **[Insolvency for the purposes of Pt. 7.10]** Section 922 defines when a person becomes insolvent for the purposes of Part 7.10.

Unfair preferences

588FA (1) **["unfair preference"]** A transaction is an unfair preference given by a company

to a creditor of the company if, and only if:

(a) the company and the creditor are parties to the transaction (even if someone else is also a party); and

(b) the transaction results in the creditor receiving from the eompany, in respect of an unsecured debt that the company owes to the creditor, more than the creditor would receive from the company in respect of the debt if the transaction were set aside and the creditor were to prove for the debt in a winding up of the company;

even if the transaction is entered into, is given effect to, or is required to be given effect to, because of an order of an Australian court or a direction by an agency.

588FA (2) **[Unsecured debt]** For the purposes of subsection (1), a secured debt is taken to be unsecured to the extent of so much of it (if any) as is not reflected in the value of the security.

588FA (3) **[Transaction part of continuing business relationship]** Where:

(a) a transaction is, for commercial purposes, an integral part of a continuing business relationship (for example, a running account) between a company and a creditor of the company (including such a relationship to which other persons are parties); and

(b) in the course of the relationship, the level of the company's net indebtedness to the creditor is increased and reduced from time to time as the result of a series of transactions forming part of the relationship;

then:

(c) subsection (1) applies in relation to all the transactions forming part of the relationship as if they together constituted a single transaction; and

(d) the transaction referred to in paragraph (a) may only be taken to be an unfair preference given by the company to the creditor if, because of subsection (1) as applying because of paragraph (c) of this subsection, the single transaction referred to in the last-mentioned paragraph is taken to be such an unfair preference.

Anhang 2

Tabellarische Übersicht der zum wrongful trading veröffentlichten Entscheidungen

Entscheidung	Veröffentlicht in	Zusammenhang mit wrongful trading	Beteiligungshöhe des Anspruchsgegners an der insolventen Gesellschaft	Contribution
Re Keypack Homecare Ltd.	[1987] B.C.L.C. 409	Klage auf Disqualifikation eines Direktors oder Verhandlung eines vorläufigen Punktes	Genaue Höhe unbekannt, aber *closely held*	Keine
International Westminster Bank plc. v.Okeanos Maritime Corporation	[1987] B.C.L.C. 450; [1987] 3 All E.R. 137	Klage auf Disqualifikation eines Direktors oder Verhandlung eines vorläufigen Punktes	Genaue Höhe unbekannt, aber *closely held*	Keine
Re Produce Marketing Consortium Ltd. (No. 2)	[1989] B.C.L.C. 520; (1989) 5 B.C.C. 569; *The Times*, April 7, 1989; *The Independent*, April 14, 1989 *The Independent*, April 3, 1989 (C.S.); *Financial Times*, April 14, 1989, Ch. D.	Klage des *liquidator* auf Zahlung aus s. 214 I.A. 1986	50 %	T£ 75,0; entsprach der Summe in deren Höhe sich die Gesellschafter gegenüber der Hausbank für Verbindlichkeiten der Gesellschaft verbürgt hatten
Re a Company (No. 005009 of 1987), ex p. Cropp and another	[1989] B.C.L.C. 13, D.C.	Klage auf Disqualifikation eines Direktors aus verschiedenen Gründen nicht zu Ende geführt	Genaue Höhe unbekannt, aber *closely held*	Keine
Re DKG Contractors Ltd	[1990] B.C.C. 903	Klage des *liquidator* auf Zahlung aus s. 214 I.A. 1986	98 %	T£ 400,0; diese Summe wurde aufgrund entgeltlicher Nutzungsüberlassungen des Gesellschafters an die Gesellschaft berechnet

Re Purpoint Ltd.	[1991] B.C.L.C. 491; [1991] B.C.C. 121, Ch. D.	Klage des *liquidator* auf Zahlung aus s. 214 I.A. 1986	100 %	T£ 57,0; entsprach der Summe aller unbefriedigten Forderungen ungesicherter Drittgläubiger
Re Mc Bacon Ltd.	[1991] Ch. 127; [1990] B.C.C. 78; [1990] B.C.L.C. 324; *The Times*, December 1, 1989, Ch. D.	Klage auf Disqualifikation aus verschiedenen Gründen nicht zu Ende geführt	Genaue Höhe unbekannt, aber *closely held*	keine
Re Chancery plc.	[1991] B.C.L.C. 712	Antrag auf Bestellung eines *administrator*	Anteile in Streubesitz, nicht *closely held*	keine
Re Hydrodan (Corby) Ltd.(In Liquidation)	[1994] 2 B.C.L.C. 180; [1994] B.C.C. 161; *The Times*, February 19, 1994, Ch.D.	Klage auf Disqualifikation eines Direktors aus verschiedenen Gründen nicht zu Ende geführt	Genaue Höhe unbekannt, aber *closely held*	keine
R v. .Millard	C.A., (unreported) erwähnt in [1994] Crim. L.R. 146	keine Informationen	keine Informationen	keine Informationen
Re Grayan Building Services Ltd. (in liq.)	[1995] Ch. 241; [1995] 3 W.L.R. 1; [1995] B.C.C. 554, C.A.	Klage auf Disqualifikation aus verschiedenen Gründen nicht zu Ende geführt wurden	100 %	keine
Re Sherborne Associates Ltd..	[1995] B.C.C. 40	Klage auf Disqualifikation aus verschiedenen Gründen nicht zu Ende geführt wurden	jeweils 36 %	keine
Re PFTZM Ltd.	[1995] 2 B.C.L.C. 354; [1995] B.C.C. 280; Ch. D.	Klage auf Disqualifikation eines Direktors aus verschiedenen Gründen nicht zu Ende geführt	Genaue Höhe unbekannt, aber *closely held*	keine
Re Fairmont Tours (Yorkshire) Ltd	Unveröffentlicht, erwähnt in Insolvency Law and Practice 1996, 12	Klage des *liquidator* auf Zahlung aus s. 214 I.A. 1986	100 %	unbekannt
Re Living Images Ltd.	[1996] 1 B.C.L.C. 348, *The Times*, August 7, 1995, Ch. D.	Klage auf Disqualifikation eines Direktors oder Verhandlung eines vorläufigen Punktes	99 %	keine
Burgoine and another v. *Waltham Forest London Council and another*	95 L.G.R. 520, *The Times*, 7. Nov. 1996 (Transcript)	Klage auf Disqualifikation eines Direktors aus verschiedenen Gründen nicht zu Ende geführt	50 %	keine

Secretary of State for Trade and Industry v. Laing and others	[1996] 2 B.C.L.C. 324, Ch. D.	Klage auf Disqualifikation eines Direktors oder Verhandlung eines vorläufigen Punktes	51 %	keine
Secretary of State for Trade and Industry v. Blake and others	[1997] 1 B.C.L.C. 728	Klage auf Disqualifikation aus verschiedenen Gründen nicht zu Ende geführt wurden	Genaue Höhe unbekannt, aber *closely held*	keine
Re Farmizer (Products) Ltd.	[1997] B.C.C. 655; [1997] 1 B.C.L.C. 589; (1997) 94 (8) L.S. Gaz. 27; (1997) 141 S.J.L.B. 45; *The Times*, February 17, 1997; *The Independent*, March 10, 1997 (C.S.); C.A.	Klage auf Disqualifikation aus verschiedenen Gründen nicht zu Ende geführt wurden	100 %	keine
Ward (liquidator of Span Technology Ltd.) v. Sellors and others	C.A., 27 October 1997 (Transcript)	Klage auf Disqualifikation aus verschiedenen Gründen nicht zu Ende geführt wurden	100 %	keine
Re TLL, Secretary of State for Trade and Industry v. Collins and others	Ch. D., 27. November 1998 (Transscript)	Klage auf Disqualifikation eines Direktors oder Verhandlung eines vorläufigen Punktes	5 % plus eine Option auf weitere 5 %	keine
Re Howard Holdings Inc.	[1998] B.C.C. 549, Ch. D.	Klage dreier Direktoren auf Aufhebung einer *winding-up order*. Klage abgewiesen. Auslandsbezug.	Keine Beteiligung	keine
Re Leading Guides International Ltd. (in liq.)	[1998] 1 B.C.L.C. 620	Klage auf Disqualifikation eines Direktors oder Verhandlung eines vorläufigen Punktes	100 %	keine
Re Sykes (Butchers) Ltd. (in liq.) Secretary of State for Trade and Industry v. Richardson and another	[1998] 1 B.C.L.C. 110	Klage auf Disqualifikation eines Direktors oder Verhandlung eines vorläufigen Punktes	80 % und 20 %	keine

Re Oasis Merchandising Service Ltd.	[1998] Ch. 170; [1997] 2 W.L.R. 765; [1996] 1 All E.R. 1009; [1997] 1 B.C.L.C. 689; (1996) 146 N.L.J. 1513; *The Times*, October 14, 1996; *Independent*, November 11, 1996 (C.S.), C.A.	Klage auf Disqualifikation eines Direktors aus verschiedenen Gründen nicht zu Ende geführt	Genaue Höhe unbekannt, aber *closely held*	keine
Hughes and another v. Beckett and others	C.A., 6 April 1998 (Transcript)	keine Informationen	keine Informationen	keine Informationen
Re Brian D Pierson (Contractors) Ltd.	[1999] B.C.C. 26; [2001] 1 B.C.L.C. 275; [1999] B.P.I.R. 18, Ch. D.	Klage des *liquidator* auf Zahlung aus s. 214 I.A. 1986	zwei Anspruchsgegner zusammen 100 %	T£ 260,0, entsprechend zuvor vorgenommener Darlehensrückzahlungen an die Gesellschafter
Re Latreefers Inc.	[1999] 1 B.C.L.C. 271; *The Times*, January 18, 1999, Ch. D.	Klage auf Disqualifikation eines Direktors aus verschiedenen Gründen nicht zu Ende geführt	Genaue Höhe unbekannt, aber *closely held*	keine
Official Receiver v. Doshi	[2001] 2 B.C.L.C. 235, Ch. D.	Klage des *liquidator* auf Zahlung aus s. 214 I.A. 1986	70 %	in Höhe der nach dem *decision point* eingegangenen Verbindlichkeiten
Re The Continental Assurance Company of London plc.(in liquidation)	[2001] B.P.I.R. 733, Ch. D.	Klage des *liquidator* auf Zahlung aus s. 214 I.A. 1986	Jedenfalls einer der Beklagten hielt mittelbar Anteile an der Gesellschaft, genaue Höhe unbekannt	keine
Liquidator of Marini Ltd. v. Dickensen	[2003] E.W.H.C. 334, Ch. D.	Klage des *liquidator* auf Zahlung aus s 214 I.A. 1986	Sämtliche Beklagten hielten Anteile an der Gesellschaft, Höhe unbekannt	keine

Literaturverzeichnis

Hinweise zur Zitiertechnik: Der Titel selbständiger Werke wird nur dann – in der Regel abgekürzt – erwähnt, wenn mehrere Quellen des Verfassers verwendet wurden. Sofern mehrere Auflagen eines Werkes zitiert wurden, beziehen sich die Nachweise ohne besonderen Zusatz auf die jeweils neueste Auflage.

Adler, Barry E.: An Equity-Agency Solution to the Bankruptcy-Priority Puzzle, (1993) 22 J. Legal Studies 73 ff.

Adler, Hans / *Düring*, Walther / *Schmaltz*, Kurt: Rechnungslegung und Prüfung der Unternehmen, 6. Aufl., Stuttgart: Schäffer-Poeschel, 1994.

Allen, W.: Contracts and Communities in Corporation Law, (1993) 50 Washington & Lee L.R. 1395 ff.

Altmeppen, Holger: Kapitalersatz und Rangrücktritt unter Geltung der InsO, ZHR 164 (2000), 349 ff.

– Anmerkungen zur BGH Entscheidung v. 07.11.1999 – II ZR 270/93 („Früchte-GmbH"), ZIP 1994, 1934 ff.

– Probleme der Konkursverschleppungshaftung, ZIP 1997, 1173 ff.

– Verschlimmbesserung im Kapitalersatzrecht, ZIP 1996, 1455.

– Anmerkung zu BGH, ZIP 1994, S. 1934 ff.

– Der „atypische Pfandgläubiger" – ein neuer Fall des kapitalersetzenden Darlehens?, ZIP 1993, 1677 ff.

– / *Roth*, Günter H.: Gesetz betreffend die Gesellschaften mit beschränkter Haftung, 4. Aufl., München: Beck, 2003.

– / *Wilhelm*, Jan: Quotenschaden, Individualschaden und Klagebefugnis bei der Verschleppung des Insolvenzverfahrens über das Vermögen der GmbH, NJW 1999, 673 ff.

Arsalidou, Demetra: The Impact of Section 214 (4) of the Insolvency Act 1986 on Di rectors' Duties, (2001) 22 Coy Lawyer 19 ff.

Bähner, Eberhard: Die Fortbestehensprognose im Rahmen der zweistufigen Überschuldungsrechnung, KTS 1988, 443 ff.

Bähre, Inge Lore / *Schneider*, Manfred: KWG-Kommentar, 3. Aufl., München: Beck, 1986.

Baird, Douglas G. / *Jackson*, Thomas H.: Corporate Reorganizations and the Treatment of Diverse Ownership Interest, (1984) 51 Univ. Chicago L.R. 97 ff.

Ballerstedt, Kurt: Gesellschaftsrechtliche Probleme der Reform des GmbH-Rechts, ZHR 135 (1971), S. 383 ff.

Balz, Manfred: Die Ziele der Insolvenzordnung, in: Wilhelm Uhlenbruck (Hrsg.), Kölner Schrift zur Insolvenzordnung, Herne/Berlin: Verlag für die Rechts- und Anwaltspraxis, 1997.

Banerjea, Nirmal Robert: Haftungsfragen in Fällen materieller Unterkapitalisierung und im qualifiziert faktischen Konzern, ZIP 1999, 1153 ff.

Barham, Richard: Setting up a Business in the United Kingdom, (1994) 5 I.C.C.L.R. Supp. i-viii.

Barth, Wolfgang H.: Der Anwendungsbereich des Eigenkapitalersatzrechts nach § 32 a Abs. 3 Satz 2 und Satz 3 GmbHG, Berlin: Duncker & Humblot, 2001 (zugl. Diss. Jur. Univ. Bayreuth 2000).

Bartl, Harald / *Fichtelmann*, Helmar / *Schlarb*, Eberhardt: Heidelberger Kommentar zum GmbH-Recht, 5. Aufl., Heidelberg: Müller, 2002.

Baumbach, Adolf / *Hueck*, Alfred: GmbH-Gesetz, 17. Aufl., München: Beck, 2000.

– / *Hopt*, Klaus J.: Handelsgesetzbuch, 30. Aufl., München: Beck, 2000.

Bailey, Edward / *Groves*, Hugo / *Smith*, Cormac: Corporate Insolvency: Law and Practice, 2. Aufl., London: Butterworths, 2001.

Beckman, Michael / *Ross*, Sydney: Fraudulent or wrongful trading, NLJ 1992 62 ff.

– Fraudulent or wrongful trading, NLJ 1991 1744 ff.

Beinert / *Hennerkes* / *Binz*: Kapitalersetzende Darlehen und GmbH-Novelle, GmbHR 1981, 10 ff.

Bezzenberger, Tilman: Kapitalersetzende Gesellschafterdarlehen im Recht der GmbH, in: Harm Peter *Westermann* / Klaus *Mock* (Hrsg.): Festschrift für Gerold *Bezzenberger*, Berlin/New York: De Gruyter, 2000, S. 23 ff.

Bhattacharyya, Gautam: Shadow directors and wrongful trading revisited, (1995) 16 Coy Lawyer 313 ff.

– Re Hydrodan (Corby) Ltd. – Shadow Directors and Wrongful Trading, (1994) 15 Coy Lawyer 151 f.

Bieder, Markus: Die Auswirkungen des Sanierungsprivilegs gem. § 32 a III 3 GmbHG auf das Recht der kapitalersetzenden Gesellschafterleistungen, NZI 2000, 514 ff.

Bork, Reinhard: Einführung in das neue Insolvenzrecht, Tübingen: Mohr (Siebeck), 1998.

Bormann, Michael: Eigenkapitalersetzende Gesellschafterleistungen in der Jahres- und Überschuldungsbilanz, Heidelberg: Verlag Recht und Wirtschaft, 2001 (zugl Diss. Jur. Univ. Heidelberg 1999).

Bourne, Nicholas: Wrongful Trading – The Start of Something Big, B.L.R. 1995 79 ff.

Bowmer, Simon: To pierce or not to pierce the Corporate Veil – Why substantive Consolidation is not an Issue under English Law, (2000) J.I.B.L. 193 ff.

Brandi, Axel: Unerlaubte Erstattung von Eigenkapitalersatz und Rückgewähr kapitalersetzender Gebrauchsüberlassungen bei GmbH und GmbH & Co. KG, ZIP 1995, 1391 ff.

Bratton, W.: Corporate-Debt Relationships – Legal Theory in a Time of Restructuring, (1989) 1 Duke Law Journal 92 ff.

Burger, Anton / *Schlegelberger*, Bernhard: Die Auslösetatbestände im neuen Insolvenzrecht, BB 1995, S. 261 ff.

– Zur Vorverlagerung der Insolvenzauslösung durch das neue Insolvenzrecht, KTS 1995, 563 ff.

Burgess, Robert: Corporate Finance Law, 2. Aufl., London: Sweet & Maxwell, 1992.

Campbell, Andrew: Bank Insolvency Issues, (2002) 6 I.L.J. 198 ff.

– Wrongful Trading and Company Rescue, C.L.R. 1989, 68 ff.

Campbell, N. R.: Liability as a Shadow Director, (1994) J.B.L. 609 ff.

Campe, Moritz v.: Insolvenzanfechtung in Deutschland und Frankreich, Köln 1996.

Canaris, Claus-Wilhelm: Die Rückgewähr von Gesellschaftereinlagen durch Zuwendungen an Dritte, in: Marcus *Lutter* / Walter *Stimpel* /Herbert *Wiedemann* (Hrsg.): Festschrift für Robert *Fischer*, Berlin/New York: De Gruyter, 1979, S. 31 ff.

– Die Vertrauenshaftung im deutschen Privatrecht, München: Beck, 1971.

Casper, Matthias / *Ullrich*, Kristin: Zur Reichweite des Sanierungsprivilegs in §§ 32 a Abs. 3 S. 3 GmbHG, GmbHR 2000, 472 ff.

Castor, Bernd: Das Recht der eigenkapitalersetzenden Gesellschafterdarlehen unter besonderer Berücksichtigung der Rechtsfolgen nachträglicher Änderungen in den Tatbestandsvoraussetzungen, Frankfurt a. M.: Lang, 1997 (zugl. Diss. jur. Univ. Saarbrücken 1997).

Clark, Bryan: The Directors' Duty of Skill and Care: Subjective, Objective or both, (1999) 27 S.L.T. 239 ff.

Clarke, Alison: Current Issues in Insolvency Law, London: Sweet & Maxwell, 1991.

Claussen, Carsten P: Bank- und Börsenrecht, 3. Aufl., München: Beck, 2003.

– Die GmbH braucht eine Deregulierung des Kapitalersatzrechts, GmbHR 1996, 316 ff.

– Betriebswirtschaft und Kapitalersatzrecht, in: Rechnungslegung: Entwicklungen bei der Bilanzierung und Prüfung von Kapitalgesellschaften, in: Adolf *Moxter* u.a. (Hrsg.): Festschrift Karl-Heinz *Forster*, Düsseldorf: IDW, 1992, S. 139 ff.

– Kapitalersetzende Darlehen und Sanierungen durch Kreditinstitute, ZHR 147 (1983), 195 ff.

Company Law Review Steering Group: Modern Company Law for a competetive economy: Developing the framework, 2000.

– Modern Company Law for a Competetive Economy: The strategic framework, 1999.

Cook, Philip: Shadow Directors: Liability of Third Parties, (1992) 3 I.C.C.L.R. 131 ff.

Cooke, T.E. / *Hicks*, Andrew: Wrongful Trading – Predicting Insolvency, (1993) J.B.L. 338 ff.

Cork, Kenneth / *Graham*, David: Insolvenzrechtsreform in England – Erläuterungen zum Cork-Report, ZIP 1982, 1275 ff.

Dabner, Justin: Insolvent Trading: An International Comparison, (1994) 7 C.B.L.J. 49 ff.

Daniels, R. J.: Must boards go overboard?, (1994-5) 24 C.B.L.J. 229 ff.

Dauner-Lieb, Barbara: Die Freistellung geringfügig beteiligter Gesellschafter von der Kapitalersatzhaftung – Ein Eingriff in die Fortbildungskompetenz der Gerichte? –, DStR 1998, 609 ff.

Davies, Paul: Directors' Fiduciary Duties and Individual Shareholders, in: Ewan Mc Kendrick (Hrsg.): Commercial Aspects of Trusts and Fiduciary Obligations, Oxford/New York: Clarendon Press, 1992, S. 87 ff.

Day, Judy / *Taylor*, Peter: Financial Distress in small Firms: The Role Played by Debt Covenants and Other Monitoring Devices, (2001) 3 Ins Lawyer 97 ff.

Dietl, Clara Erika / *Lorenz*, Egon: Dictionary of Legal, Commercial and Political Terms, Part II, German-English, 4. Aufl, München: Beck, 1992.

Dostal, Boris: Eigenkapitalersatzhaftung bei Übernahme einer Bürgschaft als Komplementär der Gesellschafterin einer GmbH, DB 1997, 613 ff.

Downes, John / *Goodman*, Jordan Elliot: Dictionary of Finance and Investment Terms, 6. Aufl., New York: Barron's, 2003.

Dreher, Pfandrechtsgläubiger von Geschäftsanteilen als Gesellschafterähnliche Dritte im Sinne von § 32 a Abs. 3 GmbHG, ZGR 1994, 145 ff.

Drukarczyk, Jochen [Finanzierung]: Finanzierung: Eine Einführung, 9. Aufl., Suttgart: UTB, 2003.

- Gesellschafterdarlehen, Rechtsprechungsgrundsätze des BGH und § 32a GmbHG – Einige kritische Anmerkungen, in: Rainer *Elschen* / Theodor *Siegel* / Franz W. *Wagner*: Festschrift für Dieter *Schneider*, Wiesbaden: Gabler, 1995, S. 171 ff.
- Kapitalerhaltungsrecht, Überschuldung und Konsistenz – Besprechung der Überschuldungs-Definition in BGH WM 1992, 1650 –, WM 1994, 1737 ff.
- Secured Debt, Bankruptcy and the Creditors' Bargain Model, (1991) 11 I.R.L.E. 203 ff.
- [Unternehmen und Insolvenz] Unternehmen und Insolvenz – Zur effizienten Gestaltung des Kreditsicherungs- und Insolvenzrechts, Wiesbaden: Gabler, 1987.

Drury, Andrew / *Hicks*, Robert: The proposal for a European private Company, J.B.L. 1999, 429 ff.

Easterbrook, Frank H. / *Fischel*, Daniel R.: Close corporations and agency costs, (1986) 38 Stanford L.R. 271 ff.

Eckard, Dietrich: Zum Erstattungsanspruch aufgrund kapitalersetzender Gesellschafterbürgschaft bezogen auf einen Kontokorrentkredit, EWiR 1999, 175.

Ehricke, Ulrich: Beschlüsse einer Gläubigerversammlung bei mangelnder Teilnahme der Gläubiger, NZI 2000, 57 ff.

– Zur Teilnehmerhaftung von Gesellschaftern bei Verletzungen von Organpflichten mit Außenwirkung durch den Geschäftsführer einer GmbH, ZGR 2000, 351 ff.

– Das abhängige Konzernunternehmen in der Insolvenz, Tübingen: Mohr (Siebeck), 1998.

Eichele, Hans: Die Reichweite des Kapitalerhaltungsgrundsatzes aus § 30 Abs. 1 GmbHG, die Finanzierungsverantwortung des Gesellschafters und das Eigenkapitalersatzrecht in der GmbH, Berlin: Duncker & Humblot, 1999 (zug. Diss. jur. Univ. Mainz 1998).

Eidenmüller, Horst: Unternehmenssanierung zwischen Markt und Gesetz: Mechanismen der Unternehmensreorganisation und Kooperationspflichten im Reorganisationsrecht, Köln: Otto Schmidt, 1999.

Ellington, Paul R.: Understanding Directors as They Fear Insolvency, (1991) 12 Coy Lawyer 25 f.

Erlinghagen, Peter: Haftungsfragen bei einer unterkapitalisierten GmbH, GmbHR 1962, 169 ff.

Erman, Walter (Hrsg.): Handkommentar zum Bürgerlichen Gesetzbuch, Band 2, §§ 1-853, 10. Aufl., Münster/Köln: Aschendorff, 2000.

– Zur Frage der Haftung der Hintermänner überschuldeter Gesellschaften, KTS 1959, 129 ff.

Fama, Eugene F.: Agency Problems and the Theory of the Firm, (1980) 88 J. Political Economy 288 ff.

– / *Jensen*, Michael C.: Agency Problems and Residual Claims, (1983) Journal of Law and Economics 327 ff.

Farrar, John H. / *Furey*, Nigel E. / *Hannigan*, Brenda M.: Company Law, 4. Aufl., London: Butterworths, 1998.

Fastrich, Lorenz: Ketzerisches zur Finanzierungsverantwortung, in: Manfred *Lieb* / Ulrich *Noack* / Harm-Peter *Westermann*: Festschrift für Wolfgang *Zöllner*, Köln u.a.: Heymanns, 1998, S. 143 ff.

– Ausfallsicherheiten als eigenkapitalersetzende Leistungen, NJW 1983, 260 ff.

Finch, Vanessa: Directors' Duties: Insolvency and the Unsecured Creditor, in: Alison Clarke, (Hrsg.): Current Issues in Insolvency Law, London: Sweet & Maxwell, 1991.

– / *Freedman*, Judith: The Limited Liability Partnership: Pick and Mix or Mix-Up, (2002) J.B.L., 475 ff.

Fischer, Lothar / *Lepper*, Martin: Das Belassen von Gesellschafterdarlehen im Zeitpunkt der Krise – neue Rechtsprechung zu § 32 a GmbHG, ZIP 1986, 1 ff.

Fischer, Thomas R.: Gläubigerschutz durch eigenkapitalersetzende Gesellschafterdarlehen? Eine ökonomische Analyse, in: Dieter Sadowski / Hans Czap / Hartmut Wächter

(Hrsg.): Regulierung und Unternehmenspolitik – Methoden und Ergebnisse der betriebswirtschaftlichen Rechtsanalyse, Wiesbaden: Gabler, 1996, S. 179 ff.

Fleck, Hans-Joachim: Kurzkommentar zu BGH, Urt. v. 19.09.1996, EWiR 1996, 1087 f.

– Der Grundsatz der Kapitalerhaltung – seine Ausweitung und seine Grenzen, in: Marcus *Lutter* / Peter *Ulmer* / Wolfgang *Zöllner*: Festschrift 100 Jahre GmbH-Gesetz, Köln: Otto Schmidt, 1992, S. 391 ff.

– Kurzkommentar zu LG Hamburg, Urt. v. 15.08.1986, EWiR 1987, 165 f.

– Das kapitalersetzende Bankdarlehen in der GmbH, in: Walther *Hadding* u.a. (Hrsg.): Festschrift für Winfried *Werner*, Berlin/New York: De Gruyter, 1984, S. 107 ff.

– Zur Haftung des GmbH-Geschäftsführers, GmbHR 1974, 224 ff.

Fleischer, Holger: Gläubigerschutz in der kleinen Kapitalgesellschaft: Deutsche GmbH versus englische private limited company, DStR 2000, 1015 ff.

– Finanzplankredite und Eigenkapitalersatz im Gesellschaftsrecht, in: Alfred Hueck / Markus Lutter / Wolfgang Zöllner: Abhandlungen zum deutschen und europäischen Handels- und Wirtschaftsrecht, Band 90, Köln u.a.: Heymanns, 1995 (zugl. Diss. jur. Univ. Köln 1993)

– Neue Entwicklungen im englischen Konzernrecht, AG 1999, 350 ff.

– Convenants und Kapitalersatz, ZIP 1998, 313 ff.

Fletcher, Ian M.: Wrongful Trading – After Produce Marketing, (1989) 2 Insolv. Int. 44 ff.

Flume, Werner: Allgemeiner Teil des Bürgerlichen Rechts, Bd. 1. Teil 2. Die juristische Person, Köln: Springer, 1983.

Förster, Andreas C: System einer Insolvenzauslösung bei der GmbH – Liquiditätsorientierter Vorschlag für eine Reform der Haftungsverfassung bei der GmbH und für eine Grenze wirksamer Kreditbesicherung zur Vermeidung massearmer Insolvenzen, Berlin: Duncker & Humblot, 2000 (zugl. Diss. jur. Berlin Humboldt Univ. 2000).

Forster, Karl-Heinz: Zur „Erwartungslücke" bei der Abschlußprüfung, in: Klaus *Letzgus* u.a. (Hrsg.): Festschrift für Herbert *Helmrich*, München: Beck, 1994, S. 613 ff.

Freedman, Judith: Small Businesses and the Corporate Form: Burden or Privilege?, MLR 1994, 555 ff.

Frost, Christopher W.: Organizational Form, Misappropriation Risk, and the Substantive Consolidation of Corporate Groups, (1993) 44 Hastings Law Journal 449 ff.

Gehde, Björn: Eigenkapitalersetzende Gesellschafterleistungen in Deutschland und den USA: zugleich ein Beitrag zur marktkonformen Schutzkonzeption des Eigenkapitalersatzrechts, Berlin: Duncker & Humblot, 1997 (zugl. Diss. jur. Univ. Potsdam 1997).

Gehrlein, Markus: Kollision zwischen eigenkapitalersetzender Nutzungsüberlassung und Vollstreckungszugriff durch Gesellschafter-Gläubiger, NZG 1998, 845 ff.

Gerhardt, Walter: Gereimtes und Ungereimtes im Anfechtungsrecht der neuen Insolvenzordnung, in: Gerd *Pfeiffer* u.a. (Hrsg.): Festschrift für Hans Erich *Brandner*, Köln: Otto Schmidt, 1996, S. 605 ff.

Geßler, Ernst: Zur Problematik bei kapitalersetzenden Gesellschafterdarlehen, ZIP 1981, 228 ff.

– Die GmbH-Novelle, BB 1980, 1385 ff.

Gerkan, Hartwin v.: Das Recht des Eigenkapitalersatzes in der Diskussion, ZGR 1997, 173 ff.

– Gesellschaftergleiche Stellung des Pfandgläubigers an einem GmbH-Anteil – Kapitalersetzendes Darlehen der kreditgebenden Bank, EWiR 1992, 999 f.

– Schwerpunkte und Entwicklungen im Recht der kapitalersetzenden Gesellschafterleistungen, GmbHR 1986, 218 ff.

– Zum Stand der Rechtsentwicklung bei den Kapitalersetzenden Gesellschafterleistungen, GmbHR 1990, 384 ff.

– / *Hommelhoff*, Peter: Handbuch des Kapitalersatzrechts, Köln: RWS, 2002.

Gillespie, Stephen: Wrongful Trading: Policy and Practice, (1989) 4 J.I.B.L. 269 ff.

Goette, Wulf: Einige Aspekte des Eigenkapitalersatzrechts aus richterlicher Sicht, ZHR 162 (1998), 223 ff.

– Die GmbH nach der BGH-Rechtsprechung, München: Beck, 1997

– Anmerkung zu BGH, DStR 1995, 191.

Goode, Roy M.: Principles of Corporate Insolvency Law, 2. Aufl., London: Sweet & Maxwell, 1997.

– Wrongful Trading and the Balance Sheet Test of Insolvency, J.B.L. 1989 436 ff.

Gottwald, Peter: Insolvenzrechtshandbuch, 2. Aufl., München: Beck, 2000.

Götz, Alexander: Juristische und ökonomische Analyse des Eigenkapitalersatzrechts, Baden-Baden: Nomos, 2001 (zugl. Diss. jur. Univ. Tübingen 2000).

– / *Hegerl*, Hans-Jörg: Die Begründbarkeit des Sanierungsprivilegs in § 32 a GmbHG und seine praktische Umsetzung, DB 2000, 1385 ff.

– Sanierungsfeindlichkeit des Eigenkapitalersatzrechts und die Sanierungsobjektgesellschaft als Ausweg, DB 1997, 2365 ff.

Graeber, Thomas: Die Wahl des Insolvenzverwalters durch die Gläubigerversammlung nach § 57 InsO, ZIP 2000, 1465 ff.

Grunewald, Barbara; Gesellschaftsrecht, 3. Aufl., Tübingen: Mohr (Siebeck), 1999.

– Plädoyer für eine Abschaffung der Rechtsregeln für eigenkapitalersetzende Gesellschafterdarlehen, GmbHR 1997, 7 ff.

Haas, Ulrich: Aktuelle Rechtsprechung zum Kapitalersatzrecht, NZI 2002, 459 ff.

– Der Normzweck des Eigenkapitalersatzrechts, NZI 2001, 1 ff.

– Anmerkung zu AG Köln, DStR 2000, 1705 f.

– Anmerkung zu OLG Frankfurt a. M., DStR 2000, 1576 f.

– Anmerkung zu OLG Karlsruhe, DStR 2000, 1529.

– Insolvenzverwalterklagen und EuGVÜ, NZG 1999, 1148 ff.

– Fragen zum Adressatenkreis des Kapitalersatzrechts, DZWiR 1999, 177 ff.

– Fragen zur Insolvenzverschleppung des GmbH-Geschäftsführers, NZG 1999, 373 ff.

– Insolvenzantragsrecht und -pflicht in der GmbH insbesondere des „faktischen Geschäftsführers" nach neuem Recht, DStR 1998, 1359 ff.

– Geschäftsführerhaftung und Gläubigerschutz: unternehmerische Verhaltenspflichten des GmbH-Geschäftsführers zum Schutz Dritter, München: Beck, 1997 (zugl. Habil.-Schr. Univ. Regensburg 1996).

Habersack, Mathias: Eigenkapitalersatz im Gesellschaftsrecht – Überlegungen zum Anwendungsbereich der Regeln über eigenkapitalersetzende Gesellschafterhilfen, ZHR 162 (1998), 201 ff.

– Grundfragen der freiwilligen oder erzwungenen Subordination von Gesellschafterkrediten, ZGR 2000, 384 ff.

– Der Finanzplankredit und das Recht der eigenkapitalersetzenden Gesellschafterhilfen, ZHR 161 (1997), 457 ff.

Hachenburg, Max / *Ulmer*, Peter (Hrsg.): GmbHG: Gesetz betreffend die Gesellschaften mit beschränkter Haftung, Großkommentar, Bd. 2, §§ 35-52, 7. Aufl., Berlin/New York: De Gruyter, 1979.

– GmbHG: Gesetz betreffend die Gesellschaften mit beschränkter Haftung, Großkommentar, Bd. 1, Allgemeine Einleitung, §§ 1-34, 8. Aufl., Berlin/New York: De Gruyter, 1997.

– GmbHG: Gesetz betreffend die Gesellschaften mit beschränkter Haftung, Großkommentar, Bd. 3, §§ 53-85, Register, 8. Aufl., Berlin/New York: De Gruyter, 1997.

Hadden, Tom: Company Law and Capitalism, 2. Aufl., London: Weidenfeld & Nicolson, 1977.

v. Hagemeister, Adrian / *Bültmann*, Michael: Konflikte von Sicherungsinstrumenten und Eigenkapitalersatz bei Projektfinanzierungen durch Banken, WM 1997, 549 ff.

Hahn (Hrsg.): Die gesammelten Materialien zu den Reichs-Justizgesetzen, Bd. IV, Materialien zu der Konkursordnung und dem Einführungsgesetz vom 10.2.1877, 1881.

Halls, Nigel: Personal liability of directors for wrongful trading, J.L.S.S. 1989, 429 ff.

Häsemeyer, Ludwig: Die Gleichbehandlung der Konkursgläubiger, KTS 1982, 507 ff.

– Insolvenzrecht, 3. Aufl., Köln u.a.: Heymanns, 2003.

Hattenhauer, Hans: Die Akademie für Deutsches Recht (1939-1944), JuS 1986, 680 ff.

Häuselmann, Holger / *Rümker*, Dietrich / *Westermann*, Harm Peter: Die Finanzierung der GmbH durch ihre Gesellschafter, Frankfurt a. M.: Wertpapier-Mitteilungen, 1992.

Henckel, Wolfram: Die Gläubigeranfechtung – ein taugliches Mittel zur Beseitigung von Verkürzungen der Konkursmasse, ZIP 1982, 391 ff.

Herrmann, Harald: Der ungedeckte Fehlbetrag nach § 268 Abs. 3 HGB und die Folgepflichten für Abschlußprüfer und Gesellschaftsorgane in AG und GmbH, ZGR 1989, 273 ff.

Herrmann, Horst: Fremdfinanzierung durch Gesellschafter aus handelsrechtlicher und konkursrechtlicher Sicht, in: Institut der Wirtschaftsprüfer (Hrsg.): 50 Jahre Wirtschaftsprüferberuf, Düsseldorf: IDW, 1981.

Herzberg, Abe: Insolvent Trading, (1991) C.S.L.J. 285 ff.

Hess, Harald: InsO und EGInsO: Grundzüge des neuen Insolvenzrechts, Köln: RWS, 1995.

Hicks, Andrew: Reforming the Law of Private Companies, (1995) 16 Coy Lawyer 171 ff.

– Advising on Wrongful Trading: Part 2, (1993) 14 Coy Lawyer 55 ff.

– Advising on Wrongful Trading: Part 1, (1993) 14 Coy Lawyer 16 ff.

– Disqualification of Directors – Forty Years On, J.B.L. 1988, 27 ff.

Hill, Norbert / *Schäfer*, Berthold: Das Stehenlassen von GmbH-Gesellschafterdarlehen bis zum Eintritt der Krise, BB 1989, 458 ff.

Hirte, Heribert: Gesellschaftsrecht, 3. Aufl., Köln u.a.: Heymanns, 2001.

– Das Kapitalersatzrecht nach Inkrafttreten der Reformgesetzgebung, ZinsO 1998, 147 ff.

Holzer, Johannes: Die Insolvenzanfechtung, WiB 1997, 729 ff.

Hommelhoff, Peter: *ders.*: Wider das Akzessorietätsdogma in der Gesellschaft bürgerlichen Rechts, ZIP 1998, 8 ff.

– Eigenkapitalersetzende Gesellschafterdarlehen und Konkursantragspflicht, in: Franz *Klein* / Brigitte *Knobbe-Keuk* /Adolf *Moxter*: Festschrift für Georg *Döllerer*, Düsseldorf: IDW, 1998, S. 245 ff.

– Produkthaftung im Konzern, ZIP 1990, 761 ff.

– Das Gesellschafterdarlehen als Beispiel institutioneller Rechtsfortbildung, ZGR 1988, 460 ff.

– / *Hopt*, Klaus J. / *Lutter*, Marcus u.a., ECLR Konzernrecht für Europa, ZGR 1998, 672 ff.

– / *Kleindiek*, Detlef: Flexible Finanzierungsinstrumente im GmbH-Recht, in: Marcus *Lutter* / Peter *Ulmer* / Wolfgang *Zöllner*: Festschrift 100 Jahre GmbH-Gesetz, Köln: Otto Schmidt, 1992, S. 421 ff.

Hüffer, Uwe: Aktiengesetz, 4. Aufl., München: Beck, 1999.

– Kapitalersatz durch Gesellschafterdarlehen einer Landesbank und durch Landesbürgschaft der illiquiden GmbH, ZHR 153 (1989), 322 ff.

Ihrig, Hans-Christoph: Anmerkung zu OLG Schleswig, WiB 1997, 246 f.

Immenga, Ulrich: Kapitalersetzende Aktionärsdarlehen als Haftkapital?, ZIP 1983, 1405 ff.

Institute of Directors: Guidelines for Directors, 1991.

Jackson, Thomas H.: The logic and Limits of Bankruptcy Law, New York: Beard, 2001.

– Bankruptcy, Nonbankruptcy Entitlements and the Creditors' Bargain, (1982) 91 Yale L.J. 857 ff.

Jacobs, Edward: Putting Flesh on Wrongful Trading, (1989) 8 I.B.L 22 ff.

– Wrongful Trading, B.L.R. 1989, 180 ff.

Jaeger, Ernst / *Henckel*, Wolfram: Konkursordnung §§ 1-42, Register, 9. Aufl., Berlin/New York: De Gruyter, 1997.

Jäger, Karl-Heinz: Die Zahlungsunfähigkeit nach geltendem und geplantem Insolvenzrecht, DB 1986, 1441 ff.

Janberg, Hans, Finanzierungshandbuch, 2. Auflage, Wiesbaden, 1970.

Jebens, Carsten Thomas / *Wagner*, Klaus: Die eigenkapitalersetzende Nutzungseinlage – Einschränkung der Risiken durch Vertragsgestaltung und Vertragsdurchführung, DB 1998, 2253 ff.

Jensen, Michael C. / *Meckling*, William H.: Theory of the Firm: Managerial Behavior, Agency Costs and Ownership Structure, (1976) 3 J. Fin. Economics 305 ff.

Junker, Abbo: Das eigenkapitalersetzende Aktionärsdarlehen, ZHR 156 (1992), 394 ff.

Kahn-Freund, Otto: Some Reflections on Company Law Reform, MLR 1944, 54 ff.

Karollus, Martin: Probleme der Finanzierung im Konzern: Kapitalersatz und Treuepflicht, in: Klaus-Peter *Martens* / Harm Peter *Westermann* / Wolfgang *Zöllner*: Festschrift für Carsten Peter *Claussen*, Köln u.a.: Heymanns, 1997, 199 ff.

– Weitere Präzisierungen zur Konkursverschleppungshaftung, ZIP 1995, 269 ff.

Keay, Andrew: The Service of statutory Demands on Companies, (2003) 4 Ins Lawyer, 148 ff.

– The Duty of Directors to take Account of Creditors' Interests, (2002) J.B.L. 379 ff.

– The Avoidance of Pre-Liquidation Transactions: An Anglo-Australian Comparison, (1998) J.B.L. 515 ff.

– An Analysis of Unfair Preferences Under the New Avoidance Regime, (1996) 2 Aus BLR 39 ff.

Ketzer, Axel: Eigenkapitalersetzende Aktionärsdarlehen, Köln u.a.: Heymanns, 1989 (zugl. Diss. jur. Köln 1987).

Kiggundu, John: Lifting the Veil: Fraudulent Trading, (1988) 6 Coy Lawyer 141 f.

Klaus, Hans: Gesellschafterdarlehen, Eigenkapitalersatzrecht und Fortführung einer nicht mehr fortführungswürdigen GmbH, ZfB 1994, 247.

Knobbe-Keuk, Brigitte: Bilanz- und Unternehmenssteuerrecht, 9. Aufl., Köln: O. Schmitt, 1993.

Koch, Ulrich: Die Beteiligung einer Gesellschaft bürgerlichen Rechts an der GmbH-Gründung, ZHR 146 (1982), 118 ff.

Koh, Pearlie M. C.: Shadow Director, Shadow Director, Who art Thou?, (1996) 14 C.S.L.J. 340 ff.

Koller, Ingo: Sicherung des Eigenkapitals bei der gesetzestypischen Kommanditgesellschaft, in: Friedrich *Kübler* u.a. (Hrsg.): Festschrift für Theodor *Heinsius*, Berlin/New York: De Gruyter, 1991, S. 357 ff.

Kollhosser, Helmut: Kredite als Eigenkapitalersatz bei stillen Kapitalbeteiligungen, WM 1985, 929 ff.

Koppensteiner, Hans-Georg: Kritik des „Eigenkapitalersatzrechts", AG 1998, 308 ff.

Kornblum, Udo / *Kleinle*, Werner / *Baumann*, Roland u.a.: Neue Rechtstatsachen zum Unternehmen- und Gesellschaftsrecht (I), GmbHR 1985, 7 ff.

Kruppa, Thomas: Die Bankenhaftung bei der Sanierung einer Kapitalgesellschaft im Insolvenzfall, Frankfurt a. M.: Lang, 1982 (zugl. Diss. jur. Univ. Frankfurt 1982).

Kuhn, Georg / *Uhlenbruck*, Wilhelm: Konkursordnung (KO), 11. Aufl., München: Vahlen, 1994.

Kübler, Friedrich: Gesellschaftsrecht, 5. Aufl., Heidelberg: CF Müller, 1998.

Küting, Karlheinz / *Zündorf*, Horst: Die Ermittlung der Minderheitenanteile im Rahmen der Buchwert- und der Neubewertungsmethode des künftigen Konzernbilanzrechts, BB 1985, 1166 ff.

– / *Kessler*, Harald: Eigenkapitalähnliche Mittel in der Handelsbilanz und im Überschuldungsstatus, BB 1994, 2103 ff.

Larenz, Karl / *Canaris*, Claus Wilhelm: Methodenlehre der Rechtswissenschaft, 4. Aufl., Berlin/Heidelberg: Springer, 2003.

Leenen, Detlef: Typus und Rechtsfindung, Berlin: Duncker & Humbot, 1975.

Leffson, Ulrich / *Rückle*, Dieter / *Großfeld*, Bernhard: Handwörterbuch unbestimmter Rechtsbegriffe im Bilanzrecht des HGB, Köln: Otto Schmidt, 1986.

Lehner, Andrea: Sanierungsprivileg (§ 32 a Abs. 3 S. 3 GmbHG) für Gesellschaften mit beschränkter Haftung, Frankfurt a. M.: Lange, 2001 (zugl. Diss. jur. Univ. Mannheim 2000).

Leigh, L.H.: Disqualification Orders in Company and Insolvency Law, (1986) 7 Coy Lawyer 179 ff.

Levy, Ray: Investor Directors' Duties in uncertain times, (2002) 13 I.C.C.L.R. 255.

Lingard, James R.: Corporate Rescues and Insolvencies, 2. Aufl., London: Butterworths, 1989.

Lücke, Wolfgang: Liquidität, Liquidierbarkeit und Tilgbarkeit (Teil I), DB 1984, 2361 ff.

Lutter, Marcus: Haftungsrisiken des Geschäftsführers einer GmbH, GmbHR 1997, 329 ff.

– Gefahren persönlicher Haftung für Gesellschafter und Geschäftsführer einer GmbH, DB 1994, 129 ff.

– Neues zum Gesellschafterdarlehen?, ZIP 1989, 477 ff.

– Vom formellen Mindestkapital zu materiellen Finanzierungsregeln im Recht der Kapitalgesellschaften, in: Erik *Jayme* / Gerhard *Kegel* /Marcus *Lutter* (Hrsg.): Festschrift für Stefan *Riesenfeld*, Heidelberg: CF Müller, 1983, S. 165 ff.

– / *Hommelhoff*, Peter: Nachrangiges Haftkapital und Unterkapitalisierung in der GmbH, ZGR 1979, 31 ff.

– Kommentar zum GmbH-Gesetz, 15. Aufl., Köln: Otto Schmidt, 2000.

Lynch, Irene: Doing Business with the Devil – Insolvency, Commercial, Misconduct and the Criminal Law, (1999) Ins Lawyer 119 ff.

Maier-Reimer, Georg: Kreditsicherung und Kapitalersatz in der GmbH, in: Gerd *Pfeiffer* u.a. (Hrsg.): Festschrift für Heinz *Rowedder*, München: Beck, 1994, S. 245 ff.

Maser, Peter / *Sommer*, Alexander: Persönliche Haftung des GmbH-Geschäftsführers in der Insolvenz, BB 1996, 65 ff.

Mc Kenzie, Donna: Wrongful Trading – A Paper Tiger, J.R. 1995, 519 ff.

McKnight, Andrew: The Reform of Corporate Insolvency Law in Great Britain – The Enterprise Bill 2002, (2002) 17 J.I.B.L. 324 ff.

Medicus, Dieter: Die Außenhaftung des GmbH-Geschäftsführers, GmbHR 1993, 533 ff.

Meister, Burkhardt W: Die Sicherheitsleistung der GmbH für Gesellschafterverbindlichkeiten, ZBB 1980, 390 ff.

Merkt, Hanno: US-amerikanisches Gesellschaftsrecht, 2. Aufl., Heidelberg: CF Müller, 1991.

Meyer-Cording, Ulrich: Mehr Klarheit für Insolvenztatbestände!, BB 1985, 1925 ff.

Michalski, Lutz / *de Vries*, Katrin: Anmerkung zu ThürOLG Jena, NZG 1998, 858 ff.

Michalski, Lutz: Die neuere Entwicklung der Rechtsprechung im Bereich der eigenkapitalersetzenden Gesellschafterdarlehen, DZWiR 1991, 285 ff.

Middleton, Jonathan: Wrongful trading and voidable preference, N.L.J. 1992, 1582 ff.

Milman, David / *Durrant*, Chris: Corporate Insolvency: Law and Practice, 3. Auflage, London: Sweet & Maxwell, 1999.

Möschel, Wernhard: Eigenkapitalbegriff und KWG-Novelle von 1984, ZHR 149 (1985), 206 ff.

Modigliani / *Miller*: The cost of capital, corporate finance and the theory of investment, (1958) 48 A.E.R. 261 ff.

Mokal, Rizwaan J.: An Agency Cost Analysis Of The Wrongful Trading Provisions: Redistribution, Perverse Incentives and the Creditors' Bargain, (2000) 59 C.L.J. 335 ff.

Morse, G. K.: Palmer's Company Law, London: Sweet & Maxwell, 1992.

Münchener Kommentar zum Bürgerlichen Gesetzbuch: Band 5, Schuldrecht, Besonderer Teil III, §§ 705-853 ProdHaftG, 3. Aufl., München: Beck, 1997.

Münchener Kommentar zum Handelsgesetzbuch: Band 3, Zweites Buch, Handelsgesellschaften und stille Gesellschaft, Zweiter Abschnitt, Kommanditgesellschaft, Dritter Abschnitt, Stille Gesellschaft, §§ 161-237, Konzernrecht der Personengesellschaften, München: Beck, 2002.

Nakajima, Chizu: Lifting the Veil, (1996) Coy Lawyer 187 ff.

Nerlich, Jörg / *Römermann*, Volker: Insolvenzordnung (InsO) – Kommentar, Loseblattsammlung, München: Beck, Stand: März 2003.

Noack, Ulrich: Gesellschaftsrecht, InsO; Kommentar zur Insolvenzordnung, Sonderband 1 zu Bruno Kübler / Hanns Prütting (Hrsg.): InsO – Kommentar zur Insolvenzordnung, Köln: RWS, 1999.

– Neues Insolvenzrecht – neues Kapitalersatzrecht?, in: Klaus-Peter *Martens* / Harm Peter *Westermann* / Wolfgang *Zöllner*: Festschrift für Carsten Peter *Claussen*, Köln u.a.: Heymanns, S. 307 ff.

– Kapitalersatz bei verbundenen Unternehmen, GmbHR 1996, 153 ff.

– Rezension „The European Private Company", ZHR 160 (1996), 394.

Noble, Theresa: When Does a Company Incur a Debt Under the Insolvent Trading Provisions of the Corporations Law?, (1994) 12 C.S.L.J. 297 ff.

Neuhof, Rudolf: Sanierungsrisiken der Banken: Die Sanierungsphase, NJW 1999, 20 ff.

Niemeier, Wilhelm G.: Rechtsschutz und Bestandsschutz bei fehlerhafter Einziehung von GmbH-Anteielen, ZGR 1990, S. 314 ff.

Obermüller, Manfred / *Hess*, Harald: InsO: eine systematische Darstellung der Insolvenzordnung unter Berücksichtigung kreditwirtschaftlicher und arbeitsrechtlicher Aspekte, 3. Aufl., Heidelberg: CF Müller, 2002.

– Insolvenzrecht in der Bankpraxis, 6. Aufl., Köln: Otto Schmidt, 2002.

Oditah, Fidelis: Wrongful Trading, (1990) L.M.C.L.Q. 205 ff.

Onusseit, Dietmar, Anmerkung zu OLG Köln, ZIP 1986 1585 ff.

Oppenländer, Frank: Die Finanzplanüberlassung – eine Herausforderung für die Beratungspraxis, GmbHR 1998, 505 ff.

Orth, Robert: Die Gesellschafterstellung im Sinne des Eigenkapitalersatzrechts – Gesellschaftsrechtliche Kreditrisiken und ihre Grenzen -, Köln: Institut für Bankwirtschaft und Bankrecht, 1998 (zugl. Diss. jur. Univ. Köln 1998).

Osteryoung, Jerome S.: Shareholder Supplied Funds; Debt or Equity?, (1992) J. Leg. Economics, 1 ff.

Ott, Claus / *Schäfer*, Hans-Bernd (Hrsg.): Ökonomische Probleme des Zivilrechts, Berlin: Springer, 1991.

Palandt, Otto: Kommentar zum Bürgerlichen Gesetzbuch, 62. Aufl., München: Beck, 2003.

Parry, Rebecca: The Destination of Proceeds in Insolvency, (2002) 23 Coy Lawyer 49 ff.

Pape, Gerhard: Einladung zur Umgehung der Eigenkapitalersatzregeln?, DB 1996, 2113 ff.

Papke, Horst: Zum Begriff der Zahlungsunfähigkeit, DB 1969, 735 ff.

Pasban, Mohammad R.: Review of Directors' Liability of an insolvent Company in the U.S. and England, (2001) J.B.L. 33 ff.

Perridon, Louis / *Steiner*, Manfred: Finanzwirtschaft der Unternehmung, 11. Aufl., München: Vahlen, 2002.

Pennington, Robert R.: Company Law, 8. Aufl., London: Butterworths, 2001.

Pentz, Andreas: Die Änderungen und Ergänzungen der Kapitalersatzregeln im GmbH-Gesetz, GmbHR 1999, 437 ff.

Pindyck, Robert / *Rubenfeld*, Daniel: Microeconomics, 4. Aufl., New York: Prentice Hall, 1998.

Poole, Jill: The Liability of Banks as Shareholders, (1992) I.B.F.L. 150 ff.

– A Review of Insolvency Case Law: Part 2, (1991) 10 I.B.F.L. 9ff.

Prentice, D.D.: Creditors' Interests and Directors' Duties, (1990) O.J.L.S. 265 ff.

Priester, Hans-Joachim: Sind eigenkapitalersetzende Gesellschafterdarlehen Eigenkapital?, DB 1991, 1917 ff.

– Eigenkapitalersetzende Landesbankkredite – Konsolidierung der Rechtsprechung und neue Aspekte, ZBB 1989, 30 ff.

– Die Erhöhung des Stammkapitals mit kapitalersetzenden Gesellschafterdarlehen, in: Marcus *Lutter* / Peter *Ulmer* / Hans-Joachim *Mertens* (Hrsg.): Festschrift für Walter *Stimpel*, Berlin/New York: De Gruyter, 1985, S. 475 ff.

– / *Mayer*, Dieter: Münchener Handbuch des Gesellschaftsrechts, Bd. 3. Gesellschaft mit beschränkter Haftung, 1996.

Pryce-Brown, Tim: Directors' Duties and Objectivity: A semantic obstacle, (2000) 21 Coy Lawyer 300 ff.

Raiser, Thomas: Konzernhaftung und Unterkapitalisierungshaftung – Besprechung der Entscheidung BGH AG 1994, 179 (EDV-Peripherie) –, ZGR 1995, 157 ff.

Rajak, Harry: Wrongful trading, NLJ 1989, 1458 ff.

Reiner, Günter: Der deliktische Charakter der „Finanzierungsverantwortung" des Gesellschafters: Zu den Ungereimtheiten der Lehre vom Eigenkapitalersatz, in: Carsten Thomas *Ebenroth* / D. *Hesselberger* / M. E. *Rinne* (Hrsg.): Festschrift für Karlheinz *Boujong*, München: Beck, 1996, S. 415 ff.

Roach, Carl: The Directors' Duty of Skill and Care: Has the Commission got it right?, (1999) 20 B.L.R. 51 ff.

Rosengarten, Joachim: Punitive Damages und ihre Anerkennung und Vollstreckung in der Bundesrepublik Deutschland, 1994.

Roth, Günter H: Gründungstheorie: Ist der Damm gebrochen ? Eine Besprechung des Urteils des Europäischen Gerichtshofes vom 9. März 1999, ZIP 1999, 438 – Centros, ZIP 1999, 861 ff..

– Unterkapitalisierung und persönliche Haftung, ZGR 1993, 170 ff.

– Die Haftung als faktischer Geschäftsführer im Konkurs der GmbH, ZGR 1989, 421 ff.

– Zur „economic analysis" der beschränkten Haftung, ZGR 1986, 371 ff.

– / *Altmeppen*, Holger: GmbHG, 4. Aufl., München: Beck, 2003.

Rowedder, Heinz: GmbH-Gesetz, Kommentar, 4. Aufl., München: Vahlen, 2002.

Rümker, Dietrich: Überlegungen zur gesellschafterlichen Finanzierungsverantwortung, ZGR 1988, 494 ff.

– Formen kapitalersetzender Gesellschafterdarlehen in der Bankpraxis, in: Marcus *Lutter* / Peter *Ulmer* / Hans-Joachim *Mertens* (Hrsg.): Festschrift für Walter *Stimpel*, Berlin/New York: De Gruyter, 1985, S. 673 ff.

– Bankkredite als kapitalersetzende Gesellschafterdarlehen unter besonderer Berücksichtigung der Sanierungssituation, ZIP 1982, 1385 ff.

Rupprecht, Marcus: Umfang des personellen Anwendungsbereichs von § 32 a GmbHG, Aachen: Shaker 1998 (zugl Diss. jur. Univ. Augsburg 1997).

Sappideen, Razeen: Fiduciary Obligations to Corporate Creditors, (1991) J.B.L. 365 ff.

Schäfer, Karsten: Diskussionsbericht, ZHR 162 (1998), 232 ff.

Schaub, Bernhard: Die GmbH in der Krise – Kriterien für die Feststellung von Zahlungsunfähigkeit, Überschuldung und Kreditunwürdigkeit, DStR 1993, 1483 ff.

Schildbach, Thomas: Der handelsrechtliche Jahresabschluß, 4. Aufl., 1995.

– Sicherheiten versus par conditio creditorum, BB 1983, 2129 ff.

Schlegelberger, Franz / *Geßler*, Ernst: Handelsgesetzbuch: Kommentar, Bd. 3, Hlbbd. 2. §§ 161-177a, §§ 335-342, (§§ 230-237 n.F.), 5. Aufl., München: Vahlen, 1986.

Schmidsberger, Gerald: Eigenkapitalersatz im Konzern, Wien: Orac, 1998 (zugl. Diss. jur. Univ. Linz 1995).

Schmidt, Karsten: Finanzplanfinanzierung, Rangrücktritt und Eigenkapitalersatz, ZIP 1999, 1241 ff.

– Die Rechtsfolgen der „eigenkapitalersetzenden Sicherheiten" § 32 a Abs. 2 GmbHG zwischen materiellem Gesellschaftsrecht und Insolvenzverfahrensrecht, ZIP 1999, 1821 ff.

– Insolvenzordnung und Gesellschaftsrecht, ZGR 1998, 633 ff.

– Insolvenzordnung und Unternehmensrecht – was bringt die Reform?, in: Wilhelm Uhlenbruck (Hrsg.), Kölner Schrift zur Insolvenzordnung, Herne/Berlin: Verlag für die Rechts- und Anwaltspraxis, 1997, S. 911 ff.

– Die eigenkapitalersetzende Kreditsicherheit zwischen Gesellschafts- und Konkursrecht, DB 1993, 1505 ff.

– Eigenkapitalersatz bei unbeschränkter Haftung, ZIP 1991, 1 ff.

– § 32 a GmbHG: ein Allheilmittel gegen unerwünschten Kapitalersatz, ZIP 1990, 69 ff.

– Anmerkung zu BGH, NJW 1988, 3143 ff.

– Konkursverschleppungshaftung und Konkursverursachungshaftung, ZIP 1988, 1497 ff.

– Quasi-Eigenkapital als haftungsrechtliches und bilanzrechtliches Problem, in: Hans *Havermann* (Hrsg.): Festschrift für Reinhard *Goerdeler*, Düsseldorf: IDW, 1987, S. 487 ff.

– Institutionen eines künftigen Insolvenzrechts der Unternehmen, ZIP 1985, 713 ff.

– Kapitalersetzende Kommanditistendarlehen, GmbHR 1986, 337 ff.

– Kapitalersetzende Bankkredite, ZHR 147 (1983), S. 165 ff.

– Sinnwandel und Funktion des Überschuldungstatbestandes – Rechtspolitische Perspektiven der Verfahrenseröffnung im Insolvenzrecht –, JZ 1982, 165 ff.

– Gesellschafterdarlehen als Insolvenzrechtsproblem, ZIP 1981, 689 ff.

– Gesellschaftsrecht, 4. Aufl., Köln u.a.: Heymanns, 2002.

– Organverantwortlichkeit und Sanierung im Insolvenzrecht der Unternehmen, ZIP 1980, 328 ff.

– Konkursantragspflichten bei der GmbH und bürgerliches Deliktsrecht, JZ 1978, 661 ff.

– / *Uhlenbruck*, Wilhelm: Die GmbH in Krise, Sanierung und Insolvenz, 3. Aufl., Köln: Otto Schmidt, 2002.

Schneider, Dieter: Lücken bei der Begründung einer „Eigenkapitallücke", DB 1986, 2293 ff.

Scholz, Franz: GmbHG, Kommentar, Band 1, 9. Aufl., Köln: Otto Schmidt, 2000.

– GmbHG, Kommentar, Band 2, 8. Aufl., Köln: Otto Schmidt, 1995.

Schubert, Werner (Hrsg.): Akademie für Deutsches Recht, 1933-1945, Protokolle der Ausschüsse, Bd. 2. Ausschuß für GmbH-Recht, Frankfurt a. M.: Lang, 1986.

Schücking, Christoph: Kapitalersetzende Gesellschafterdarlehen im Internationalen Privatrecht, ZIP 1994, 1156 ff.

Schulte, Richard: Enforcing wrongful trading as a standard of conduct for directors and a remedy for creditors: the special case of corporate insolvency, (1999) 20 Coy Lawyer 80 ff.

– Corporate Groups and the equitable Subordination of Claims on Insolvency, (1997) 18 Coy Lawyer 2 ff.

Schulze-Osterloh, Joachim: Zahlungen nach Eintritt der Insolvenzreife (§ 64 Abs. 2 GmbHG; §§ 92 Abs. 3, 93 Abs. 3 Nr. 6 AktG), in: Harm Peter *Westermann* / Klaus *Mock* (Hrsg.): Festschrift für Gerold *Bezzenberger*, Berlin/New York: De Gruyter, 2000, S. 415 ff.

– Gläubiger- und Minderheitenschutz bei der steuerlichen Betriebsaufspaltung, ZGR 1983, 125 ff.

Schüppen, Matthias: Anmerkung zu LG Stuttgart, NZG 1998, S. 997 f.

– Aktuelle Fragen der Konkursverschleppung durch den GmbH-Geschäftsführer, DB 1994, 197 ff.

Schweitzer, Roger / *Volpert*, Verena: Behandlung von Genußrechten im Jahresabschluß von Industrieemittenten, BB 1994, 821 ff.

Scott, R: A Relational Theory of Secured Financing, (1986) 86 Col. L.R. 901 ff.

Sealy, L.S.: Modern Insolvency Laws and Mr Salomon, (1998) 16 C.S.L.J. 176 ff.

– Personal Liability; of Directors and Officers for Debts of Insolvent Corporations: A Jurisdictional Perspective (England), in: Jacob S. Ziegel (Hrsg.): Current Developments in International and Comparative Corporate Insolvenoy Law, Oxford: Oxford University Press, 1994, 486 ff.

– Reforming the Law on Directors' Duties, (1991) 12 Coy Lawyer 175 ff.

– Insolvent Company-Wrongful Trading, C.L.J. 1989, 375 ff.

– Directors', Wider Responsibilities – Problems Conceptual, Practical and Procedural, (1987) M.U.L.R. 164 ff.

– / *Milman*, D.: Annotated Guide to the Insolvency Legislation, 4. Aufl., London: Sweet & Maxwell, 1994.

Seibert, Ulrich: Die Bundesregierung greift in die Diskussion zum Eigenkapitalersatz ein, GmbHR 1998, 309

Seidl, Otto: Richterliche Rechtsfortbildung und Verfassungsrecht, ZGR 1988, 296 ff.

Serick, Rolf: Rechtsform und Realität juristischer Personen, 2. Aufl., Tübingen: Mohr (Siebeck), 1980 (zugl Habil.-Schr. Univ. Tübingen 1953).

Shleifer, Andrei / *Summers*, Lawrence: Breach of trust in hostile takeovers, in: Alan J. Auerbach (Hrsg.), Corporate Takeovers, Chicago: University of Chicago Press, 1988, S. 40 ff.

Siemon, Klaus: Anmerkung zu BGH, ZIP 1992, 1300 ff.

Sievers, A.S.: Farewell to the Sleeping Director – The Modern Judicial and Legislative Approach to Directors' Duties of Care, Skill and Diligence, (1993) 21 Aus BLR 111 ff.

Siehr, Kurt: Zur Anerkennung und Vollstreckung ausländischer Verurteilungen zu „punitive damages“, RIW 1991, 705.

Simmons, Marion: Wrongful Trading, (2001) 14 Insolv. Int. 12 ff.

Slorach, J. Scott: Director's Disqualification – Shadow Directorship, (1992) 7 J.I.B.L. N128 f.

Smid, Stefan: Grundzüge des neuen Insolvenzrechts, 4. Aufl., München: Beck, 2002.

Smith, Clifford W. / *Warner*, Jerold, B.: On Financial Contracting; An Analysis of Bond Covenants, (1979) 7 J. Fin. Economics 177 ff.

Snaith, I.: The Law of Corporate Insolvency, London: Waterlow Publishers, 1990.

Soergel, Hs. Th.: Bürgerliches Gesetzbuch mit Einführungsgesetzen und Nebengesetzen, Band 5. 2. Schuldrecht (§§ 823-853): Produkthaftungsgesetz; Umwelthaftungsgesetz, 12. Aufl., Stuttgart: Kohlhammer, 1998.

Sonnenberger, Hans-Jürgen: Das Darlehen des GmbH-Gesellschafters als Mittel der Gesellschaftsfinanzierung, NJW 1969, 2033 ff.

Spence, Nicola: Personal Liability for Wrongful Trading, (2004) Insolv. Int. 11 f.

Spremann, Klaus: Wirtschaft, Investition und Finanzierung, 5. Aufl., Oldenbourg: IMF, 1996.

Staudinger, Julius von: Kommentar zum Bürgerlichen Gesetzbuch, Buch 2. Recht der Schuldverhältnisse, 13. Aufl., Berlin/New York: De Gruyter, 1997.

Stein, Ursula: Die Normadressaten der §§ 64, 84 GmbHG und die Verantwortlichkeit von Nichtgeschäftsführern wegen Konkursverschleppung, ZHR 148 (1984), 207 ff.

Stimpel, Walter: „Durchgriffshaftung" bei der GmbH: Tatbestände, Verlustausgleich, Ausfallhaftung, in: Hans *Havermann* (Hrsg.): Festschrift für Reinhard *Goerdeler*, Düsseldorf: IDW, 1987, S. 601 ff.

Stockwell, Tony: Non-Payment of Debt can be Evidence of Inability to pay Debts, (1990) 1 I.C.C.L.R. C16 f.

Sundermeier, Bernd: Die eigenkapitalersetzende Gebrauchsüberlassung – Nutzungsüberlassung in der Krise?, DStR 1997, 1454 ff.

Swoboda, Peter: Betriebliche Finanzierung, 3. Aufl., Heidelberg: Physica, 1994.

– Instrumente der Unternehmensfinanzierung aus betriebswirtschaftlicher Sicht, in: H. G. Ruppe (Hrsg.): Rechtsprobleme der Unternehmenssanierung, Wien: Orac, 1983.

Szagunn, Volkhard / *Wohlschiess*, Karl: Gesetz über das Kreditwesen, 5. Aufl., Berlin/Köln/Stuttgart: Kohlhammer, 1990.

The Policy Unit and the Corporate Affairs Directorate of the Institute of Directors: Company Directors and Wrongful Trading, B.L.R. 1991 78 ff.

Thiel, Jochen: Im Grenzbereich zwischen Eigen- und Fremdkapital – Ein Streifzug durch die ertragsteuerrechtlichen Probleme der Gesellschafter-Fremdfinanzierung, GmbHR 1992, 20 ff.

Timm, Wolfram: Das neue GmbH-Recht in der Diskussion, GmbHR 1980, 286 ff.

– / *Geuting*, Markus, Kapitalersatz im Unternehmensverbund und Disponibilität der Kapitalersatzregeln, ZIP 1992, 525 ff.

Toube, Felicity: Administration Orders: The Colt Saga, (2003) 16 Insolvency Intelligence 15 f.

Turing, D.: Lender Liability, Shadow Directors and the Case of Re Hydrodan (Corby) Ltd. [1994] 6 J.I.B.L. 244 ff.

Uhlenbruck, Wilhelm: Die neue Insolvenzordnung (II), GmbHR 1995, 195 ff.

– Das neue Insolvenzrecht, Herne/Berlin: Zap-Verlag, 1994.

– Probleme des Eröffnungsverfahrens nach dem Insolvenzrechts-Reformgesetz 1994, KTS 1994, 169 ff.

– Zahlungsunfähigkeit und Überschuldung nach den Vorstellungen der Kommission für Insolvenzrecht, KTS 1986, 27 ff.

Ulmer, Peter: Umstrittene Fragen im Recht der Gesellschafterdarlehen (§ 32 a GmbHG), ZIP 1984, 1163 ff.

– Konkursantragspflicht bei Überschuldung der GmbH und Haftungsrisiken bei Konkursverschleppung, KTS 1981, 469 ff.

– Gesellschafterdarlehen und Unterkapitalisierung bei GmbH und GmbH & Co. KG, in: H.-M. *Pawlowski* / Günther *Wiese* / Günther *Wüst*: Festschrift für Konrad Duden, München: Beck, 1977, S. 671 ff.

Verrill, John R.: Attacking Antecedent Transactions, (1993) 8 J.I.B.L. 485 ff.

Vervessos, Nikolaos: Das Eigenkapitalersatzrecht, Baden-Baden: Nomos, 2000 (zugl. Diss. jur. Univ. Köln 2000).

Veit, Klaus-Rüdiger: Die Definition der Zahlungsunfähigkeit als Konkursgrund, ZIP 1982, 279 ff.

Vonnemann, Wolfgang: Haftung von GmbH-Gesellschaftern wegen materieller Unterkapitalisierung, GmbHR 1992, 77 ff.

– Haftung der GmbH-Gesellschafter bei materieller Unterkapitalisierung, Baden-Baden: Nomos 1991 (zugl. Diss. jur. Freie Univ. Berlin 1990).

Vormbaum, Herbert: Finanzierung der Betriebe, 6. Aufl., Wiesbaden: Gabler, 1981.

Walters, Adrian: Wrongful Trading: Two recent Cases, (2001) Ins Lawyer 211 ff.

Wank, Rolf: Richterliche Rechtsfortbildung und Verfassungsrecht, ZGR 1988, 315ff.

Wardman, P.: Directors, Their Duty to exercise Skill and Care: Do the Provisions of the Directors' Disqualification Act provide a Basis for the Establishment of a more objective Standard?, (1994) 15 B.L.R. 71 ff.

Weber, Friedrich: Ziele und Wege der Insolvenzrechtsreform, in: *Klasmeyer* / Wilhelm *Uhlenbruck* / Bruno M. *Kübler* (Hrsg.): Festschrift Einhundert Jahre Konkursordnung: 1877-1977, Köln, 1977, S. 321 ff.

Weber, Klaus: Finanzierungsmittel naher Angehöriger sowie Gebrauchsüberlassung durch nahe Angehörige als Eigenkapitalersatz, GmbHR 1992, 354 ff.

Westermann, Harm Peter: Banken als Kreditgeber und Gesellschafter, ZIP 1982, 379 ff.

ders.: Die gesetzlichen Neuregelungen im Kapitalersatzrecht, DZWiR 2000, 1 ff.

ders.: Zur Rückführung eines Überziehungskredits eines am Schuldnerunternehmen als Aktionär beteiligten Kreditinstituts, ZIP 1983, 1281 ff.

Wheeler, Sally: Swelling the Assets for Distribution in Corporate Insolvency, (1993) J.B.L. 256.

Wiedemann, Herbert: Eigenkapital und Fremdkapital – Eine gesellschaftsrechtliche Zwischenbilanz, in: Heinrich *Beisse* / Marcus *Lutter* / Heribald *Näger* (Hrsg.): Festschrift für Karl Beusch, Berlin/New York: De Gruyter, 1993, S. 870 ff.

– Gesellschaftsrechtliche Probleme der Betriebsaufspaltung, ZIP 1986, 1293 ff.

– Gesellschaftsrecht, Bd. 1 Grundlagen, München: Beck, 1980.

Wilhelm, Jan: Konkursantragspflicht des GmbH-Geschäftsführers und Quotenschaden, ZIP 1993, 1833 ff.

Williams, Christina / *Mc Gee*, Andrew: Curbing Unfit Directors – Is Personal Liability an Empty Threat?, Ins Lawyer 1993, 5 ff.

Wimmer, Klaus: Frankfurter Kommentar zur Insolvenzordnung, 2. Aufl., Kriftel/Neuwied: Luchterhand, 1999.

Windel, Peter A: Zur persönlichen Haftung von Organträgern für Insolvenzverschleppungsschäden, KTS 1991, 477 ff.

Wishart, David A.: Models and Theories of Directors' Duties to Creditors, (1991) 14 NZU L.R. 322 ff.

Wöhe, Günter: Einführung in die allgemeine Betriebswirtschaftslehre, 17. Aufl., München: Vahlen, 1990.

– / *Bilstein*, J.: Grundzüge der Unternehmensfinanzierung, 8. Aufl., München: Vahlen, 1998.

Worthington, Sarah: Directors' Duties, Creditors' Rights and Shareholder Intervention, (1991) 18 M.U.L.R. 121

Wüst, Günther: Die unzureichende Eigenkapitalausstattung bei Beschränkthaftern, JZ 1995, 990 ff.

– Das Problem des Wirtschaftens mit beschränkter Haftung, JZ 1992, 710 ff.

Zeuner, Mark: Die Anfechtung in der Insolvenz, München. Beck, 1999.

Ziemons, Hildegard: Die Haftung der Gesellschafter für Einflußnahmen auf die Geschäftsführung der GmbH, Köln u.a.: Heymanns, 1996 (zugl. Diss. jur. Univ. Bonn 1996).

Rechtsprechungsverzeichnis

Entscheidungen des Bundesgerichtshofs und anderer untergeordneter Gerichte

Datum	Aktenzeichen	Fundstelle	Seite	
24.11.1952	III ZR 164/51	BGHZ	8	83
14.01.1953	VI ZR 9/52	BGHZ	8	288
09.07.1953	IV ZR 242/52	BGHZ	10	228
20.01.1954	II ZR 155/52	BGHZ	12	105
04.06.1958	V ZR 304/56	NJW	1958	1351
16.12.1958	VI ZR 245/57	BGHZ	29	100
14.12.1959	II ZR 187/57	BGHZ	31	258
06.06.1962	V ZR 125/60	NJW	1962	1766
29.05.1964	Ib ZR 4/63	BGHZ	42	118
02.12.1968	II ZR 144/67	BGHZ	51	157
08.07.1970	VIII ZR 28/69	BGHZ	54	222
29.11.1971	II ZR 121/69	WM	1972	74
29.10.1974	VI ZR 182/75	BGHZ	63	124
27.09.1976	II ZR 162/75	BGHZ	67	171
03.11.1976	I ZR 156/74	WM	1977	73
04.05.1977	VIII ZR 258/75	BGHZ	68	312
13.06.1977	II ZR 232/75	NJW	1977	1683
13.10.1977	II ZR 123/76	BGHZ	69	334
28.11.1977	II ZR 235/75	BGHZ	70	70
31.01.1978	VI ZR 32/77	BGHZ	70	277
30.11.1978	II ZR 204/76	NJW	1979	2104
09.07.1979	II ZR 118/77	BGHZ	75	96
05.11.1979	II ZR 145/78	NJW	1980	1522
26.11.1979	II ZR 104/77	BGHZ	75	334
24.03.1980	II ZR 213/77	BGHZ	76	326
27.02.1981	OLG Köln 22 U 117/79	WM	1981	1238
13.07.1981	II ZR 256/79	BGHZ	81	252
21.09.1981	II ZR 104/80	BGHZ	81	311
27.10.1982	VIII ZR 187/81	BB	1983	14
26.03.1984	II ZR 14/8 4	BGHZ	90	370
26.03.1984	II ZR 171/83	BGHZ	90	381
		ZIP	1984	572
04.04.1984	OLG Hamburg 11 W 21/84	ZIP	1984	584
19.11.1984	II ZR 84/84	NJW	1985	858
10.12.1984	II ZR 28/84	NJW	1985	1468
17.12.1984	II ZR 36/84	DB	1985	480
		ZIP	1985	347
03.02.1987	VI ZR 268/85	BGHZ	100	19
21.03.1988	II ZR 238/87	BGHZ	104	33

19.09.1988	II ZR 255/87	BGHZ	105	168
07.11.1988	II ZR 46/88	BGHZ	106	7
		NJW	1989	982
14.11.1988	II ZR 115/88	ZIP	1989	93
13.10.1989	OLG Hamburg 11 U 108/89	GmbHR	1990	393
16.10.1989	II ZR 307/88	BGHZ	109	55
27.11.1989	II ZR 43/89	NJW-RR	1990	290
08.12.1989	OLG Hamburg 11 U 154 89	GmbHR	1991	103
02.07.1990	II ZR 139/89	BGHZ	112	31
24.09.1990	II ZR 174/89	ZIP	1990	1467
19.04.1991	OLG Köln 19 U 169/90	GmbHR	1992	182
20.01.1992	II ZR 115/91	WM	1992	736
17.02.1992	II ZR 154/91	ZIP	1992	618
		NJW	1992	1764
		GmbHR	1992	263
13.07.1992	II ZR 251/91	BGHZ	119	191
		NJW	1992	2891
13.07.1992	II ZR 269/91	BGHZ	119	201
		NJW	1992	3035
05.10.1992	II ZR 269/91	BGHZ	119	305
09.11.1992	II ZR 230/91	BGHZ	120	141
14.12.1992	II ZR 298/91	ZIP	1993	189
05.03.1993	OLG Münch. 23 U 4873/92	NJW-RR	1994	1095
30.09.1993	IX ZR 227/92	BGHZ	123	320
11.11.1993	IX ZR 257/92	ZIP	1994	40
20.12.1993	II ZR 94/93	ZIP	1994	31
21.02.1994	II ZR 60/93	ZIP	1994	701
28.03.1994	OLG Stuttgart 1 U 196/93	NJW-RR	1994	1123
01.06.1994	OLG Köln 17 U 73/93	GmbHR	1994	696
06.06.1994	II ZR 292/91	BGHZ	126	181
11.07.1994	II ZR 162/92	ZIP	1994	1441
07.11.1994	II ZR 270/93	BGHZ	127	336
		ZIP	1994	1934
28.11.1994	II ZR 77/93	ZIP	1995	23
		NJW	1995	457
		DStR	1995	188
04.12.1995	II ZR 281/94	NJW	1996	720
11.12.1995	II ZR 128/94	ZIP	1996	273
19.12.1994	II ZR 10/94	DStR	1995	814
04.03.1996	II ZR 123/94	ZIP	1996	590
14.02.1996	IX ZR 245/94	NJW	1996	1341
18.11.1996	II ZR 207/95	ZIP	1997	115
19.11.1996	IX ZR 249/95	ZIP	1996	1829
30.01.1997	IX ZR 89/96	KTS	1997	292
17.03.1997	II ZB 3/96	WM	1997	967
02.06.1997	II ZR 211/95	NJW	1997	3171
16.06.1997	II ZR 154/96	ZIP	1997	1375
17.11.1997	II ZR 224/96	GmbHR	1998	233

30.03.1998	II ZR 146/96	BGHZ	138	211
14.07.1998	OLG Celle 16 U 3/98	NZG	1999	75
29.08.1998	OLG Düss. 24 U 250/97	ZIP	1998	1910
18.03.1999	OLG Hamm 27 U 240/98	GmbHR	1999	917
21.06.1999	II ZR 70/98	DB	1999	1650
28.06.1999	II ZR 272/98	ZIP	1999	1263
12.07.1999	II ZR 87/98	DStR	1999	1622
29.02.2000	OLG Karlsruhe 3 U 33/99	DStR	2000	1529
11.09.2000	II ZR 370/99	NZI	2001	87
27.11.2000	II ZR 179/99	ZIP	2001	115
		NJW	2001	1490
		NZI	2001	136
02.04.2001	II ZR 261/99	NJW-RR	2001	1043
		ZIP	2001	839
24.06.2002	II ZR 300/00	BGHZ	151	181
		ZIP	2002	1758
14.08.2002	LG Potsdam 52 O 18/01	ZIP	2002	839
		GmbHR	2002	1068

Entscheidungen des Reichsgerichts

unbekannt	RGZ	72	175	
unbekannt	RGZ	82	167	
unbekannt	RGZ	136	247	
16.11.1937	II 70/73	JW	1938	862
unbekannt	JW	1939	355	

Entscheidungen des Bundesarbeitsgerichts

03.09.1998	8 AZR 189/97	GmbHR	1998	1221

Entscheidungen des Bundesfinanzhofs

05.02.1994	I R 127/90	DB	1994	763

Entscheidungen des Bundessozialgerichts

26.03.1963	1 RA 168/60	BSGE	19	18
07.12.1983	7 RAr 20/82	NJW	1984	2117
01.02.1996	2 RU 7/95	GmbHR	1996	604

Entscheidungen des Bundesverfassungsgerichts

07.12.1994	I BvR 1279/94	BVerfGE	91	335

Entscheidungen des Obersten Gerichtshofs Wien (Österreich)

24.02.2000	8 Ob 136/99d	NZG	2000	1126

Entscheidungen englischer und australischer Gerichte

Agricultural Mortgage Corp. plc. v. Woodward [1994] B.C.C. 688; [1995] 1 B.C.L.C. 1; [1996] 1 F.L.R. 226; [1996] 2 F.C.R. 796; [1995] 1 E.G.L.R. 1; [1995] 04 E.G. 143; [1996] Fam. Law 149; [1994] E.G.C.S. 98; *The Times*, May 30, 1994, C.A.

Albacruz (Cargo Owners) v. Albazero (Owners); Albazero, The [1977] A.C. 744, C.A.; [1976] 3 W.L.R. 419; 120 S.J. 570; sub. nom. *Albazero, The; Owners of the Cargo Lately Laden on Board the Ship or Vessel Albacruz v. Owners of the Ship or Vessel Albazero* [1976] 3 All E.R. 129; [1996] 2 Lloyd's Rep. 467, H.L.

Anglo-Austrian Printing and Publishing Union (No. 3), Re [1985] 2 Ch. 891, Ch. D.

Arbuthnot Leasing International Ltd. v. Havelet Leasing Ltd. [1990] B.C.C. 636.

Atlantic Computer Systems (No. 1), Re [1992] Ch. 505; [1992] 2 W.L.R. 367; [1992] 1 All E.R. 476; [1990] B.C.C. 859; [1991] B.A.C. 608; *Financial Times*, August 1, 1990, C.A.

Australian Securities Commission v. AS Nominees Ltd. (1995) 18 A.C.S.R. 459; (1995) 133 A.L.R. 1.

Ayala Holdings, Re (1993) unreported, May 20.

Barclays Bank Pty. Ltd. v. Eustice [1995] 1 W.L.R. 1238; [1995] 4 All E.R. 511; [1995] B.C.C. 978; [1995] 2 B.C.L.C. 630; (1995) 145 N.L.J. 1503; *The Times*, August 3, 1995, C.A.

Barleycorn Enterprises Ltd., Re [1970] Ch. 465; [1970] 2 W.L.R. 898; [1970] 2 All E.R. 155; (1970) 114 S.J. 187, C.A.

Boardman v. Phipps [1967] 2 A.C. 46; [1966] 3 W.L.R. 1009; 110 S.J. 853; [1966] 3 All E.R. 721, H.L.

Brady v. Brady [1988] 2 W.L.R. 1308; (1988) 132 S.J. 820; [1988] 2 All E.R. 617; (1988) 4 B.C.C. 390; 1988 P.C.C. 316; [1988] 2 T.F.L.R. 181; [1988) B.C.L.C. 579, H.L.

Brian D Pierson (Contractors) Ltd., Re [1999] B.C.C. 26; [2001] 1 B.C.L.C. 275; [1999] B.P.I.R. 18, Ch. D.

Bristol Airport plc v. Powdrill [1990] Ch. 744; [1990] 2 W.L.R. 197; [1990] 2 All E.R. 493; [1990] B.C.C. 130; [1990] B.C.L.C. 585; [1990] L.S. Gaz., May 9, 28, C.A.

British and Commonwealth Holdings plc, Re (No. 3), [1992] 1 W.L.R. 672; [1992] B.C.C. 58; [1992] B.C.L.C. 322, Ch. D.

Burgoine and another v. Waltham Forest London Council and another (Transcript), 95 L.G.R. 520, *The Times*, 7. Nov. 1996.

Canadian Aero Service v. O' Malley (1973) 40 D.L.R. (3d) 371.

Chancery plc, Re [1991] B.C.L.C. 712.

City Equitable Fire Insurance Co Ltd., Re [1925] Ch. 407; 94 L.J. Ch. 445; 133 L.T. 520; 40 T.L.R. 853; [1925] B. & C.R. 109.

Company, A (No. 7219 of 2001), Re (unreported) 2001 WL 1676925.

Company, A (No. 001418 of 1988), Re [1990] B.C.C. 526.

Company, A (No. 005009 of 1987), ex p. Cropp and another, Re [1989] B.C.L.C. 13, D.C.

Company, A, Re [1985] Ch. 728.

Company, A [1986] B.C.L.C. 261.

Consumer and Industrial Press (No. 1), Re [1988] B.C.L.C. 177; (1988) 4 B.C.C. 68; 1988 P.C.C. 436, Ch. D.

Deloitte Haskins and Sells Appellant v. National Mutual Life Nominees Ltd. Respondent [1993] A.C. 774, P.C.

D.H.N. Food Distributors Ltd. v. The London Borough of Tower Hamlets L.B.C. [1976] 1 WLR. 852; [1976] 3 All E.R. 462; 74 L.G.R. 506; (1976) 32 P. & C.R. 240; [1976] J.P.L. 363; [1976] 120 S.J. 215, C.A.

DKG Contractors, Re [1990] B.C.C. 903.

Dorchester Finance v. Stebbing [1989] B.C.L.C. 498.

Exchange Banking Co, Re, Flitcroft's Case (1882) 21 Ch D 519, C.A.

Facia Footwear Ltd. (In administration) v. Hinchliffe [1998] 1 B.C.L.C. 218.

Fairmont Tours (Yorkshire) Ltd., Re (unveröffentlicht) erwähnt in Insolvency Law and Practice 1996, 12.

Farmizer (Products) Ltd., Re [1997] B.C.C. 655; [1997] 1 B.C.L.C. 589; (1997) 94 (8) L.S. Gaz. 27; (1997) 141 S.J.L.B. 45; *The Times*, February 17, 1997; *The Independent*, March 10, 1997 (C.S.), C.A.

F.G. (Films), Re [1953] 1 W.L.R. 483; 97 S.J. 171; [1953] 1 All E.R. 615.

GrayanBuilding Services Ltd. (in liq.), Re [1995] Ch. 241; [1995] 3 W.L.R. 1; [1995] B.C.C. 554 CA.

Guncliffe v. Goodman [1950] 2 K.B. 237, 253.

Harris Simons Construction, Re [1989] B.C.L.C. 202; [1989] 1 W.L.R. 368; (1989) 5 B.C.C. 11; 1989 P.C.C. 229; (1989) 86(8) L.S. Gaz. 43; (1989) 133 S.J. 122, Ch. D.

Harris v. S (1976) 2 A.C.L.R. 51; [1976] A.C.L.C. 40.

Highberry Limited, Highberry LLC v. COLT Telecom Group Plc. (No. 6972 of 2002) [2002] E.W.H.C. 2503 (Ch.); [2003] 1 B.C.L.C. 290, Ch. D.

Highberry Ltd. v. Colt Telecom Group Plc. (No. 2) [2002] E.W.H.C. 2815.

Holdsworth (Harold) & Co. (Wakefield) v. Caddies [1955] 1 W.L.R. 352; 99 S.J. 234; [1955] 1 All E.R. 725; sub. nom. *Caddies v. Holdsworth (Harold) & Co. (Wakefield)*, 1995 S.C. 27 (H.L.); 1955 S.L.T. 133, H.L.

Howard Holdings Inc., Re [1998] B.C.C. 549, Ch. D.

Horsley & Weight Ltd., Re [1982] 3 All E.R. 1045; [1982] 3 W.L.R. 431; [1982] 3 All E.R. 1045; (1982) 79 L.S. Gaz. 919, C.A.

Hughes and another v. Beckett and others C.A., 6 April 1998 (Transcript).

Hydrodan (Corby) Ltd. (In Liquidation), Re [1994] 2 B.C.L.C. 180; [1994] B.C.C. 161; *The Times*, February 19, 1994, Ch. D.

Industrial Development Consultants v. Cooley, [1972] 1 W.L.R. 443; (1971) 116 S.J. 255; [1972] 2 All E.R. 162.

Instituto Chemioterapico SpA and Commercial Solvents Corp. v. The Commission (Joined Cases 6 & 7 7/73) [1974] E.C.R. 223; [1974] 1 C.H.L.R. 309; European Ct.

International Westminster Bank plc v. Okeanos Maritime Corporation [1987] B.C.L.C. 450; [1987] 3 All E.R. 137.

Jones v. Lipman [1962] 1 W.L.R. 832; 106 S.J. 531; [1962] 1 All E.R. 442.

Keypack Homecare Ltd., Re [1987] B.C.L.C. 409.

Kuwait Asia Bank E.C. v. National Mutual Life Nominees Ltd. [1991] 1 A.C. 187; [1990] 3. W.L.R. 297; [1990] 2 All E.R. 404; [1990] 2 Lloyd's Rep. 95; [1990] B.C.C. 567; [1990] B.C.L.C. 868, P.C.

Latreefers Inc., Re [1999] 1 B.C.L.C. 271; *The Times*, January 18, 1999, Ch. D.

Leading Guides International Ltd. (in liq.), Re [1998] 1 B.C.L.C. 620.

Liquidator of Marini Ltd. v. Dickenson[2003] E.W.H.C. 334.

Liquidator of West Mercia Safetywear v. Dodd (1988) 4 B.C.C. 30; 1988 P.C.C. 212; [1988] B.C.L.C. 250, C.A.

Living Images Ltd., Re [1996] 1 B.C.L.C. 348; *The Times*, August 7, 1995, Ch. D.

Lonrho Ltd. v. Shell Petroleum Co. Ltd. (No. 2) [1980] 1 W.L.R. 627; [1982] A.C. 173; (1980) 124 S.J. 412, H.L.

Maxwell Communications Corp Plc. (No. 2), Re [1993] 1 W.L.R. 1402; [1994] 1 All E.R. 737; [1993] B.C.C. 369; [1994] 1 B.C.L.C. 1; *The Times*, April 1, 1993, Ch. D.

Mc Bacon Ltd., Re [1991] Ch. 127; [1990] B.C.C. 78; [1990] B.C.L.C. 324; *The Times*, December 1, 1989, Ch. D.

Mc Bacon Ltd., Re (No. 2) [1990] B.C.C. 430.

Multinational Gas Petrochemical Co v. Multinational Gas and Petrochemical Services Ltd. [1983] Ch. 258; [1983] 3 W.L.R. 492; (1983) 127 S.J. 562; [1983] 2 All E.R. 563, C.A.

National Bank of Kuwait Ltd. v. Menzies [1994] B.C.C. 119; [1994] 2 B.C.L.C. 306, C.A.

Norman v. Theodore Goddard [1991] B.C.L.C. 1028; [1992] B.C.C. 14.

N.W. Robbie & Co. Ltd. v. Witney Warehouse Co. Ltd. [1963] 3 All E.R. 613; [1963] 1 W.L.R. 1324; (1963) 107 S.J. 1038, C.A.

Oasis Merchandising Service Ltd., Re [1998] Ch. 170; [1998] Ch. 170; [1997] 2 W.L.R. 765; [1996] 1 All E.R. 1009; [1997] 1 B.C.L.C. 689; (1996) 146 N.L.J. 1513; *The Times*, October 14, 1996; *Independent*, November 11, 1996 (C.S.), C.A.

Oasis Merchandising, Re [1997] B.C.L.C. 689, CA.

Official Receiver v. Doshi [2001] 2 B.C.L.C. 235, Ch. D.

Ooregum Gold Mining Co of India v. Roper; Wallroth v. Roper [1892] AC 125, ; 61 L.J. Ch. 337; 66 L.T. 427; 8 T.L.R. 436; 41 W.R. 90, H.L.

Patrick and Lyon Ltd., Re [1933] 1 Ch. 786; 102 L.J. Ch. 300; [1933] W.N. 98; 149 L.T. 231; 49 T.L.R. 372; [1933] B. & C.R. 151.

Percival v. Wright [1902] 2 Ch. 421; 71 L.J. Ch. 846; 18 T.L.R. 697; 9 Mans. 443.

PFTZM Ltd., Re [1995] 2 B.C.L.C. 354; [1995] B.C.C. 280, Ch. D

Pinewood Joinery v. Starelm Properties Ltd. [1994] B.C.C. 569; [1995] 2 B.C.L.C. 412, Ch. D.

Polly Peck International (in administration), Re [1996] 2 All E.R. 433.

Primlaks (UK), Re [1993] B.C.L.C. 734.

Produce Marketing Consortium (in liquidation) (No. 1), Re [1989] 1 W.L.R. 745; [1989] 3 All E.R. 1; (1989) 5 B.C.C. 399; [1989] B.C.L.C. 513; 1989 P.C.C. 290; (1989) 133 S.J. 945; Times, February 18, 1989, Ch. D.

Produce Marketing Consortium Ltd., Re (No. 2) [1989] B.C.L.C. 520; (1989) 5 B.C.C. 569; *The Times*, April 7, 1989; *The Independent*, April 14, 1989; *The Independent*, April 3, 1989 (C.S.); *Financial Times*, April 14, 1989, Ch. D.

Purpoint Ltd., Re [1991] B.C.L.C. 491; [1991] B.C.C. 121, Ch. D.

R. v. Grantham [1984] Q.B. 675; [1984] 2 W.L.R. 815; (1984) 128 S.J. 331; [1984] 3 All E.R. 1986; (1984) 79 Cr. App. R. 86; [1984] Crim. L.R. 492; 81 L.S. Gaz. 1437, C.A.

R. v. Millard C.A. (unreported) erwähnt in [1994] Crim. L.R. 146.

Rainham Chemical Works v. Belvedere Fish Guano Co. [1921] 2 A.C. 456; 90 L.J.K.B. 1252; 126 L.T. 70; 37 T.L.R. 973; 66 S.J. (W.R.) 7; 19 L.G.R. 657, H.L.

Ramsay v. Hartley [1977] 1 W.L.R. 686; [1977] 2 All E.R. 673; (1977) 121 S.J. 319, C.A.

Regal (Hastings) Ltd. v. Gulliver [1942] 1 All E.R. 378; [1967] 2 A.C. 134n.

Revlon Inc. v. Cripp & Lee Ltd. [1980] F.S.R. 85; (1979) 124 S.J. 184; [1980] F.S.R. 85, C.A.

Salomon v. A. Salomon & Co Ltd. [1897] A.C. 22; 66 L.J. Ch. 35; 75 L.T. 426; 13 T.L.R. 46; 4 Mans 89; 41 S.J. 63; 45 W.R. 193, H.L.

SCL Building Services, Re [1990] B.C.L.C. 98; (1989) 5 B.C.C. 746.

Scottish Co-operative Wholesale Society Ltd. v. Meyer [1959] A.C. 324, [1958] 3 W.L.R. 404; 102 S.J. 617; [1958] 3 All E.R. 66; sub. nom. *Meyer v. Scottish Wholesale Co-operative Wholesale Society Ltd.* 1958 S.C. (H.L.) 40.

Secretary of State for Trade and Industry v. Blake and others [1997] 1 B.C.L.C. 728.

Secretary of State for Trade and Industry v. Laing and others [1996] 2 B.C.L.C. 324, Ch. D.

Secretary of State for Trade and Industry v. Richardson and another [1998] 1 B.C.L.C. 110.

Sherborne Associates Ltd., Re [1995] B.C.C. 40.

Smith, Stone & Knight Ltd. v. Birmingham Corporation [1939] 4 All E.R. 116.

Southern v. Watson [1940] 3 All E.R. 439; 85 S.J. 8, C.A.; sub. nom. *Southern v. Cohen's Exors.*, 23 T.C. 566.

Standard Chartered Bank of Australia Ltd. v. Antico (1995) 131 ALR 1; (1995) 38 N.S.W.L.R. 290.

STALLTON DISTRIBUTION LIMITED, Re (unreported) 2000 WL 33148741.

Sykes (Butchers) Ltd. (in liq.), Secrëtary of State for Trade and Industry v. Laing and others, Re [1996] 2 B.C.L.C. 324.

Tasbian Ltd. (No. 3), Re [1992] B.C.C. 358; [1993] B.C.L.C. 297, C.A.

The Continental Assurance Company of London plc (in liquidation), Re [2001] B.P.I.R. 733, Ch. D.

The Roberta (1937) 58 L.L.R. 159.

Three Rivers DC v. Bank of England (No 4) [2002] 4 All E.R. 881; [2002] E.W.C.A. Civ. 1182; [2003] 1 W.L.R. 210; [2003] C.P. Rep. 9; (2002) 99(39) L.S. Gaz. 40; *The Times*, October 4, 2002; *Independent*, November 11, 2002 (C.S.), C.A.

Tintin Exploration Syndicate v. Sandys, (1947) 177 L.T. 412; 91 S.J. 599.

TLL, Secretary of State for Trade and Industry v. *Collins and others, Re* Ch. D., 27. November 1998 (Transcript).

TSB Bank plc v. Katz [1997] B.P.I.R. 147

Vinyl Processors v. Cant [1991] 2 N.Z.L.R. 416.

Ward (liquidator of Span Technology Ltd.) v. *Sellors and others* C.A., 27 October 1997 (Transcript).

Welfab Engineers Ltd., Re [1990] B.C.L.C. 833.

Welham v. Director of Public Prosecutions [1961] A.C. 103; [1960] 2 W.L.R. 669; [1960] 1 All E.R. 805; (1960) 44 Cr. App. R. 124; (1960) 124 J.P. 280; (1960) 104 S.J. 308, H.L.

West Mercia Safetywear Ltd. v. Dodd [1988] B.C.L.C. 250.

White Star Line, Re [1938] Ch. 458; 107 L.J. CH. 225; 158 L.T. 315; 54 T.L.R. 473.

Winkworth v. Baron (Edward) Development Co. [1986] 1 W.L.R. 1512; [1987] 1 All E.R. 114; [1987] B.C.L.C. 193; [1987] F.T.L.R. 176; (198/) 53 P. & C.R. 378; [1987] 1 F.L.R. 525; (1987) 17 Fam. Law 166; (1986) 130 S.J. 954; (1987) 84 L.S. Gaz. 340, H.L.

Woolfson v. Strathclyde Regional Council [1978] 38 P. & C.R. 521; 1978 S.L.T. 159; (1978) 248 E.G. 777, H.L.

Yagerphone Ltd., Re [1935] J.B.L. 256, Ch. D.

Sven Krämer

Der Wechsel von Gesellschaftern bei Personen- und Kapitalgesellschaften in Deutschland, England und Frankreich

Eine rechtsvergleichende Untersuchung zur Ermittlung gemeinsamer gesellschaftsrechtlicher Prinzipien

Frankfurt am Main, Berlin, Bern, Bruxelles, New York, Oxford, Wien, 2004. 294 S.
Europäische Integration und Internationale Wirtschaftsbeziehungen.
Herausgegeben von Peter Behrens. Bd. 16
ISBN 3-631-52530-3 · br. € 51.50*

Im Hinblick auf die Herausbildung gemeineuropäischer Prinzipien des Gesellschaftsrechts analysiert diese Arbeit für den Bereich des Wechsels von Gesellschaftern das deutsche, englische und französische Recht auf Gemeinsamkeiten und Unterschiede hin. Untersucht werden die Übertragung von Gesellschaftsanteilen sowie der Eintritt, der Austritt und der Ausschluss von Gesellschaftern bei den wirtschaftlich bedeutendsten Personen- und Kapitalgesellschaften aller drei Länder. Die Darstellung verzichtet auf umfassende Länderberichte. Stattdessen werden die verschiedenen für den Wechsel von Gesellschaftern relevanten rechtlichen Regelungen der drei Rechtsordnungen jeweils direkt einander gegenübergestellt. Die ermittelten gemeinsamen Prinzipien werden am Ende der Arbeit übersichtlich zusammengefasst und kommentiert.

Aus dem Inhalt: Wechsel von Gesellschaftern in Deutschland, England und Frankreich · Übertragung von Gesellschaftsanteilen · Vinkulierung von Gesellschaftsanteilen · Eintritt von Gesellschaftern · Austritt von Gesellschaftern · Austritt aus besonderem und ohne besonderen Grund · Ausschluss von Gesellschaftern · Ausschluss aus besonderem und ohne besonderen Grund · Gemeinsame europäische Prinzipien

Frankfurt am Main · Berlin · Bern · Bruxelles · New York · Oxford · Wien
Auslieferung: Verlag Peter Lang AG
Moosstr. 1, CH-2542 Pieterlen
Telefax 00 41 (0) 32 / 376 17 27

*inklusive der in Deutschland gültigen Mehrwertsteuer
Preisänderungen vorbehalten

Homepage http://www.peterlang.de

Kolibri 360 GmbH
Ferdinand-Jühlke-Straße 7
99095 Erfurt, Deutschland
produktsicherheit@kolibri360.de

Druck:
CPI Druckdienstleistungen GmbH
im Auftrag der
Kolibri 360 GmbH
Ferdinand-Jühlke-Str. 7
99095 Erfurt